기독교문서선교회 (Christian Literature Center: 약칭 CLC)는 1941년 영국 콜체스터에서 켄 아담스에 의해 시작되었으며 국제 본부는 미국 필라델피아에 있습니다.
국제 CLC는 59개 나라에서 180개의 본부를 두고, 약 650여 명의 선교사들이 이동 도서차량 40대를 이용하여 문서 보급에 힘쓰고 있으며 이메일 주문을 통해 130여 국으로 책을 공급하고 있습니다. 한국 CLC는 청교도적 복음주의 신학과 신앙 서적을 출판하는 문서선교기관으로서, 한 영혼이라도 구원되길 소망하면서 주님이 오시는 그날까지 최선을 다할 것입니다.

추천사 1

톰슨 매튜(Thomson K. Mathew) 박사
오랄로버츠대학교(Oral Roberts Universtity) 명예교수

　전요섭 박사의 저서 『스스로 해결하는 상담 및 심리치료』 출간을 축하하며, 이에 대한 추천사를 쓰게 된 것을 매우 기쁘게 생각한다. 전 박사는 미국 오랄로버츠대학교(ORU)의 박사 과정 졸업생이자 나의 제자였다. 그는 한국군 군종 목사로 사역을 했고, 현재는 대학교수로 후학을 가르치면서 남다른 연구와 저술 활동 그리고 상담을 하면서 하나님께 귀하게 쓰임 받고, 많은 사람에게 존경받는 학자이다.
　전 박사가 한국군 군종 목사로 사역할 때 나는 그가 근무하는 부대를 방문한 적이 있었는데, 전 박사가 아주 탁월하게 군종 활동을 했던 모습이 지금도 생생하고, 나에게 강한 인상을 남겼다.
　ORU에서 전 박사가 학위논문을 쓸 때 나는 그의 논문 지도교수로서 그의 학위논문을 면밀히 읽어 볼 기회가 있었는데 그의 논문은 죽음 불안으로 고통받는 사람들에 대한 상담을 다룬 논문이었는데 대단히 훌륭한 내용이었음을 나는 지금도 기억하고 있다. 전 박사는 박사 과정을 마친 후에도 기독교 상담과 심리, 정신건강 등에 대해 꾸준히 연구하는 학자가 되었으며, 수많은 저서와 역서를 출간한 것으로 알고 있다.
　이번에 출간하는 전 박사의 새로운 저서는 그가 지금까지 연구한 학문적 결정체로서 불안장애 상담, 죽음 불안 상담, 자녀의 조기사망 상담, 자살자 유가족 상담, 반려동물 상실 상담, 친밀관계 폭력 상담, 부부갈등과 화해 상담, 트라우마 플래시백 상담, 암 환자를 위한 정신종양 상담, 원치 않는 침투적 생각 상담, 노인성 치매 상담 그리고 자조상담 등 매우 실용적인 내용을 담고 있어, 커다란 유익이 될 줄로 믿는다.

목사로서, 학자로서, 상담전문가로서 전 박사가 저술한 이 책이 많은 한국인에게 선한 영향력을 미칠 것을 생각하니 매우 흐뭇하고 다행한 일로 생각하며, 기쁜 마음으로 이 책을 추천한다.

추천사 2

안 경 승 박사
한국복음주의 상담학회 회장, 아신대학교 상담대학원장

    이 책을 저술한 전요섭 교수님은 그동안에도 다양한 상담 주제에 대해 깊은 이해에 기초해서 이를 풀어내고자 하는 열정을 보여 주었다. 그뿐만 아니라 꾸준한 연구와 저작 활동으로 기독교 돌봄 공동체에 기여하는 바가 큰 가운데 이번에는 『스스로 해결하는 상담 및 심리치료』라는 제목의 책을 저술하였다.

    이와 같이 저자가 학문과 실제를 담아 글로 엮어 내는 고된 과정을 마다하지 않았던 것은 하나님과 이웃에 대한 헌신적 사랑과 탁월한 연구 능력에서 기인했다고 볼 수 있다. 그리고 이 책은 심리적으로 고통당하는 사람들의 아픔을 이해하고, 그들을 돕고자 하는 저자의 열정이 드러나 있다.

    특별히 이 책은 삶을 살면서 너무나 엄중하게 다가오는 죽음, 상실, 폭력, 트라우마, 암과 치매와 같은 주제와 함께, 많은 이가 버겁게 여기는 불안과 갈등과 같은 일상의 어려움을 스스로 해결할 수 있도록 지침을 제공하는 실제적인 책이다. 무엇보다도 감사한 것은 이 책이 이런 문제를 기독교적 관점에서 다루었다는 점이다.

    저자가 서론에서 밝히고 소망하고 있듯이, 독자들의 자조적 도움에 유익이 될 뿐만 아니라, 상담을 연구하는 많은 동역자에게도 여러 모로 참고가 되는 소중한 자료가 되리라 믿고 적극 추천한다.

추천사 3

진문일 박사
한양대학교병원 원목실장, 기독교신문사 사장

　이번에 전요섭 교수께서 출간한 『스스로 해결하는 상담 및 심리치료』라는 책은 오늘날 현대인이 겪는 심각한 심리적인 문제를 다루었다는 면에서 매우 실제적이고, 실용적인 저서라 할 수 있다.
　본인은 17년 동안 대학 병원의 원목실장으로 사역해 오면서 많은 정신건강의학과에 입원한 환자를 돌볼 기회가 있었다. 특히, 불안, 공포를 감당하지 못하고 두려움에 위축된 환자, 자녀를 사고로 먼저 보내고 안타까워하는 마음이 병이 되어 입원한 환자, 부부문제로 심한 스트레스와 갈등을 겪어 오다가 견디지 못하고 입원한 환자, 그 밖에도 수많은 암 환자, 치매 환자, 정신 질환자를 만나 보고 상담하면서 이들이 환자가 되기 전에 도움을 미리 받을 수 있었다면 얼마나 좋았을까 하는 마음을 가지고 있었다.
　마침 한국 기독교 상담학계의 거성이신 전 교수께서 이렇게 심리적인 문제로 고통당하는 현대인을 위해 자조적 도움을 제공하려는 훌륭한 책을 출판하게 되어 매우 기쁘고, 다행한 일이라 생각한다. 아무쪼록 이 책을 통해 한국 교회 크리스천이 치료 받고, 치유 받고, 회복되고, 변화되는 데 큰 도움이 되기를 간절히 바라는 마음으로 이 책을 기쁘게 추천한다.

스스로 해결하는
상담 및 심리치료

- 기독교 상담적 접근 -

Self Help Counseling & Psychotherapy -Christian Approach-
Written by Joseph Jeon(Ph.D., Ed.D., D.Min.)
All rights reserved.
Korean Edition Copyright ⓒ 2023 by Christian Literature Center, Seoul, Korea.

스스로 해결하는 상담 및 심리치료

2023년 11월 30일 초판 발행

지 은 이 | 전요섭

편　　집 | 추미현
디 자 인 | 이승희, 서민정
펴 낸 곳 | (사)기독교문서선교회
등　　록 | 제16-25호(1980. 1. 18.)
주　　소 | 서울특별시 서초구 방배로 68
전　　화 | 02-586-8761~3(본사) 031-942-8761(영업부)
팩　　스 | 02-523-0131(본사) 031-942-8763(영업부)
이 메 일 | clckor@gmail.com
홈페이지 | www.clcbook.com
송금계좌 | 기업은행 073-000308-04-020 (사)기독교문서선교회
일련번호 | 2023-110

ISBN 978-89-341-2622-5 (93230)

이 책의 출판권은 (사)기독교문서선교회가 소유합니다.
신저작권법에 의하여 한국 내에서 보호받는 저작물이므로 무단 전재와 무단 복제를 금합니다.

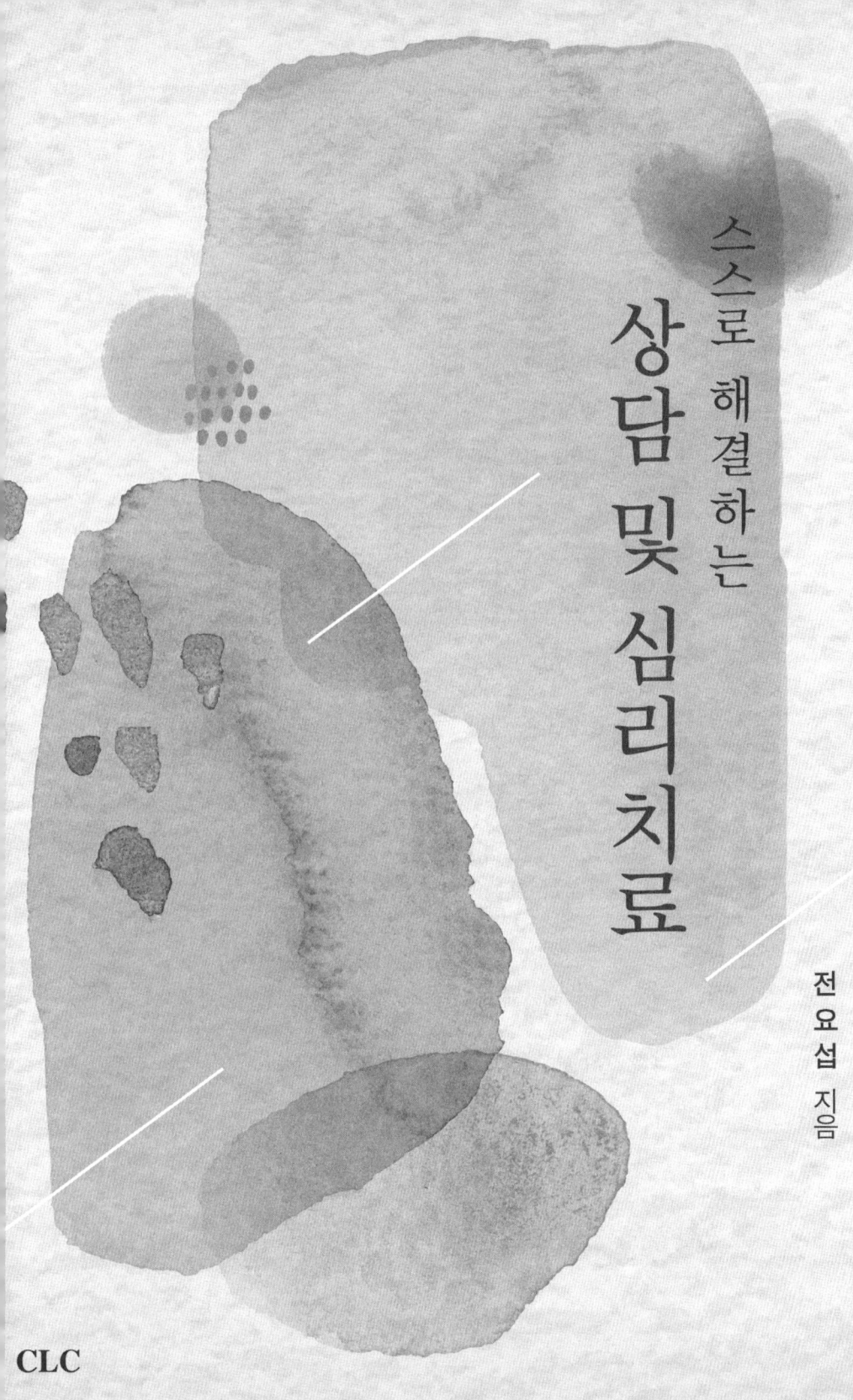

스스로 해결하는
상담 및 심리치료

전요섭 지음

CLC

목차

추천사 1 **톰슨 매튜 박사**_오랄로버츠대학교 명예교수 • 1

추천사 2 **안 경 승 박사**_한국복음주의 상담학회 회장, 아신대학교 상담대학원장 • 3

추천사 3 **진 문 일 박사**_한양대학교병원 원목실장, 기독교신문사 사장 • 4

저자 서문 • 9

제1장   불안장애 상담 • 11

제2장   죽음 불안 상담 • 41

제3장   자녀의 이른 죽음 상담 • 63

제4장   자살자 유가족 상담 • 83

제5장   반려동물 상실 상담 • 109

제6장   친밀관계 폭력 상담 • 131

제7장   부부 화해 상담 • 160

제8장   트라우마 플래시백 상담 • 186

제9장   암 환자의 정신종양 상담 • 207

제10장 원치 않는 침투적 생각 상담 • 244

제11장 노인성 치매 상담 • 266

제12장 스스로 치료하는 자조상담 • 291

저자 서문

전 요 섭 박사
성결대학교 교수

우리의 생활 가운데 발생하는 다양한 심리영적인 문제에 대해 때로는 궁금하고, 때로는 고민스럽지만 마땅히 전문적인 도움을 쉽게 받을 수 있는 곳이 그리 많지 않다.

특히, 상담을 통해 도움 받을 곳은 잘 생각이 나지 않는다. 또 생각이 나더라도 어떤 상담실은 상담 비용이 부담스럽고, 어떤 상담 센터는 신뢰가 가지 않고, 어떤 상담자는 만나기가 어렵고, 어떤 상담자에게는 자기 문제를 드러내기가 부끄럽고, 또 어떤 사람은 비밀 보장이 안 될 것 같고, 어떤 상담은 기독교적이지 않은 방법이기에 따르고 싶지 않고 … 그래서 문제를 해결하지 못하고 끌어안고 사는 기독교인들이 있을 수 있다. 이 책은 바로 그러한 사람들을 위해 쓴 책이라 할 수 있다.

이 책은 필자가 그동안 개인 상담을 통해 다룬 다양한 문제 가운데 일부 주제를 선정해 정리한 것이다. 이 내용들은 특이한 주제들이기는 해도, 살면서 누구나 반드시 한두 가지를, 한두 번씩은 겪을 수 있는 것들이다. 필자가 이런 주제들을 상담하면서 학술적으로 정리한 내용을 컴퓨터에만 저장해 둘 것이 아니라, 이와 유사한 문제를 겪고 있거나, 또 겪을 수 있는 많은 사람에게 제공하여 그들 스스로 이 책을 통해 자조적인 심리치료적 도움을 받도록 하자는 취지에서 이 책을 쓰게 되었다.

이 책에 수록된 내용은 최근 한국연구재단에 등재된 여러 학술지에 논문으로 발표하고 그것을 한 권으로 모은 것이다. 부디 이 책을 통해 독자들이 자조적으로 문제를 해결해 심리영적으로 더욱 밝고 명랑하고, 건강한 삶을 살게 된다면 필자는 더 바랄 것이 없겠다.

이 책에 대해 추천사를 써 주신 필자의 은사 톰슨 매튜(Dr. Tompson Mathew) 박사님께 깊은 감사를 드린다. 매튜 박사님은 필자가 미국 오클라호마 오랄

로버츠대학교(Oklahoma, Oral Roberts University) 대학원 박사 과정에서 공부할 때, 필자에게 상담학을 가르쳐 주시고, 박사 학위 논문을 지도해 주셨던 은사님이신데, 부족하고 연약한 제자를 위해 귀한 추천사를 써 주셔서 큰 위로와 용기가 되었다.

또한, 논문을 쓸 때마다 필자에게 필요한 자료들을 잘 정리해서 제공해 준 아내(한양대학교병원 원목 황미선 상담심리학 박사) 덕분에 이 책이 나오게 되었음을 밝히며, 지면을 통해 고마운 마음을 꼭 전하고 싶다.

무엇보다도 이 책은 필자에게 믿음을 갖게 하고, 믿음으로 양육해 주신 어머니(김복선 권사)에게 바치는 책이다. 어머니께서는 2023년 5월 19일 하나님 나라에 입성하셔서 이 땅에 안 계시지만, 이 책을 볼 때마다 어머니를 기리고 싶은 마음을 담아 출판하게 된 것이다.

마지막으로, 이 책의 출판을 허락해 주신 필자의 주일학교 은사이셨던 기독교문서선교회(CLC) 박영호 사장님과 이경옥 실장님 및 편집으로 수고해 주신 직원들에게 감사드린다.

Soli Deo Gloria!

2023년 뜨거운 여름의 시련을 극복하며
성결대학교 교수 연구실에서

제 1 장

불안장애 상담

상반행동강화 및 심상 치료

목차
1. 여는 글　　　　　　　　　　　(2) 상반행동강화의 성경적 기초 2. 불안장애에 대한 개념 이해　　　2) 이완 및 심상 　1) 불안장애의 정의와 개념　　　　(1) 심상의 효과 　2) 불안장애의 원인과 폐해　　　　(2) 명상 및 심상의 부작용 3. 불안장애 극복을 위한 상담　　　(3) 심상과 경건묵상 　1) 상반행동강화　　　　　　　4. 닫는 글 　　(1) 상반행동강화의 개념

1. 여는 글

　불안(不安, anxiety)의 정의를 어떻게 내리든지 이 주제는 모든 인간이 안고 있는 핵심적이고, 근본적인 문제다. 현대를 '불안의 세대'로 묘사하는 것은 대부분의 정신의학자, 심리학자, 상담학자, 교육학자, 사회학자, 신학자 등 인간을 연구하는 학문 분야의 공통된 견해다. 여타의 분야에서도 이에 대한 이의가 없을 만큼 불안은 현대인들에게 만연되어 인간을 나약하게 만들고, 괴롭히고 있다.

　인간이 이 땅에서 생존하게 된 시기부터 지금까지 모든 인간은 불안에 노출되어 왔지만, 현대는 과거와 달리 다원화된 사회로서 인간을 불안하게 하는 요인들이 많아졌고, 더욱 극심하고, 만성적인 불안을 경험하는 상황이 되었다. 불안은 인간의 심리정서를 사로잡는 극복하기 힘든 적(enemy)으로서 인식되고, 영적으로도 신앙을 약화하는 요인으로 인식되어 왔다.

그래서 각 학문에서는 이를 완화, 감소 및 극복하려고 부단히 힘써 온 것이 사실이다.

불안의 원인이 다양하고 불분명해 이를 쉽게 파악할 수 없지만, 불안은 오늘날 현대인들이 가장 많이 경험하는 심각한 심리정서적 문제임과 동시에 영적 문제이고, 필연적으로 신체에 영향을 주는 복합적인 문제다.[1] 과도한 불안은 한 인간의 내면세계가 황폐화되고, 역기능적인 상태가 되어 일상생활에 치명적인 폐해가 발생하게 된다.

또한, 불안은 단순히 한 개인이 겪는 심리정서적 문제라기보다는 가족 구성원들에게도 그것이 전이될 수 있으며, 불안을 해소하기 위해 다른 가족 구성원을 끌어들이는 이른바 '삼각화'(triangulation)가 나타나 가족들에게 피해를 주게 된다.[2] 불안은 대인 관계에도 다양하고 심각한 영향을 미치고, 삶을 위축시켜 사회생활의 문제를 야기하며, 결국 인간답게 살아가지 못하게 하는 요인이 되고 있다. 대부분의 불안은 신체화 증상(somatization)이 나타나므로 한 인간을 병자 아닌 병자로 만들고, 이를 치료하거나 그와 관련해 상당액의 사회적 비용이 지불된다.

전반적으로 의학(정신의학 및 정신병리학), 약학, 심리학, 상담학, 교육학, 사회학, 신학(목회 돌봄) 및 인간 정신을 다루는 학문에서 불안을 극복해야 할 주요 주제로 삼고, 이를 해결하고자 부단히 노력해 왔다. 불안의 역사는 인간의 역사와 동일하다고 볼 수 있는데, 아직도 불안을 극복할 수 있는 절대적이고, 획기적이며, 확실한 치료법이 개발되지 못하고 있어, 괄목할만한 연구가 이루어졌다고 보기 어려우며, 지금도 수많은 사람이 불안에 노출되어 고통을 당하고 있다.

---

1 David G. Benner,(1998) *Care of Souls: Revisioning Christian Nurture and Counsel* (Grand Rapids: Baker Books), 121.
2 Mark A. Yarhouse & James N. Sells,(2008) *Family Therapies: A Comprehensive Christian Appraisal* (Downers Grove, IL.: InterVarsity Press), part II, ch. 1.

2. 불안장애에 대한 개념 이해

1) 불안장애의 정의와 개념

불안은 불안정한 심리정서적 상태로서 홀로 남겨지는 자기를 도와줄 사람이 아무도 없다는 고립감과 무능감, 좌절감 등에서 비롯되는 심리다.[3] 이스라엘 텔아비브대학교 심리학과 슐라미스 크리틀러 교수는 불안은 누구도 자기를 도와줄 수 없다는 상황에서 비롯된다고 분석했다.[4]

하지만 기독교 신앙은 하나님께서 자기를 도와주시는 분으로 신뢰하는 믿음이며, 시공간을 초월해 어떤 상황에서도 성령께서 자기와 함께하신다는 임마누엘을 신앙의 기저로 삼는다. 따라서 불안이 불신앙으로부터 기인한다고 단정적으로 표현할 수는 없으나 신앙이 불안을 완화, 감소 및 극복할 수 있는 치료적 요소가 되는 것은 사실이다.

사람은 누구나 정도의 차이만 있을 뿐, 불안의 정서를 가지고 있으므로 단순히 불안 자체를 놓고 심리정서적 장애로 보는 것은 의미가 없다. 하지만 극심한 불안은 삶의 의지를 상실하게 만들거나 그것에 압도되어 극단적인 생각을 부추기는 위험요인으로 작용할 가능성이 매우 크기 때문에 상담 및 심리치료적 지지가 필요한 것이다.[5]

상담은 내담자에게 심리정서적 안정감을 느끼도록 지지하고 불안을 감소, 완화 및 극복하도록 하는 기법이다.[6] 심리정서적 안정감은 상담자가 내담자에게 그것을 갖도록 요구한다고 해서 쉽게 갖는 것이 아니라, 본인 스스로가 그것을 추구할 수 있을 때 효과적으로 안정 상태에 이르게 된다.

심리정서적 안정성이 상실된 불안상태에 오래 노출되어 만성화, 구조화된 경우를 일컬어 '범불안장애'(汎不安障碍, generalized anxiety disorder)로 진단한다. 범불안장애는 불안상태가 반복되고, 지속되고, 극심해 개인의 일상생활

---

3 Gary Thomas,(2020) *The Glorious Pursuit* (Colorado Springs: Nav Press), 281-82.
4 Shulamith Kreitler,(2004) "The Dynamics of Fear & Anxiety," in Paul L. Gower,(ed.) *Psychology of Fear* (New York: Nova Science Publishers), 1.
5 Tony White, *Working with Suicidal Individuals: A Guide to Providing Understanding, Assessment & Support*, 한국교류분석상담학회,(2013) 『자살 상담과 치료』 (서울: 학지사), 172.
6 Norman Wright,(2003) *New Guide to Crisis & Trauma Counseling*. Ventura, CA.: Regal Books.

전반에 걸쳐 광범위하게 심각한 부정적 영향을 주는 것으로서 특성 불안으로 나타난 이상 심리상태라 할 수 있다. 『APA 심리학 사전』(*APA Dictionary of Psychology*)에 따르면, 범불안장애는 삶의 전반적인 문제에 나타나는 과도한 불안상태로서 스스로 통제가 어려운 경험이라고 묘사했다.[7]

미국에서 발간된 『정신의학 사전』에 따르면, 범불안장애는 '불안신경증'이라고도 하는데 그 증상은 비현실적이거나 지나치게 걱정스럽고 불안정한 상태로서 이를 통제할 수 없으므로 사회생활이나 직장생활에 심각한 어려움이 발생한다고 묘사했다.

대개 불안상태가 만성화되어 범불안장애로 진단되기까지는 10년 이상 지속되는 경우가 일반적이다. 이에 노출된 사람은 단순히 불안 증상만 있는 것이 아니라, 주요 우울장애를 비롯한 기분장애, 사회공포증 등 복합적인 문제가 나타난다고 볼 수 있다. 범불안장애로 진단받은 사람의 50퍼센트 이상은 1차 진료에서 신체화 증상만 나타나는 것으로 분석되었다. 즉, 심혈관의 긴장 때문에 심계항진, 과호흡증후군, 근육긴장, 교감신경계의 생화학적 변화로 피곤하거나 집중하기가 어려운 상태, 혼란, 수면장애를 비롯한 다양한 과민성 증상 때문에 진료를 받게 되다가 범불안장애를 발견하게 된다. 이를 '전신순응증후군'(general adaptation syndrome)이라고도 한다.[8]

미국정신의학회(American Psychiatric Association: APA)에서는 범불안장애의 유전적 영향(유전력)을 약 30퍼센트 정도로 보고 있으며, 나머지 70퍼센트 정도는 자기의 관리 소홀로 발생한다고 보고 있다. 심각한 질병이 아닌 상태에서 몸이 자주 아프다고 느껴진다면 불안에 노출되었을 가능성이 크다고 볼 수 있다. 인간은 불안으로부터 완전히 자유로울 수는 없지만, 이것이 자기를 지배해서 만성화, 구조화되지 않도록 정신건강을 유지해야 한다.[9]

불안장애의 특징은 불안상태가 '미래적'이라는 것이다. 그런 면에서 이것은 '예기 불안'(anticipatory anxiety)이라 할 수 있다.[10] 불안이 '과거적'이라

---

7   Gary R. VandenBos,(ed.)(2007) *APA Dictionary of Psychology* (Washington D.C.: American Psychological Association), 403.
8   VandenBos, *APA Dictionary of Psychology*, 403.
9   Richard K. James & Burl E. Gilliland,(2013) *Crisis Intervention Strategies* (New York: Brooks/Cole), 214.
10 Thomas D. Borkovec & Brian A. Sharpless,(2004) "Generalized Anxiety Disorder: Bringing Cognitive Behavioral Therapy into the Valued Present," in S. Hayes, V. Follette & M.

는 것은 모순된 말이다. 과거의 일로써 불안할 경우, 그것은 과거의 일에 대한 문제가 장차 발생할 부정적 결과에 대해 두려워하는 것이기 때문에 '과거 불안'이라는 것은 용어만 있을 수 있고, 개념은 있을 수 없다. 그런 면에서 대부분의 불안은 '미래 불안'이라 할 수 있으며, 예기 불안이다.

불안장애에 노출된 사람은 중립적 자극이나 심각하지도 않은 자극(사건 등)에도 매우 민감하고, 매우 부정적이며, 매우 큰 두려움으로 인식하려는 경향성이 나타난다. 아울러 두려움 때문에 상당한 불행감을 느끼고, 두려움을 극도의 재앙적(catastrophic) 상황으로 해석하는 특징이 있다.[11] 이런 심리정서적 상태는 일상생활에 심각한 지장을 주어 건강한 삶을 영위해 나가기 어렵기 때문에 치료해야 하는 상황임은 분명하다. 정리해 볼 때, 불안장애의 특징은 네 가지로 볼 수 있다.

- 일상화된 두려움 과도한 두려움
- 미래에 대한 재앙적 두려움
- 통제가 안 되는 두려움
- 두려움으로 인한 신체화 증상의 발현

2) 불안장애의 원인과 폐해

불안(anxiety)의 어원은 '압착하다', '질식시키다'라는 라틴어 앙게레(*angere*)에서 파생되었으며, 이런 압착상태에 노출되거나 질식상태에 노출되면 장애가 발생해 현실 적응에 심각한 어려움을 초래한다.

로렌스 크랩은 불안이 발생하는 원인에 대해 자기가 이전에 배웠거나, 겪었거나, 불쾌하다고 판단된 느낌 및 부정적으로 인식된 상황을 또 경험하게 될 것 같은 생각에서 비롯된다고 보았다.[12] 이는 앞서 살펴본 예기 불

Linehan,(eds.) *New Directions in Behavior Therapy* (New York: Guilford), 209-42.

11   J. F. Thayer, B. H. Friedman, T. D. Borkovec, B. H. Johnsen & S. Molina, S.,(2000) "Phasic Heart Period Reactions to Cued Threat and Non-threat Stimuli in Generalized Anxiety Disorder," *Psychophysiology* 37, 361-68.

12   Lawrence J. Crabb,(1975) *Basic Principles of Biblical Counseling* (Grand Rapids: Zondervan), 42.

안과 유사 개념이라 할 수 있다. 예를 들어 미움을 주고받는 것 또는 소외 등에 대한 나쁜 상황(그렇게 해서는 안 된다는 인식, 학습, 기억, 경험 등)으로 상당한 불쾌를 경험했던 사람이 그와 유사한 상황에 다시 노출되었거나, 노출될 것을 미리 생각하면 불안해질 수 있다는 것이다.[13]

임상심리학, 신경심리학, 신경생리학, 신경생물학적 입장에서는 불안장애를 신경 전달 물질 분비의 문제 또는 불균형을 원인으로 제기하고 있다. 인간의 뇌는 어떤 위험이나 위협을 감지할 때, 전자 신호를 신체와 뇌 사이에 교환원처럼 활동하는 뇌하수체(pituitary gland)의 경계선 시상하부(hypothalamus)로 보내게 된다.[14] 신경 전달 물질 가운데 부신에서 분비되는 아드레날린(adrenalin)과 밀접한 협력적 존재인 코르티솔(cortisol)의 상승이 불안의 원인이다. 코르티솔은 스트레스에 의해 활성화되는데, 과도한 불안상태는 스트레스로서 코르티솔 분비를 촉진해 결국 그 과다 분비가 불안을 증대시킨다.

가족치료에서는 자아분화(differenciation)가 안 된 사람에게서 전형적으로 나타나는 심리정서적 문제를 불안으로 보고 있다.[15] 즉, 분화가 안 된 사람은 부모에게 심리정서적으로 밀착되어 부모와의 불안정 애착과 의존성이 불안정한 상태에서 불안을 경험하게 된다고 본다.

상담학자 윌리암 배커스의 주장에 따르면, 불안장애의 시초는 매우 가벼운 증상으로부터 시작되는데 이는 다른 사람들로부터 부정적인 의견이나 평가를 받는 것으로부터 시작된다고 분석했다.[16]

마크 맥민은 낮은 자존감이 만성적인 불안을 초래해 결국 불안장애에 이르게 된다고 보았다.[17] 또 기독교 상담에서는 불안장애의 원인을 죄로 보는 견해도 있다. 실제로 적지 않은 경우, 죄가 불안의 원인인 사례가 많이 있다. 죄는 기본적으로 후회를 비롯해 초조, 불안을 가져오는 것이 기

---

13 Leslie S. Greenberg & Sandra C. Paiviom,(2003) *Working with Emotions in Psychotherapy* (New York: Guilford), 277.
14 Gary R. Collins,(2019) *Christian Counseling* (Nashville, TN.: Thomas Nelson), 173.
15 Timothy S. Lane & Paul D. Tripp,(2006) *How People Change* (Winston-Salem, NC.: Punch), cp. 15.
16 William D. Backus,(2010) *Good News about Worry*, 전요섭 역, (2013) 『희망소식』 (서울: CLC), 264.
17 Mark R. McMinn,(2008) *Sin and Grace in Christian Counseling: An Integrative Paradigm* (Downers Grove, IL.: InterVarsity Press), 132.

본 정서이며, 더 나아가 하나님의 존재 의식 및 그 임재에 대한 의식이 희미해지고, 하나님으로부터 보호를 의심하게 해 불안을 일으킨다.

상담학자 레인과 폴 트립도 그리스도의 영이 자기에게 내주(indwelling)하심을 깨닫지 못한다면 불안에 사로잡히게 되고, 그로부터 벗어나기가 어렵다고 주장한 바 있다.[18]

마이클 맨기스도 "인간이 하나님 안에서 진정한 보호를 확신하고 안정을 얻기 전까지는 불안에 노출될 수밖에 없다."[19]라고 피력했다. 이 말은 아우렐리우스 어거스틴이 이미 밝히 내용으로서 "우리가 하나님을 만나고 그 안에서 진정한 평안을 찾을 때까지는 우리의 마음이 계속해서 불안상태에 머물게 된다"라고 한 말과 일치되는 개념이다.[20] 기독교 상담 일각에서는 하나님과의 긴밀한 교제가 없는 것이 불안의 원인이라고 주장하기도 한다.

일반적으로 사람들은 위험과 위협으로 불안 상황에 부닥치게 되면 통상 도피하거나(flight), 맞서 대결하거나(fight), 두려움에 끔쩍 못하고 굳어져 버리는 상태(freeze) 가운데 하나의 태도를 보이게 된다. 이를 '3fs'라고 하는데 대부분의 상담 및 심리치료 이론과 기법에서는 이런 태도 가운데 회피 및 도피(flight)를 가장 바람직하지 않은 대처 방법으로 보고 있다.[21] 불안을 극복하기 위해 그것에 과감하게 직면하는 것을 반복 훈련하는 것이 도움이 될 수 있다. 회피는 불안이 해결된 것이 아니며, 여전히 문제가 남아있는 상태이기 때문에 회피하면 할수록 두려움은 더욱 강화되며, 더 큰 두려움으로 작용할 수 있다.

위험과 위협을 예상해 볼 때, 자아 능력의 취약으로 불안에 대처하기 어렵다고 예상되는 반응이거나 전투 대체로 돌입해 대처하려는 긴장감이 불안을 만들어 낸다. 하지만 위험과 위협이 사라진 경우에도 계속해서 경계 태세가 지속될 수 있는데, 이것은 반응상태의 고장(=심리정서적 장애)으로 볼 수 있다.

---

18 Lane & Tripp, *How People Change*, 6.
19 Mark R. McMinn & Timothy R. Phillips,(eds.)(2001) *Care for the Soul: Exploring the Intersection of Psychology & Theology* (Downers Grove, IL.: InterVarsity Press), 299.
20 David G. Benner,(1998) *Care of Souls: Revisioning Christian Nurture and Counsel* (Grand Rapids: Baker Books), 120.
21 Louis Cozolino, *The Neuroscience of Psychotherapy*, 309.

반응상태의 고장은 어떻게 해야 할지 몰라 당황하고 긴장되는 상태로서 이것이 장기화된 것을 범불안장애라 한다. 이는 마치 화재가 발생하지 않았는데 화재경보기가 수시로 작동해 주민들을 놀라게 하는 것과 유사하다고 비유할 수 있다.

존 차일스와 커크 스트로살에 의하면, 불안은 '세 가지 불가능'(the three I's)의 인지에서 비롯된다고 분석했다. 즉, '피할 수 없고'(Inescapable), '견딜 수 없고'(Intolerable), '멈출 수 없는'(Interminable) 생각 또는 상황에서 불안이 발생한다고 분석했다.[22]

불안장애가 있는 사람은 대부분 사람이 사소하게 여기는 것이나, 중요하지 않다고 여기거나 발생 가능성이 극히 낮은 일들을 심각하게 생각하고 그에 대해 끊임없이 근심, 걱정, 염려로 인해 강한 불안상태에 이르러 일상생활에 상당한 지장을 초래한다.[23]

대부분 불안장애에 노출된 사람은 공통으로 자기의 신체화 증상에 대해 지나치게 예민한 것을 볼 수 있다.[24] 기독교인들이 이런 상태에 이르게 되면 신앙생활에도 심각한 영향을 주게 되고 소위 '불안과의 영적 투쟁'으로 힘겨운 삶을 살게 된다. 그러므로 불안은 전인 건강을 위해 반드시 해결되어야 할 절박한 문제라 할 수 있다.

---

22 John A. Chiles & Kirk D. Strosahl,(1995) *The Suicidal Patient: Principles of Assessment, Treatment & Case Management* (Washington, DC.: American Psychiatric Association Press), 74.

23 Garry Martin & Joseph Pear,(2019) *Behavior Modification: What It Is and How to Do It*. New York: Routledge.

24 Albert Ellis & Robert A. Harper,(1975) *A New Guide for Rational Living* (Chatsworth, CA.: Wilshire Book Company), 433-35.

3. 불안장애 극복을 위한 상담

1) 상반행동강화

(1) 상반행동강화의 개념

상반행동강화(incompatible behavior reinforcement)는 행동주의 심리학에 기초한 상담 및 심리치료기법인데, 1950년대 초부터 나타난 조셉 올프의 행동치료(behavior therapy)에 근거를 두고 있다. 즉, 부적응 행동 변화에 대해 실험적으로 입증된 학습원리를 적용해 부적응 행동을 변화 및 제거함과 동시에 적응 행동을 촉발 또는 강화하는 방법이다.[25] 상반행동강화는 문제 행동 및 사고와 반대되는 바람직한 행동 및 사고를 의도적으로 함으로써 불안을 극복하는 기법이다. 이런 방법은 정신건강의학과에서 적용해 많은 성과를 얻는 방법이기도 하다.

약물치료가 아닌 비임상적인 경우, 불안장애에 대한 가장 효과적인 접근은 인지전략과 행동전략이며, 이를 결합한 인지행동전략으로서 상반행동강화라 할 수 있다.[26] 하지만 상반행동강화는 전적으로 심리학(행동주의, 인지행동주의)에 기초된 이론과 기법으로서 기독교 상담 접근이 아닌 것은 분명하다.

그렇다면 이것을 기독교 상담으로 응용 및 적용할 가능성이 있는가?

이것이 성경적 지지를 얻거나 성경에 기초된 이론으로 도출해 낼 수 있는가?

상반행동강화를 일각에서는 '양립 불가능한 행동 차별강화'(differential reinforcement of incompatible behavior)라고도 부르지만, 개념은 동일하다고 할 수 있다. 다른 용어로 '상호적 억제'(reciprocal inhibition)라고도 하며, 이를

25　Joseph Wolpe,(1969) *The Practice of Behavior Therapy*. New York: Pergamon Press.
26　S. C. Hayes, V. M. Follette & M. M. Linehan,(eds.)(2004) *New Directions in Behavior Therapy* (New York: Guilford), 209-42. cf. Robichaud Melisa & Michel J. Dugas,(2007) *Cognitive-Behavioral Treatment for Generalized Anxiety Disorder: from Science to Practice*. np: CRC Press.　Craig D. Marker & Alison G. Aylward,(2021) *Generalized Anxiety Disorder*. Toronto: Cambridge, MA.: Hogrefe,(2008) *Holly Hazlett-Stevens. Psychological Approaches to Generalized Anxiety Disorder: A Clinician's Guide to Assessment and Treatment*. Dordrecht: Springer.

한자화해 우리말로 옮길 때 '역제지'(逆制止), '상호금지'(相互禁止), '상호제지'(相互制止)라고 하는 경우도 있다. '상호적 억제'(相互的 抑制)라는 용어에서 'reciprocal'을 '상호적'이라고 번역하는 것은 개념상 잘못이라고 주장하는 일각도 있다.[27]

이를테면, 불안증을 치료할 때 불안반응과 안정반응이 상대반응을 서로 제지(억제)한다면 불안반응은 제지되지 않는다. 치료는 결과적으로 안정반응이 기존의 불안반응을 역(逆)으로 제지해야 성공하는 것이다. 이렇게 볼 때 '상호적'이라는 단어는 적합하지 않으며 '역'(count)이 더 타당한 번역이라고 할 수 있다. 이는 본래 의학 용어로써 관절, 근육, 신경 기능 등을 설명하기 위해 사용한 용어였다.

쉐링턴이 이것을 설명했는데, 특정 근육이 자극받게 되면 대립하는 근육은 억제될 것이고, 그와 반대로 어떤 근육이 억제되면 대립하는 근육은 자극된다고 분석했다. 쉽게 표현하면 행동적으로 앉는 것과 일어나는 것을 동시에 할 수 없고, 주먹을 쥐는 것과 펴는 것을 동시에 할 수 없으며, 근육이 긴장 및 수축하는 동안에는 절대로 동시에 이완될 수는 없다. 그렇다면 상반행동강화는 근육 및 심리정서적 이완의 시간을 반복 또는 지속함으로써 긴장과 수축의 시간을 단축하게 함으로써 얻을 수 있는 효과를 모색하는 것이라 할 수 있다.

행동수정이론에서는 이를 '반사행동원리'라 부른다. '상반행동강화', '반사행동강화' 등은 모두 바람직하지 못한 행동과 양립하기 어려운 상반된 바람직한 행동을 증가시켜 문제 행동을 감소시키는 강화전략이다.[28] 이것은 행동주의 심리학의 기법들 가운데 역조건 형성(counterconditioning)과도 일치된 개념으로서 이전의 조건반응을 소거(extinguishment)하는 동시에 그 조건반응과 상반된 새로운 반응을 조건화해서 이전 조건반응을 억제하거나 완화, 감소 및 제거하는 것이다.[29]

---

27 김남성, 김양현, 박경애,(2006)『행동요법』(서울: 양서원), 22, 30.
28 상반행동강화는 자폐증 치료에 효과적인 기법이라고 제기된 연구 결과들이 있다. 김해자,(2003) "상반행동 차별강화와 반응대가 기법이 자폐 아동의 상동행동에 미치는 영향" (석사학위논문: 경성대학교교육대학원), 2. cf. 홍준표,(1976) "혐오 통제 및 차별강화를 통한 정신지체아의 이식행동수정," 한국행동과학연구소「연구 노우트」6, 61-74.
29 Martin & Pear, *Behavior Modification*, 623. Richard M. Foxx,(1982) *Increasing Behaviors*

행동주의 심리학에서 응용되는 상반행동강화는 단순한데, 결석을 자주 하는 학생이 출석을 했을 때 칭찬하거나 상을 주는 것이다. 이는 결석과 반대되는 출석 행동을 강화하기 위해 교사가 출석에 대해 보상함으로써 결석 행동을 감소시키는 기법이라 할 수 있다.

사람들은 일상생활 속에서 양립 불가능한 상반행동을 자연스럽게 자기 삶에 적용해 살고 있다고 볼 수 있다. 이를테면, 욕을 하지 않기 위해 좋은 말을 한다든지, 예배 시간에 지각하지 않기 위해 예배 시간 전에 도착한다든지, 잡생각이 자리를 잡지 못하도록 소리를 내서 기도하거나 큰소리로 찬송을 하는 것은 모두 표적 행동에 대한 양립 불가능한 행동이다.

인지적으로는 두려운 생각과 안정된 생각을 동시에 할 수 없고, 심리정서적으로는 두려운 감정과 안정된 감정을 동시에 가질 수 없으며, 행동적으로는 긴장과 이완을 동시에 할 수 없다. 그렇다면 안정된 생각과 정서와 이완을 반복, 지속함으로써 불안을 느끼는 시간을 단축하고 안정과 이완 상태를 반복, 지속시킴으로써 심리치료 효과를 모색하는 것이 상반행동강화원리라 할 수 있다.

행동주의 심리학의 치료 개념인 상반행동강화는 불안과 이완이 서로 양립할 수 없다는 전제에서 시작한다. 이완이 사용될 때, 치료적 절차가 '체계적 둔감화'(systematic desensitization)다. 올프는 상반행동강화를 통한 체계적 둔감화로 불안을 극복할 가능성이 크다는 것을 제시했다.[30] 이 가설을 상담 및 심리치료에 적극적으로 활용한 사람은 제이콥슨으로 그는 점진적 이완훈련을 응용해 치료적 성과를 나타냈다.[31]

---

of Severly Retarded and Autistic Persons. Cambridge: Cambridge Press. Nathan J. Blum, Joyce J. McComas & F. Charles Mace,(1996) "Separate and Combines Effects of Methylphenidate and Behavioral Intervention on Disruptive Behavior in Children with Mental Retardation," *Journal of Applied Analysis* 29/3, 305-19. Cathleen C. Piazza, Doug R. Moes & Wayne W. Fisher,(1996) "Differential Reinforcement of Alternative Behavior and Demand Fading on the Treatment of Escape-Maintained Destructive Behavior," *Journal of Applied Behavior Analysis* 29/4, 569-72.

30 Joseph Wolpe,(1958) *Psychotherapy by Reciprocal Inhibition* (Stanford, CA.: Stanford University Press.
31 Joseph Wolpe & David Wolpe,(1988) *Life without Fear* (Oakland, CA.: New Harbringer Publications, 120-21.

안토니 잭의 신경 이미지(neuro image) 연구에 따르면, 상반적 사고를 하는 동안 반대편 뇌가 비활성화되고 이미지를 만들어 내는 뇌가 활성화된다는 것을 밝혔다.[32] 즉, 상반된 사고와 행동이 활성화될수록 점차 그에 대비되는 사고와 행동 개념은 비활성화되어 그 부분의 지배를 덜 받게 된다는 것이다. 즉, 불안을 자주 생각하고 그에 따른 행동을 할 때 평안과 안정을 다루는 뇌가 비활성화되어 점차 불안의 지배를 받을 수밖에 없다는 것이다.

전 세계 연구 문헌의 서지 정보를 제공하는 월드캣(WorldCat®)에 따르면, 'incompatible behavior'(상반행동)이라는 주제어를 입력했을 때 발견되는 자료는 석사학위논문 한 개만 드러난다.[33] 우리나라 국립중앙도서관에서 제공하는 문헌 정보를 분석해도 유사한 상황이다.[34]

한국연구재단에서 국내 모든 학술 자료 정보를 제공하는 한국연구재단의 KCI 시스템에서도 '상반행동'에 대한 주제어로 검색되는 논문은 한 편밖에 없다.[35] 이 주제에 대한 국내 연구 및 북미의 선행 연구 동향을 분석해 보면, 의학 분야(특히, 신경의학)에서 주로 다루고 있다.[36] 심리학, 상담학, 교육학 등과 관련해서는 대부분 행동주의 심리학 또는 행동수정이라는 큰 주제의 일부 개념, 기법으로 다루고 있다.

(2) 상반행동강화의 성경적 기초

상반행동강화는 근본적으로 성경에 기초된 상담이론과 기법은 아니다. 이 이론이 성경적으로 지지를 받을 수 있는지를 모색해 볼 때, 다음과 같은 성

---

32 Anthony I. Jack,(2013) "fMRI Reveals Reciprocal Inhibition between Social and Physical Cognitive Domains," *NeuroImage* 66, 385-401.

33 Glenn Flaska,(1978) "Differential Reinforcement of Incompatible Behavior to Eliminate the Undesirable Behaviors of Two Severely Retarded Adolescents," M.A. thesis: Western Michigan University.

34 김해자,(2003) "상반행동 차별강화와 반응대가 기법이 자폐 아동의 상동행동에 미치는 영향," 윤치연, 이영순. "미술 활동을 이용한 상반행동 차별강화와 반응대가 기법이 자폐 아동의 상동행동에 미치는 효과," 한국동서정신과학회 6/2, 1-12. 위의 논문이 '상반행동'을 주제어로 하는 문헌의 전부이다.

35 김은경, 정선화,(2016) "울기 행동 소거 및 상반행동 차별강화 중재에 대한 효과," 한국특수교육학회「특수교육」, 890-92.

36 Andrew M. Dacks & Klaudiusz R. Weiss,(2013) "Latent Modulation: A Basis for Non-Disruptive Promotion of Two Incompatible Behaviors by a Single Network State," *Journal of Neuroscience* 27/33-9, 3786-98.

경 구절에 근거해 응용 및 적용 가능성을 타진해 볼 수 있다.

> 그리스도와 벨리알이 어찌 조화되며 믿는 자와 믿지 않는 자가 어찌 상관하며, 하나님의 성전과 우상이 어찌 일치가 되리요 … (고후 6:15-16).

이 구절은 그리스도인의 내면에 하나님과 사탄을 동시에 섬길 수 없다는 의미로 설명된 구절이다. 여기서 벨리알(히브리어: בְּלִיַּעַל, 라틴어: Belial)은 '부도덕'이나 '가치 없음'과 같은 악에 사용하는 말로써 '사악한 자', '악마', '사탄'과 동일시되는 단어다. 이 구절에서 의미하는 것은 이분법적이지만, 선한 생각과 악한 생각이 동시에 존재하거나 조화를 이룰 수 없다는 것이다. 그리스도와 벨리알(Belial)은 서로 대조적이기 때문에 그리스도를 추구한다면 벨리알에 대해서는 거부해야 하며, 서로 연합시키는 일(syncretism)은 불가능하다는 것을 강조하기 위한 말씀이다.[37]

또한, 하나님의 성전과 우상이 상반된 개념이므로 동시에 존재할 수도 없지만 존재해서는 안 될 것을 말하고 있다.

> 육체의 소욕은 성령을 거스르고 성령은 육체를 거스르나니 이 둘이 서로 대적함으로 너희가 원하는 것을 하지 못하게 하려 함이니라(갈 5:17).

이 말씀은 사도 바울이 선한 생각과 악한 생각이 서로 대적하는 상반행동을 하도록 하는 관계이므로 동시에 추구할 수 없다는 의미가 내포된다. 또 로마서 7장에서 "내가 원하는 것은 행하지 아니하고 도리어 미워하는 것을 행함이라"(15절)과 "내가 원하는 바 선은 행하지 아니하고 도리어 원하지 아니하는 바 악을 행하는도다"(19절)라는 말씀은 상반행동이 나타나는 것에 대해 한탄을 기록한 것이다.

> 너희는 유혹의 욕심을 따라 썩어져 가는 구습을 따르는 옛사람을 벗어 버리고 오직 너희의 심령이 새롭게 되어 하나님을 따라 의와 진리의 거룩함으로 지으심을 받은 새 사람을

---

37 Charles Hodge, *2 Corinthians*, 박상훈 역,(1994)『찰스하지 성경주석: 고린도후서』(서울: 아가페출판사, 212-13.

입으라(엡 4:22-24).

  이 말씀도 옛사람과 새 사람의 대립적이고 상반적인 유비를 나타내 주고 있다. 야고보서 3:11에는 "샘이 한 구멍으로 어찌 단물과 쓴 물을 내겠느냐"라는 의문형 문장을 통해 샘은 단물이든, 쓴물이든 하나만 내게 되어 있다는 것을 강조하고 있다. 단물을 낸다면 쓴물을 낼 수 없고, 쓴물을 낸다면 단물을 낼 수 없다는 것은 이 둘이 서로 상반되기 때문임을 밝히고 있다.
  앞서 제시된 일련의 성경 구절에서 부정적 의미인 육체의 소욕, 원하지 않는 것, 미워하는 것, 구습, 옛사람, 쓴물 등은 그것과 상반되는 개념이 동시에 존재할 수 없다는 면에서는 성경이 상반행동강화원리를 설명하는 것이라 할 수 있다.

> 사랑 안에 두려움이 없고 온전한 사랑이 두려움을 내어 쫓나니 두려움에는 형벌이 있음이라 두려워하는 자는 사랑 안에서 온전히 이루지 못하였느니라(요일 4:18).

  이 구절은 행동수정 이론과 개념상 일치하는 상반행동에 대한 성경 구절로 상반행동의 명확한 성경적 기초가 된다. 내면에 존재하는 두려움(불안, 공포 등)의 분량이 증가함에 따라 사랑(평안, 안정 등)의 분량이 감소하게 되고, 사랑의 분량이 증가할 때, 두려움이 감소하게 된다는 의미다.
  성경은 적극적인 의미로서 사랑이 두려움을 내어 쫓는다고 표현했다. 하나님의 사랑을 체험하고 그것을 심상하는 것이야말로 두려움, 불안, 공포 등의 감정을 완화, 감소 및 극복하고 심리정서적, 영적 안정을 얻을 수 있는 보장된 영적 자원임을 밝히고 있다.[38] 단도직입적으로 성경은 진정한 하나님의 사랑을 경험하게 되면 불안의 문제는 극복될 수 있다고 제언하고 있다.

---

38 Eric L Johnson,(2007) *Foundations for Soul Care: A Christian Psychology Proposal*, 전요섭 외 공역,(2010)『영혼 돌봄의 심리학』(서울: CLC), 54.

2) 이완 및 심상

불안장애를 치료하는 데 있어 심상은 다른 불안 치료기법들보다 효과적이다. 심상(心想, imagery)은 실제 그림이나 영화 장면처럼 시각화 또는 형상화하는 '상상'(fancy)이라고 할 수 있다. 그래서 심상을 통해 내담자의 불안을 감소하려는 시도가 상담 및 심리치료에서 활발히 나타나고 있다. 리자베스 로머는 불안장애를 치료하는 데 가장 효과적으로 활용할 수 있는 방법이 '심상'이라고 주장한 바 있다.[39] 심상의 이런 시각 이미지 정보는 '마음의 눈으로 보는 것' 또는 '마음의 귀로 듣는 것' 등의 경험을 유발할 수도 있다.[40]

캐나다 마니토바대학교 심리학과 게리 마틴과 조셉 피어 교수는 실제 장면을 보는 경험을 할 수 있도록 뇌의 시각 영역에서 어떤 활동을 유발하는 것을 심상으로 이해했다. 그는 이것을 '조건화된 시각'(conditioned seeing)이라고 부르며, 넓은 의미에서 '조건화된 감각'(조건화된 청각, 조건화된 후각, 조건화된 느낌)이 획득될 수 있다고 보았다.[41]

이를테면, 어떤 남성이 아주 독특한 향수를 지속해서 사용하는 아내와 여러 번 열렬한 부부관계를 경험했다. 어느 날 백화점에서 아내가 사용하는 것과 같은 향수를 뿌린 여성이 자기의 옆을 스쳐 지나가면, 그 남성은 갑자기 배우자의 모습을 심상하게 되며(조건화된 시각), 온몸이 흥분되는 느낌을 받을 수도 있고(조건화된 느낌) 심지어 성관계 때 배우자의 소리가 들리는 것(조건화된 청각)처럼 상상하게 될 수도 있다.

심상을 통해 현실 상황을 역제지 하는 것이 불안 극복의 전형적인 심리치료적 접근이다. 현실 상황을 변경 또는 조작할 수 없거나 수월하지 않기 때문에 심상으로 이를 다루게 되는 것이다. 효과적인 심상을 위해 마음이 편안한 상태, 조용한 상태, 신체의 평온 상태, 따뜻한 상태, 안락한 상태, 부드러운 상태, 이완된 상태가 요구된다.[42]

---

39 Lizabeth, Roemer & Susan M. Orsillo,(2011) *The Mindful Way Through Anxiety* (New York: Guilford), 24-73.
40 Robert J. Campbell,(2004) *Campbell's Psychiatric Dictionary* (New York: Oxford University Press), 328.
41 Martin, Garry & Joseph Pear.(2019) *Behavior Modification: What It Is and How to Do It*. New York: Routledge.
42 Joel & Leveyt, *The Fine Arts of Relaxation, Concentration, and Meditation*, 60-61.

그리고 심상 유도는 위기의 순간에도 조용한 시간을 가지려는 시도를 좋은 방법으로 제시하고 있다.[43] 또한, 심상하는 동안 좋은 기억에 집중하고 그것을 회상(상상)하도록 요구한다.

적절한 호흡법(복식 호흡)은 근육과 신경을 이완하여 불안, 공황장애, 긴장, 두통, 피로, 스트레스의 해소에 큰 효과가 있다. 토마스 스코볼트는 단순히 상반행동에 대한 심상만으로도 기분 전환의 효과가 나타난다는 사실을 제시하고 있다.[44]

마가렛 웨렌버그도 단지 심상만으로도 불안이 치료된 여러 사례를 제시하고 있다.[45] 머릿속에서 그려내는 영상들은 매우 실제적이므로 자기가 특정 상황을 선택하고 심상하는 방향으로 정서와 행동이 따라갈 가능성이 매우 크다.[46]

배커스도 불안 상황에 대해 새로운 사건에 새로운 의미를 부여하고, 하나님과 성령께서 자기와 함께하심을 확신함으로써 안정감을 얻는 심상을 기독교 상담의 주요 기법으로 제시했다.[47] 프로크 쉐퍼와 찰스 쉐퍼도 "하나님이 자기와 함께하신다는 임재 의식만으로도 심리적 외상을 극복할 수 있다"라고 주장하면서 이를 '내재적 신앙'이라고 표현했다.[48]

불안은 현실 상황에 대한 대응 반응이지만 대부분은 심상을 통해 현실 상황을 과도하게 두려워하는 것이라고 분석할 수 있다. 따라서 심상을 통해 현실 상황을 역제지 하는 것이 불안 극복에 대한 전형적인 상담 및 심리치료적 접근이다. 현실 상황을 변경 또는 조작할 수 있지 않기 때문에 심상으로 이를 다루게 되는 것이다.

이에 대해 에드워드 벤넷은 능동적 상상과 명상을 통해 정신적 상(image, 불안을 없애려는 상상)에 집중하고 연습하면 그 상을 바꾸거나 이동시키거

---

43 Judith P. Siegel,(2010) *Stop Overreacting*. Oakland, CA.: New Harbinger Publications.
44 Skovholt, *The Resilient Practitioner*, 305.
45 Wehrenberg, Margaret,(2018) *The 10 Best Ever Anxiety Management Techniques*. New York: W. W. Norton & Company.
46 Wright, *Making Peace with Your Past*, 69.
47 William D. Backus,(1985) *Telling the Truth to Troubled People* (Minneapolis: Bethany House), 165-66. cf. Yarhouse & Sells, *Family Therapies*, cp. 6.
48 Frauke C. Schaefer & Charles A. Schaefer,(2016) *Trauma and Resilience*, np.: Condeo Press.

나 심지어 의식층에 떠오르지 않게 할 수도 있다고 주장한다.[49] 일반적으로 불안에 대한 세 가지 반응(도망가거나, 얼어붙거나, 공격하는 것) 가운데 가장 바람직한 대응 방법은 불안 상황에 직면하고 맞서 싸우고 공격(dispute)하는 것인데, 이는 심상을 통해 효과적으로 시행할 수 있으며, 이로써 내면에 평안을 가질 수 있다.[50]

대부분 불안에 노출된 사람은 즐겁고 생산적인 감정과는 반대로 불쾌하고, 비생산적이며, 파괴적인 감정에 몰입하기 때문에 이에 따라 어떤 일이나 생각을 끝까지 성공적으로 수행하지 못한다. 그래서 인지행동치료를 개발한 알버트 엘리스는 불안 상황의 반대 모습을 심상함으로써 분명히 치료할 수 있다고 보고, 불안을 극복하는 자기 모습을 심상하는 것을 '긍정적 시각화'라고 표현했다.[51] 선행 연구를 분석해 볼 때, 심상을 통해 불안을 다룰 수 있다는 것은 입증된 자료들이 많아 전혀 새로운 주장은 아니다.[52]

(1) 심상의 효과

근래 상담 및 심리치료의 여러 분야에서 불안 극복을 위한 심상의 효과를 제시하고 있다.[53] 특히, 운동선수들을 대상으로 심상을 통한 이완 및 불안 감소를 시도하고, 경기력 향상을 모색하고 있다.[54] 예를 들면, 농구선수들이 자유투에 성공하기 위해 득점하는 장면을 심상해 경기력 향상을 시도하고 있다.

학생들을 임의 표집으로 조사해 세 집단으로 나누고 집단 A에는 20일 동안 매일 연습하고, 집단 B는 첫째 날과 마지막 날에만 연습하도록 했다. 집단 C는 첫째 날과 마지막 날에만 연습하도록 했으나 매일 20분간 공이 골대의 바구니 안으로 들어가는 것을 심상하는 시간을 가졌다.

---

49 Edward A. Bennet,(1972) *What Jung Really Said* (New York: Schocken), 141.
50 William D. Backus & Candace Backus,(1988) *Untwisting Twisted Relationships*, 전요섭, 노철우 공역,(2016)『성경적 인간관계 세우기』(서울: CLC), 65.
51 Albert Ellis,(2016) *How to Control Anxiety before It Controls You* (New York: Partridge Green).
52 Norman Wright,(2005) *Making Peace with Your Past*. Grand Rapids: F. H. Revell.
53 최범식,(2006)『심상 치료와 상담의 본질』(서울: 학구사), 56.
54 Joel Leveyt, Michelle Levey & Margaret J. Wheatley,(2005) *The Fine Arts of Relaxation, Concentration, and Meditation* (New York: Wisdom Publications), 60-61.

만일 공이 들어가지 않으면 다시 시도하는 방식으로 심상했다. 20일간에 걸쳐 자유투를 연습한 집단 A의 성공률은 24퍼센트였고, 집단 B는 아무 진전이 없었으며, 집단 C는 23퍼센트의 성공률을 나타냈다. 심상의 힘은 매우 강력해서 그 묘사 내용을 내적으로 수용해 상당 기간을 하게 되면 자기의 인지, 정서, 행동에 강한 영향을 미치게 된다. 심상은 불안뿐만 아니라 내담자가 겪는 다양한 심리정서적 고통에서 벗어날 수 있도록 해 주는 방법 가운데 상당히 유효한 방법으로 제시되고 있다.

(2) 명상 및 심상의 부작용

심상은 보이지 않는 것을 보는 것이며, 인간의 모든 행동의 동기가 된다. 그래서 히브리서 11:1에 "믿음은 바라는 것들의 실상"이라고 했는데, 여기서 바라는 것을 단순히 마음의 원함(want, wish)으로 이해하기보다 상(image)을 만들어 내는 것으로 이해할 수 있다. 심상 자체의 의미는 중립적(neutral)인 개념이지만, 현실적으로 심상이 중립적인 것은 아닌데, 그 이유는 심상하는 사람 자체가 중립적이기 않기 때문이다. 여기서 심상의 위험성이 제기되기도 한다. 즉, 우리의 심상하는 능력은 자기의 죄로 인해 쉽게 변질될 수 있는 것이다. 여기서 '변질'이라 함은 죄성 때문에 나타나는 부정적 상(negative image)을 만들어 내는 것을 의미한다.

우리의 상상력이 자기의 믿음을 드러낼 수도 있지만, 또한 죄악된 성향 때문에 심리정서적으로 잘못된 심상을 할 수도 있다. 그런 심상을 통해서는 치료 효과를 얻지 못할 뿐만 아니라, 오히려 심리정서적, 영적 건강에 상당한 피해를 줄 수 있는 위험성에 노출될 수도 있다.

성경(롬 1:21)에는 악한 상상, 허망한 상상 등에 대해 경고한 바 있으나,[55] 심상은 긍정적인 가능성과 부정적인 가능성을 동시에 가지고 있으므로, 그 자체를 악한 것이라고 단정할 수는 없다. 하지만 훈련에 의하지 않거나 자유로운 상태에서의 심상은 인간의 죄성 때문에 자칫 부도덕, 불안, 공포 등 잘못된 심상이 될 가능성이 크므로 그러한 생각으로 끌려가지 않으려는 노력이 중요하다.

---

55 Juan C. Ortiz,(1995) *Disciple: A Handbook for New Believers* (Orlando, FL.: Creation House), 63.

죄성을 다루지 않는 심리학에서도 우리 내면에는 좋은 생각과 나쁜 생각을 모두 가지고 있지만 가만히 내버려 둔다든지 검증받지 않으면 심상은 부정적인 양상으로 흐르게 된다고 분석했다.[56] 정신분석학 일각에서는 명상과 심상은 우리를 진정한 자아로 인도한다고 주장했지만 그럴만한 근거는 없다.[57]

정신분석학에 기초해 기독교 상담학을 통합한 입장에서는 적극적 명상을 치료 방법으로 제시한다.[58] 하지만 상담학자 노만 라이트는 창세기 6:5 "여호와께서 사람의 죄악이 세상에 관영함을 그 마음의 생각과 모든 계획이 항상 악할 뿐임을 보시고 … "를 예로 들어 인간의 타락 때문에 심상은 왜곡되어 잘못 사용되는 경우가 있을 수 있다는 사실을 지적한 바 있다.[59]

인간만이 상상(fancy), 공상(fantasy), 환상(revery), 명상(meditation), 심상(imagery)할 수 있는 존재로서 이런 것들은 심리정서적으로 건강을 얻을 수도 있고, 질병 상태에 이를 수도 있다. 마음이 원하는 대로 심상을 자유롭게 허용하면 생각은 꼬리를 물고 잘못된 상상을 하게 되고, 경건하지 않은 생각에 사로잡힐 가능성이 크므로 기독교 상담에서는 하나님을 집중하고 말씀을 묵상하는 것이 중요하다.

이에 대해 사도 바울은 에베소서 2:3에 "… 우리 육체의 욕심을 따라 지내며 육체와 마음의 원하는 것을 해서 다른 이들과 같이 본질상 진노의 자녀이었더니"라는 구절을 통해 상상, 공상, 환상, 명상, 심상 등이 죄악과 밀접한 상태를 드러내는 것이 될 수 있음을 시사하고 있다.

명상을 주장하는 견해에서는 신경 영상 촬영 결과, 명상을 오랫동안 실시한 사람들은 그렇지 않은 사람들보다 긍정적인 감정과 기분을 담당하는 뇌의 영역이 훨씬 활발하게 움직인다는 사실을 발견했다는 연구 결과를 제시해 명상의 유익을 드러내고 있다.[60]

---

56 Cozolino, *The Neuroscience of Psychotherapy*, 228.
57 Eric Ackroyd,(1993) *A Dictionary of Dream Symbols: with an Introduction to Dream Psychology* (New York: Sterling Publishing), 58.
58 Ulanov Ann,(1975) *Religion & Unconscious*. Philadelphia: Westminster Press.
59 Wright, *Making Peace with Your Past*, 77.
60 Steve Flowers,(2009) *The Mindful Path through Shyness* (Oakland, CA.: New Harbinger Publications).

그러나 케네스 웰치와 도날드 비어는 PTSD(외상후 스트레스 장애)를 겪은 사람들이 명상할 때, 대뇌 좌우 반구에 분열 현상이 나타나고 우뇌에는 의도하지 않은 환상적 이미지가 나타난다는 뇌의 양측 활성화 가설을 제기했다. 그들의 주장에 따르면, 명상으로 인해 좌뇌는 지나친 경계나 공격성이 드러나는 등 좌우 반구를 연결하는 중재 기능이 붕괴한다고 분석한 것이다.[61]

칼 레흐만은 PTSD에 노출된 사람들을 대상으로 동양적 명상 방법으로 치료를 시도해 보았으나, 치료대상자 중 5퍼센트 정도만 효과가 있었고, 95퍼센트는 전혀 변화가 없었다고 분석했다.[62] 하지만 좌우뇌를 균형이 있게 촉진하는 치료 방법을 사용했을 때 효과가 25퍼센트로 증가하였다고 레흐만은 보고했다.[63] 또 다른 연구에서는 좌우뇌가 모두 활성화되어야 불안을 조절할 수 있고, 건강한 정신을 유지할 수 있다는 연구 결과도 있다.[64]

대개 불안상태에 이르면 우뇌가 편향적으로 활성화되는 징후 증상이 나타나는데 명상을 통해 우뇌의 편향적 활성화가 나타난다면 치료가 아니라 '악화'라고 보아야 한다. 불안이 우뇌의 편향적인 결과이므로 성공적인 치료는 뇌의 균형을 이루도록 하는 것이다.

티모디 제닝스도 명상은 명상하는 자가 인위적 정감을 얻게 하고, 현실 세계로부터 단절, 괴리가 나타나며, 성품에 존재하는 불안에는 하등의 변화가 없다고 분석했다. 오히려 지나친 명상을 통해 뇌파에서 α 파와 δ 파의 빈도를 증가시켜 우뇌의 지배력이 커지므로 뇌의 불균형을 초래할 뿐만 아니라, 환상을 만들어 냄으로써 자의식을 잃게 하고, 분별력과 이성을 상실하게 만든다고 그 위험성을 보고했다.[65]

---

61 Francis Shapiro,(1995) "Efficacy of the Eye Movement Desensitization Procedure in the Treatment of Traumatic Memories," *Journal of Traumatic Stress* 2, 31-32.
62 http://www.kclehman.com/Lehman,"Brain Science, Emotional Trauma & The God Who is with Us, Part I," 2-3(2023.7.1).
63 Lehman이 사용한 방법은 '안구운동 민감소실 재처리요법'(Eye Movement Desensitization & Reprocessing: EMDR)이다. Francine Shapiro,(2002) "EMDR 12 Years after Its Introduction: Past & Future Research," *Journal of Clinic Psychology* 58, 1-22.
64 Cozolino, *The Neuroscience of Psychotherapy*, 148.
65 Timothy R. Jennings,(2017) *The God Shaped Brain*: *How Changing Your View of God*

하지만 상상(fantasy), 환상, 심상, 명상 등은 불안을 근본적으로 해결하는 데는 한계가 있고, 감정을 다소 편안하게 하는 수단만 될 뿐이다.[66] 하나님이 자기와 함께하신다는 경건묵상은 뇌량을 활성화하고 안정과 평안을 얻게 한다. 경건묵상을 '임마누엘 묵상'이라고 했으며 그것은 하나님이 자기와 함께하신다는 임재를 확신함으로써 불안장애를 극복할 수 있다는 방편으로 제시하였다.

(3) 심상과 경건묵상

① 경건묵상의 개념

기독교 상담에서 추구해야 할 경건묵상과 일반 '상상', '심상', '명상', '초월명상'(Transcendental Meditation) 등과 구별하기 위해 '경건묵상'(faithful meditation)이라는 용어를 사용하는 것이 적합하다. 하트는 이를 '기독교 묵상'이라고 하면서 시편 1:1-2 "복 있는 사람은 … 오직 여호와의 율법을 즐거워하여 그 율법을 주야로 묵상하는 자로다"와 시편 19:14 "나의 반석이시요 나의 구속자이신 여호와여 내 입의 말과 마음의 묵상이 주의 앞에 열납 되기를 원하나이다"라는 구절에 기초한다고 보았다.[67]

하트는 '상상', '심상', '명상', '초월명상' 등의 용어를 뉴에이지 운동(New Age movement)이나 동양 종교 등에서 주로 사용해 왔기에 기독교 상담에서는 이 용어를 입에 담는 것조차 민감하게 거부해 왔다고 분석했다. 명상을 통한 마음 다스리기(mindfulness)는 불교에서 파생된 것이 분명하다.[68]

그렇다면 기독교 상담에서는 '심상', '명상' 등을 해서는 안 되는가?

그렇게 주장한다면 그것은 마치 목욕물과 함께 아기를 버리는 실수를 저지르는 것과 같다고 비유할 수 있다. 묵상(默想)은 '묵묵히 마음속으로 생각한다'는 의미를 담고 있는 용어다. 이를 영어로는 메디테이션(meditation)으

  Transforms Your Life (Downers Grove, IL. InterVarsity Press), 306.
66 Leigh McCullough, Nat Kuhn, Stuart Andrews, Amelia Kaplan & Jonathan Wolf, Mc-Cullough, Leigh; Nat Kuhn; Stuart Andrews; Amelia Kaplan & Jonathan Wolf,(2003) *Treating Affect Phobia: A Manual for Short-Term Dynamic Psychotherapy*. New York: Guilford.
67 Archibald D. Hart,(1999) *The Anxiety Cure* (Nashville, TN.: Thomas Nelson), 329.
68 Judith P. Siegel,(2010) *Stop Overreacting*. Oakland, CA.: New Harbinger Publications.

로 표기하는데 그 단어를 우리말로 옮길 때 '묵상' 또는 '명상'으로 번역되며, '묵상'이라는 단어는 성경에 58번 정도 언급되어 있다. 대부분 상담 및 심리치료에서 묵상 또는 명상을 통한 이완을 치료의 방편으로 사용하고 있다.[69]

기독교 상담에서는 단지 '심상', '명상'의 차원을 넘어 그리스도의 임재에 대한 심상, 성령의 도우심으로 인한 묵상을 일컬어 '경건묵상'이라 하며, 이에 대한 구체적인 표현으로 이른바 '임마누엘 묵상'이라 한다.[70]

② 심상과 경건묵상의 차이

불안에 노출된 사람들에게 절실하게 필요하고 중요한 것은 심리정서적 안정감을 느끼는 것이며, 그 상태가 유지되는 것이라 할 수 있다.[71] 레슬리 그린버그와 샌드라 파이비오는 내담자 자신이 진정으로 안심, 안정감, 견고함 등의 확신을 하기 전까지는 불안이 치료된 것이 아니라고 보았다.[72] 이 충분한 안심, 안정감, 견고함을 일반적으로 상담 및 심리치료에서는 상담자가 주려고 노력한다.

하지만 진정한 심리정서적 안정감은 경건묵상을 통해 가능한데 이는 자기의 나약함을 극복해 줄 절대적이고, 거대하며, 강대한 세력으로서 하나님의 존재와 그 능력이 항상 자기와 함께하시며, 자기가 그분의 보호 아래 있음을 확신하는 경건묵상을 통해 가능한 것이다.

치료적으로 볼 때, 경건묵상도 넓은 범주에서 마음에 그리는 어떤 상(image)을 통해 문제를 극복하는 심상의 일종이라 할 수 있다. 하지만 심상과 경건묵상의 본질적 차이는 심상에는 하나님에게 초점을 맞추거나 하나님에 대한 개념이 없다는 것이다. 미국 풀러신학교 상담학 교수 아치발드 하트는 불안 극복을 위해 내담자가 마음속으로 하나님께 초점을 맞추는 묵상의 연습이 치료에 상당히 큰 영향을 미친다고 주장했다.[73]

---

69   Hart, *The Anxiety Cure*, 330.
70   John D. Watts,(1992) *Word Biblical Commentary*: *Isaiah 1-33* (Dallas, TX.: Word Books), 213.
71   John A. Chiles & Kirk D. Strosahl,(1995) *The Suicidal Patient: Principles of Assessment, Treatment & Case Management* (Washington, DC.: American Psychiatric Press), 74.
72   Leslie S. Greenberg & Sandra C. Paivio,(2003) *Working with Emotions in Psychotherapy* (New York: Guilford), 278.
73   Hart, *The Anxiety Cure*, 340.

노만 라이트는 불안을 야기하는 부정적 심상에서 벗어나려는 기본적인 노력은 일차적으로 개인에게 있지만, 성령의 도우심이 없이 바른 심상을 하기가 어렵다고 지적하면서 그리스도의 임재를 심상하는 것은 심리치료에도 상당한 유익을 얻게 된다고 주장했다.[74]

경건묵상과 명상을 분명히 구분할 수 있는 경계선은 비움과 채움의 차이라고 볼 수 있다. 명상은 마음을 비우기 위한 노력이지만, 경건묵상은 하나님의 말씀으로 채우는 것이다. 명상은 도피, 회피를 추구하고, 무의 상태에 이르려는 것이며, 비움을 목표로 하기에[75] 현상적인 공통점이 있다고 할지라도 경건묵상과 근본적으로 다르며, 명상은 바람직한 기독교 영성이 될 수도 없다.

하나님이 원하시는 것은 인간의 정신이 텅 빈 상태가 아니라 하나님의 말씀을 주야로 묵상해 그의 이미지를 충만히 갖는 것이다(시 1:1). 인간의 심리는 비어있으면 무엇인가를 추구하고, 충족하려는 성향이 나타나므로 텅 빈 심리상태가 문제 해결의 목표라고 할 수 없다.[76]

이론적으로 명상을 통해 불안을 비웠다 할지라도 그것을 바른 치료로 보기 어려운 것은 그것이 임시방편적이기 때문이다. 게다가 타락된 영성 때문에 텅 빈 마음에 부정적 심상을 하게 될 수 있다. 경건묵상은 하나님과의 인격적인 교제를 통해 하나님의 영, 말씀으로 채우는 것이다.

③ 임마누엘 묵상

가. 임마누엘 묵상의 개념

사람들이 불안에 노출되면 절대적 존재, 힘 있는 존재, 자기를 도와줄 존재를 떠올리게 된다. 인간은 극도의 불안 상황에서 하나님을 생각하고 하나님과 타협하는 것은 흔히 있어 온 일이다. 그러므로 불안은 순기능적으로 인간이 하나님을 깨닫고, 하나님에게 돌아가도록 하는 첩경일 수도 있다.[77]

---

74 Wright, *Making Peace with Your Past*, 78-79.
75 Ortiz, *Disciple*, 55, 58.
76 Lawrence J. Crabb,(1987) *Understanding People* (Grand Rapids: Zondervan), 106.
77 불안이 인간을 하나님께로 인도하는 수단이 될 수도 있는데 그것이 없었다면 하나님

찰스 스탠리도 "이유가 무엇이든 불안은 인간이 하나님을 의지하고 하나님께 나가도록 만드는 요인이다"라고 분석한 바 있다.[78] 이때 진정으로 하나님께서 자기와 함께하신다는 사실을 깨닫고 그분의 임재를 확신하는 방법으로 불안을 해소할 수 있다. 임마누엘 묵상을 통한 치료를 소위 '임마누엘 치료'라 하는데 이 용어를 처음 사용하였고, 기독교 상담에 처음 도입한 학자는 제임스 와일더다.

하나님이 언제나 자기와 함께하신다는 말을 히브리어로 '임마누엘'(Immanuel)이라고 하며, 이 용어는 이사야 7:14과 마태복음 1:23에 기록되었다. 이는 영어 전치사 with와 동일 개념의 히브리어 '임'(im)과 1인칭 복수 '우리'를 의미하는 '마누'(manu)가 합해져서 '임마누'(immanu)가 되었다. 즉, '우리와 함께'라는 '임마누'에, 하나님의 이름인 '엘'(el)이 합성된 히브리어 '임마누엘'은 '하나님이 우리와 함께'라는 뜻이다.[79]

와일더는 '임마누엘 중재'(intervention) 또는 '접근'(approach)이라는 단어를 사용해 하나님이 자기와 함께하신다는 임재를 의식하고, 경건묵상을 통해 불안 및 다양한 심리정서적 문제와 고통 등을 완화, 감소 및 극복하는 방법을 제시했다.[80] 뇌 신경학자 알렌 쇼어는 뇌 연구를 통해 임마누엘 치료를 과학적으로 입증하려고 시도했다.

레흐만은 정신과 전문의로서 임마누엘 치료의 효과를 구체화하며, 조직적인 연구를 했다. 레흐만은 하나님께서 생물학적 인간의 뇌에 긍정적인 영향을 미친다는 것을 입증한 연구 결과를 발표했다.[81] 임마누엘 치료는 'Theophostic therapy'®와 유사한 개념으로서 레흐만이 에드워드 스미스와 함께 이 신조어를 등록해 사용하고 있다.

을 의식하지 않았을 것이기 때문이다. Lawrence J. Crabb,(2005) *Finding God* (Bucks, UK.:. Authentic Media), 191.
78   Charles F. Stanley,(2014) *Emotions.* New York: Howard Books.
79   James E. Wilder & Chris M. Coursey,(2010) *Share Immanuel: The Healing Life Style* (Pasadena: Shepherd's House), 1.
80   James G. Friesen, James E. Wilder & Anne M. Bierling,(1999) *Living from the Heart Jesus Gave You* (Pasadena: Shepherd's House), 7-8.
81   William James,(1985) *The Varieties of Religious Experience* (New York: Penguin Books), 274. cf. Vicky Genia,(1995) *Counseling & Psychotherapy of Religious Clients* (Westport, CN.: Praeger), 212.

Theophostic은 우리말로 용어화하기는 어렵고, 음역해서 '데오파스틱'(하나님의 빛)이라고 부르는 것이 일반적이다. 그 개념에 있어서는 심리정서적 불안상태에서 거대한 힘으로서의 하나님이 자기와 함께하시는 임재 의식으로 자기 내면에 불안과 같은 부정적 정서와 어둠이 물러나고 진리의 빛으로써 극복된다는 의미를 내포하고 있다.[82]

이것은 하나님이 현재의 불안 상황에서뿐만 아니라, 미래에도 자기와 함께하실 것을 신뢰하는 것이며, 우울, 공포, 강박 등 어떤 상황에서도 심리정서적, 영적 안정을 얻을 수 있다.[83] 대부분 불안장애에 노출된 사람들의 심리정서적 특성은 자기의 미래에 대해 지나치게 두려워한다는 점을 고려하면 임마누엘 치료가 그에 걸맞은 치료적 접근이라고 볼 수 있다.

상담학자 데이비드 벤너는 임마누엘 치료와 유사한 개념으로 '카타파틱'(Kataphatic)이라는 용어를 사용해 하나님 의식을 통한 심리치료의 가능성을 모색했다.[84] 이 개념 역시 하나님이 자기와 함께하심에 대한 경건묵상을 통해 불안을 극복하는 것으로서[85] 레흐만도 하나님의 임재를 의식하고 경건묵상을 함으로써 불안을 감소하는데 효과적이었다는 사실을 밝히고 있듯이[86] 임마누엘 묵상, 임마누엘 중재, 임마누엘 치료 등은 심리정서적, 영적 안정감을 얻게 하는 중요한 방편이다.

82　Edward M. Smith,(2002) *Healing Life's Deepest Hurts: Let the Light of Christ Dispel the Darkness in Your Soul* (Ann Arbor, MI.: New Creation Publishing), 13.
83　S. Brandon, J. Boakes, D. Glaser, R. Green, R. J. MacKeith & P. Whewell,(1997) "Reported Recovered Memories of Child Sexual Abuse: Recommendations for Good Practice & Implications for Training, Continuing Professional Development & Research," *Psychiatric Bulletin* 21/10, 663-65.
84　David G. Benner,(2000) *Psychotherapy & the Spiritual Quest* (London: Royal National Institute for the Blind), 113-15.
85　Brandon, et al, "Reported Recovered Memories of Child Sexual Abuse: Recommendations for Good Practice & Implications for Training, Continuing Professional Development & Research," 663-65.
86　www.kclehman.com/Lehman, "Brain Science, Emotional Trauma & The God Who is with Us, Part I," 8(2023. 7.1.).

나. 임마누엘 묵상의 방법

하나님의 임재를 의식하고, 경건묵상하는 데 있어 시공간적 제약은 없으며, 어떤 상황에서나 하나님이 자기와 함께하신다는 임마누엘을 의식함으로써 가능하다. 명상이나 심상 또는 임마누엘 묵상도 중요한 조건은 집중으로서, 아치발드 하트는 "집중하지 않으면 하나님을 심상할 수 없다"[87]라고 주장한 바 있다.

불안 극복에 대한 심상과 관련해 '하나님은 어떤 분이신가'에 대한 개념을 확고히 하는 것은 심리정서적 혼란을 극복하는 방법이 될 수 있다. 이 부분이 기독교 상담 현장에서 적용하기에 가장 어려운 부분이다. 형상이 아니신 하나님의 임재를 심상한다는 것이 쉬운 일이 아니기 때문이다.[88]

미국 웨스트민스터신학교 목회 상담학 교수 데이비드 폴리슨은 '자기의 하나님'(the personal God)이라는 용어로 표현했는데 그것은 하나님이 추상적으로 막연한 존재가 아니라, 자기의 개별적 상황에 함께하시는 존재로서 이를 인식할 때 불안이 극복될 수 있다고 보았다.[89] 영이신 하나님이 자기와 함께하신다는 임재의 확신이 있다면 더 추구한 바가 없다. 하나님을 심상하며 그분에게 집중할 때 어떤 사람은 예수 그리스도의 얼굴이 그려진 초상화나 성화를 떠올리는 일도 있다.

하트도 하나님을 시각화하거나 심상하도록 도와주는 형상을 추구하는 것에 대해 권장한 바 있는데 그것은 성경적인 것도 아니며, 좋은 방법이 아니다. 하나님은 영(spirit)이시기 때문에 시각화할 수 없으므로 하나님의 영이 자기와 함께하신다는 사실을 확신하고, 성경 말씀의 의미를 묵상함으로써 임재 속으로 들어가는 것이다.

이에 대해 고든 맥도날드는 묵상은 생각을 집중시키는 심상을 요구하는데 이때 하나님의 말씀이 자기의 내면세계로 입력되는 것이 중요하다고 강조했으며, 이렇게 말씀에 집중된 심상일 때 성령께서 경건묵상을 인도하시게 된다고 보았다.[90] 감각을 추구하는 것이 때에 따라서는 의도하지

87　Hart, *The Anxiety Cure*, 338.
88　Hart, *The Anxiety Cure*, 344.
89　David Powlison,(2014) "The Personal God," *The Journal of Biblical Counseling* 28/2, 2-8.
90　Gordon MacDonald,(2017) *Ordering Your Private World*, (Downers Grove, IL.: InterVarsity Press), 262-63.

않게 비성경적, 비신학적, 비신앙적 문제를 야기할 수도 있다.

하나님을 심상하는 것은 기독교 상담에서 다루어져 왔던 하나의 기법으로 이해해 볼 수 있으나 실제로 하나님을 심상하는 것보다 더 중요한 것은 어떤 하나님을 심상하느냐의 문제다. 왜곡된 하나님 상(image)을 심상했을 때 발생하는 영적 문제는 또 다른 문제의 원인이 될 수도 있다. 그러므로 심상을 통해 내담자의 불안 문제를 해결하려는 시도에 있어 특별히 기독교 상담자의 지도가 많이 필요한 부분이다. 드보라 헌싱거는 잘못된 심상으로 발생하는 다양한 문제를 소개한 바 있으며, 하나님을 상상하는 방식에 있어 상당한 통찰력이 필요하다는 것을 피력했다.[91]

초월적인 하나님과 성령의 현존을 의식하는 것은 온전한 영성이며, 불안의 문제를 해결할 근거가 되는 것이다. 하나님을 의식하고, 바라보고, 심상함으로써 불안을 극복할 수 있다고 제시한 성경 구절도 있다.

> 내 영혼아 네가 어찌하여 낙망하며 어찌하여 내 속에서 불안하여 하는고 너는 하나님을 바라라(시 43:5).

여기서 바라봄(심상)의 대상으로서 하나님은 선한 존재, 힘 있는 존재, 도움을 제공하는 존재, 능력이 많은 존재, 문제를 해결해 주는 존재 등을 의미한다. 불안 극복의 요인은 신앙적 견고함(stability)과 강인성(hardness)이므로 상담자는 어떤 상황에도 내담자가 하나님이 자기와 함께하신다는 임재 의식을 통해 안정성을 갖도록 해야 한다.[92]

페리 노블은 다니엘 3:24-25의 주석을 통해 다니엘처럼 어떤 상황에서도 하나님이 자기와 함께하신다는 임재 의식을 기초로 해 신앙의 견고함과 강인성으로 불안을 극복한 내용을 소개했다. 자기와 함께하시는 하나님의 임재를 의식하지 못할 때 불안 상황에서 벗어나기는 어렵고, 하나님이 자기와 함께하신다는 분명한 임재 의식을 갖는다면 그것은 불안을 극복할 수 있는 자원이 된다.[93]

---

91 McMinn & Phillips, *Care for the Soul*, 356-57.
92 Thomas, *The Glorious Pursuit*, 280.
93 Perry Noble,(2014) *Overwhelmed: Winning the War against Worry* (Carol Stream, IL.: Tyndale House Publishers), 126.

에밀 쿠에는 자기 스스로 불안을 극복해 내려는 상상과 반복된 암시만으로도 얼마든지 극복해 낼 수 있다는 것을 강조했다.[94] 하지만 우리는 자기에게 불안을 덜 느끼라고 명령할 수는 없고, 불안 자체보다 더 위대하고 강한 실존이신 하나님께 의지하고 그분의 영으로 충만할 수밖에 없는데 그것이 바로 임마누엘 묵상을 통한 치료다.[95]

웨렌버그는 불안 증상의 완화, 감소 및 극복을 위해 성경 구절을 큰 소리로 암송하는 것이나 기도하는 것을 심상의 범주에 포함했다.[96] 상반행동 적용이 심상에만 그치고 그것이 행동으로 나타나지 않는 것을 온전한 변화로 볼 수는 없을 것이다. 그렇다면 온전한 행동 변화를 위해 행동으로 나타나야 한다. 대부분의 성적인 행동 문제는 성적인 심상에서 비롯된다는 것을 고려해 보면, 심상이 행동을 야기하는 원동력이 된다고 볼 수 있다.

모든 행동은 개인의 사고로부터 비롯되는 것으로서 사고의 변화가 1차적 변화이므로 이것이 먼저 이루어져야 한다. 그런 면에서 '상반행동'이라는 용어보다는 '상반(incompatible) 사고'라는 용어를 사용해야 할 듯한데 그런 용어를 공식적으로 사용하지는 않는다. 이 용어를 행동주의 심리학이나 인지행동 치료에서는 '심상'(imagery)이라는 용어에 내포해 사용해 왔다고 볼 수 있다.

에드워드 윔벌리는 "종종 내담자들의 불안 극복을 위해 하나님께 지속해서 상담관계를 인도해 주실 것을 기도드리고 내담자의 불안을 극복하기 위해 기도하지만 그것이 필요 없다는 것이 아니라, 기독교 상담에서 적용할 수 있는 여러 가지 접근이 필요하다는 것을 주장했다.[97] 이런 진술은 기도의 능력을 부정하는 것이 아니라 다른 차원도 고려할 것을 시사한 것이다.

로버트 로버츠는 삶의 괴로운 상황에 부닥쳐 있을 때 어렵고, 힘들고, 고통스럽고, 두려운 생각에 집중하지 않고, 상반사고를 하는 것으로 커다란 영적 도움이 된다는 사실을 제시했다.[98] 자기를 도우시는 하나님, 자기와 함께하시는 하나님을 심상하는 것은 상담에서 권장되어야 할 기법이

---

94 Emile Coue,(1922) *Self Mastery through Conscious Autosuggestion* (New York: American Library Service), 14-15.
95 Michael Frost & Alan Hirsch,(2011) *The Faith of Leap* (Grand Rapids: Baker Books), 136.
96 Wehrenberg, *The 10 Best ever Anxiety Management Techniques*, 222-23.
97 Edward P. Wimberly,(1990) *Pastoral Counseling and Prayer* (Louisville: Westminster), 28.
98 McMinn & Phillips, *Care for the Soul*, cp. 6.

다. 하나님께서 자기에게 주신 의지를 다지고 자기 신체 및 심리정서를 스스로 통제해 이완시키면서 하나님과 더불어 안정된 심리를 유지할 수 있다.[99] 불안을 담대히 극복해 내는 자기 삶을 심상하는 것은 기독교 상담에서 적극적으로 권장되어야 할 부분이다.

4. 닫는 글

불안에 대한 예수 그리스도의 가르침이다.

> 두려워하지 말라 너희는 많은 참새보다 귀하니라(마 10:31).
> 두려워하지 말고 믿기만 하라(막 5:36).
> 근심하지도 말라(눅 12:29).
> 너희는 마음에 근심하지 말라 하나님을 믿으니 또 나를 믿으라(요 14:1).
> 너희는 마음에 근심하지도 말고 두려워하지도 말라(요 14:27).

이런 말씀을 신뢰함으로써 불안 극복의 초석을 다지는 것이 중요하다. 불안장애는 기본적으로 다음과 같은 양상을 보인다.

- 일상화되어 있다.
- 과도해져 있다.
- 미래적 또는 재앙화 적이다.
- 통제가 안 되어 있다.
- 신체화 증상의 발현 상태다.

이처럼 불안장애를 겪고 있는 사람들을 위해 어떤 도움을 줄 수 있는가에 대해 상반행동강화원리, 심상 등의 기독교 상담적 응용 가능성을 모색

---

99 Paul D. Meier, Frank B. Minirth, Frank B. Wicherm & Donald E. Ratcliff,(1991) *Introduction to Psychology and Counseling: Christian Perspectives Applications* (Grand Rapids: Baker Books), 348.

해 보았다.

상반행동강화원리는 행동주의 심리학 또는 인지심리학에서 행동수정 기법의 하나로 다루어지는 내용이지만 기독교 상담에서 응용 및 적용 가능성 있으며, 불안 증상을 완화, 감소 및 극복하는데 효과적인 방법이 될 수 있다는 것을 제시했다. 행동수정 이론과 개념상 일치하는 상반행동에 대한 성경 구절은 요한일서 4:18 "사랑 안에 두려움이 없고 온전한 사랑이 두려움을 내어 쫓나니 두려움에는 형벌이 있음이라 두려워하는 자는 사랑 안에서 온전히 이루지 못하였느니라"라는 말씀으로서 이는 상반행동의 명확한 성경적 기초가 된다고 살펴보았다.

즉, 내면에 존재하는 두려움(불안, 공포 등)의 분량이 증가함에 따라 사랑(평안, 안정 등)의 분량이 감소하게 되고, 사랑의 분량이 증가할 때, 두려움이 감소하게 된다는 의미다. 성경은 적극적인 의미로서 사랑이 두려움을 내어 쫓는다고 표현했다. 불안과 상반되는 마음의 평안을 묵상하고, 어떤 불안 상황 가운데서도 하나님이 자기와 함께하신다는 사실을 확신함으로써 불안을 완화, 감소, 극복할 수 있게 된다.

제2장

죽음 불안 상담

목차	
1. 여는 글 2. 죽음에 대한 개념 이해 　1) 죽음의 정의와 개념 　2) 죽음에 대한 성경적 이해 　　(1) 죽음의 기원 　　(2) 성경의 비유를 통한 죽음 이해 　　(3) 구약의 죽음 　　(4) 신약의 죽음	(5) 죽음 후의 삶 3. 죽음에 대한 상담 　1) 금기 제거 　2) 죽음 불안의 원인과 해소 　3) 확고한 내세관 형성 　4) 죽음에 대한 인격적 태도 4. 닫는 글

1. 여는 글

인간은 왜 죽는가?
죽음 후에는 무슨 일이 발생하는가?
죽음을 극복할 수는 없는가?

이러한 질문은 인류 역사를 통해 볼 때 고대로부터 끊임없이 고심해 온 생의 근본적인 질문 가운데 하나다.[1] 현대는 과거 그 어느 때보다 의학과 약학을 포함한 과학의 발달로 생명 연장의 숙원을 상당 부분 이룩했다고 볼 수 있다. 그러나 과학의 발전에도 인간은 결국 죽을 수밖에 없는 필멸적 존재이며, 사실상 죽음을 극복할 수 있는 대책이 인간에게는 전무하다.

1　Allen F. Page,(1987) *Life after Death: What the Bible Says* (Nashville: Abingdon), 15.

그래서 인간은 누구나 의식 또는 무의식 속에 죽음에 대한 불안과 공포를 느끼고 있으며, 이를 두려워하고 있다. 죽음은 인간 존재의 근원적이고, 궁극적이며 가장 강력하고도 위협적인 존재다.[2] 인간은 죽음에 저항하고, 여러 방법으로 이를 회피하려고 부단히 노력해 왔지만 죽음은 항상 인간 곁에 있었고, 인간에게 커다란 부담으로 작용해 왔다.[3]

죽음을 극복하려는 인간의 노력은 부질없는 것이며, 죽음과 사후 세계에 대한 확신을 기반으로 해서 죽음에 대한 불안과 공포를 극복하고 소망으로 죽음을 맞이하는 것이 삶의 바른 태도이다. 그래서 세간에서는 '잘 사는 것'(well-being)과 아울러 '잘 죽는 것'(well-dying)으로 삶을 완성하려는 노력도 나타나고 있다.

성경에 죽음을 언급한 많은 구절이 있지만 성경은 일목요연하게 기록한 죽음의 교과서가 아니므로 그것을 체계적으로 이해하고 정리하기란 단순한 일이 아니다. 또 그것을 체계적으로 정리했더라도 죽음에 대한 개념 자체의 모호성과 신비성이 있음을 인정해야 한다. 일반적으로 죽음에 대한 신학적 논의는 성서신학과 조직신학의 종말론 주제로 다루어져 왔다. 종말론은 미래에 될 일, 심판, 보상, 천국, 지옥 등을 다루며, 그에 대한 신앙을 갖는 것이다.[4] 물론, 죽음은 종말론에서 다루는 것이 합당하지만 이는 신학 전반적인 분야에서 심도 있게 다루어져야 할 주제다.

특히, 기독교 상담학적으로 죽음을 이해하고 이에 대해 정립하는 것은 상담 현장에서 이런 문제로 고민하는 내담자를 효과적으로 도울 수 있다는데 중요한 의미가 있으며, 아울러 죽음을 분명히 이해할수록 의미 있는 삶을 살 수 있기 때문이다.[5]

---

2   J. Kerby Anderson,(1980) *Life, Death and Beyond* (Grand Rapids: Zondervan), 11.
3   Elisabeth Kubler-Ross,(1975) *Death: The Final Stage of Growth* (New York: A Touchstone Book), 1.
4   Lucy Bregman,(1992) *Death in the Midst of Life: Perspectives on Death from Christianity and Depth Psychology* (Grand Rapids: Baker Books), 114.
5   죽음에 대한 연구는 제2차 세계대전 이후에 와서 본격적으로 시작되었다고 할 수 있다. 이것은 '죽음학(thanatology)'이라는 하나의 학문을 탄생시켰는데 미국과 일본 등지에서는 「죽음교육」(*Death Education*)이라는 정기간행물이 발간될 정도로 이 분야에 괄목할 만한 연구가 진행되고 있다. 미국의 대학에서 교양필수 또는 선택과목으로 '죽음학'이 등장한 것은 1950년대이고, 일본 동경대학교에서는 1980년대부터 개설되었다. 우리 나라에서는 최근에 와서 일부 의과대학에서 개설되었으며 극히 일부 대학교에서 교양

2. 죽음에 대한 개념 이해

1) 죽음의 정의와 개념

인간은 누구도 죽음을 충분히 그리고 분명히 이해하거나 설명하기 어렵다. 죽음을 체험한 자는 이미 죽음을 설명할 수 있는 존재가 되지 못하기 때문이다. 죽음에 근접했다고 볼 수 있는 자는 죽음을 경험하는 것이 아니라 죽음에 진입하게 되는 사고, 질병, 고통 등을 경험하는 것이지 죽음 자체는 아니다. 또한, 죽음을 안다고 했을 때 그것은 다른 사람의 죽음을 관찰하거나 단순히 주검을 보는 것으로써 이는 극히 피상적인 개념에 불과하다.

다니엘 칼라한은 죽음에 대해 정의하기를 인생이 종결될 때, 책임 있는 사람에 대한 도덕적 의무감이 사라질 때, 죽음이 다른 사람들의 감정을 해치지 않고 실망이나 분노를 느끼게 하지 않을 때, 참을 수 없거나 바람직하지 못한 고통을 수반하지 않은 상태를 죽음이라고 했다.[6] 이 정의는 개념이 모호해 죽음을 명백하게 이해하기에는 부족한 듯하다.

『정신의학 사전』에 의하면 죽음은 삶, 즉 육체와 정신의 총체적이고 영원한 기능의 중지라고 했다.[7] 또 미국심리학회(American Psychological Association: APA)에서 출간한 『APA 심리학 사전』에 따르면, 죽음은 인간의 신체 기관에서 육체와 정신 과정의 영원한 중단이라고 정의했다.[8]

전통적 견해에서 죽음의 정의는 임상적 표식으로 자발적 호흡의 정지와 심장 박동의 영원한 정지(permanent arrest of the heart beat)이다.[9] 이는 삶을 계속 유지하는 근본적 요소를 피와 호흡으로 보고 피가 순환되지 않으며, 호흡이 없는 상태를 죽음이라고 본 것이다. 심장과 폐의 기능이 중지되더라도 기관(organ)이나 세포(cellular)는 일정 기간 살아있고 여타 장기의 정지는 신체 내에서 각기 다른 시차를 가지고 나타나기 때문에 사실상 통합적 기능의 정지

과목으로 개설되어 있는 실정이다.
6   Stanley Hauerwas,(1986) *Suffering Presence* (Notre Dame: University of Notre Dame), 97.
7   Robert J. Campbell,(2004) *Campbell's Psychiatric Dictionary* (New York: Oxford University), 166.
8   Gary R. VandenBos,(2004) *APA Dictionary of Psychology* (Washington, DC.: APA), 257.
9   John Wilkinson,(1988) *Christian Ethics in the Health Care* (Edinburgh: Hangel), 281.

가 실제로 신체의 죽음(somatic death)이며 전체적 죽음일 것이다.[10]

대한의학협회의 '죽음 정의 연구위원회'는 죽음을 '심장 기능 및 호흡 기능과 뇌 반사의 불가역적 정지 또는 소실'이라고 정의했다.[11] 이 정의는 뇌사를 추가함으로써 죽음에 대한 논란을 불식시키려고 하였다. 의학계에서는 죽음을 정확하게 측정하기 위해 뇌파 측정기를 사용하기도 하는데 호흡이 정지되고, 심장이 움직이지 않으며, 뇌의 작동이 정지되었을 때를 완전한 죽음으로 판단한다. 다음은 구체적인 죽음의 개념이다.

- 생체적 유동 기능의 불가역적 정지(심장과 폐혈관의 기능 정지)
- 육체로부터 영혼의 불가역적 이탈(호흡의 기능 정지)
- 신체적 통합능력의 불가역적 정지(뇌의 기능 정지)
- 사회적 상호작용 능력의 불가역적 정지(뇌피질 사)

죽음에 대한 법률적 정의는 생명에서의 이탈, 신체적 삶의 정지라고 말할 수 있으며, 혈액 순환의 완전한 정지(total stoppage of the circulation of blood)와 호흡이나 맥박과 같은 생명 기능의 정지 과정으로 보고 있다.[12] 종합해 볼 때 죽음의 시점을 결정짓는 의학적 논란이 있기는 하지만 심폐 기능의 완전한 정지와 아울러 뇌사를 죽음이라고 정의하는데 이의가 없는 것 같다. 하지만 이것은 죽음에 대한 정의가 아니거나, 죽음에 대한 정의를 잘못 내렸다는 것이 아니라 단순히 생물학적 접근일 뿐이다.

죽음을 '이해할 수 없는 미지와 신비'라고 해서 덮어 둘 수는 없다. 기독교 상담 및 목회 현장에서는 항상 죽음의 문제를 접하게 되고, 죽음의 성경적 의미를 상담 및 교육해야 하며, 인간이 겪는 상당한 문제들은 죽음의 문제로 귀결되기 때문에 기독교 상담자는 죽음에 대한 견해를 분명히 밝혀야 한다.

---

10 Wilkinson, *Christian Ethics in the Health Care,* 280.
11 황기석,(1984) "죽음의 판정," 한국가톨릭의사협의회 편, 『의학윤리』 (서울: 수문사), 267.
12 Harmon L. Smith,(1970) *Ethics and New Medicine* (Nashville: Abingdon), 127.

2) 죽음에 대한 성경적 이해

(1) 죽음의 기원

죽음의 기원은 창세기에 기록된 대로 에덴동산에서 하나님의 뜻에 불순종하고 반역한 아담과 하와의 죄악된 행위에 근거를 두고 있다. 아담과 하와는 그들의 죄로 인해 하나님의 저주를 받고 죽음을 초래했다. 이것은 단지 구약성경에 나타난 개념일 뿐만 아니라 성경 전체에 흐르는 사상이다. 즉, 죽음은 하나님께서 창조하셨다기보다는 인간의 죄 때문에 야기된 처벌이다.

창세기 3:18-19에는 인간이 필멸적(mortal) 존재가 되었다고 묘사하고 있다. 따라서 인간의 타락 이전에는 '죽음'이라는 용어나 개념 자체가 있지 않았으며, 하나님을 반역하지 않았어도 인간은 죽음과 무관한 불멸적(immortal) 존재로서 살았을 것이라는 암시를 받을 수 있다. 이러한 견해는 초기 교부들도 가졌던 생각이다.[13] 하지만 필멸적 존재였느냐, 불멸적 존재였느냐에 대한 신학적 논의는 양론이 대립하고 있다. 분명한 것은 현재 인간은 필멸적 존재라는 사실이며, 인간이라면 그 누구도 죽음을 피할 수 없다는 사실이다. 성경에 명시된 대로 최초 인간에게 발생한 죽음은 죄에 대한 처벌이었음은 분명하다.[14]

로이드 베일리도 "인간이 필멸적 존재로 변하게 된 것은 하나님에 대한 불순종과 반역에서 기인된 것"[15]이라고 밝혔다. 인간에게 발생된 죽음을 죄의 결과로써 이해하는 것은 보수주의 신학이나 복음주의 신학에서는 정설로 받아들여지고 있다. 인간이 이 땅에 몇 년을 사는가의 문제는 온전히 하나님의 뜻이며 개인차가 있지만 통상 다윗의 표현대로 70세를 살도록 되어 있고, 강건하면 80세를 산다고 볼 때(시 90:10) 수명을 채우지 못하는 예기치 않은 죽음을 죄의 결과이며, 하나님의 심판으로 보는 견해도 나오게 되었다.[16]

---

13 George P. Fisher,(1988) *History of Christian Doctrine* (New York: Charles Scribner's Sons), 183.
14 Erwin W. Lutzer,(1992) *Coming to Grips with Death and Dying* (Chicago: Moody), 20.
15 Lloyd R. Bailey,(1979) *Biblical Perspectives on Death* (Philadelphia: Fortress), 77.
16 Illman, *Old Testament Formula about Death*, 97

성경은 죽음에 관한 내용만을 담은 책이 아니고, 죽음을 주제별로 일목요연하게 또는 집중적으로 다루어 놓은 것이 아니며, 산발적으로 다루었기 때문에 그것을 정리하는 것이 필요하지만 쉬운 일이 아니다. 죽음에 대한 논의는 의학과 철학, 심리학, 사회학 그리고 많은 종교를 통해 다양하게 연구되어 왔으나 각기 그 개념과 이해가 달라 일치된 입장은 발견하기 어렵다.

(2) 성경의 비유를 통한 죽음 이해

성경에 죽음을 일목요연하게 또는 집중적으로 다루지 않았을지라도 인간이 가지고 있는 자료 가운데 죽음에 대한 정의와 개념을 가장 명확하게 이해하고 설명할 수 있는 자료는 성경밖에 없다. 존 앤커버그와 존 웰돈은 "인간이 삶과 죽음에 대해 논할 때 성경 이상의 권위 있는 자료는 없다"[17]라고 말한 것처럼 기독교 상담자는 성경에서 죽음에 대한 정의와 개념을 수립하고 죽음과 관련된 문제에 대한 해답을 찾아야 한다.

에드윈 슈나이드맨의 분석에 따르면, 결과적으로 볼 때 "구약성경을 기록했던 히브리 저자들은 신약의 저자들과는 다른 입장에서 죽음을 묘사했는데 비교적 일관성을 가지고 죽음의 개념을 정립하려고 했다"[18]라고 진술했다. 그런가 하면 로이드 베일리는 "죽음에 대해서는 일관성이라든지 단일한 개념을 발견하기가 어렵다"[19]라고 주장했다.

레이 앤더슨도 성경에서 죽음의 신학을 명확하게 정의하기는 어렵다고 했으며, 죽음을 연구하는 대부분 학자도 성경에서 죽음에 대해 단일개념을 정립하기는 쉽지 않다고 주장했다.[20] 신구약 성경에 죽음의 내용이 매우 많이 담겨있더라도 이런 것은 미지에 속한 것이 많으며, 완전히 이해할 수 있는 주제가 아닌 것 같다. 죽음은 인간이 충분히 이해할 수 없지만, 성경에 나타난 다양한 죽음의 비유를 통해 성경이 말하고자 하는 죽음을 어느 정도 이해할 수 있을 것이다.

---

17 John Ankerberg & John Weldon,(1992) *The Faces on Life after Death* (Eugene: Harvest), 42.
18 Edwin S. Shneidman,(1976) *Death: Current Perspectives* (Palo Alto, CA.: Mayfield), 45-46.
19 Bailey, *Biblical Perspectives on Death*, 23.
20 Ray S. Anderson,(1986) *Theology, Death and Dying* (Oxford: Basil Blackwell), 1.

① 잠자는 것

육체적 죽음을 잠자는 것에 비유한 것은 대단히 의미 있는 묘사다. 성경에 나타난 죽음의 가장 일반적인 표현은 '잠을 잔다'는 것이다. 잠잔다는 묘사는 죽음의 두려움이 감소한 것이며 소망적 의미가 담겨있다. 잠을 잔다는 것은 깨어날 것을 전제한 표현이기 때문에 죽음의 일시성을 내포한 개념이다. 종국에 모든 인간이 심판받기 위해 깨어날 때까지 소정의 기간 동안에 취하는 잠이 죽음이다.[21]

요한복음 11:11-14은 예수께서 나사로의 무덤 앞에서 사람들에게 그가 죽은 것이 아니라 잠들었다고 말함으로써 주변 사람들로부터 실없는 사람이라는 평가받았으나 이것은 정확한 표현이다. 예수께서 죽음을 "잠"이라고 표현한 것은 죽음으로부터 깨어날 것을 전제하신 말씀이다. 사도행전 7:60; 8:1 "스데반이 이 말을 하고 자니라"라는 구절을 통해 누가도 죽음을 수면으로 이해한 것으로 볼 수 있다.

바울의 "우리가 다 잠잘 것이 아니요, 마지막 나팔에 순식간에 홀연히 다 변화하리니 …"라는 고린도전서 15:51의 말씀이나 "형제들아 자는 자들에 관하여는 너희가 알지 못함을 우리가 원치 아니하노니 … 우리가 예수의 죽었다가 다시 사심을 믿을진대 이와 같이 예수 안에서 자는 자들도 하나님이 저와 함께 데리고 오시리라"라는 데살로니가전서 4:13-14의 표현도 모두 죽음의 본질을 설명하면서 동시에 죽음의 두려움을 없애려는 시도라고 볼 수 있다.

이러한 표현은 구약 시대부터 있어 온 것인데 시편 13:3에 보면 "… 두렵건대 내가 사망의 잠을 잘까 하오며 …"라고 죽음을 잠으로 설명하였다. 신구약 성경에서 죽음을 잠으로 표현한 것은 죽음이 두렵거나, 무서운 존재가 아니라는 것을 시사해 주면서 일시적임을 말하고 있다.[22]

낮 동안 여러 가지 활동으로 피로에 지친 몸이 잠을 통해 안식하고 다음날 새롭게 일어나는 것을 생각해 볼 때 죽음은 끝이라기보다는 하나의 과정이다. 죽음을 잠으로 비유한 것은 여호와의 증인들이 주장하는 '영혼

---

21   Karl J. Illman,(1979) *Old Testament Formula about Death* (Slottsgatean, Finland: Publications of the Research Institute of the ABO Akademi Foundation), 15.

22   David G. Benner,(1998) *Care of Souls: Revisioning Christian Nurture and Counsel* (Grand Rapids: Baker Books), 22.

가면설, 즉 영혼의 소멸을 뜻하면서 지옥의 실재를 부인하는 교리와는 다른 것임에 주의해야 한다.[23] 이에 대해 로레인 보트너는 다음과 같이 설명했다.

> 물론, 대부분 사람이 부활할 때까지 몸이 잠들어 있다는 사실, 다시 말해서 몸이 무의식적이고 무감각적인 상태에 있게 된다는 사실을 인정한다. 그러나 여기서 말하는 잠은 육체적 수면이지 영혼의 수면이 아니다. 영혼 가면설을 가르치는 자들은 이 육체적 수면과 영혼의 수면을 혼동한 것이다. 성경은 어느 곳에서도 영혼 가면설을 가르치지 않았다. 죽은 자들과 관련하여 '잠'이라는 단어를 사용한 모든 예에서 나타난 그 전후 문맥을 살펴보면 이 말은 단지 육체에만 적용된다는 사실을 분명하게 알 수 있다.

② 물을 땅에 쏟는 것

죽음에 대한 비유 가운데 '물을 땅에 쏟는 것'이라는 것은 독특한 표현이다. 사무엘하 14:14에 "우리는 필경 죽으리니 땅에 쏟아진 물을 다시 모으지 못함 같을 것이오나 …"라는 구절에 나타난 바와 같이 물을 땅에 쏟아버리면 다시 그것을 모으지 못함과 같이 죽음의 불가역성을 나타냈다. 인간은 한 번 죽게 되면 그 영혼이 어디론가 스며들어 가 버리고 더 이상 회복이 불가능함과 함께 불가역적 개념을 표현한 것이다.

③ 흙으로 돌아가는 것

우리나라에서도 죽음에 대한 전통적인 표현으로 '돌아가셨다'라고 하는데, 이는 완곡어법이면서도 죽음에 대한 정확한 묘사다. 이것은 인간이 본래 비롯된 곳으로 귀향하는 뜻이 담긴 말이다. 성경적으로 볼 때 '돌아간다'는 죽음 묘사는 인간이 본래 흙으로 지음을 받았기 때문에 죽어서 육체가 썩어 그 지음 받은 본래 소재인 흙으로 다시 돌아간다는 것을 의미한다. 이러한 표현은 창세기 3:19을 비롯해 욥기 10:9에 "기억하옵소서 주께

23　Michael G. Wensing,(1993) *Death and Destiny in the Bible* (Collegeville, MN.: Liturgical Press), 26.

서 내 몸 지으시기를 흙을 뭉치듯 하셨거늘 다시 나를 티끌로 돌려보내려 하시나이까", 욥기 34:15 "… 사람도 진토로 돌아가리라", 전도서 12:7 "흙은 여전히 땅으로 돌아가고 신은 그 주신 하나님께로 돌아가기 전에 기억하라", 시편 90:3 "주께서 사람을 티끌로 돌아가게 하시고 말씀하시기를 너희 인생들은 돌아가라 하셨사오니 …"에서 볼 수 있으며, 모두 죽음에 대한 완곡한 표현이다.

④ 조상(열조)에게 돌아가는 것

인간이 흙에서 비롯되었으므로 흙으로 돌아가는 것도 돌아가는 것이지만, 그 조상(열조)이 있는 곳으로 돌아간다는 것도 역시 죽음에 대한 은유적 표현이다. 조상에게 돌아간다는 말은 이제껏 죽은 자들과의 공동체 의식으로부터 나온 묘사이다.

창세기 5:29; 15:15; 25:8 등에 조상에게로 돌아가 장사될 것에 대한 구절이 나타나 있다. "내가 조상들과 함께 눕거든"(창 47:30; 왕상 2:10), 창세기 49:29에 "… 내가 내 열조에게로 돌아가리니 나를 헷사람 에브론의 밭에 있는 굴에 우리 부여조와 함께 장사하라"라는 표현도 죽음을 통한 공동체성을 드러낸 생각이다. 이와 유사한 말씀은 사사기 2:10에도 언급된다. "그 세대 사람도 다 그 열조에게 돌아갔고 …" 이러한 표현은 아브라함이 사라를 위한 매장지로 막벨라 굴을 사들였다는 창세기 23장에서 묘사된 것처럼 일반적으로 가족 장례에 강조를 둔 표현이다. 야곱이 죽을 때에 아들들에게 명하여 가로되 "나를 우리 부여조와 함께 장사하라"라고 하였다.

이러한 말씀은 죽음을 끝으로 이해한 것이 아니라 죽음 후에 새롭게 시작될 열조와의 생활을 염두에 둔 표현이다. 동시에 이 땅에 남겨진 자와의 이별로 인해 발생하는 외로움을 최소화하기 위한 표현이다. 죽음을 '잔다'고 한 표현은 구약에서 시작되어 신약에서도 사용되지만, 열조에게 '돌아간다'는 표현은 그 개념이 사라진 것은 아니지만 시간이 지나면서 점차 없어지게 되었다.

⑤ 기타

이 밖에도 성경은 죽음을 일컬어 '낙원으로 가는 것'(눅 23:43), '아버지의 집으로 가는 것'(요 14:2) 등의 표현을 사용했는데 이는 이 땅에 더 이상 거할 수 없는 것이며, 어디론가 좋은 곳으로 가는 것 또는 고향으로 돌아가는 것 등과 같은 표현을 사용했다.

(3) 구약의 죽음

구약 전체를 분석해 볼 때, 구약성경에는 죽음에 대한 통일된 견해를 가지고 있지는 않다.[24] 구약에서 말하는 죽음이란 하나님과의 관계를 상실한 상태를 의미한다. 죽음은 하나님의 명령이며 주권으로 순순히 받아들이지 않을 수 없는 통제 불능한 세력이다.

창세기에 의하면 모든 생명체는 일시적 존재라는 것을 알 수 있다.

> 모든 육체는 풀이요 그의 모든 아름다움은 들의 꽃과 같으니 풀은 마르고 꽃이 시듦은 여호와의 기운이 그 위에 붊이라 이 백성은 실로 풀이로다(사 40:6-7).

여기서 인간의 생명은 화려한 정점을 맞게 되지만 점차 시들어가서 그것이 말라 버릴 때가 있음을 설명하고 있다. 구약 시대에는 육체가 존재하는 시간은 한정되어 있다는 것을 알았다.

> 우리의 년 수가 칠십이요 강건하면 팔십이라도 그 년수의 자랑은 수고와 슬픔뿐이요 신속히 가니 우리가 날아가나이다(시 90:10).

이 구절은 육체의 연수의 한계를 설명한 구절이다. 사후 세계로 들어가기 위해 인간이 부활하게 된다는 내용의 언급이 구약에도 나타나 있다. 이사야 26:19과 다니엘 12:2이 바로 그것이다.

---

24 Peter Jeffery,(1993) *Sickness and Death in the Christian Family* (Durham, England: Evangelical), 45.

주의 죽은 자들은 살아나고 우리의 시체들은 일어나리이다. 티끌에 거하는 자들아 너희는 깨어 노래하라 주의 이슬은 빛난 이슬이니 땅이 죽은 자를 내어놓으리로다(사 26:19).

땅의 티끌 가운데서 자는 자 중에 많이 깨어 영생을 얻는 자도 있겠고 수욕을 받아서 무궁히 부끄러움을 입을 자도 있을 것이며(단 12:2).

이 두 구절은 육체적 부활이 발생하리라는 것을 강하게 시사하고 있다. 모든 죽은 사람 가운데서 육체적으로 부활할 것이라는 신앙은 기독교 신앙의 기초가 된다.[25]

(4) 신약의 죽음

신약에 나타난 삶과 죽음에 대한 이해는 구약에 나타난 그것에 비해 전혀 새로운 말씀이 아니고, 구약의 사상을 발전시킨 것이라고 할 수 있다. 신약에서 죄와 필멸성 사이의 인과 관계는 좀 더 명백하게 언급되어 있다. 죽음에 관해 신약에 나타난 독특한 개념은 내세에 대한 기대이다.

… 이르시되 너희는 이 갈릴리 사람들이 이같이 해 받으므로 다른 모든 갈릴리 사람보다 죄가 더 있는 줄 아느냐 너희에게 이르노니 아니라 너희도 만일 회개하지 아니하면 다 이와 같이 망하리라(눅 13:2-3).

신약에 있어 필멸성은 삶의 현실로 받아들여지고 있지만 복음서는 누가복음 13:2-3을 통해 볼 때, 요절이나 예기치 않았던 죽음과 불운의 비극성이 그의 개인적인 범죄 함에 기인한다는 이스라엘의 믿음을 저하하는 것 같다.

제자들이 물어 이르되 랍비여 이 사람이 맹인으로 난 것이 누구의 죄로 인함이니이까 자기니이까 그의 부모니이까 예수께서 대답하시되 이 사람이나 그 부모의 죄로 인한 것이 아니라 그에게서 하나님이 하시는 일을 나타내고자 하심이라(요 9:2-3).

---

25 Bailey, *Biblical Perspectives on Death*, 23.

이 구절도 같은 맥락에서 이해된다. 신약의 죽음 이해는 예수의 죽음과 연결하지 않고는 이해가 불가능하다. 예수의 죽음 이전까지 죽음에 대한 견해는 구약의 사상을 그대로 반영해 죄의 결과로 죽음을 이해하는 것이 지배적이었다. 신약은 구약에서와 마찬가지로 죽음의 원인을 죄로 보고 있다.

하지만 구약과 달리 신약에서는 예수 그리스도께서 십자가에서 돌아가심으로 인간의 죗값을 대속했고, 죽음으로부터 부활의 첫 열매가 되심으로써 인간에게 죽음을 극복할 수 있는 소망을 주셨다.

특히, 요한복음에 나타난 죽음은 죽음 자체보다 믿음으로 얻어지는 영생에 초점을 맞추고 있다. 요한복음 11장에서 나사로를 살리신 일은 예수의 부활을 예견해 보인 것이다. 아울러 요한복음 11:25-26 말씀을 통해 인간이 필멸적 존재로부터 영생을 누리는 존재로의 전환을 설명했다.

> … 나는 부활이요 생명이니 나를 믿는 자는 죽어도 살겠고 무릇 살아서 나를 믿는 자는 영원히 죽지 아니하리니 … (요 11:25-26).

바울은 죽음을 인간의 적(enemy)으로 인식했으나(고전 15:26) 예수께서 인간의 죄를 도말하시는 제물이었음을 고백하고 적을 정복하듯 죽음을 정복했다는 신앙을 갖도록 권면하고 있다(고전 11:24-25). 죽음과 관련한 바울 신앙의 요점은 '첫째 아담'이 세상에 죽음을 초래하는데 선도적 역할을 해서 인간에게 절망을 안겨 준 반면, '둘째 아담'인 예수는 죽음을 정복하고 부활하여 인간에게 소망을 안겨 주었다는 것이다(고전 15:20-25).

바울은 이러한 예수의 죽음과 부활이 일련의 독특한 사건으로서가 아니라 모든 사람에게 미치는 하나님의 능력으로 표현했고, 그리스도의 부활과 죽은 자들의 부활이 불가분리의 관계를 갖는다고 확신했다. 죽음이 한편으로 절망인 것은 사실이지만 바울은 절망에 초점을 두지 않고, 죽음을 삶의 연속적 과정으로 이해했다. 그 이유는 사후 세계에 대한 소망에 무게를 두었기 때문이다. 따라서 바울의 죽음관은 시종 천국의 소망과 밀접하게 연결되어 있었다.

(5) 죽음 후의 삶

죽음 후에 인간에게 어떤 일이 발생할 것인지에 대한 의문은 극히 자연스러운 질문이지만 인간에게 가장 혼란을 주어왔던 질문 가운데 하나다.[26] 죽음에 관한 질문은 대체로 사후 세계에 관한 질문과 연관되어 있다. 하지만 누구도 이를 체험해 보지 못했기 때문에 이것은 인간에게 상당히 난해한 질문이다. 대개 이런 문제는 종교 이외에서는 다루지 않는다. 과학에서는 죽음 후에 새로운 세계가 있으리라는 것에 대해 입증할만한 근거가 없다는 이유로 무시하거나 다루지 않는다.

이 세상의 모든 종교는 나름대로 죽음에 대해 답하고자 노력하고 있다.[27] 삶과 죽음, 죽음 후의 세계에 대해 의존할만한 유일한 자료는 성경 외에는 없으므로 가장 권위가 있는 책이 성경이다.[28] 죽음이 인간에게 끝이라고 생각하는 것은 비성경적 사고다. 대부분 자살을 생각하는 사람들은 이 세상의 삶만을 생각하고 죽음을 '끝'이라고 인식하는 경향이 있다. 죽음은 인간에게 종착지가 아니며 새로운 세계로 들어가는 관문이다.

진보주의적 신학자로서 위르겐 몰트만이나 볼프하르트 판넨베르크까지도 예수의 복음이란 과거에 국한된 것이 아니라 미래, 즉 사후 세계에 대한 것이라고 주장했다.[29] 물론, 이 진술이 전적으로 옳은가 하는 신학적 논란을 유발할 수 있는 소지가 없는 것은 아니지만, 독일의 현대 신학자로서 사후 세계에 대해 인정했다는 것은 관심을 끌만한 일이다.

예수 그리스도의 부활은 죽음에 대한 인간의 질문에 가장 정확한 답변이 될 수 있다. 또한, 하나님께서 예수를 부활시키신 것을 통해 전체 인간의 부활을 기대할 수 있을 것이다. 신구약 성경에 나타난 죽음관과 부활, 사후 세계에 대한 언급이 다소 간의 차이가 있다고 할지라도 죽은 자를 일으키시는 하나님의 능력과 예수를 통한 그 약속이 해답이 될 수 있다.

---

26 Shneidman, *Death*, 38 - 39.
27 Page, *Life after Death*, 15.
28 Michael R. Leming & George E. Dickinson,(1985) *Understanding Dying, Death & Bereavement* (Philadelphia: Holt, Rinehart & Winston), 123.
29 Raymond A. Moody,(1976) *Life after Life: The Investigation of a Phenomenon-Survival of Bodily Death* (Harrisburg, PA.: Stackpole Books), 101.

또한, 신약성경에서 말하는 영벌의 은유로서 "영원한 불 못"(계 20:15)이라는 표현이 자주 사용된다. 종종 지옥(hell)으로 번역되는 음부(hades)는 죽은 자들이 거하는 곳으로 이해된다. 그곳은 나사로와 부자의 비유에 나타난 바와 같이 영원한 처벌의 장소다.

3. 죽음에 대한 상담

1) 금기 제거

죽음은 인간이 이 땅에 존재하는 한, 떨쳐 버리기 어려운 불안임이 틀림없다. 컬트 라인하트가 말한 대로 죽음은 인간이 존재하는 그 어느 곳에나 모든 상황에서 그 암울한 그림자를 드리우며 인간을 불안하게 만들 것이라고 말한 대로 매우 부담스러운 존재다.[30] 죽음은 모든 사람에게 있어 피할 수 없는 세력이며 비극적 현실이라는 사실은 부인할 수 없다. 상담 현장에서 죽음의 문제로 고통당하는 내담자에게 상담자가 어떻게 접근할 것인지에 대한 문제는 심각한 과제가 아닐 수 없다.

기독교 상담에서 죽음 이해는 죽음 자체에 관한 연구보다는 반드시 부활 사상과 함께 이해해야만 한다. 기독교 교리 자체가 죽음과 사후 세계에 초점이 맞추어져 있으므로 기독교 상담자는 항상 이것을 다룰 수밖에 없다. 아울러 상담자는 내담자가 죽음을 미리 인식하고 현세의 삶을 바르게 살 수 있도록 도와야 한다. 죽음을 미리 인식함으로써 얻을 수 있는 삶의 지혜를 포기해서는 안 된다. 하지만 인간은 죽음과 그것의 절대적 확실성에도 죽음에 대한 논의를 금기시하거나 완곡어법을 사용해 직접 다루는 것을 회피해 왔다.

기독교 상담자는 죽음에 직면해 있거나 죽음의 문제를 겪는 내담자를 올바르게 위로하고 상담해 주기 위해 먼저 죽음에 대해 분명한 견해를 수립하지 않으면 안 된다. 대개 죽음(death & dying)의 문제를 상담하는 데 있

---

30 Monika Hellwig,(1978) *What Are They Saying about Death and Christian Hope?* (New York: Paulist), 1.

어 가장 어려(death & dying)운 점은 죽음의 주제가 금기시되어 왔기 때문에 이에 대해 침묵하고 있다는 것이다. 인간은 모두 필연적으로 죽음을 경험하는 존재임에도 죽음에 대한 건전한 논의조차도 꺼리는 경향이 있다.

침묵은 두려움의 발로로서 상담자는 상담을 통해 내담자가 가지고 있는 죽음에 대한 실존적 불안을 떨쳐 버리도록 해야 한다. 그러기 위해 내담자는 죽음에 대한 금기를 깨고 상담자와 죽음에 대한 불안과 공포를 솔직하게 털어놓고 이야기하는 것이 중요하다.

죽음 상담에서는 상담자가 죽음에 직면해 있거나 죽음의 불안과 공포를 느끼는 내담자의 말을 잘 듣는 것으로 끝나서는 안 되며, 근본적인 인간 실존의 문제를 성경적으로 다루어야 한다. 삶의 불확실성과 죽음의 확실성 때문에 모든 인간은 예외 없이 죽음에 대한 두려움을 가지고 있다. 여기서 죽음에 대한 두려움의 개념은 죽음 불안, 죽음 공포, 죽음 혐오, 죽음 기피, 죽음 부정 및 죽음 분노 등이 내포되어 있다.

하지만 심리학적 개념으로 불안과 공포는 다소 명백하게 구별되는 개념이지만 죽음 불안(death anxiety)과 죽음 공포(fear of death, thanatophobia) 간에는 명확하게 구별되지 않기 때문에 혼동을 일으키는 개념이다.[31] 아울러 죽음 혐오와 죽음 기피, 죽음 부정 및 죽음 분노 간에도 뚜렷하게 구별할 만한 근거는 없는 것 같다. 다만 광범위하게 죽음에 대해 두려워하는 심리 상태 정도로 이해할 수 있겠다.

2) 죽음 불안의 원인과 해소

하넬로 와스는 죽음 불안의 구성요소에 대해 네 가지 형태가 있다는 사실을 밝혔다.

첫째, 죽어 가는 불안

이것은 신체적으로 경험하는 생물학적 고통과 사회적 고통의 과정이다. 사회적 고통이란 죽어감으로써 사회로부터 격리되고 소외되거나 수치심을 갖게 되는 것을 의미한다. 인간은 죽어가면서 가장 연약한 모습을 보

---

31 Kult F. Reinhardt,(1960) *The Existentialist Revolt* (New York: Frederick Unger), 138.

이게 되는데 신체적, 정신적 역할과 기능 상실, 고독, 고통 등이 여기에 포함된다.

둘째, 죽음에 대한 불안

자기 존재가 소멸하는 것에 대한 두려움을 포함해 극도의 자기 상실에서 오는 불안을 의미한다.

셋째, 죽음의 결과에 대한 불안

이것은 죽음 후에 무엇이 발생할지 모르는 미지의 세계에 대한 불안을 포함해, 지옥에 대한 공포와 처벌에 대한 불안이 여기에 해당하며, 또 죽은 후에 개인적으로 처리하지 못한 계획, 사업, 재산에 대한 염려, 아쉬움 등까지도 포함된다.

넷째, 다른 사람의 죽음에 대한 불안

다른 사람과 분리됨으로써 느끼는 슬픔과 고독을 포함해 다른 사람이 죽어 가는 모습을 보면서 불안을 느끼는 감정이 포함된다.[32]

죽음 불안과 죽어 가는 과정의 불안에 대해서는 여덟 가지 형태로 나눌 수 있다.

첫째, 의존성의 불안

이것은 그동안 의존했던 것들이 도움이 되지 못하는 데서 오는 불안을 의미한다. 즉, 어린아이의 경우 부모를 의지하지만, 부모는 그를 도울 능력이 전혀 없다고 하는 사실을 발견할 때 더욱 불안에 놓이게 될 것이다. 성인의 경우 죽음 앞에서 명예나 돈을 의지한다는 것은 아무 의미가 없다는 것을 발견하게 되고, 의사나 의학을 의지하지만 그것도 결국 죽음 앞에서 아무런 힘을 쓸 수 없게 되므로 이런 것에서 사람은 불안을 느낄 수 있다.

둘째, 죽어 가는 과정에서 고통의 불안

셋째, 죽어 가는 과정에서 냉대의 불안

넷째, 죽어 가는 과정에서 느끼는 고독과 분리, 거부의 불안

---

32 Larry Michelson & L. Michael Ascher,(eds.)(1987) *Anxiety and Stress Disorders: Cognitive Behavioral Assessment and Treatment* (New York: Guilford), 425.

다섯째, 사랑하는 사람을 떠나야 하는 불안, 남겨두어야 하는 불안

여섯째, 죽음 후의 미지의 세계에 대한 불안

이 내용에 대해서는 캐시 차마즈도 주장하기를 죽음 후에 무엇이 올지 알 수 없기 때문에 불안은 더욱 가중된다고 그의 연구 결과를 발표했다.[33]

일곱째, 죽음의 형벌에 대한 불안

이것은 그동안 지내 온 자기 삶에서 죄와 연관된 잘못된 행위들에 대한 형벌이 있지는 않은가 하는 '원초적 불안'이라고 할 수 있다. 마가레타 바우어스도 영적 차원에서 인간은 사후의 심판에 대해 무의식적으로 두려움을 느끼고 있다고 주장했는데 이것이 곧 죽음 불안과 연결된다고 보았다.[34]

여덟째, 육체의 소멸에 대한 불안

결국, 인간이 죽으면 땅속에 파묻히게 되어 흙으로 소멸되어 버리는 자기 육체 또는 화장되어 한 줌의 재로 변할 자기 육체를 생각할 때 강한 불안이 엄습해 올 수 있다. 이러한 내용들을 엄밀하게 분석해 보면, 인간이 느끼는 죽음 불안은 죽음 그 자체보다는 죽음의 과정과 다른 사람의 죽음을 관찰함으로써 얻어지는 불안이 상당히 많다고 볼 수 있다.[35]

노인의 경우에 자기가 죽어 가는 과정에 대한 공포를 가장 많이 느끼고 있고, 다음으로 타인의 죽음에 대한 공포, 타인의 죽어 가는 과정에 대한 공포 순으로 나타나는 것으로 보더라도 사람들은 죽음 그 자체의 두려움보다 더 큰 불안과 공포는 죽음을 지켜보는 두려움과 죽어 가는 불안이다.[36]

기독교 상담에서 볼 때 인간이 죽음에 대해 불안을 느끼는 원인은 죄와 죄책감이다. 제이 아담스는 모든 기독교 상담은 죄의 문제를 심각하게 다루는 것이라고 주장했다.[37] 그는 죽음 불안에서도 예외로 생각하지 않았다. 불안의 이유를 죄로 보았기 때문에 하나님 앞에서 죄를 해결하지 않으면

---

33 Hannelore Wass,(1979) *Dying Facing the Facts* (Washington: Hemisphere), 121.
34 Kathy Charmaz,(1980) *The Social Reality of Death* (Menlo Park, CA.: Addison-Wesley), 84.
35 Margaretta K. Bowers,(1981) *Counseling the Dying* (Grand Rapids: Harper & Row), 10.
36 Charmaz, *The Social Reality of Death*, 84.
37 Wass, *Dying Facing the Facts,* 27.

계속되는 불안을 극복할 수 없다고 피력했다.

던캔 부캐넌도 아담스와 유사하게 죽음을 두려워하는 결정적 이유는 죄와 밀접한 관계가 있다고 주장했다.[38] 신앙이 없는 사람이라 할지라도 이 생에서의 죄로 인해 막연한 지옥의 형벌에 대해 공포심을 품고 있다. 죽음이라는 동일한 문제를 당한 사람들을 비교해 보면, 죄의 문제 때문에 죽음에 대한 불안과 공포를 느끼는 정도는 달라질 수 있다. 즉, 회개한 죄에 대해서는 죄책감이 해소된 것이기 때문에 불안과 공포심은 감소될 수 있다.

3) 확고한 내세관 형성

죽음 상담에 있어 상담자는 단순히 임기응변적으로 내담자를 평안하게 해 주려고 해서는 안 되며 신학적, 성경적으로 명백한 죽음관과 사후 세계에 대해 확신을 하도록 해야 한다. 죽음 불안에 대해 지금까지 괄목할만한 많은 연구가 있었다고는 하지만 연구했다고 해서 죽음을 정복하거나 불안을 극복할 수 있는 것은 아니다.[39]

죽음과 관련된 상담을 할 때 기독교 상담자 자신이 죽음에 대한 분명한 이해, 사후 세계에 대한 확신하는 것이 중요하다. 그렇지 않으면 상담자는 내담자를 충분히 그리고 효과적으로 위로하며 상담하기가 어렵다. 그러므로 사후 세계에 대한 개념이 없는 상담 및 심리치료자들은 내담자에게 죽음에 대한 진정한 답변을 줄 수도 없으며 상담을 제대로 하기가 어렵다.

의학적으로 죽음의 개념은 기본적으로 유기체적이며 생물학적이다. 그러나 기독교 상담자는 내담자의 육체적 죽음에도 관여하지만, 생물학적 소멸과 심리정서적 단절에만 초점을 맞추어서는 안 된다. 상담자는 죽음의 문제에 직면해 있는 내담자에게 죽음으로 인해 단절, 파괴되지 않는 가치를 발견하도록 도와주어야 한다.

기독교 상담에서는 죽음에 대한 인지 재구성과 재해석이 필요하다. 따라서 내담자의 사후 세계와 심판에 대한 신학적 접근을 해야 한다. 아울러

---

38 Jay E. Adams,(1979) *More Than Redemption* (Phillipburg, NJ.: Presbyterian & Reformed), 87.

39 Duncan Buchanan,(1985) *The Counseling of Jesus* (Downers Grove, IL.: InterVarsity Press), 74.

용서와 회개 등으로 삶을 정리할 수 있도록 죽음과 관련한 성경적 견해를 분명히 밝혀야 한다. 기독교 상담에서 죽음을 생각하고 다루어야 하는 이유는 삶을 더욱 의미 있게 보내기 위한 것이다.

노만 라이트는 죽음 상담에서 상담자는 내담자에게 사후 세계에 대해 확신하게 함으로써 죽음에 대한 불안을 감소시킬 수 있다고 주장했다.[40] 마빈 길버트와 레이몬드 브로크의 연구에서도 인간이 죽음에 대한 두려움을 완전히 떨쳐 버릴 수는 없다고 하지만 신앙이 있는 사람들은 분명히 죽음에 대한 불안이 현저하게 낮을 뿐만 아니라 죽음에 대해 더 수용적 태도를 보인다는 것을 밝혔다.[41]

케빈 프랜넬리, 헤롤드 쾌닉, 크리스토퍼 엘리슨 및 캐드린 갈렉의 연구에 따르면, 신앙이 죽음에 대한 불안 정도만 낮추는 것이 아니라, 내세에 대한 확고한 신념을 가지고 있는 사람들은 그렇지 않은 사람들에 비해 불안, 우울, 강박관념(행동), 편집증, 공포증 그리고 다양한 신체화(somatization) 증상 등이 현저히 낮아 유의미한 차이를 나타내고 있다고 밝혔다.[42]

여기서 내세에 대한 확고한 신념이라는 의미는 내세에 대한 다섯 가지 '유쾌한 신념'(pleasant beliefs)이라고 정의했는데 그 유쾌한 신념에는 사후에 하나님과의 연합, 사랑하는 사람과의 연합, 평화롭고 평안한 삶, 밝고 명랑한 천국, 영원한 보상의 삶 등에 대한 확신을 가진 경우를 말한다. 사후 세계에 대한 확신 때문에 기독교인들이 다른 종교를 가진 이들보다 죽음에 대해 긍정적 태도를 보이는 것은 분명하다. 이는 기독교의 내세관이 죽음을 편안하게 받아들일 수 있고 사후 세계를 기대하도록 하기 때문이라고 풀이된다.

헨리 누웬은 죽음을 '두 번째 출생 순간'이라고 이해했다. 그는 이 세상에서 사후 세계에 대한 개념이 없는 사람은 죽음을 '끝'이라고 생각할 것이라고 전제했다. 그래서 그런 사람은 이 땅에서 죽음을 위해 뭔가 준비하

40　Elisabeth Kubler-Ross,(1969) *On Death and Dying* (New York: MacMillan), 5.
41　Norman Wright,(1985) *Crisis Counseling* (San Bernardino, CA.: Here's Life), 118.
42　Marvin G. Gilbert & Raymond T. Brock,(eds.)(1988), *The Holy Spirit and Counseling* (Peabody, MA.: Hendrickson), 155. cf. Kevin J. Flannelly, Harold G. Koenig, Christopher G. Ellison, Kathleen Galek & N. Krause,(2006) "Belief in Life after death and Mental Health: Findings from a National Survey," *Journal of Nervous and Mental Disease* 194/7, 524-29.

는 일이 없을 것이며, 이 세상에 더욱더 오래 살고 싶어 할 것이라고 했다. 하지만 누웬은 죽음을 죽음 이후에 있게 될 새로운 세계에 두 번째로 출생하는 과정이라고 믿었다.[43]

이처럼 죽음 이후의 세계를 인정하고 신뢰하는 사람만이 삶을 의미 있게 보낼 수 있으며, 죽음을 두 번째 출생으로 이해할 때 죽음에 대한 불안과 공포를 해소할 수 있다. 사후 세계에 대한 확신과 소망은 사후에 갖는 것이 아니라 이 땅에서 미리 가지고 있어야 한다. 그래서 더글라스 데이비스는 삶과 죽음의 밀접성을 일컬어 삶이 죽음에 상당한 영향을 미치고, 죽음이 삶에 상당한 영향을 미치는 상관관계에 있음을 밝혔다.[44]

근래 급증하는 자살 문제를 비롯해 모든 범죄는 사후 세계(보상 및 심판)에 대한 희박한 인식 때문이다. 죽음에 대한 각자의 정의와 개념, 신념 그리고 사후 세계에 대한 인식에 따라서 삶의 태도가 달라질 수 있으므로 상담자는 죽음과 사후 세계에 대한 분명한 성경적 인식해야 하며 내담자에게 이것을 확인하는 작업이 상담에 반드시 포함되어야 한다. 특히, 사후 세계에 대한 확신과 소망을 확고히 할 때 현세의 삶은 더욱 진지해질 수 있으며, 현세 삶의 고난과 고통을 수월하게 극복할 수 있다.

4) 죽음에 대한 인격적 태도

상담자는 내담자가 위기의 순간에 죽음에 대한 두려움(불안과 공포)에서 벗어나 죽음을 당당히 받아들이고, 삶의 가치와 중요성을 인식해 더욱 의미 있는 삶을 살 수 있도록 돕고, 죽음을 '인격적 경험'으로 이해하고 맞이하도록 해야 한다. 여기서 '인격적 경험'이란 죽음에 대해 반항하는 태도가 아니라, 죽음의 의미를 충분히 이해하고, 그것이 피할 수 없는 사실이라면 내세를 믿는 사람으로서의 품위를 가지고 죽음을 맞이하는 자세를 의미한다.[45]

43　Kevin J. Flannelly, Harold G. Koenig, Christopher G. Ellison, Kathleen Galek & Harold G. Koenig,(2008) "Beliefs about Life-after Death, Psychiatric Symptomology and Cognitive Theories of Psychopathology," *Journal of Psychology and Theology* 36/2, 94-103.
44　Henri J. M. Nouwen,(2002) *Beyond the Mirror: Reflections on Death and Life* (New York: Crossroad), 93.
45　Douglas J. Davies,(2008) *The Theology of Death* (New York: T & T Clark), 152.

죽음 앞에서 비굴해지지 않고, 죽음으로 끌려간다는 피동적 접근 인식 때문에 불안과 공포감에 빠지지 않도록 하고 인격적으로 죽음을 맞이할 수 있어야 한다. 물론, 죽음이 인간에게 현실적 위협과 분리로 인한 아쉬움을 주는 것은 사실이지만 상담자는 내담자에게 사후의 삶에 대해 확신을 갖도록 해야 한다.

> 사망아 너의 이기는 것이 어디 있느냐 사망아 너의 쏘는 것이 어디 있느냐(고전 15:55).

이렇게 당당하게 말했던 바울처럼 상담자는 죽음에 대해 초연한 태도를 보여야 하며, 내담자에게도 그렇게 상담해야 한다.

4. 닫는 글

현대 과학의 발전에도 인간은 결국 죽을 수밖에 없는 존재이며, 죽음을 극복할 수 있는 대책이 인간에게는 없다. 죽음은 인간에게 있어 누구나 직면해야 할 가장 분명한 사실이며, 사건이다. 그래서 인간은 그의 의식 또는 무의식 속에 죽음에 대한 불안과 공포를 느끼고 있으며, 이것을 해결해 보고자 부단히 노력하고 있다.

죽음은 육체적 기능의 불가역적 정지이므로 죽음을 끝이라고 생각하기 쉬우나 그러한 사고를 갖게 되면 사후 세계에 대한 인식이 없어지고, 현세에 대한 성실한 삶의 자세를 강조하기 어렵게 된다. 즉, 내세가 없다면 기독교인은 이 세상에서 가장 불쌍한 자가 되고 만다(고전 15:19).

기독교 상담자는 사후 세계를 염두에 두고 그 관문으로서 죽음을 이해해야 하며 그에 따라 내담자가 성실한 현세를 살도록 하는 자가 기독교 상담자이다. 기독교 상담자는 죽음에 직면해 있거나 죽음에 대한 불안과 공포에 빠진 내담자의 문제를 성경적으로 해결해 주는 자이어야 한다. 상담자는 내담자에게 죽음을 미리 생각하고 의미 있는 삶, 바른 삶을 살도록 해야 하며, 사후 세계와 그리스도를 통한 영생을 인식시켜 주고 그것을 소유 또는 확인하는 상담을 해야 한다.

기독교 상담은 죽음을 절망으로 이해하거나 종착역이라고 인식해서는 안 된다. 기독교 상담자는 죽음이 남겨 놓을 허무, 아쉬움, 슬픔 등에만 관심을 가져서는 안 되고, 소망을 가지고 죽음의 문제를 극복한 자여야 하며, 그러한 태도로 내담자의 문제를 극복시켜야 한다. 이는 기독교 상담의 독특성을 드러낸 것으로서 일반상담 심리학은 종교가 아니므로 근본적으로 죽음 상담을 해낼 수가 없다.

로버트 캐리간은 기독교 상담에서 소망의 역동적 역할에 대해 강조하면서 "상담자로부터 소망에 대해 강조받지 못하는 상담은 정상적이지 않은 상담"[46]이라고 지적한 바 있다. 기독교 상담자는 내담자가 죽음 앞에서도 당당하고 의미 있는 삶을 살 수 있도록 새로운 삶의 방식을 확립해 주어야 하고, 미래의 소망적 신앙으로 현재의 절망적 상황을 이겨 나가도록 해야 하며, 죽음을 맞이할 때 인격적으로 맞이하도록 해야 한다.

기독교는 현세적 측면을 부정하지는 않지만, 분명히 죽음 이후의 세계를 다루는 내세 종교다. 죽음과 부활, 사후 심판, 새 하늘과 새 땅, 즉 천국을 소망적으로 맞기 위해 예수 그리스도에 대한 믿음을 강조하고 이를 점검하는 것은 기독교 상담의 정체성을 드러내는 것이다.

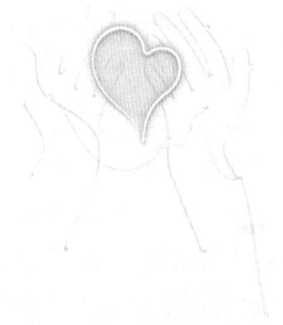

---

46   Erik Erikson,(1982) *The Life Cycle Completed* (New York: W. W. Norton & Company), 14 - 15.

제3장

자녀의 이른 죽음 상담

목차
1. 여는 글 2. 이른 죽음의 개념 이해 　1) 이른 죽음에 대한 개념 　2) 자녀의 이른 죽음에 따른 부모의 심리영적 상태	3. 이른 죽음에 대한 상담 　1) 이른 죽음에 대한 인지 재구성 　2) 부활 및 내세에 대한 신념 형성 4. 닫는 글

1. 여는 글

성경에는 인간의 삶과 죽음을 다양한 은유, 직유, 비유, 상징으로 드러내고 있다. 예를 들면 다음과 같다.

- 꽃이 시드는 것(약 1:11)
- 안개가 사라지는 것(약 4:14)
- 결승점으로 뛰는 것(빌 2:16)
- 흙먼지로 돌아가는 것(창 3:19)
- 조상에게 돌아가는 것(창 15:15)
- 장막 집이 무너지는 것(고후 5:1)
- 씨가 떨어지는 것(고전 15:36)
- 익은 곡식을 추수하는 것(막 4:29)

이것이 죽음을 나타내는 표현이다. 대표적으로 성경은 죽음을 잠으로 비유하고 있는데(요 11:11; 행 7:60 등), 대부분 사람은 아침에 기상해서 점심과 저녁이라는 삶의 과정을 겪은 후, 밤에는 피곤과 피로로 인해 잠을 자게 된다. 하지만 모든 인생이 성경에 묘사된 이러한 죽음의 상징적 표현을 충족하는 삶을 사는 것은 아니다. 정상적인 삶의 과정을 지내고 밤을 맞아 수면에 들어가는 것이 아니라, 어떤 이유에서 하루를 다 살아 내지 못하는 일이 발생하기도 한다. 이것은 '조기사망'에 비견되는 일이다.

- 너무 일찍 잠을 자는 것
- 너무 일찍 꽃이 시드는 것
- 결승점에 도달하지도 못하고 경기를 일찍 끝내는 것
- 조상에게로 일찍 돌아가는 것
- 장막 집이 일찍 무너지는 것
- 익지 않은 곡식이 일찍 타작되는 것
- 씨가 여물기도 전에 일찍 떨어지는 것

이와 같은 것들이 예기치 않은 아쉬운 죽음의 상황이다. 죽음을 생의 마침표로 이해한다면 이른 죽음은 삶을 통해 무엇을 말하려고 했는지 기승전결이 없는 미완성 글과 같은 안타까움을 남긴다.

자살을 제외하고 인간이 생을 마치는 경우는 크게 두 가지, 자연사와 중도사로 나눌 수 있다. 자연사는 자연의 법칙에 따라 생성, 성장, 쇠퇴, 소멸의 과정(생로병사)을 겪고, 마지막에 자연으로 돌아가는 것을 의미한다. 중도사는 삶의 중간에 겪는 사고사와 질병사로 나뉘며, 이를 '조기사망'이라 할 수 있다. '조기'(premature)라는 단어의 개념을 수립함에서 모호성을 드러내게 된다. 대부분 노인은 노화 때문에 발생된 질병의 결과(노환)로 생을 마치기 때문에 이런 경우를 자연사로 보아야 할지, 질병사로 분류해야 할지 모호해진다.

또 어떤 경우는 90세에 이르러 질병으로 생을 종결하는가 하면, 어떤 경우는 70세에 질병 없이 건강하게 생활하다가 수면 중에 자연스럽게 생을 마쳤다면 이를 조기사망으로 보아야 하는지에 대한 분류상 논란이 발생할 수 있다.

인간에게 죽음은 필연적이고, 누구든 가족의 죽음과 그 주검을 치르는 경험은 비통 그 자체라 할 수 있다. 그런데도 가족의 죽음 가운데 노년 가족의 죽음은 예견된 죽음일 수 있고, 아쉬운 정도로 볼 때 자녀의 죽음과는 비교가 되지 않는다. 자녀가 사고나 질병 때문에 조기사망을 당할 때, 그 부모는 이 땅에서 더 없는 엄청난 충격을 받게 되고, 형언할 수 없는 비애를 경험하게 된다. 자녀의 사망은 부모에게 통탄할 상황이며 참담한 일로서 부모에게는 평생 한 맺힌 상태에 빠지게 된다.

자녀의 조기사망을 겪은 부모는 온갖 부정적인 심리정서 상태에 놓이게 되면서 다음과 같이 창조주 하나님에게 항의를 하거나 신정론(theodicy)의 항변을 하는 경우가 많이 있다.

"왜 내 자녀가 일찍 죽어야만 하는가?"

"어떻게 이런 비통한 일을 나에게 일어나게 하는가?"

이렇게 이 연구는 자녀의 조기사망 때문에 발생한 가족의 심리적 외상(trauma) 경험에 대한 심리정서적 이해와 아울러 기독교 상담학적 이해 그리고 그 문제를 해결하는 방안을 제시해 교회에서 효과적인 죽음 상담을 하도록 그 실마리를 제공하려는 것이다.

또한, 사회적 금기로 인식된 죽음 문제를 더욱 공론화하여 이를 효과적으로 다루어 심리영적 문제를 가진 내담자를 치유하고 회복하기 위해 개입하고, 지지하려는 것이 이 연구의 목적이다.

2. 이른 죽음의 개념 이해

상담에서 죽음의 문제를 다룸에 있어 다소 어려운 점이 있다면 그것은, 대부분 국가에서도 그렇거니와 우리나라에서도 죽음의 주제가 사회 문화적으로 금기(taboo)로 인식되어 이에 대해 되도록 침묵을 유지하려는 분위기이다. 모든 인간은 필연적으로 죽음을 경험할 수밖에 없는 존재(mortality, 필멸적 존재)로서 죽음에 대한 건전한 논의조차도 꺼리는 경향성이 죽음을 충분히 다루지 못하는 원인이 되고 있다.[1]

그런데도 노년의 죽음에 대한 논의는 소위 '웰빙'(well being, 잘 사는 것)과 '웰다잉'(well dying, 잘 죽는 것)이라는 용어를 사용하며 공론화되고 있는 것

1　Martin H. Padovani,(2006) *Healing Wounded Emotions* (Manila: Logos), 46.

처럼 보인다. 하지만 이른바 '조기사망', 즉 누구도 인간 수명에 대해 정확한 인식을 가질 수는 없으나, 통상 인간 생명의 연한을 80-90세 정도로 인식한 것에 반해 이른 나이에 생을 마치게 된 것에 대한 논의는 여의찮다.

만일 조기사망에 대해 사회적으로나 신앙적으로 공론화되어 이를 충분히 논의하는 분위기가 자연스럽게 형성된다면 그와 관련된 비극적, 부정적 정서는 현저히 감소할 수도 있을 것이다. 우리나라는 과거로부터 부모보다 먼저 죽는 자녀의 죽음에 대해 불효로 취급하였을 뿐만 아니라 그와 관련해 언급조차 하지 않고 금기시해 왔다.

정서를 비교적 자유롭게 표현하는 미국도 가족 간에 죽음을 화두로 삼는 비율은 30퍼센트 정도밖에 되지 않고, 30퍼센트 정도는 가족 간에도 전혀 이에 대해 발설하지 않으며, 30퍼센트 정도는 이 주제를 다루는 것에 대해 매우 불편하게 여겨 회피하는 것으로 나타났다.[2] 이처럼 죽음은 국가와 문화를 막론하고 다루기 불편한 주제라 할 수 있는데, 이에 자녀사망은 더더욱 다루기 힘든 주제다.

1) 이른 죽음에 대한 개념

조기사망은 다른 표현으로 생명을 다하지 못하고 죽는 '이른 죽음'(early death)으로서 '이른 죽음'이나 '조기사망'(早期死亡, premature death)은 동일 의미라 할 수 있다.[3] 국내 학술연구정보서비스를 제공하는 RISS(Research Information Sharing Service)에 따르면, '이른 죽음'이라는 용어를 제목 또는 주제어로 사용한 연구는 단 한 편도 발견되지 않는다. 그러나 '조기사망'을 제목 또는 주제어로 사용한 연구는 발견되는데, 주로 의학 분야에서 영유아나 아동 청소년 환자의 질병 치료 및 수술 후, 예후가 좋지 않아 급작스럽게 생명이 종결되는(expired) 의미로 사용된다.

2　Margaret S. Ryerson,(1977) "Death Education and Counseling for Children," *Elementary School Guidance & Counseling* 11/3, 164-74.

3　James Tyner,(2019) *Dead Labor: toward A Political Economy of Premature Death* (Minneapolis: University of Minnesota), 127. cf. Holly G. Rhodes,(2015) *Measuring the Risks and Causes of Premature Death* (Washington, D.C: National Academies), 1.

'이른 죽음'과 '조기사망'은 개념상 같지만, 죽음을 서술하는 용어 '이른' 과 '조기'의 용례에 따라 어감(nuance)의 차이가 발생한다. 전 세계 학술정보서비스를 제공하는 월드캣(WorldCat®)에 따르면, 조기사망을 제목으로 한 최초의 공식 문헌은 1706년에 발표된 에세이로부터 가장 최근의 연구는 2022년까지 발표된 논문까지 매우 다양한 실정이다.[4]

대부분 연구가 의학 분야에서 실시된 것이며, 상담학, 심리학, 심리치료, 기독교(목회) 상담학, 목회학, 실천신학 등에서 연구된 것은 거의 발견되지 않는다. 간혹 발견되는 연구로는 자녀의 조기사망으로 인한 부모의 상실 경험이 아니라, 그 반대로 부모의 이른 죽음에 따른 자녀의 상실심리, 심리 사회적 문제 등을 다룬 연구들이 발견된다.[5]

죽음 자체에 관한 연구는 전 학문 분야에서 상당히 많은 연구 결과가 있지만 선행 연구를 분석해 볼 때 이 연구와 밀접하거나 유사한 주제는 흔히 발견되지 않는다.

두보(杜甫)의 시 〈곡강이수(曲江二首)〉에 언급된 "인생칠십고래희"(人生七十古來稀)는 인간이 70세(古稀, 고희)를 사는 것이 드문 일이라는 의미다. 시편 90:10에 "우리의 연수가 칠십이요 강건하면 팔십이라도 …"라는 표현을 볼 때, 과학 발달 이전의 인간 수명은 안타까울 정도로 짧았던 것을 볼 수 있다.

'조기'라는 뜻이 정해진 기일(기한)보다 빠른 도래를 의미한다는 것에 대해는 논란이 없으나 이 개념이 죽음과 관련될 때는 개념적으로 광범위해진다는 것이다. 이를테면, 연금보험 관련하여 만기 환급 나이를 65세로 계약했을 때 64세의 사망은 명백하게 '조기사망'이라는 용어로 표현할 수 있다. 이처럼 '조기'라는 용어는 명백하게 또는 묵시적으로 '만기'(滿期, expiration)에 도달하지 못한 것을 의미하는데, 문제는 죽음과 관련하여 이 용어를 사용할 때 수명의 정해진 기일이나 만기를 알 수 없으므로 역시 '조기'라

4　"A servant of the Lord found ready for the coming of the Lord A discourse occasioned by the early death of seven young ministers, within a little while one of another: with some essay, upon their commendable and imitable character. and an elegy upon them," *Cotton Mather, Vigilantius* (Boston: B. Green at the South End of the Town, 1706), 1. Wolfgang E. Berdel,(2021) "Unintended Regulatory Caused Early Death," *Cancers* 13/6, 1457.

5　Ingrid Hogstad & Anne Jansen,(2021) "Parental Death in Young Children's Lives," *Early Years* 5/3, 1-16.

는 용어의 개념 수립이 어렵다고 할 수 있다.

사회적 인식에 따라 평균 수명(1년 사이에 죽은 사람의 모든 나이를 합하여 이를 죽은 사람의 수효로 나눈 수. 한국인의 평균 수명은 2018년 83세로 증가 추세) 또는 기대 수명(life expectancy, 우리나라의 기대 수명은 2018년 현재 남자 79.7세, 여자 85.7세로 증가 추세[6])에 이르지 못할 때 '조기사망'이라고 표현할 수 있으며, 사회학적 의미의 조기사망은 기대 수명에 이르지 못한 경우를 지칭한다.[7]

하지만 조기사망을 연구하는 견해에서는 평균 수명이나 기대 수명의 기준에 이르지 못한 경우로 정의했을 때 연구의 폭이 지나치게 광범위하여 구체성이 떨어지는 문제가 발생한다. 따라서 조기사망에 대한 조작적 정의는 노화의 결과로써 죽음에 이르는 것이 아니라, 자녀가 부모보다 먼저 죽음을 맞는 경우로 보았다. 물론, 성인 자녀의 죽음도 부모가 생존해 있다면 조기사망으로서 그 부모에게 여지없이 비통과 절망의 상황이 틀림없다.

자녀가 성인이 되기 전에 사망한 경우는 마치 펴보지도 못한 꽃이 일찍 떨어진 것 같아서 그 안타까움과 비애는 더욱 극심한 상태가 된다. 그러므로 조기사망은 성인 이전의 자녀가 사망한 경우로 한정했다.

성인 나이 기준은 우리나라 법률뿐만 아니라 국제적으로도 차이가 있어 규정화하는데 혼란스러운 면이 있다. 민법, 청소년 보호법, 청소년 성보호법, 소년법 등은 만 19세부터 성인이지만, 청소년 기본법은 만 25세, 아동복지법, 영화 및 비디오물 관련법은 만 18세로서 서로 일치하지 않은 상황이다. 통상 주민등록상 만 19세가 되면 성인으로 인정하는 사회적 분위기와 아울러 민법 등에서 보편적으로 인정된 나이를 성인으로 규정하는 것이 일반적이다. 이를 학령으로 보면, 중등학교를 마치고, 고등 교육을 받기 이전의 나이에 해당한다고 볼 수 있다.

---

6 김순영,(2020) "우리나라 사망력 개선 시각화와 기대 수명 증가에 대한 연령별 기여도 분석," 「통계연구」 25/3, 1-31.

7 Holly G. Rhodes,(2015) *Measuring the Risks and Causes of Premature Death* (Washington, D.C: National Academies), 1.

2) 자녀의 이른 죽음에 따른 부모의 심리영적 상태

인간은 필연적으로 노화를 경험하게 되는데, 이는 죽음을 직설적이고, 점진적으로 나타내는 현상이다. 흰머리, 주름, 치아 부식 또는 잇몸병, 시력 및 청력 저하, 관절 통증, 기억력 상실, 식욕 저하, 근육 소실, 체중 감소, 다양한 질병 등이 그것을 대변하고 있다. 인간이 출생 후, 충분한 성장을 경험해 보지 못하고, 죽임을 당하는 것은 그 당사자나 가족(상실 가족, 사별 가족, 비애 가족, 애도 가족, 유가족)에게 너무 아쉽고, 안타깝고, 황망한 심리정서를 갖게 한다.

사람들은 매스컴을 통해 다른 사람의 다양한 죽음 사건을 목격하지만 다른 사람의 수많은 죽음과 수없는 형태의 죽음은 심리정서적 거리가 밀접하지 않기 때문에 보편적 현실로만 인식하게 되고, 공감적 이해는 떨어지는 경우가 대부분이다. 그러나 자녀의 조기사망은 일반적인 죽음으로 보기 어렵고, 흔하지 않은 경험으로서 형언할 수 없는 극도의 슬픔이고, 고통이며 극복하기 쉽지 않은 심리적 외상 사건임이 틀림없다.

가족의 상실을 당한 경우, 그에 대한 비애 반응 자체는 인간에게 매우 자연스러운 정서이지만 이는 주관적인 정서로서 자녀의 죽음과 부모의 죽음에 대한 상실감과 비애감은 동일하지 않고 그 반응에도 차이가 나타난다. 일반적으로 부모의 상실로 인한 비애 반응 기간보다 자녀 상실로 인한 비애 반응 기간이 더 지속적이고 심각한 지장을 초래해 질병 상태에 이른 경우가 훨씬 더 많다고 할 수 있다.

또한, 자녀의 죽음은 심리정서적 후유증이 장기간 이어지는 경우가 많아 근래 미국정신의학회에서는 공식적으로 새로운 질병으로 '지속성 복합 애도장애'(persistent complex bereavement disorder)을 만들어 DSM-5에 포함했다. 지속성 복합 애도장애는 죽은 사람에 대한 지속적인 갈망과 그리움 그리고 죽은 자에 대한 집착이 동반되면서, 매우 강렬한 슬픔과 잦은 울음으로 나타나는데 이런 증상이 부모의 죽음보다는 자녀의 죽음에 발생하는 것이 일반적이다.

크리소스톰은 자녀의 조기사망을 경험한 부모 마음을 일컬어 "강한(stronger) 슬픔의 상태"라고 표현했는데, 이는 슬픔이 매우 강력하게 삶과 심리를 압도한다는 표현으로 이해할 수 있다.[8] 이에 대해 스티븐 프리맨은 "자녀의 죽음은 개인이 경험할 수 있는 상실 유형 가운데 가장 고통스럽고 극복하기 힘든 것"[9]이라 분석했다. 미쉘과 앤더슨에 따르면, 자녀를 상실하면 "자아의 일부를 잃어버리는 경험"이라 표현했다.[10]

자녀의 상실은 인간의 신체에서 다리가 절단된 상태로 비유할 수 있다. 다리가 절단된 것은 다시 걷는 법을 배워 그것이 없음에 적응할 수 있지만, 절단된 다리는 항상 그곳에 흔적이 남아서 다리가 없음과 그것을 발생시킨 사건에 대해 꾸준히 상기하게 되고, 끊임없는 허전함과 안타까움을 일으킨다.

그래서 번스타인은 자기 자녀 상실 경험을 기반으로 이런 의구심을 제시한 바 있다.

"과연 자녀 상실에 대한 감정이 끝나고 치유되는 날이 있기는 하는 걸까?"[11]

이는 자녀 상실을 경험한 부모의 치유가 쉽지 않다는 것을 의미한다. 이와 아울러 자녀 죽음과 관련된 치유를 논할 때는 허전함으로부터의 회복을 중요시 여긴 일각이 있다. 자녀가 부모로부터 얻는 경제적, 심리정서적 이득을 일컬어 '부모 자원'(parental resources)이라 하는데, 그 반대로 부모가 자녀로부터 얻는 심리정서적 이득을 '자녀 자원'(child resources)이라 할 수 있다.

이는 어린 자녀의 재롱, 애교, 위로, 애정 표현 등으로서 자녀의 상실로 인해 이런 것들의 공백으로 충족되지 않은 허전함은 '강한 슬픔'과는 질이 다른 문제로서 여기서 벗어나야 진정한 회복에 이르게 된다고 본다.[12]

---

8   Xueying Wang,(2019) "John Chrysostom on the Premature Death of Children and Parental Grief," *Journal of Early Christian Studies* 27/3, 443-63.
9   Freeman, Stephen J.(2005) *Grief and Loss: Understanding the Journey* (Southbank, Australia), 198. cf. Joan Arnold & Penelope B. Gemma,(2008) "The Continuing Process of Parental Grief," *Death Studies* 32, 658-73.
10 Kenneth Mitchell & Herbert Anderson,(1983) *All Our Losses, All Our Griefs* (Philadelphia: Westminster), 51.
11 Judith R. Bernstein,(1998) *When the Bough Breaks* (Kansas City: Andrews & McMeel), xvii.
12 Matthias Rosenbaum-Feldbrügge,(2019) "The Impact of Parental Death in Childhood on Sons' and Daughters' Status Attainment in Young Adulthood in the Netherlands, 1850-1952," *Demography* 56, 1827-54.

이를테면, 퇴근 후, 집에 들어갔을 때 부모를 반갑게 맞는 자녀의 목소리와 모습이 없음에 적응해야 한다. 무엇보다도 어린아이들이 자기 부모를 부르는 '엄마', '아빠' 소리는 자녀의 조기사망을 경험한 부모에게는 자녀를 생각나게 하는 단서가 되어 심리정서적으로 매우 견디기 어려운 상태에 빠뜨리게 된다.

자녀의 조기사망은 죽음이 순차적, 순리적이지 않다는 면과 그것을 예측할 수 없었다는 면에서 그 가족에게는 엄청난 당황과 당혹, 황망, 실망, 절망 그리고 충격으로 와닿는다. 이것은 당연히 자녀에 대한 부모의 사랑 때문에 발생하는 심리정서다. 영유아나 아동·청소년기 자녀는 발달 과정 가운데 부모에게 큰 기쁨과 즐거움, 애정, 친밀감을 제공하는 시기이다. 부모는 자녀에게 양육의 고통을 겪으며, 온갖 사랑을 쏟아붓고 강한 애착과 애정이 형성되었을 시기에 자녀가 사망함으로써 극도의 고통과 충격을 경험하게 된다.

그런데도 불편한 진실이기는 하지만 지나치게 어린 자녀의 죽음 또는 아동·청소년기 자녀의 경우, 어떤 이유에서 부모와 자녀 간 유대 관계가 약한 경우는 그렇지 않은 데 비해 상실감, 비애감 등이 축소되는 것이 일반적이다. 이에 대해서는 메이어리 등의 학자들이 자세히 밝힌 바 있다.[13]

성경에는 자녀의 조기사망을 경험한 부모의 사례들이 기록되어 있다. 야곱은 편애할 정도로 아끼던 아들 요셉이 사망했다는 허위 소식을 다른 자녀들한테서 듣고, 처절하게 슬퍼한 묘사가 기록되어 있다.

> 자기 옷을 찢고 굵은 베로 허리를 묶고 오래도록 그의 아들을 위하여 애통하니 그의 모든 자녀가 위로하되 그가 그 위로를 받지 아니하여 이르되 내가 슬퍼하며 스올로 내려가 아들에게로 가리라 하고 그의 아버지가 그를 위하여 울었더라(창 37:34-35).

---

13 Callie B. Meyer-Lee, Jeffrey B. Jackson & Nicole Sabatini Gutierrez,(2020) "Long-Term Experiencing of Parental Death during Childhood: A Qualitative Analysis," *The Family Journal: Counseling and Therapy for Couples and Families* 28/3, 247-56.Callie B. Meyer-Lee, Jeffrey B. Jackson & Nicole Sabatini Gutierrez,(2020) "Long-Term Experiencing of Parental Death during Childhood: A Qualitative Analysis," *The Family Journal: Counseling and Therapy for Couples and Families* 28/3, 247-56.

모세가 이집트에 억류된 히브리 노예들의 석방을 위해 바로왕에게 여러 가지 재앙을 내리며 요구한 바 있다. 하지만 바로는 미동도 하지 않다가 자기의 장자가 죽는 재앙이 내려지자 그 요구를 수용한 출애굽기의 사례(출 12장)에서 자녀의 조기사망이 얼마나 큰 좌절인지를 엿볼 수 있다. 고대로부터 영유아나 아동 사망률이 높았던 것은 주지의 사실이다. 한 예로 비잔틴 시대(A.D. 300-600년)에 5세까지 아동의 45퍼센트가 사망했다는 기록은 현대 사회적 상황으로는 찾아보기도 어렵고, 이해도 안 되는 전설과 같은 일이다.[14]

현대는 의료 기술의 발전과 좋은 영양 상태 등 때문에 영유아나 아동 사망률이 현저하게 떨어졌다. 그러나 현대 사회의 독특한 구조 때문에 교통 및 해양 사고, 붕괴, 추락, 생태계 오염, 기상이변, 전쟁, 학대, 범죄, 유전, 불치병, 팬데믹(pandemic) 등은 사회적으로 빈번하게 조기사망을 경험할 수 있는 환경적 요인이 많다고 할 수 있다.[15]

부모가 자녀의 조기사망을 경험하였으면 그 심리상태는 매우 다양하고, 묘사하기 어려울 정도로 부정적이다. 일반적으로 상실 가족이 경험하는 심리정서는 두려움, 불안, 공포 등이 가장 빈번하게 나타나는 현상이다. 심리학적인 개념으로 불안은 대상이 없는 막연한 미래적인 두려움이고, 공포는 대상이 있는 구체적이고 오늘날의 두려움으로 개념화되어 있다.

그런데 죽음에 대해서는 불안과 공포를 혼용해 '죽음 불안'(death anxiety)이라고도 표현하고, '죽음 공포'(thanato phobia)라고도 표현한다. 죽음에 대한 기본정서인 '불안'과 '공포'를 구분 없이 사용하는 것으로 보아 죽음은 지금이기도 하고, 미래적인 두려움이기도 하며, 동시에 구체적이기도 하고 막연한 두려움이라고 이해할 수 있다. 또한, 언제든지 상황에 따라서 불안이 공포로, 공포가 불안으로 전환될 수도 있음을 의미한다.[16]

자녀의 조기사망을 겪은 상실 가족으로서 부모의 심리정서는 두려움, 불안, 공포를 비롯해 비통, 우울, 안타까움, 아쉬움, 무능감, 수치심, 죄책감, 분노, 낙심 등에 압도된다고 볼 수 있다. 특히, 이 가운데 분노와 낙심

---

14 Wang, "John Chrysostom on the Premature Death of Children and Parental Grief," 443-63.
15 Rhodes, *Measuring the Risks and Causes of Premature Death*, 1.
16 Georgia E. Harkness,(1929) *Prayer and the Common Life* (New York: Abingdon-Cokesbury), 181.

은 자녀의 조기사망에 대해 적절한 이해 또는 응답을 얻지 못했을 때 나타나는 심리정서라 할 수 있다.

선과 악, 성령과 악령, 하나님과 사탄 등 이분법적 사고를 가진 기독교인들 가운데는 삶을 온전히 마치지 못한 예기치 않은 조기사망에 대해 사탄의 역사로 이해하기도 하고, 죄의 결과이며, 하나님의 심판 및 징벌로 보는 사람들도 있다.[17] 조기사망을 사탄의 역사로 단정하면 사탄의 공격을 막아 달라고 간절히 기도한 것이 허사가 되고, 죄의 결과로 인정하면 용서받기 위해 간절한 회개의 기도가 수포로 돌아간 것으로 인식되어 상실 가족들은 분노와 낙심을 동시에 경험하게 된다.

자녀의 조기사망을 경험한 상실 가족들은 상담 현장에서 상담자에게 마치 대들 듯, 때로는 소리를 지르며 "왜 이런 일이 내게 생겨야 하는가?" 하고 분노를 표출하거나 항변하며 따지는 일이 흔히 발생한다. 이에 대해 상담학자 데이링거는 '저항'이라 불렀다. 상담 중 상담자가 이러한 저항을 받게 되면 당황하게 되는데, 이때 나타나는 저항, 항변, 원망, 분노 등은 상담자에게 하는 것이라기보다 자기의 답답한 심정을 하나님께 토로하는 것이라고 분석했다.[18]

자녀의 조기사망을 경험한 부모가 어떤 심리정서적 증상을 나타내더라도 그것을 '과잉증상'(symptom of excess)이라고 할 수 없을 만큼 이는 극도의 상황이라 할 수 있다.[19] 물론, 애도의 정도와 기간 등이 지나치면 심리정서적 질병 상태가 될 수 있으므로 지나치지 않은 정도에서 슬픔을 충분히 나타내는 애도 과정은 필요한 것이다.

죽음학자 엘리자베스 퀴블러로스와 데이비드 케슬러는 충분한 애도에 대해 다음과 같이 표현했다.

---

17   Karl J. Illman,(1979) *Old Testament Formula about Death* (Slottsgatean, Finland: Publications of the Research Institute of the ABO Akademi Foundation), 97.
18   Richard Dayringer,(2012) "The Image of God in Pastoral Counseling," *Journal of Religion & Health* 51/1, 49-56.
19   Wang, "John Chrysostom on the Premature Death of Children and Parental Grief," 443-63.

> 슬픔 당한 이여! 울어라! 울어!
> 슬픔에 자리를 내주고 크게 울어라!
> 더이상 눈물이 나오지 않을 때까지 눈물을 토해 내라!
> 눈물을 절대로 참지 마라!
> 눈물의 샘이 마를 때까지 울어라!
> 내 속의 눈물이 전부 빠져나올 때까지 울어라!
> 슬픔의 저 밑바닥까지 내려가 보자.[20]

이를 김민아 등은 '충실한 애도 과정'이라고 표현했는데, 그런 경험을 가진 상실 가족과 그렇지 않은 사별 가족 간의 회복력을 보면, 전자가 훨씬 더 빠른 회복을 보이는 것으로 나타났다.[21]

자녀의 조기사망은 그 자녀가 성장해 성취하고, 획득할 기회, 가능성, 잠재성 등의 상실로 이해된다. 자녀 상실을 겪는 부모들은 이런 상황에 대해 다음과 같이 말한다.

> "자기의 미래가 사라졌다."
> "더 이상 소망이 없어졌다."
> "꿈이 산산조각이 났다."
> "살 가치가 없어졌다."

자녀를 미래로, 소망으로, 살아갈 가치로 여겼는데, 그 어떤 것도 이루어 보지 못하고 자녀의 삶이 근원적으로 송두리째 빼앗긴 것 때문에 부모는 아쉬움과 안타까움 그리고 슬픔의 정서를 강하게 느끼게 된다. 자녀에게 두었던 기대는 조기사망으로 일순간에 무너져 내림으로써 낙심, 좌절, 절망, 허탈, 허망의 심리정서를 초래하게 된다.

---

20 Elisabeth Kübler-Ross & David Kessler,(2014) *on Grief and Grieving* (New York: Scribner), 74.
21 김민아 외 3인,(2019) "소아청소년 암으로 자녀를 잃은 어머니의 사별 지원 서비스 욕구,"「보건사회연구」39/2, 291-331.

허탈감은 바로 박탈감으로 이어지는 독특한 심리라 할 수 있으며, 이는 대부분 비교 의식에서 비롯된다.[22] 자녀의 조기사망으로 나타나는 상대적 박탈감은 부모를 더욱 허탈한 상태로 만든다. 다른 사람의 자녀들은 건강하게 사고 없이 잘 성장하는 데 반해 자기 자녀는 일찍 생을 마감한 것에 대해 (하나님, 신, 운명의 신, 전능자, 사탄, 염라대왕 등 생명 관련 장엄한 존재)에게 '빼앗겼다', '빼앗아 갔다'는 인식하게 된다.

하나님을 생명의 창조자, 주관자, 전능자로 인식한 그리스도인은 이 일의 소관을 하나님의 영역으로 보려는 성향이 있다. 그래서 그리스도인들 가운데 자녀의 조기사망에 대해 하나님이 자녀를 일찍 데려가신 것으로 인식하고 그것을 어쩔 수 없이 수용하거나 그 반대로 하나님에 대해 분노, 항의, 원망한다.

하나님은 정녕 선하신 존재인가?
하나님은 과연 정의로우신 분이신가?
하나님은 진정 악을 다스릴 수 있는 능력적 존재인가?
하나님은 참으로 사랑의 존재가 맞는가?

이에 대한 의구심을 갖고 괴로워하게 된다. 브류닝거 등은 이런 상태를 일컬어 '거룩한 갈등'(divine struggle)이라고 표현했다.[23] 이 갈등은 '거룩한'이라는 형용사로 묘사되어 긍정적 의미처럼 이해되지만 모든 갈등은 위기의 전조 상태라 할 수 있다. 또한, 이 용어는 일반 갈등과 구별하기 위해 '거룩한'이라는 단어를 채택한 것이며, 하나님과 관련된 갈등으로 보는 것이 옳다.

---

22 Wang, "John Chrysostom on the Premature Death of Children and Parental Grief," 443-63.
23 Matthew M. Breuninger, et al, (2019) "The Invisible Battle," *Military Psychology* 31/6, 433-49.

3. 이른 죽음에 대한 상담

1) 이른 죽음에 대한 인지 재구성

자녀 조기사망에 대해 긍정적 의미를 부여한다는 것은 매우 중요한 일이며, 결국 이 일에 대한 치유와 회복의 결정적인 방편이지만 결코 쉬운 일은 아니다. 사실상 긍정적 의미 인식을 갖기 전에 근본적으로 해결될 수 있는 것은 아무것도 없다. 긍정적 의미 인식을 통해 죽음 문제를 새롭게 인식하고, 나아가 이 문제를 극복하는 것을 일컬어 인지치료, 인지행동치료에서는 '인지 재구성'(cognitive reframing) 또는 '인지 재구조'(cognitive restructing)라 하며, 이는 정확하게 동일 개념의 용어이다.

인지 재구성은 인지행동치료의 근간이 되는 것으로서 A.D. 90년에 그리스 철학자로서 '제2의 소크라테스'라는 별칭을 얻은 에픽테투스의 "사람은 사건이나 사물에 의해 영향을 받는 것이 아니라 그것에 대한 해석의 영향을 받는다"라는 말처럼 자기가 당한 사건의 해석을 바꾸는 것이다.[24]

인지행동치료의 인지 재구성기법을 기독교 상담에 응용한 대표적인 학자로서 미국 프린스턴신학교 상담학 교수를 지낸 도날드 캡스는 "사람이 변화되는 것은 인지 재구성으로부터 시작되며, 이는 매우 효과적이고 매우 가치 있는 상담기법"이라고 주장했다.[25]

자녀 상실로 인해 자기 파괴적, 부정적, 좌절적 인지를 바꿀 때 비로소 정신건강은 물론 심리영적으로 치료에 이르게 되는 것이다.[26] 일반 보건, 의학, 정신건강을 담당하는 입장에서도 자녀를 상실한 부모의 회복 전략으로 긍정적 인지 재구성만 한 방법이 없다고 인정하고 있다.[27] 인지행동치료에서 인지 재구성은 자녀의 조기사망처럼 비통한 상황에서 활용할 수 있는 훌륭한 치료 방법으로서 인식의 전환을 했을 때 우울, 불안 및 스트

---

24 Epictetus,(1948) *The Enchiridon, Thomas Higginson,*(tras.) (Indianapolis: Bobbs-Merrill), 19-22.
25 Donald E. Capps,(1990) *Reframing* (Minneapolis: Fortress), 10.
26 James P. Robson & Meredith Troutman-Jordan,(2014) "A Concept Analysis of Cognitive Reframing," *Journal of Theory Construction & Testing* 18/2, 55-59.
27 김민아 등, "소아청소년 암으로 자녀를 잃은 어머니의 사별지원 서비스 욕구", 291-331.

레스를 현저하게 감소시킨다.[28]

자녀의 조기사망이라는 외상 후 스트레스장애(post traumatic stress disorder: PTSD)를 경험하고 나면 외상 사건 및 그와 유사한 문제에 대해 두렵거나, 끔찍하고, 고통스러운 기억들이 되살아나는 경험을 하게 되는데, 이를 심리학 용어로 '플래시백'(flashback)이라 한다.[29]

이는 자녀의 조기사망에 대해 망각했다가도 어떤 심리정서적 단서로 인해 순간적으로 그 사실이 회상되어 당황하게 되며 상실당했던 초기 상태의 심리정서적 경험을 그대로 하게 되는 현상이다. 플래시백은 다른 자녀를 볼 때 그것이 단서가 되어 조기사망을 경험한 대부분의 상실 가족에게 매우 견디기 어려운 심리정서적 현상이 될 것이다.

자녀의 조기사망을 경험한 부모는 남은 자녀가 있을 때 '과잉 경계'(hyper-vigilance)라는 독특한 심리행동적 증상이 발생하기도 하는데, 이는 이미 자녀를 잃은 사건의 원인을 찾아 남은 자녀에 대한 양육 태도의 급격한 변화가 나타나는 것이다. 즉, 부모가 지나치게 긴장하면서 또다시 자녀를 잃지 않으려는 극도로 예민한 태도가 나타난다.[30]

이를테면, 캠프에서 자녀가 사고사를 당했다면 남은 자녀가 학교 외의 다른 곳에 가는 것을 엄격하게 경계하는 일로도 나타나고, 도보 통학 중에 교통사고를 당했다면 남은 자녀는 절대 도보로 등교시키지 않는 현상이 나타날 수 있다.

또한, 공교롭게도 자녀의 조기사망을 경험한 부부에게서 높은 이혼율이 나타나는데,[31] 이는 부부 서로가 자녀의 조기사망에 대한 원인이나 책임을 전가하고, 비난하고, 그것을 수습하지 못한 위험한 결과라고 할 수 있다.[32]

---

28 M. Vernooij-Dassen, et al,(2011) "Cognitive Reframing for Careers of People with Dementia," *Cochrane Database of Systematic Reviews* 9/11, 1-37.

29 C. Bourne, et al,(2013) "The Neural Basis of Flashback Formation," *Psychological Medicine* 43/7, 1521-32.

30 Carolyn A. Walter & Judith L. M. McCoyd,(2015) *Grief and Loss across the Lifespan: A Biopsychosocial Perspective* (New York: Springer), 6.

31 Torkild H. Lyngstad,(2013) "Bereavement and Divorce: Does the Death of A Child Affect Parents' Marital Stability?" *Family Science* 4/1, 79-86.

32 William Worden, *Grief Counseling and Grief Therapy* (New York: Springer, 2009), 15.

자녀가 만성 질병을 앓고 죽음이 예측된 경우라 할지라도 죽음에 대한 비애가 없는 것은 아니지만 이런 경우는 작별할 마음의 준비와 시간을 갖게 되기 때문에 충격 및 혼란의 수준은 그렇지 않은 경우보다 현저하게 낮아진다.[33] 그러나 예상치 못한 사고로 자녀가 조기사망을 한 경우나 갑작스러운 질병 때문에 조기사망을 한 경우에 부모는 자녀와 작별할 준비가 전혀 되어 있지 않아 더욱 강한 충격과 아울러 통제력 상실을 유발하는 것으로 되어 있다.[34]

이런 경우 대부분 부모는 이에 대해 엄청난 또는 비현실적인 죄책감, 적정 수준을 초과하는 과도한 책임감을 느끼게 된다. 대부분 가족의 상실과 관련해서는 죄책감을 의도적으로 만들어 내는 것이 전형적인 일이지만 자녀의 죽음에서는 이것이 비합리적이고 인지왜곡적으로 과도하게 나타나고 급작스러운 경우는 더욱 심해지는 것이 문제다.

따라서 이 문제를 잘 처리할 수 있도록 적극적인 상담 개입이 필요하다. 즉, 자녀를 건강하게, 안전하게 지켜주지 못한 것에 대한 죄책감을 회개와 인지 재구성 등을 통해 바르게 처리하는 과정이 필요하다. 자녀 상실로 인해 발생하는 비난, 책임 전가, 죄책감 등을 해결하는 방법은 신앙 외의 특별한 방법이 존재하지 않는 것을 보면, 신앙이 근본적인 치료 방편임을 알 수 있다.

그레이 등은 PTSD로 손상된 심리정서적 자아의 복구작업으로서 핵심 신념을 강화하는 것(reinforcing the belief)이 플래시백에 대처하는 매우 중요한 방법이라고 피력했다.[35] 인지행동치료에서 핵심 신념을 강화하는 방법으로 하나님께 감사의 기도를 하는 것은 기독교 인지행동치료기법으로 응용, 활용할 수 있는 부분이다. 이것은 자녀의 조기사망에 대한 분노가 그칠 때 시작되기도 하며, 분노를 그치게 하는 상담기법이기도 하다.

엘리자베스 퀴블러로스가 분석한 죽음 심리 5단계(부정-분노-타협-우울-순응)에서 분노 단계는 조기사망을 경험하는 당사자뿐만 아니라 부모에게

---

33   Nick Grey, et al,(2002) *Cognitive Restructing within Reliving* (London, England: Cambridge University, 37-56.
34   Johan Dahlberg,(2020) "Death Is Not the End: A Register-Based Study of the Effect of Parental Death on Adult Children's Childbearing Behavior in Sweden," *Journal of Death and Dying* 81/1, 80-106.
35   Nick Grey, et al,(2002) *Cognitive Restructing within Reliving* (London, England: Cambridge University, 37-56.

도 동일하게 나타나는 심리이며, 가장 넘기 힘든 과정이다. 특히, 자녀의 조기사망이 범죄 등 타인의 가해 행위에 관한 결과였을 때 분노는 다른 형태의 죽음에 비해 훨씬 강하고 극복하기 쉽지 않은 상황이 된다.

이 경우의 인지 재구성은 용서인데 이것이 아니고는 문제가 회복되지 못할 수도 있다. 자녀의 조기사망을 경험한 부모는 상실의 고통에 집착하면서, 동시에 충격에서 벗어나 향후 새로운 삶으로 나가는 '양립할 수 없는 두 가지 상태'에서 빈번하게 방황하는 것이 일반적이다.

구약성경 욥기에는 자녀의 조기사망을 경험한 욥의 내적인 반응이 나타나 있다.

> 내가 모태에서 적신이 나왔사온즉 또한 적신이 그리로 돌아가올지라 주신 자도 여호와시요 취하신 자도 여호와시오니 여호와의 이름이 찬송을 받으실지니이다(욥 1:21).

이런 수용적 해석은 전형적인 인지 재구성의 방법이다. 이것은 인간이 출생 시 아무것도 가지고 나온 것이 없는 상태였지만, 삶을 통해 얻은 것이 많아졌다는 의미로만 이해할 것이 아니다. 짧은 시간이었어도 어린 자녀와 함께 했던 경험을 긍정적으로 인지 재구성하는 인식의 전환이 포함되는 것으로서 그 핵심은 감사이다. 이를 위해 기독교 상담자가 적극적으로 지지해 주어야 한다.

캘리포니아대학교 교수 류보미르스키 등의 인지행동치료학자는 참혹한 상황을 극복하는 인지 재구성의 요소를 감사와 소망이라고 주장했다.[36] 심리학에서 이런 연구 결과를 내놓은 것은 특이한 것이라 할 수 있다. 감사는 그동안 자녀와 함께 했던 긍정적 기억의 회상으로부터 시작될 수 있으므로 상담자로서는 이를 부각해 추억으로 간직할 수 있도록 인식의 재형성이 치유와 회복을 가능하게 한다.[37]

더 나아가 긍정적 기억, 추억 정도로 인식하는 것을 넘어 상실을 통해 하나님께서 예비해 두신 복이 있음을 확신하는 것은 인지 재구성의 핵심

36　Sonja Lyubomirsky, et al,(2005) "Pursuing Happiness," *University of California. Review of General Psychology* 9/2, 111-31.

37　Eunjin Lee, et al,(2015) "Forgiveness Postvention with A Survivor of Suicide Following A Loved One Suicide," *Social Sciences* 4/3, 688-99.

이라 할 수 있다. 밴듀벤디키는 누구도 상실을 원하여 당하는 사람이 없지만 이를 당하면 감사로 처리한다면 역시 기대하지 않았던 커다란 선물이 제공될 수 있음을 강조하고 있다.[38]

넬슨과 카라바는 자기 외아들의 조기사망을 극복한 경험을 소개하면서 어떤 죽음이든 감사가 죽음과 관련된 비극적, 부정적, 재앙적 정서를 해소하는 거의 유일한 통로이며 방법이라는 것을 제시했다.[39]

크리소스톰은 자녀를 잃은 극한 상황에서 감사하면 왕관을 얻게 될 것이라고 위로했으며, 이때 마음 가득한 감사는 사탄이 틈탈 공간을 없애 준다고 했다.[40] 상실감 극복의 방법으로 작용하는 감사는 내세를 전제로 할 때 더욱 효과적인 것이므로 성경을 근간으로 삼는 기독교 상담에서만 그 효용성을 주장할 수 있을 것이다.

2) 부활 및 내세에 대한 신념 형성

부활과 내세에 대해 확고한 신념을 갖는 것은 죽음 문제를 해결하는 신앙적인 해결의 절정이다. 부활과 내세에 대해 확고한 신념을 가진 사람은 그렇지 않은 사람에 비해 우울, 불안, 공포, 강박관념(행동), 편집증 그리고 다양한 신체화(somatization) 증상 등에서 유의미한 차이를 나타낼 정도로 낮다.[41]

프랜넬리 등은 내세의 확고한 신념을 일컬어 '유쾌한 신념'(pleasant beliefs)이라고 표현했다. 유쾌한 신념은 부활의 소망을 통해 사후에 하나님과 연합, 사랑하는 사람과 연합, 천국에서 평화롭고 평안한 삶, 밝고 명랑한 천국, 영원한 보상의 삶 등에 대한 신념을 확고히 하는 것이다.

부활 소망과 사후 세계에 대한 확신하는 유쾌한 신념은 그리스도인들이 다른 종교를 가진 이들보다 죽음에 대해 긍정적 태도, 수용적 태도를 보이

---

38   Tim P. Van Duivendyk,(2013) *The Unwanted Gift of Grief* (New York: Routledge), 11.
39   Noelle C. Nelson & Jeannine L. Calaba.(1999) *The Power of Appreciation*, 이상춘 역(2004) 『감사의 힘』(서울: 한문화), 45.
40   Wang, "John Chrysostom on the Premature Death of Children and Parental Grief," 443-63.
41   Kevin J. Flannelly, et al,(2008) "Beliefs about Life-after Death, Psychiatric Symptomology and Cognitive Theories of Psychopathology," *Journal of Psychology and Theology* 36/2, 94-103.

고 극복할 수 있는 결정적인 근거가 되는 자원이다. 이는 기독교의 내세관이 죽음의 두려움을 감소하고, 부활과 사후 세계를 기대하게 만들기 때문이라고 풀이된다.

성경은 만일 그리스도인이 부활과 사후 세계에 대한 확신 및 소망이 없다고 인식하면 그는 이 세상에서 가장 불쌍한 자가 되고 만다는 사실을 기록했다(고전 15:19). 이는 죽음을 상담하는 기독교 상담자에게 요구되는 하나의 덕목을 넘어 필수적인 자질이다.

로버트 캐리간은 "상담자로부터 소망에 대해 강조받지 못하는 상담은 정상적이지 않은 상담"[42]이라고까지 지적하면서 기독교 상담에서 소망의 중요성을 다루었다. 이는 일반적 죽음 상담은 물론 자녀의 조기사망에도 당연히 포함되는 내용이라 할 수 있다.

좋은 기독교 신앙이란 어떤 상황에 처해 있을지라도 소망을 잃지 않고, 문제를 소망적으로 다루는 것이다. 소망을 활용하지 못하는 기독교 상담자는 '그 정체성이 의심스러운 상담자'라고 할 수 있다. 죽음 문제를 다룰 때 상담자 자신이 영원한 생명, 유쾌한 신념, 소망에 대해 확신하고 있어야만 상실 가족들에게 진정한 위로와 확신과 소망을 전할 수 있게 된다.

미국 뉴저지대학교 의과대학 임상 교수 루케마는 심리정서적 문제를 가진 일반인들을 돕기 위해서는 심리치료기법의 활용이 필요하지만, 기독교인들에게는 심리영적 지원이 필요하다고 피력했다.[43] 부활과 사후 세계에 대한 확신 및 소망은 기독교 상담자가 자녀의 조기사망을 겪은 부모를 상담할 때 사용할 수 있는 가장 효과적인 심리영적 지원이다.

4. 닫는 글

기독교 상담은 문제를 경험한 그리스도인들을 상담해야 하는 소임을 가지고 있다고 보며, 그 학문적 정체성은 모든 심리영적 문제로부터 내담자

42　Robert L. Carrigan,(1976) "Where Has Hope Gone? toward an Understanding of Hope in Pastoral Care," *Pastoral Psychology* 25/1, 39.

43　Richard W. Roukema,(2013) *Counseling for The Soul in Distress: What Every Religious Counselor Should Know about Emotional and Mental Illness* (New York: Taylor & Francis), 259.

를 치유하고 회복을 돕는 것이다. 이에 자녀의 이른 죽음을 경험한 가족을 지지하고 일상에 복귀하도록 하는 것은 매우 의미 있는 상담이 될 것이다.

자녀의 조기사망에 대한 개념은 노화의 결과로써 죽음에 이르는 것이 아니라, 성인 이전의 자녀가 일찍 죽는 것을 의미한다. 이에 따라 신앙에 대한 혼란과 갈등 및 하나님을 원망하며 강한 부정적 태도를 보임으로써 반 신정론의 태도를 갖는 것은 매우 위험한 일이다. 신정론의 의문은 자기 정당성에서 발생하는 이기적 속성이므로 이를 빨리 버릴수록 좌절적인 상실감으로부터 회복될 수 있다.

자녀의 수명이 생명의 주관자이신 하나님의 섭리에 따라 조기사망을 맞는 거기까지인지, 아니면 하나님께서 인간을 70세 또는 80세를 살도록 창조하셨는데 어떤 이유에서 거기에 도달하지 못하고 죽은 것인지는 알 수 없는 문제다.

전도서 3:1-2에 "범사에 기한이 있고, 천하 만사가 기한이 있고 … 날 때가 있고 죽을 때가 있으며 …"라고 했듯이 소정의 삶을 마친 후에 인간이 죽는 것은 하나님께서 정한 이치다(히 9:27). 조기사망도 납득이 쉽지 않을 뿐, 그것은 하나님의 때에 맞춰 하나님 나라로 입성하는 두 번째 출생으로 믿는 것이 바른 신앙이다.

조기사망을 당한 상실 가족들은 시간이 지남에 따라 저절로 치유와 회복을 경험할 것으로 기대해서는 안 된다. 교회가 적극적으로 나서서 이들의 치유와 회복을 위한 프로그램을 마련해야 하며, 기독교 상담은 선제적인 개입과 지원을 해야 한다.

변화시킬 수 없는 것을 받아들일 수 있는 믿음을 요청하는 라인홀드 니버의 기도는 상실의 좌절에서 벗어날 수 있는 자료가 될 수 있다.[44] 어떤 죽음이든 감사가 죽음과 관련된 비극적, 부정적, 절망적, 재앙적 정서를 해소하는 거의 유일한 통로이며 방법이다. 소망의 근원으로서 부활과 사후 세계(천국)를 확고히 하는 것이야말로 죽음 관련 모든 문제를 일시에 해결하는 방안이다.

44　Elisabeth Sifton,(2003) *The Serenity Prayer* (New York: W.W. Norton & Company), 7.

제4장

자살자 유가족 상담

목차	
1. 여는 글	(3) 원망
2. 자살에 대한 개념 이해	(4) 수치심(비난, 낙인 우려)
1) 자살에 대한 정의와 개념	(5) 죄책감
2) 심리적 부검을 통해 나타난 자살자 심리	3) 자살자 유가족의 전이적 자살
3. 자살자 유가족의 심리	4. 자살자 유가족에 대한 상담
1) 자살 기도자(미수자, 실패자)의 낙인	1) 신정론과 구원론에 대한 물음
2) 자살자 유가족의 심리	2) 심리교육 및 용서를 통한 영적 지지
(1) 부정	3) 개인상담 및 동료 상담을 통한 지지
(2) 충격과 분노	5. 닫는 글

1. 여는 글

자살(自殺, suicide)은 전 세계적으로 매년 증가해 공중 보건 문제 가운데 가장 심각성을 드러내고 있다.[1] 세계보건기구(World Health Organization: WHO)의 통계에 따르면, 세계적으로 1년에 100만 명 이상이 자살로 생을 마감한다고 분석했다. 특히, 우리나라에서도 해마다 자살자가 증가하여, 한 해 자살자는 약 1만 4천 명이다.[2] (인구 10만 명을 기준으로 환산, 국내 자살자는 25.6명, 세계 자살자 평균은 11.2명) 우리나라는 경제협력개발기

---

[1] Lee Eunjin, Robert Enright & Kim Jichan,(2015) "Forgiveness Postvention with a Survivor of Suicide Following a Loved One Suicide," *Social Sciences* 4/3, 688-99.

[2] Gustavo Turecki & David A. Brent,(2016) "Suicide and Suicidal Behaviour," *Lancet* 387, 1227-39.

구(Organization for Economic Cooperation and Development: OECD) 35개국 가운데 지난 10년 이상 자살률 1위를 나타내고 있다.[3]

발달 분류로 분석해 보더라도 청소년 자살률, 중장년 자살률, 노년 자살률 모두 1위를 나타내고 있다. 알렉스 크로스비와 제프리 색스는 통상 1명의 자살자에 대해 7-8명의 '의미 있는 타인'(significant family)이 연결되어 있다고 주장했다.[4] 그렇다면 우리나라는 자살자가 약 1만 4천 명이므로 유가족을 비롯해 그로 인해 충격 또는 심리적 외상, 외상 후 스트레스 장애를 입은 자는 대략 9만 명에 이르는 것으로 추정된다.

이는 국가적, 정책적, 사회적, 심리학적, 교육학적, 가족치료적, 목회적, 기독교 상담적 관심의 대상이 되고 있으며, 적극적인 억제와 동시에 예방에 주력해야 하는 주제다.

하지만 기독교인 자살자 유가족조차도 기독교적, 교회적, 목회적, 기독교 상담적, 영적 지지를 충분히 받지 못하고 사회적 낙인을 당한다거나 소외, 무관심 또는 신앙생활의 침해가 발생한다면 이는 심각한 문제라 하지 않을 수 없다. 자살로 인해 다양한 심리정서적, 영적 피해를 보게 될 자살자 유가족들에 대해 특히 방관해서는 안 되며, 증가하고 있는 자살자 유가족들에게 합당하고도 충분한 영적 지지와 상담이 제공되어야 할 상황이다.

2. 자살에 대한 개념 이해

1) 자살에 대한 정의와 개념

'자살'(自殺)이라는 용어는 한자에서 비롯된 것으로서 스스로 '자'(自), 죽일 '살'(殺)이 합해져 인간이 스스로 자기의 생명을 단절하는 것을 뜻한다. 이는 영어(suicide)로도 '자기'를 의미하는 'sui'(self)와 '살인'을 의미하는 'cide'(kill)가 합성되어 자기가 자기를 살인한다는 뜻이며, 라틴어에 기원을 두고 있다.

---

3 http://kosis.kr/statisticsList/statisticsListIndex.do?menuId=M_01_01&vwcd=MT_ZTITLE&parmTabId=M_01_01#117_11794.2(2023.7.31.).

4 Alex E. Crosby & Jeffrey J. Sacks,(2002) "Exposure to Suicide," *Suicide and Life-Threatening Behavior* 32, 321-28.

자살의 유사 용어로는 '자결'(自決), '자처'(自處), '자해'(自害), '자진'(自盡) 등의 단어들이 있지만 일반적으로 '자살'이라는 단어를 보편적으로 사용하는 추세다.

자살은 자살자 스스로 신체적, 심리정서적, 사회적, 종교적, 경제적으로 지각된 극도의 고통 경험과 그 고통에 대해 견딜 수 없다는 인식과 그것을 회피하려는 극단적인 방법을 선택한 것이라고 볼 수 있다.[5]

생명은 창조주 하나님께 부여 받은 것으로서, 피조물인 인간은 누구나 생을 마칠 때까지 그것을 소중히 여겨야 할 뿐, 생명에 대한 처분권을 가지고 있지 않다. 종교적인 입장이 아니더라도 지구상에 있는 모든 국가와 다양한 민족은 생명의 존엄성을 인정하여 자살을 금지하고 있다.

언론에 보도된 자살자들의 자살 이유를 보면, 뇌성마비 중학생 자살, 계모임 깨진 주부 자살, 군 생활 부적응 병사 자살, 고엽제 유전 아들 비관 투신자살, 부친 사업 실패 비관 아들 음독자살, 가족 그리워 공기총 자살, 도박 천만 원 빚진 택시 기사 자살, 서울대학교 법대생 목매 자살(성적 고민), 진급 심사 탈락 공군 대령 자살, 체벌 여교사의 자살, 취직 못해 20대 비관 자살, 여류 화가 화실에서 목매 자살, 팔순 할머니 손자들 공부방 마련해 주기 위해 자살, 취업 실패 비관 대학생 자살, 불임 비관 30대 주부 자살, 뇌성마비 중학생 자살, 첫 자녀 사산 비관 30대 주부 자살 등이다.

또 종말론 심취 휴거 불발 비관 자살, 부부 싸움 뒤 공기총으로 자살, 절도 누명 전화국 여직원 자살, 자식들 재산 다툼 비관 자살, 장가 못 간 30대 농촌 총각 비관 자살, 택시 기사 동거녀 자살에 뒤따른 자살, 의사 자격 정지 30대 비관 자살, 5대 독자 사고사로 인한 어머니 자살, 아들의 행패와 생활고 비관 일가족 음독자살, 아내 금주 재촉에 목매 자살, 비행 아들 둔 아버지 목매 자살, 남편 따라 한강 투신자살, 도둑 누명 여고생 투신자살, 커닝 처벌 두려워 두 고교생 자살, 성폭행 당한 10대 자살 등 자살 이유는 자살자의 수만큼이나 많다는 말이 있을 정도로 그 이유와 행태도 매우 다양하다.

국내는 총기 소지가 불법이어서 군인, 경찰관 등 총기를 소지할 수 있는 일부 특정인을 제외하고 미국처럼 총기 자살은 흔하지 않으며, 아파트가 많은

---

5   Olga Oulanova, Roy Moodley & Monique S. Guin,(2014) "from Suicide Survivor to Peer Counselor," *Omega* 69/2, 151-68.

우리나라 주거 상황에서는 대개 투신이 많고, 목을 매거나 음독 등이 많이 발생한다.

자살은 어느 순간에 충동적으로 발생한 것으로 보이지만, 물론 그런 경우도 있으며, 일반적으로 자살 과정은 자살 생각(관념)으로부터 자살 의도, 자살 충동, 자살 기도, 자살 미수 또는 자살 등의 순서를 밟게 된다. 자살 관념 감소 요인 연구 결과에 따르면, 자살 기도자들에게 다음과 같은 생각을 하도록 할 때 자살에 대한 관념이 감소하는 것을 분석하였다.[6]

- 가족이나 지인들에 대한 책임 의식
- 자신에 대한 미안함
- 자신도 행복할 수 있다는 기대감
- 타인의 지지와 격려
- 이루지 못한 꿈에 대한 열망

자살의 성격 또는 그 행태에 따라 '동반 자살', '모방 자살', '보복 자살', '급성 자살', '만성 자살', '이타적 자살', '이기적 자살', '집단 자살', '계절성 자살', '연극 자살' 등으로 묘사된다. 여기서 근래 급증하는 동반 자살 행태는 두 명 이상이 함께 자살하는 것인데 가족 중 일원이 다른 가족을 살해하고 자살하는 경우가 많다. 이를 언론 보도 등에서는 대개 동반 자살로 명명하지만 시각을 달리한다면 이는 자살이라고 보기 어렵다.

이 상황에서 자살 미수가 발생하면 이는 살인이 되는 것이기 때문이기도 하지만 자기 의사에 반해 이루어지는 경우가 많기 때문이기도 해서 이런 명명은 주의해야 할 부분이다.

성경에서 자살로 생을 마감한 사람은 여섯 명이다.

- 아비멜렉의 자살(삿 9:5-6)
- 사울의 자살(삼상 31:3-4)
- 사울의 병기를 담당하는 자의 자살(삼상 31:5)

---

6 강준현, 이근무, 이혁구,(2015) "자살관념 극복에 관한 연구," 한국보건사회연구원 「보건사회연구」 35/ 3, 103-34.

- 아히도벨의 자살(삼하 17:23)
- 시므리의 자살(왕상 16:18)
- 가룟 유다의 자살(마 27:3-5)

이처럼 성경에 명백하게 자살에 관한 내용들이 기록되어 있으므로 자연스럽게 자살자 유가족도 발생했을 것이 분명하지만 그와 관련된 내용은 발견하기 어렵다.

2) 심리적 부검을 통해 나타난 자살자 심리

'심리적 부검'(psychological autopsy)은 자살의 물리적 사안이 아닌 심리정서적 요인을 규명하는 것으로 자살자 유가족, 친지, 친구, 주변인들에 대한 심층 면접으로 이루어진다. 심리적 부검을 통해 자살자의 신체, 질병, 가족 및 대인 관계, 학력, 소득, 성격, 신앙 등 다양한 정보를 획득하고 이를 기초로 자살의 원인 규명에 접근하게 된다.

최초의 심리적 부검은 1920년대부터 시작된 것으로 알려졌으나,[7] 1980년대 자살률 세계 1위였던 핀란드에서 1986년부터 제도화했는데, 현재는 북미, 유럽 등 세계적으로 실시하고 있으며, 국내에서는 2013년부터 시작되었다. 자살의 본질을 추적하는 데는 상당한 한계가 있음에도 심리적 부검으로 자살의 원인을 규명해 냄과 동시에 자살 예방의 근거가 마련되어 핀란드의 경우 자살률이 50퍼센트 정도 감소한 것으로 나타나고 있다.

심리적 부검을 통해 밝혀진 자살자들의 공통점은 90퍼센트가 자살 전, 우울증을 기본으로 해서 두 가지 이상의 정신 질환을 앓고 있었으며, 그것과 상황 간 인과 관계(causal link)를 가지고 있는 것으로 드러났다.[8]

이를테면, 우울로 인해 도저히 사회생활을 못 할 것 같아 자살하게 된다거나, 불안 때문에 행복한 삶을 살 수 없을 것 같아 자살하게 된다거나, 범죄가 드러나면 그 수치심 때문에 도저히 얼굴을 들고 다닐 수 없을 것 같

7　Leo Sher,(2013) "Psychological Autopsy Studies," *Australian & New Zealand Journal of Psychiatry* 47/9, 884-85.

8　Gudrun Dieserud, Kari Dyregrov, Birthe L. Knizek & Antoon A. Leenaars,(2012) "Psychological Autopsy Studies as Diagnostic Tools," *Journal of Death Studies* 36/7, 605-26.

아 자살하게 된다. 정신 질환이 없는 정상적인 상태에서의 자살률은 대략 7퍼센트 수준인 것으로 나타났다.[9] 자살자의 성비는 거의 모든 나라에서 남성이 여성보다 2-4배가 높은 것으로 나타난다.[10] 또한, 자살의 장소 선택에서 자살자의 70퍼센트가 자택, 직장 등 친숙한 환경에서 자살하는 것으로 밝혀졌다.[11]

3. 자살자 유가족의 심리

1) 자살 기도자(미수자, 실패자)의 낙인

자살에 이르려는 다양한 자해행위를 '자살 기도'라 하고, 이것이 성공했을 때 '자살'에 이르게 되는 것이며, 실패했을 때 '자살 미수'가 된다. 자살 미수를 다른 용어로는 '준자살'(parasuicide)이라고도 한다. 자살을 기도했으나 실패하여 생존한 사람들(자살 기도자, 자살 미수자)의 사회적 평가는 어떤 사회에서나 그들에게 부정적 정서를 드러내거나, 편견 및 비난, 배척하는 등의 낙인(stigma)이 나타나고 있다.[12] 이 낙인은 죄인 또는 정신 질환자 수준이다.[13]

자살 기도 후, 미수에 그쳐 생존한 사람들에 대한 낙인(비난)은 남성보다 여성이 훨씬 더 많이 당하는 것으로 나타나고 있다.[14] 이는 여성에 대한 일종

---

9   T. Foster, K. Gillespie & R. McClelland,(1997) "Mental Disorders and Suicide in Northern Ireland," *British Journal of Psychiatry* 110, 447-52.
10 Jie Zhang, et al,(2010) "Characteristics of Young Rural Chinese Suicides," *Psychological Medicine*, 40, 581-89.
11 Corinne Chilstrom,(1989) "Suicide and Pastoral Care," *Journal of Pastoral Care* 43/3, 199-208.
12 Robert A. Kalish,(1966) "Social Distance and Dying," *Community Mental Health Journal* 2, 152-55.
13 Lindsay Sheehan, et al,(2016) "The Stigma of Suicide Loss Survivors," *Omega: Journal of Death and Dying*, 1-20.
14 Paolo Scocco, Antonio Preti, Stefano Totaro, Alessandro Ferrari & Elena Toffol,(2017) "Stigma and Psychological Distress in Suicide Survivors," *Journal of Psychosomatic Research* 94, 39-46.

의 편견일 수도 있다. 청년 자살 미수자들은 노인 자살 미수자에 비해 더 심각한 낙인이 나타나는 경향이 있다. 이는 젊은 사람에 대한 사회적 기대를 무산시켰다는데서 기인하는데, 어떤 어려움이 있더라도 젊은 패기로 문제를 극복하고 살아야 하는데 그러한 사회적 기대를 저버린 것에 대한 비난이다.

또 인생에는 수많은 기회가 있는데 쉬운 포기, 생을 일찍 마감하려는 시도 등에 대해 비난하는 것으로 해석할 수 있다. 자살 기도자가 자녀일 때 부모보다 더 높은 수준의 낙인을 당하는 것으로 분석된다.[15]

이는 자살을 불효의 극치로 보기 때문이다. 부부 중 한 사람이 자살했을 때 생존한 배우자가 낙인과 비난을 받게 되는데 자살한 배우자를 잘 대해 주지 못했기 때문에 배우자가 자살에 이른 것으로 보는 경향성이 있다. 기혼한 자살 미수자는 미혼의 자살 미수자보다 더 심각한 낙인이 나타난다.[16] 이는 책임져야 할 부양가족을 팽개친 무책임한 행위를 비난하는 것으로 볼 수 있다. 기독교인 가운데 자살 기도 후 미수에 그쳐 생존하게 된 경우, 낙인이 있을 것으로 예측할 수 있다.

기독교 신앙 특성상 자살을 살인에 준하는 죄로 보기 때문이며, 자기 자신을 죽이려는 의도를 사탄, 마귀, 악령의 유혹에 넘어간 것을 여실히 드러낸 행동으로 보려는 것이며, 생명 존중의 신앙이 내면화되지 않고 하나님의 창조 의도와 생명 존중의 교리를 무시한 불신앙을 비난하는 것이다.

자살 미수자들의 자살 과정에서 발생한 신체적 손상에 대한 치료는 대개 응급실에서 이루어지는데 이들 가운데는 치료를 거부하는 경우가 많고, 상담 및 심리치료를 거부하는 경향성도 나타난다. 그래서 퇴원 후 2주 이내에 자살을 재시도하는 경향이 빈번하게 나타난다는 분석이 있다.[17] 자살 미수자들의 심리정서적 특성을 분석해 집중적이고 응급적인 개입과 상담이 필요하다고 할 수 있다.

---

15   John L. McIntosh & Aaron Wrobleski,(1988) "Grief Reactions among Suicide Survivors," *Death Study* 12, 21-39.
16   McIntosh & Wrobleski, "Grief Reactions among Suicide Survivors," 21-39. cf. Linda J. Waite & Maggie Gallagher,(2000) *The Case for Marriage*, New York: Doubleday.
17   Michel Walter & G. Vaiva,(2018) "Suicide Prevention," *European Psychiatry* 47, 25-26.

2) 자살자 유가족의 심리

일반적으로 가족 구성원 가운데 죽은 사람이 있을 때 남겨진 가족을 '사별 가족'(grief family)이라 한다. 다른 용어로 '비애 가족', '애도 가족'이라고도 하는데 이는 동일한 영어 표기의 해석 차이라고 할 수 있다. 하지만 가족 구성원 가운데 자살자가 있을 때는 틀림없이 '사별'(死別), 즉 죽음으로 인한 이별이 분명하지만 '사별 가족'이라고 표현하지 않는데 이는 '사별'이라는 단어에 사고사, 자연사, 의도하지 않은 죽음을 맞이한 것을 함의하기 때문이라고 볼 수 있다.

자살자 가족들에 대해 국내에서는 일반적으로 '자살 유족' 또는 '자살자 유가족'(suicide family)이라는 단어를 사용하고 있으며, 이 두 단어의 개념상 혼란이나 오해의 여지가 없는 용어이다. 하지만 영어권에서는 보편적으로 '자살 생존자'(suicide survivor)라는 용어를 사용하는데, 이에 대해 에이미 허니컷과 리자이나 프레토리우스가 지적한 대로 '자살 생존자'라는 용어가 자살 기도의 실패로 결국 생존하게 된 사람을 일컫는 말인지, 가족의 자살로 인해 남겨진 다른 가족들을 의미하는지 개념의 혼란을 야기한다고 했다.[18]

그래서 이들은 그런 혼란과 오해를 막기 위해 '자살 손실 생존자'(suicide loss survivor)라는 용어 사용을 제안했는데 공교롭게도 2016년 이후부터는 이 용어를 제목으로 한 학술논문들이 발표되기 시작했다.[19] 또한, 흔히 사용하는 용어는 아니지만, 자살자 유가족을 일컬어 '공동 피해자'(co-victims)라는 말로 묘사하는 예도 있다. 이는 남은 가족들도 공동의 피해를 보게 된다는 것을 설명한 용어라 할 수 있다.

18　Amy Honeycutt & Regina T. Praetorius,(2016) "Survivors of Suicide," *Illness, Crisis & Loss* 24/2, 103-18.
19　Patrick W. Corrigan, et al,(2016) "Insight into the Stigma of Suicide Loss Survivors," *Archives of Suicide Research* 33, 1-10. cf. Sanford, Rebecca, et al,(2016) "Suicide Loss Survivors´ Experiences with Therapy," *Community Mental Health Journal* 52/5, 551-58. Lindsay Sheehan, et al,(2016) "Behind closed Doors," *Omega, Journal of Death and Dying* 12, 1-20. John R. Jordan, Vanessa McGann,(2017) "Clinical Work with Suicide Loss Survivors," *Death Studies* 41/10, 659-72. Yossi Levi-Belz,(2017) "Relationship with the Deceased as Facilitator of Post-traumatic Growth among Suicide-loss Survivors," *Death Studies* 41/6, 376-84.

자살자 유가족에게 나타나는 심리정서적 특성들은 다음과 같다.

(1) 부정

죽음학자(thanatologist) 엘리자베스 큐블러로스는 불치병 때문에 죽음에 처한 사람들의 심리를 '부정', '분노', '타협', '우울', '순응'으로 설명했으며, 이는 상실 가족들의 심리도 그와 동일하다고 분석한 바 있다. 그러나 자살자 유가족들의 심리도 그와 동일한 지에 대해서는 언급한 바가 없다. 이에 대해 앤 미첼 등은 일반적으로 죽음 뒤에 남겨진 상실 가족의 심리정서와 자살자 유가족들의 심리정서 상태는 질적으로 다르다고 분석한 바 있다.[20] 어떤 상태의 죽음이나 가족이 죽었을 때 초기 단계에 길고 짧음의 차이가 있기는 해도 부정이 나타난다는 것은 동일한 현상이다.

새라 폴과 데일 엘리자베스 펄슨의 연구에 따르면, 가족 구성원 가운데 자살자가 발생했을 때 누구든지 최초의 정서는 '부정'이라고 분석했다.[21]

"내 남편이 자살할 리가 없어!"
"내 아내는 자살할 사람이 아니야!
 나한테 한 번도 죽겠다는 얘기를 한 적이 없었어!"
"아빠가 죽을 리가 없어요. 나한테 항상 성실하게 살라고 말씀하셨는데요."
"우리 아이는 그렇게 나약한 아이가 아니에요. 절대 죽을 아이가 아니에요."

이런 말은 자살의 소식이 전해졌을 때 그 유가족들에게 나타나는 공통적인 최초의 반응이다. 상실 가족들은 죽음을 일종의 통과 의례(passage ritual)로 받아들이고 시간이 경과 함에 따라 심리정서적 복원력(resilience)이 생기지만, 자살자 유가족들은 가족의 자살이 일종의 충격, 심리적 외상, 외상 후 스트

---

20 Ann M. Mitchell, Teresa J. Sakraida, Yookyung Kim, Leann Bullian & Laurel Chiappetta,(2009) "Depression Anxiety and Quality of Life in Suicide Survivors," *Archives of Psychiatric Nursing* 23/1, 2-10.
21 Sarah Van D. & Dale-Elizabeth Pehrsson,(2016) "Examination of the Grieving Processes of Suicide Survivors," *Qualitative Research Journal* 16/2, 159-68.

레스장애로 작용해 심리정서적 복원이 매우 더딘 특성이 나타난다.

상실 가족이나 자살자 유가족이나 모두 애도를 경험한다는 면에서는 동일하다. 이를 DSM-5에서는 '지속성 복합애도장애'로 분류하고 있는데 상실 가족이나 자살자 유가족이나 감당하기 어려운 애도 또는 복원력이 떨어진 심한 상태가 장기간에 걸쳐 증상이 나타난다면 지속성 복합 애도장애를 고려해 볼 수 있다.

자살자 유가족들의 애도 반응 및 심리정서적 문제의 정도에 대해서는 자살자와 관계 및 자살자의 연령, 결혼 유무 그리고 심리정서적 거리 등에 따라 다르므로 일률적으로 보기는 어렵다. 그러나 일반적으로 볼 때, 자녀의 자살에서 부모가 갖는 애도가 가장 큰 것으로 나타났고, 다음으로 부모의 자살에 대한 자녀의 애도 또는 배우자의 자살 그리고 형제의 자살 순으로 분석된다.[22]

(2) 충격과 분노

세계보건기구(WHO)의 분석에 따르면, "자살은 자살자와 관계있는 모든 사람에게 슬픔, 충격, 상실감을 느끼게 한다"라고 분석했다. 자살자 유가족들의 충격에 예외 없이 포함되는 정서는 '궁금증'이다.[23] 이런 경우에 대부분의 유가족은 "왜"(why)라는 질문을 하게 된다.

"왜 죽었을까?
그게 죽을 일이었나?"
"아빠가 왜 그걸 극복하지 못했을까?
아빠가 그렇게 나약한 사람이었나?
왜 자살을 생각했지?"
"아빠가 우리한테 항상 '성실하게 열심히 살라'고 했는데, 왜 아빠는 이런 선택을 한 거지?"
"신앙을 가졌다는 남편이 왜 자살을 선택했지?

---

22 Margaret Stroebe, et al,(2001) "Risk Factor in Bereavement Outcome," in Margaret S. Strobe, Robert O. Hansson, Wolfgang Strobe & H. Schut,(eds.) *Handbook of Bereavement Research*, Washington DC: American Psychological Association.

23 Honeycutt & Praetorius, "Survivors of Suicide," 103-18.

신앙이 자살을 막지 못하는 건가?
기도로는 극복 못하는 건가?"
"권사님이신 엄마가 이렇게 되시면 신앙이 없는 우린 뭐지?"

자살자 유가족들이 자살자의 죽음에 "왜?"라는 질문을 통해 자살 동기나 신념에 대해 답을 얻고자 하지만 그것은 요원하다. 혹시 답을 얻었다 해서 충격이 감소되거나 슬픔과 상실감이 없어지는 것도 아니다. 자살에 있어 유가족들의 충격은 곧바로 '분노'의 정서로 이어지는 것이 보편적이다.

존 조단은 다른 형태의 상실(죽음)에서보다 자살의 경우, 자살자 유가족들의 심리정서적 특성은 '분노'라고 분석했다.[24] 분노는 일반적인 상실 가족에게서 나타나는 것과 비교가 안 되는 죽은 자에 대한 격렬한 분노이다. 타협은 자살자 유가족들이 하나님 또는 자기의 신에게 "자살자의 영혼에 대해 긍휼을 베풀어 구원을 허락해 달라"는 요청으로서 사실상 신학적, 성경적으로는 수용되기 어려운 것이지만 절박하고도 간절한 타협이 나타나는 것은 분명하다.

우울한 정서는 상실 가족이나 자살자 유가족 모두에게서 나타나는 일반적인 심리정서적 현상이다. 결국, 자살자가 죽어서 살아 돌아올 수 없다는 사실을 인정하고 순응하게 되는 것도 일반적인 심리정서적 현상임을 고려해 보면, 큐블러로스의 죽음에 대한 심리적 단계는 죽음을 맞이하는 사람(dying)이나 상실 가족 또는 자살자 유가족 모두에게서 나타나는 동일한 현상이라고 할 수 있다.

자살자 유가족들에게서 나타나는 '왜'를 주제로 집중적으로 연구한 메리 베글리와 에델 퀘일은 유가족들에게서 나타나는 '왜'라는 질문은 자살의 이유를 묻는 매우 자연스러운 것이기도 하지만 그 이면에는 '유가족 자신이 자살자에 대해 정말로 알고 있었는지를 묻는 것'이라고 보았다.[25]

---

24 John R. Jordan,(2008) "Bereavement after Suicide," *Psychiatric Annals* 38/10, 679-85.
25 Mary Begley & Ethel Quayle,(2007) "The Lived Experience of Adults Bereaved by Suicide," *Crisis* 28/1, 26-34.

그 답은 심리정서적, 물리적, 관계적 거리가 가까울수록 부정적이기 때문에 충격이 가중되는 것이다. 이를테면, 아내가 자살했을 경우, 심리정서적, 물리적, 관계적 거리가 가장 가깝다는 남편인 자기가 아내를 잘 몰랐다는 결과로써 자살이 유발되었다고 생각하는 것이다. 그래서 '왜'라는 질문은 몰라서 묻는 질문 제기라고 보는 것보다 자살에 대한 분노와 배신감에서 비롯된 질문으로 이해해야 한다.

'왜'에 대한 질문의 답은 대부분 부정적이며, 이로써 자살자 유가족들은 자살자에 대해 심한 분노와 배신감을 느끼게 된다.

"내가 남편 맞나?
 아내는 나를 남편으로 생각이나 한 걸까?
 그렇게 힘든 일을 아내인 나한테 한마디도 하지 않은 걸까?"
"사랑한다고 말만 했지, 아내인 나는 아무 존재도 아니었구나!
 내 생각은 하지도 않고 혼자 죽어 버리면 어떻게 해?!
 힘들었으면, 힘들었다고 적어도 나한테는 얘기를 했어야지!"
"엄마인 나한테는 '힘들었다'는 얘기를 했어야지!
 나를 엄마로 생각하지도 않은 거야!"
"언니는 왜 그런 문제를 동생인 나한테 한마디 말도 없이 혼자 괴로워하다가 그런 선택을 한 거야?"
"그렇게 힘든 일이 있었으면 아빠인 나한테는 얘기를 했어야지, 그랬으면 내가 해결해 주었을 텐데 … 나를 아빠로 생각하지도 않았던 거야!"

자살자가 자기를 '중요한 의미있는 타인'(significant other)으로 생각하지 않은 것에 대한 분노와 배신감은 서로 연결된 정서일 수 있다.

(3) 원망

자살자가 삶의 문제를 극복하지 못하고 자의적으로 생명을 끊었다는 것에 대한 원망은 자살자에게 직접적으로 나타날 수 있지만 자살자는 이 세상에 존재하지 않으므로 자살자 유가족들의 원망은 대상이 없는 한탄에 불과하다.

"당신이 남편이고, 아빠 맞아요?
 이렇게 무책임하게 가시면 남은 식구들은 어떻게 살라고?"
"아빠 없으면 우리 식구들은 누가 먹여 살려?
 아빠는 왜 이렇게 무책임한 거야?!"

하지만 원망은 유가족들이 자살자를 향해서만 나타나는 것이 아니라, 유가족들 간에도 나타나는 것이 보편적인데, 이는 매우 심각한 가족 문제가 되기도 한다. 원망은 자살자 유가족들 간에 서로 책임을 전가하고 비난하며 분노함으로써 '희생양'(escape goat)을 삼거나 가족 붕괴가 나타날 수 있다.

"당신 때문에 아들이 자살한 거야!
 왜 아들한테 그런 스트레스를 줘서 죽게 했어?"
"당신은 엄마가 되어 가지고 집에서 딸 하나 관리를 못해?
 나는 밖에서 일하는 사람이잖아, 집에 있는 사람이 잘 돌봐줬어야지!"
"당신이 자녀 교육에 무관심하니까 아이가 이런 선택을 한거에요. 이게 다 당신 때문이에요."
"너는 동생하고 같은 방을 사용하면서 동생이 그렇게 되도록 아무 관심도 없었니?
 그렇게 하고도 네가 형이냐?
 형이면 동생을 잘 돌봐 주었어야 하는 거 아니냐?"
"언니는 아빠 때문에 죽은 거예요.
 아빠가 언니를 폭행하지만 않았어도 언니는 안 죽었어요!"
"엄마, 아빠 부모 맞아요?
 왜 동생을 죽게 했어요?
 왜 동생을 못 지켜주었냐고요!"

이와 같은 원망으로 자살자 유가족들 가운데 부부가 서로 비난하다가 결국 이혼을 하거나 가족이 해체되는 일이 흔히 발생한다.[26]

---

26 Chilstrom, "Suicide and Pastoral Care," 199-208.

(4) 수치심(비난, 낙인 우려)

자살자 유가족들은 자기 가족 가운데 자살자가 있다는 사실에 대해 심한 수치심을 갖게 되고, 다른 사람들과 사회로부터 받게 될 비난과 낙인을 우려하게 된다. 이것은 자연사나 사고사와는 질적으로 다른, 자살자 유가족들에게서만 심각하게 나타나는 심리정서적 부담이다.

낙인은 크게 두 종류가 있는데 '사회적 낙인'(public stigma)과 '자기 낙인'(self stigma)이다.[27] 사회적 낙인은 자기의 의지와 관계없이 자살자 유가족들이 당하는 견해지만 자기 낙인은 자살자 유가족 자신이 대중의 낙인과 비난을 인식 또는 상상하여 그것을 스스로 내면화하는 것을 의미한다.

기독교인들에게는 질적으로 다른 수치심이 나타나는데 그것은 신앙과 관련하여 드러난다. 이를테면, 다음과 같은 생각을 하는 것이 자기 낙인이다.

"장로님이신 아버지가 자살했다는 것에 대해 교인들이 뭐라고 생각할까?
겉만 장로지 속은 믿음도 없는 사람이라고 할 것 같아서 교인들의 얼굴을 볼 수가 없어!"
"사람들이 나에게 도대체 집사 부모가 자녀에게 스트레스를 얼마나 줬으면 아들이 자살했겠어?
신앙 교육도 안 시켰다고 말할 것 같아!"

사실상 사회적 낙인은 사회가 가지고 있는 통념과 상식적 수준으로서 대부분 자살자 유가족은 (실제로 소리를 내어 그렇게 말하는 사람이 없음에도) 그런 낙인의 소리를 구체적으로 자작하거나 그런 내면의 소리를 듣는 것 같은 상상이나 착각에 빠지거나 비합리적 신념, 인지왜곡을 하게 된다.

자살자 유가족들이 충격, 심리적 외상 및 외상 후 스트레스장애에서 벗어나기 위해 이 부분에 대한 영적 지지가 절실하게 필요하다. 밴더발의 연구에서 상실 가족에서는 발견되지 않고 자살자 유가족들에게서만 나타나는 심리정서적 특징으로 수치심이 있다는 것을 보고하였다.[28]

---

27   Sheehan, et al, "The Stigma of Suicide Loss Survivors," 1-20.
28   Der Wal J. Van,(1989) "The Aftermath of Ssuicide," *Omega* 20, 149-71.

칼 스빈과 프레드릭 왈비는 이를 구체적으로 입증하는 연구를 했는데, 그들의 연구 결과에 따르면, 자살자 유가족들이 일반 상실 가족과 비교해 볼 때 더 슬픔을 갖는지 그렇지 않은지를 41건의 질적 사례 분석을 한 바 있다.[29] 그들의 연구 결과, 자살자 유가족들과 상실 가족 간에 슬픔의 차이는 유의미하게 나타나지 않았으나, 자살자 유가족들에게서는 높은 수치심과 낙인에 대한 강한 두려움이 나타난다고 분석했다.

요씨 레비벨즈도 자살자 유가족들은 상실 가족들과는 다르고 복잡한 심리정서적 문제가 발생한다고 보았는데, 그것은 자살자 유가족들에서 전형적으로 나타나는 수치심, 죄책감, 사회적 낙인 등이 있으며, 이는 심리정서장애의 원인이 된다고 분석했다.[30]

급작스러운 청년 가족의 사고사와 자살한 청년 가족이 있는 경우, 분명히 자살자 유가족들에게서 수치심, 죄책감, 책임감 등 지각된 낙인의 차이가 있는 것은 사실이다.[31] 후에 가족 구성원들이 가족의 죽음을 노출해야 하는 상황이 발생하면, 자살자 유가족들은 '그가 죽었다'(died)라고 표현하거나, 얼버무리게 되는데, '그가 자살했다'(suicide, self killing)라고 표현하지 않으려는 것은 일종의 낙인을 우려한 수치심 때문에 나타나는 현상이라고 볼 수 있다.

물론, 이것은 거짓을 말한 것은 아니지만, 구체적인 표현을 숨김으로써 가족사에서 문제 상황 노출을 회피하려는 의도임이 분명하다. 수치심은 일반 자살자 유가족들에게서 보편적으로 나타나는 것이지만, 기독교인 자살자 유가족들에게는 그 정도가 다르다고 할 수 있다.

자살자 유가족들의 약 20퍼센트는 임상적 치료가 필요한 문제에 노출된 것으로 분석된다.[32] 보건복지부의 자살자 유가족들의 연구 결과, 70퍼센트는 우울, 불안, 불면 등의 심리정서적 문제(우울 75퍼센트, 불면 69퍼센트, 불안 65퍼센트, 분노 64퍼센트, 집중력 및 기억력 저하 60퍼센트 등)를 호소하면서

---

29 Carl-Aksel Sveen & Fredrik A. Walby,(2008) "Suicide Survivors' Mental Health and Grief Reactions," *Suicide & Life-threatening Behavior* 38/1, 13-29.
30 Yossi Levi-Belz,(2016) "To Share or not to Share? The Contribution of Self-disclosure to Stress-related Growth among Suicide Survivors," *Death Studies* 40/7, 405-13.
31 Pitman, Osborn, Rantell & King, "The Stigma Perceived by People Bereaved by Suicide and other Sudden Deaths," 22-29.
32 Paolo C. Scocco, Castriotta E. Toffol & A. Preti,(2012) "Stigma of Suicide Attempt Scale and Stigma of Suicide and Suicide Survivors Scale," *Psychiatry Research* 200/2-3, 872-78.

다양한 고통을 겪는 것으로 밝혀졌다.[33] 보건복지부의 분석에 따르면, 자살자 유가족들이 전문가의 도움을 받는 경우는 고작 3퍼센트 수준이라는 연구 결과가 있다.

기독교인의 경우, 자살자 유가족들이 목회자로부터 도움을 받은 적이 없다고 하는 기독교인들이 81.2퍼센트로 나타났다.[34] 이는 뜻밖에 상당히 높은 수치인데, 목회자들은 교인들 가운데 자살자에 대해 함구하거나 무관심하다는 증거를 드러낸 통계이다. 자살자 유가족들에게는 다양한 심리정서적 지원과 돌봄 그리고 치료와 치유가 필요하지만 유가족들 가운데 이런 돌봄을 받는 경우가 많지 않은 것으로 분석되어 자살에 대한 교회의 관심이 더욱 요청된다.

자살자 유가족들이 심리정서적 도움을 요청하지 않는 이유도 '낙인' 때문이다.[35] 자살자 유가족들은 '지각된 낙인'(perceived stigma) 때문에 상담적 지원 및 의료적 지원을 요청하기보다는 자신들이 감내해야 하는 고통으로 이해하고 있다. 이런 지각된 낙인 때문에 자살자 유가족들은 심리정서적 문제를 더욱 악화시키게 된다.[36]

근래 우리 사회는 자살자에 대한 사회적 낙인을 줄이려는 시도들이 나타나고 있다. 이를테면, 자살한 군인들의 경우, 여러 정황을 판단해서 순직 처리하여 국립묘지에 안장되도록 한다거나, 보훈 대상자로 선정한다거나, 자살을 업무상 재해로 인정한다거나, 자살자 유족 보상금 지급 등에 대한 사회적 합의를 하려고 한다.

자살자에 대한 사회적 지지가 혹시 자살에 대한 지지나 정당성 인정 등 자살률을 더욱 증가시키는 원인이 되지만 않는다면 유가족들에 대한 사회적 배려는 충분히 고려해 볼 수도 있을 것이다.

---

33 연합뉴스, 2017.12.25일자.
34 정재영,(2008) "자살에 대한 개신교인의 인식과 교회의 책임," 한국실천신학회 「신학과 실천」 16, 11-33.
35 Alexandra L. Pitman, David P. Osborn, Khadija Rantell & Michael B. King,(2016) "The Stigma Perceived by People Bereaved by Suicide and other Sudden Deaths," *Journal of Psychosomatic Research* 87, 22-29.
36 Ross M. Norman, Deborah Windell, Jill Lynch & Rahul Manchanda,(2011) "Parsing the Relationship of Stigma and Insight to Psychological Well-being in Psychotic Disorders," *Schizophrenia Research* 133/1-3, 3-7.

(5) 죄책감

대부분 상실 가족은 고인에 대한 죄책감을 느끼는 정도를 넘어 의도적으로 자아내는 것이 일반적이다. 하지만 자살자 유가족들은 고인이 노환으로 인한 사망과는 비교가 안 되는 죄책감이 발견된다. 자살자 유가족들은 가족의 자살을 예방하지 못하고 죽음에 내몰리게 했다는 심한 죄책감과 후회가 동시에 나타난다.[37]

자살자 유가족들의 죄책감은 구조적이며 전형적인 심리적 과정이라고 할 수 있다. 그 내용은 사실일 수도 있지만 대체로 비합리적으로 과장된 죄책감을 억지로 만들어 자살의 책임을 고스란히 자신들이 져야 한다는 인지왜곡으로 심리정서적 고통을 당하는 현상이 나타난다.

"내가 아이들을 너무 나약하게 키웠어!
강하게 키웠다면 이럴 때 잘 극복했을 텐데 … 나는 잘못된 아빠야!"
"아들이 어려울 때 힘이 되어 줬어야 했는데, 그랬으면 이런 일이 안 생겼을 텐데, 나는 아들에게 너무 관심이 없었어!"
"아들에게 좀 더 성경 과목을 가르치고, 신앙 교육을 잘해야 했는데 …."
"남편에게 좀 더 친절하게 잘 대해줬어야 했는데 … 나의 사랑을 느꼈다면 죽지 않았을 텐데."
"엄마가 힘들 때 내가 엄마 곁에만 있었어도 이런 일은 안 생겼는데 …."
"언니 하고 얘기를 많이 나누었어야 했는데 …"
"딸인 내가 아빠의 힘든 부분을 풀어드렸어야 했는데 …"
"아빠한테 얼마나 힘드신지 물어본 적도 없는 나는 정말 불효자야!"

자살자 유가족들은 자기가 이렇게 저렇게 했다면 가족이 자살하지 않았을 것이라고 추측하면서 그렇게 하지 못한 상당한 비합리적 죄책감을 자아낸다. 자살자 유가족들에게서 발견되는 정신 질환의 상당 비율은 이런 과잉 반응에서 나타나는 죄책감 때문이라고 분석된다.[38]

---

37   Jordan, "Bereavement after Suicide," 679-85.
38   Lindsay, et al, "The Stigma of Suicide Loss Survivors," 1-20. cf. Jessica E. Koschade & Robert M. Lynd-Stevenson,(2011) "The Stigma of Having a Parent with Mental Illness," *Australian Journal of Psychology* 63/2, 93-99.

죽음 심리학자 윌리암 올덴은 현대인들에게서는 과거와 달리 특이한 심리정서적 현상이 발견되는데 그것은 "가족의 죽음을 해방감으로 여기는 사람들이 많이 있다"는 것이다.[39]

이를테면, 장기간 질병 상태에 노출된 가족이 있는 경우, 오랫동안 치매를 앓는 부모의 죽음, 배우자가 가족들에게 지나치게 학대한 경우, 자녀를 심하게 폭행(물리적, 심리정서적, 성폭행 등)을 한 경우, 배우자의 외도로 장기간 갈등 관계에 있었던 경우, 극도의 빈곤 상태에 장기간 노출되어 심각한 경제적 문제가 있는 경우, 가족이 자살했을 때, 기뻐할 일은 아니지만, 일종의 해방감, 더 나아가 안도감까지 느끼는 경우라고 할 수 있다.

이런 경우 자살자 유가족들은 죄책감이 없다기보다 그것이 상당히 희석될 수도 있고, 다른 상태의 가족 죽음에 비해 슬픔 및 상실감이 훨씬 줄어든다.

3) 자살자 유가족의 전이적 자살

자살자 유가족들은 자기가 입은 심리정서적, 경제적, 사회적 피해로 인해 자살을 혐오하면서 또 다른 면에서 '잠재적 자살자'가 되는 위험성을 안고 있다.[40] 국내 통계로는 자살자 유가족들의 자살 사례는 자살자가 없는 가족에 비해 6-7배가 더 높은 것으로 나타났다.[41] 자살자 친구나 지인이 있는 경우에 자살을 선택하는 비율이 자살자 친구나 지인이 없는 경우보다도 4.5배, 3.7배 이상 높다는 사실이 분석되었다.[42]

유명 여배우 최*실의 자살은 그녀의 전남편 조*민의 자살, 그녀의 남동생 최*영의 자살 그리고 그녀의 딸 자살 기도 등 전이적 자살 현상을 일으켰다고 볼 수 있다. 이른바 '베르테르 효과'(Werther effect) 또는 '모방 자살'이라고 하는 '전이적 자살'(suicide of transference) 또는 '자살의 전이성'(trans-

---

39 William Worden,(2009) *Grief Counselling and Grief Therapy*. Abingdon: Taylor & Francis.
40 Maurizio Pompili, David Lester, Eleonora De-Pisa, Antonio D. Casele, Roberto Tatarelli & Paolo Girard,(2008) "Surviving the Suicides of Significant others," *The Journal of Crisis Intervention and Suicide Prevention* 29/1, 45-48.
41 박지영,(2010) "자살로 가족을 잃은 유가족의 생존 경험에 관한 해석학적 현상학 사례연구," 「정신보건과 사회사업」, 36/12, 203-31.
42 이경미, 최연실,(2015) "자살자 유가족의 애도과정 경험에 관한 연구," 「가족과 가족치료」, 23/4, 655-86.

ference of suicide)은 자살자 유가족들에게서 나타나는 자살을 뜻한다.

가족 구성원 가운데 자살자가 있는 경우, 자살을 극도로 혐오하면서 동시에 모순되게도 자살에 대한 동경 등 양가감정(ambivalence)이 나타나며, 후에 자살 반대 견해를 견고히 하는 철학을 갖게 되거나 자살에 대한 두려움이 감소되고, 자살 감행의 용기를 갖게 될 수도 있다.

아더 종스마와 프랭크 대틸리오의 연구에 따르면, 전이적 자살은 가족 구성원 가운데 자살이 발생한 시점으로부터 1개월 이내에 나타나는 경우가 많다고 분석하고, 집중적인 위기 개입이 필요하다고 주장했다.[43] 자살자 유가족들은 자살자의 자살 시점으로부터 1년 이내에 자살 충동이 발생한다는 분석도 있다.[44]

모리지오 폼필리 등은 자살자 유가족들이 특정 기간 내에 자살 현상이 나타나는 것은 아니지만, 자살자 유가족들에게서 자살을 기도하는 일은 분명히 높은 비율을 나타내는 현상임이 틀림없다고 분석했다.[45] 자살자 유가족들을 돌보는 기독교 상담자의 처지에서 경계해야 할 주제는 바로 자살자 유가족들이 '잠재적 자살자'가 되려는 '전이적 자살'을 예방하는 것이고, 그들에 대해 우발적인 자살이 발생하지 않도록 민감성을 가지고 상담하거나 다양한 방법을 통해 밀접하게 접촉할 필요가 있다.

4. 자살자 유가족에 대한 기독교 상담

교회는 한 생명이 천하보다 귀하다는 예수 그리스도의 교훈을 꾸준히 가르쳐서 생명의 중요성을 강하게 인식시켜야 한다(마 16:26). 북미에서 발표되는 대부분의 자살 관련 연구 결과물에는 자살자 유가족들에게 사회적으로 충분한 지지를 하지 못하는 실정이라고 분석, 평가하고 있다.[46]

---

43 Arthur E. Jongsma Jr. & Frank M. Dattilio,(2000) *The Family Psychotherapy Treatment Planner*. New York, Chichester: Wiley.
44 Lee, Robert & Kim, "Forgiveness Postvention with a Survivor of Suicide Following a Loved One, *Suicide,* 688-99.
45 Pompili, et al, "Surviving the Suicides of Significant others," 45-48.
46 Sheehan, et al, "The Stigma of Suicide loss survivors," 1-20.

북미뿐만 아니라, 세계적으로 자살자나 그 유가족들에 대한 지지는 부족하며, 전통적으로 부정적 태도를 보여 왔다. 자살에 대한 기독교 전통, 교회의 태도는 생명을 소중히 여기고, 자살을 엄히 비난하면서 낙인을 취해 왔던 것이 사실이다.

자살자 유가족들을 충분히 이해하고, 돌보고, 지지하기보다는 고정관념을 가지고, 무관심으로부터 방치, 편견, 차별, 낙인을 찍어왔다. 기독교에 대한 박해가 심했던 초대 교회 신자들 가운데 자살자가 많았는데, 그 이유는 이교도들과 투쟁에 지치고 억압과 핍박의 두려움 그리고 순교의 고통을 회피하기 위해 기독교 교리에 반하여 자살한 것이다.[47]

그래서 교회는 자살에 대한 엄격한 계율을 제시하고 제재를 가하며, 자살자 유가족들을 공개적으로 처벌하고, 자살자에 대한 장례 금지, 교회 묘지 매장 금지 등 다양한 방법의 제재를 통해 자살을 예방하려고 노력했다. 중세 초기에 자살자에 대해서는 사체를 잔인하게 손상하거나 장례식을 치르지 못하게 하거나 그 가족들의 재산을 몰수하고, 배척당하도록 함으로써 자살이 발생하지 않도록 했다는 기록도 있다.[48]

중세 후기에는 자살자 유가족들에게 신성 모독죄를 적용해 유죄 판결을 내렸는데 이런 법적 조치는 자살을 살인에 따르는 죄로 보고, 자살자의 무책임성에 대해 사후에라도 유가족들에게 책임을 물어 근절 또는 예방하고자 했던 것이다.[49] 이렇게 교회가 자살자에 대해 강경한 태도를 보인 것은 자살을 예방하는 효과를 얻기 위해 '일벌백계'와 같은 일종의 교육으로 작용했을 것으로 이해해 볼 수 있다.

자살 기도자들도 공통으로 '자신은 사회적 지지를 받은 적이 없다'는 생각을 하고 있다.[50] 이는 이미 자살로 생을 마친 자살자들에게서도 유사한 인식을 가졌을 것으로 짐작된다. 사회적 지지받지 못한 상황이라면 영적 지지는 더욱 받지 못했을 것으로 생각한다. 사회적 지지는 광범위한 개념이지만 영

47　Chilstrom, "Suicide and Pastoral Care," 199-208.
48　Jacqueline G. Cvinar,(2005) "Do Suicide Survivors Suffer Social Stigma," *Perspectives in Psychiatric Care* 41/1, 14-21.
49　Edward J. Dunne, Karen Dunne-Maxim & John L. McIntosh,(eds.)(1987) *Suicide and its Aftermath* (Ontario: Penguin). cf. Richard, Barnett,(2016) "Suicide," *Lancet* 388, 228.
50　Kenneth J. Doka,(1996) *Living with Grief after Sudden Loss, Suicide, Homicide, Accident, Heart Attack, Stroke* (Washington, DC.: Hospice Foundation of America).

적지지는 사회 내에서도 기독교, 교회, 목회, 기독교 상담 등을 통해 제공되는 특수한 것이므로 그 수혜자의 범주는 훨씬 좁아지게 된다.

1) 신정론과 구원론에 대한 물음

자살자 유가족들에게 가장 어려운 문제가 신정론과 구원론의 문제다.

이런 일이 일어나도록 하나님이 허용했는가?
이런 일의 배후에는 사탄이 있는가?
그렇다면 전능하신 하나님은 왜 이 일을 막지 못했는가?

'신정론'(神正論, theodicy)에 관한 물음은 모든 위기, 고통 상황에서 하나님께 묻는 일반적이고 자연스러운 질문이며, 일종의 '항의'라고 할 수 있다. 인간은 이해할 수 없는 위기 상황에서 신정론의 질문을 하게 되는데, 이는 욥의 상황으로부터 가장 최근의 학술 연구를 발표한 제이콥 프리센한의 단행본 『삼위일체와 신정론』(The Trinity and theodicy) 그리고 토비 구스트리의 연구 논문 "신정론"(Theodicy)이 발표되기까지 수천 년 동안 그 답을 얻지 못한 채, 여전히 활발한 논의의 주제가 되고 있다.[51] 분명한 것은 예수 그리스도께서 종말에 재림하실 때까지 납득할 수 없는 죽음은 지속해서 발생할 것이며, 신정론에 대한 연구도 계속될 것인데 아무리 연구해도 마땅한 답을 얻기는 쉽지 않을 것이다.

어떤 논란이 있더라도 명백한 것은 하나님은 완전하시고 절대적이신 존재이므로 그분에게 실수나 잘못됨이 없으시므로 자살자 유가족들이 겪는 상황 역시 하나님의 섭리 안에 있다고 봐야 한다. 하지만 그것은 쉽게 이해되거나 충분한 답이 되지 못할 것이다. 더 나아가 신정론의 답을 얻지 못했을 때 하나님에 대한 극도의 분노를 가중하는 원인이 될 수도 있다. 누구도 이 상황에서 자살자 유가족들에게 합리적이고 설득력 있는 설명을 하기란 쉽지 않다.

---

51   Jacob H. Friesenhahn.(2016) *The Trinity and Theodicy*. London: Routledge.

설령, 여기서 명확한 답을 얻었다고 해서 이 문제가 해결되는 것도 아니다. 그러므로 이것을 이성적으로 설명, 설득하려는 것은 자살자 유가족들에게 의미 없는 일이 될 수 있다. 따라서 신정론의 질문은 가장 근본적인 문제이면서 동시에 가장 극복하기 어려운 문제이지만 수용 외에는 달리 방법이 없다.

폴과 펄슨은 자살자 유가족들이 가장 괴로워하는 문제는 '자살했기 때문에 지옥에 갔을 것'이라는 생각이라고 보았다. "자살하면 지옥에 간다"라는 말의 옳고 그름을 떠나 자살 관념자가 자살을 꺼리도록 만드는 교육 효과 또는 예방 효과가 있을 것이라고 본다.[52] 이것은 가족에게서 이미 발생한 자살자가 있는 경우에 심각한 심리정서적 고통이고, 신학적, 신앙적 문제이며, 슬픔의 과정을 복잡하게 만든다는 분석이 있다.[53]

폴과 펄슨은 '자살했기 때문에 지옥에 간다'라는 것에 동의하지 않았다.[54] '지옥'이라는 단어는 구원론적 문제로 분류되므로 기독교 상담자는 자살자 유가족들에게 교육을 통해 확고한 구원론을 갖도록 하는 것이 중요하다.

2) 심리교육 및 용서를 통한 영적 지지

심리교육은 특정 심리정서적 주제의 공개강좌를 통해 그 내용에서 자기 문제를 발견하고 지침을 발견하여 내면화시키는 것으로써 자기 노출의 심리정서적 부담없이 자조(self-help)할 수 있는 지지 방법이 될 수 있다. 심리교육에서 인지행동치료적 접근을 통해 유가족들이 자기 낙인을 제거하고 인지 재구성하도록 하는 기독교 상담은 자살자 유가족들에게 유익된 지지 방법이 될 수 있다.

자살자 유가족을 위한 심리교육의 주제는 '자살자 유가족의 심리', '자살자 유가족의 애도 과정과 극복 방안', '신정론과 구원론', '용서의 심리학과 신학', '인지 재구성을 통한 심리적 외상 극복과 영적 건강' 등이 포함되는 것이 바람직하다. 하지만 여기서 몇 가지 문제가 존재한다.

---

52 Pol & Pehrsson, "Examination of the Grieving Processes of Suicide Survivors," 159-68.
53 John R. Jordam & John L. McIntosh,(2011) *Grief after Suicide*. New York, NY.: Routledge.
54 Pol & Pehrsson, "Examination of the Grieving Processes of Suicide Survivors," 159-68.

- 공개강좌를 개설할 만큼 기독교인 자살자 유가족이 많지 않다는 것이다.
- 구조적으로 중소형 교회에서는 이를 시행하기가 여의치 않은 면이 있다(이런 경우 교회 연합체[총회, 지방회/노회 등]를 통해 실시하는 것이 좋다).
- 심리교육은 자살자 유가족들 개인의 상황과 특성이 고려되지 않은 일반적이고 일방적인 교육이 될 수 있다(기독교 상담자는 결국 개인상담을 통해 영적 지지를 해야 한다).

자살자 유가족들의 심리정서적 특성이 책임감에 기초한 죄책감이었다는 것을 살펴보았듯이 진정한 회개를 통해 자기 자신을 용서하고, 자살자를 용서하며, 하나님의 용서를 확신하는 것이 무엇보다도 중요하다.

다음으로 자살자 유가족이 겪는 심리정서적 특성은 서로를 원망하는 것인데 여기서 가족 해체가 발생할 수 있는 위험성이 있으므로 가족 간 서로의 잘못을 지적하고 들추기보다는 자기 잘못을 스스로 드러내고 서로 용서하고 용서받는 치유의 작업이 꼭 필요하다. 그렇게 된다면 자살 이전보다 더욱 가족 응집성이 향상될 기회가 될 수 있다.

그리고 자살자가 가족과 가족 구성원에게 입힌 사회적, 경제적, 심리정서적, 영적 손실과 피해 등을 진술하게 드러내고 하나씩 용서해 나가야만 개인 및 가족 치유와 회복이 발생할 수 있다. 이러한 용서가 나타날 수 있도록 기독교 상담자는 자살자 유가족들을 독려하는 상담을 해야 한다. 그리고 자살자 유가족들은 (자살자는 이 땅에 존재하지 않지만) 자살자와의 새로운 관계를 정리해야 한다. 이는 그동안 함께 했던 긍정적 기억을 부각해 추억으로 간직할 수 있도록 인식의 재형성이 치유와 회복을 할 수 있게 한다.[55]

우울증을 질병으로 본다면, 우울증으로 인한 자살을 병리적 자살로 이해하게 될 것이다. 결국, 자살을 질병으로 보려는 것은 자살자와 그 유가족들의 책임, 죄책감, 낙인 등 상당한 부분 감소할 것이 분명하다. 이런 주장은 논란의 여지가 있으나, 근래 병리적 자살에 대한 이해의 폭이 넓어

---

55   Lee, Robert & Kim, "Forgiveness Postvention with a Survivor of Suicide Following a Loved one Suicide," 688-99.

져, 자살의 행태를 구분하지 않고 단순히 생명을 끊었다는 자체만을 가지고 비난과 낙인이 줄고 사회적 수용성이 높아졌다고 할 수 있다.

그렇지만 자살자 유가족들의 심리정서적 부담을 덜어주기 위해 자살을 지지하거나 자살이 명백하게 죄라는 사실을 희석해서는 안 될 것이다. 다만, 비난보다 '얼마나 힘들었으면 자살했겠는가?' 하는 자살상황에 대해 충분히 이해하고 공감하며, 함께 울어 줄 수 있는 배려(롬 12:15)가 있어야 할 것이다.

3) 개인상담 및 동료 상담을 통한 지지

자살자 유가족들을 위한 개인상담은 필수적이며, 가족치료 입장에서 자살자 가족 구성원 전체를 상담하는 것이 필요할 수 있다. 베브리 피젤맨 등은 자살자 유가족을 상담하는 상담자는 다음과 같은 태도를 가져야 한다고 주장했다.[56]

- 슬픔을 강력하게 지지해 줄 수 있도록 노력하는 경청자가 될 것
- 상담자 자신이 유일한 전문가로 나서기보다는 문제를 다른 전문가들과 공유하도록 도움을 주고 다른 집단과 연결해 줄 것
- 내담자(또는 자살자 유가족)의 침묵에 익숙해져야 하며, 그들의 고통과 분노에 대한 언어 표현에 익숙해질 것
- 내담자의 비언어적 단서를 충분히 이해하고 분석할 것
- 내담자를 부드럽게 대하며 그들의 슬픔을 공개적으로 표현하도록 격려할 것
- 슬픔의 문제 등 자살자 유가족들의 다양한 문제를 다루기 위해 관련된 의미 있는 주제들을 토론할 것
- 내담자가 존중받고 있다는 것을 느끼도록 할 것
- 잠재적 문제들이 드러나는지 관찰하고, 그것을 충분히 표현하도록 독려할 것

---

56 Beverly Feigelman & William Feigelman,(2011) "Suicide Survivor Support Groups," *Illness, Crisis & Loss* 19/2, 165-85.

개인상담에서는 자살자 유가족들의 개별적인 문제를 분석하여 영적 지지가 제공되어야 한다. 자살자 유가족들을 효과적으로 지지하는 방법 가운데 하나는 동료 상담(peer group counseling)이다.[57] '동료 상담'이라 함은 '동질 집단'(homogeneous group), 즉 처지가 유사한 다른 자살자 유가족들과 집단을 구성하여 상담하는 것을 의미한다. 이것은 자살자 유가족들이 할 수 있는 것이 아니므로, 기독교 상담자가 다른 기독교 상담자들과 서로 연결된 상태에서 집단을 구성할 수 있도록 모색해야 할 부분이다.

총회나 지방회/노회 등에서 자살자 유가족들을 주기적으로 파악하여 집단을 형성해 주는 것이 바람직하며, 이렇게 집단이 형성된다면 심리교육과 상담은 수월해진다.

피젤맨 등은 자살자 유가족들을 지지하고 도울 수 있는 상담 방법으로 두 가지를 고려해 볼 수 있다고 제안했다.

첫째, 도움이 될 수 있는 여러 지지집단 형성하기
둘째, 다른 자살자 유가족들과 함께 집단상담하기[58]

자살자 유가족 지지집단(support group)은 수치심을 치료하는 데 가장 효과적이라 할 수 있다. 집단상담에서 다른 자살자 유가족들의 상황과 상태, 문제 극복 사례들을 통해 자연스럽게 자기의 상황과 상태를 이해하고, 문제 극복 의지를 배양해 나가는 '합의적 타당화'(consensual validation)가 나타날 수 있다는 커다란 장점이 있다.

'합의적 타당화'란 집단 내에서 자기가 지각하고 경험한 것들이 사실인지, 바람직한지 혹은 착각이나 인지왜곡 및 인지오류 등을 확인하기 위해 다른 집단 구성원들의 그것과 비교하여 그 차이를 좁히거나 일치를 발견하는 심리 정서적 현상을 의미한다. 자기 생각과 느낌, 경험 등이 다른 구성원의 그것과 다르지 않음을 확인한 후, 유사, 일치된 사항에 대해서는 더 이상 문제로 삼지 않고, 그것을 일반화, 보편화시켜 안도감을 느끼게 되는 것이 일반적이다.

57　Oulanova, Moodley & Guin, "from Suicide Survivor to Peer Counselor," 151-68.
58　Feigelman & Feigelman, "Suicide Survivor Support Groups," 165-85.

자살자 예방 또는 자살자 유가족들에 대한 영적 지지를 위해 기독교 상담자는 인간적인 고통에 대해 충분히 인정하고, 이해하며, 공감하는 것이 중요하다.[59] 그리고 자살자 유가족들이 하나님 나라의 소망으로 극복해 나갈 수 있도록 꾸준히 도울 수 있어야 한다.

5. 닫는 글

이 장에서는 자살자 유가족들의 심리 이해와 영적 지지를 위한 기독교 상담에 대해 다루었다. 우리나라가 십수 년 동안 자살률 세계 1위를 차지하고 있고, 그에 따라서 자살자 유가족들이 급증하는 현실에서 기독교 상담이 침묵할 수 없는 상황이다. 따라서 자살 유가족들에 대해 어떤 기독교 상담이 제공되어야 할지에 대한 방안을 모색해 보았다.

자살자 유가족에 대한 기독교 상담의 목적은 그들이 겪은 충격, 심리적 외상, 외상 후 스트레스를 감소하고 가족의 자살에 대한 이해를 새롭게 하며, 자살자에 대한 용서를 통해 성장할 수 있도록 지지하는 데 있다. 그러기 위해 자살자 유가족들에게 나타나는 다양한 심리정서적 특성을 이해하고 그 이해에 기초하여 그들에게 적합한 영적 지지와 기독교 상담이 제공되어야 한다는 것을 강조했다.

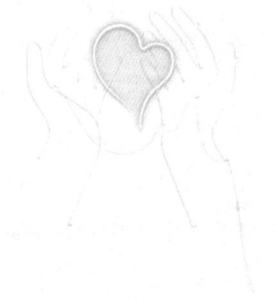

---

59 Susan J. Dunlap,(2007) "Suicide," *Southern Medical Journal* 100/7, 750.

제5장

반려동물 상실 상담

목차	

1. 여는 글
2. 반려동물에 대한 개념 이해
  1) 반려동물 입양 이유
  2) 반려동물의 의인화 및 가족화
  3) 반려동물 상실로 겪는 심리
    (1) 아동과 노인, 상실 경험의 영향
	(2) 반려동물의 죽음과 장묘
	3. 반려동물 상실에 대한 상담
	  1) 반려동물도 부활하여 구원에 이를 수
	     있는가?
	  2) 반려동물 상실에 대한 상담
	4. 닫는 글

1. 여는 글

상실(loss)의 사전적 정의는 '잃어버림' 또는 '없어지거나 사라짐'이다. 하지만 상담 및 심리 분야에서 이 용어는 더 많은 개념을 내포한 주요 용어로 사용된다. 대표적으로 케네스 미첼과 허버트 앤더슨은 모든 상실을 여섯 가지(물질적 상실, 관계적 상실, 정신내적 상실, 기능적 상실, 역할적 상실, 공동체적 상실)로 분류했다.[1]

어떤 형태의 상실이든 상실은 심리적 외상(psychological trauma) 사건인데, 인간이 겪는 가장 심각한 외상 사건은 의미 있는 타인 또는 그러한 대상의 죽음이다.[2] 의미 있는 타인 또는 그러한 대상은 대개 부부, 부모, 자녀 등

---

1 Kenneth Mitchell & Herbert Anderson,(1983) *All Our Losses, All Our Griefs Resources for Pastoral Care* (Philadelphia: Westminster Press), 36-46.
2 Deanna S. Pledge,(2004) *Counseling Adolescents and Children* (Princeton, NJ.: Recording for the Blind & Dyslexic), 10.

가족이지만, 근래 반려동물을 입양하여 키우는 가정에서 그것이 이른바 '가족화'되어 반려동물의 상실(pet-loss)은 가족의 죽음에 버금가는 충격으로 나타나 다양한 심리정서적 문제가 야기된다.

여기서 '가족화'(家族化, familiarization)라는 용어는 헐스[3](1951, Drawing a Family: DAF)나 로버트 번스와 하바드 카우프만[4](1971, Kinetic Family Drawing: KFD)이 가족치료를 위한 분석 도구로 가족의 일부 또는 전체를 그림으로 나타내는 '가족화'(家族畵, family drawing)와 한글 용어는 동일하지만, 다른 개념이다. '가족화'(familiarization)라는 용어는 근래 국내외에서 학술적 의미의 신조어로 사용되고 있다.

즉, 가족 외적 대상이 물리적, 심리정서적인 면에서 가족 구성원의 일원으로 편입되거나 동화되는 개념 또는 가족 구성원들이 어떤 외적 대상을 물리적, 심리정서적인 면에서 자기의 가족 구성원으로 수용하는 개념이라고 정의할 수 있으며, 그 반대 개념을 '탈가족화'(de-familiarization)라 한다.

과거와 달리, 대부분 반려동물 입양 가족에서는 반려동물을 '가족' 또는 '가족이나 다름없다'고 인식하고 있는데,[5] 국내 통계로는 20대의 95퍼센트, 30대의 94.3퍼센트, 40대의 88.6퍼센트, 50대의 86.5퍼센트가 반려동물을 가족의 일원으로 생각하는 것으로 나타났다.[6] 이렇듯 가족화된 반려동물의 상실은 가족 상실에 비견되는 심리적 외상 경험이라고 할 수 있다. 따라서 상실 가족이 경험하는 대부분의 심리정서적 문제가 반려동물 상실 가족에게서도 동일하게 나타난다.[7]

---

3   W. C. Hulse,(1951) "The Emotionally Disturbed Child Draw His Family," *The Quarterly Child Behavior* 3, 152-74.
4   Robert C. Burns & S. Harvard Kaufman,(1971) *Kinetic Family Drawings(K-F-D)* (London: Constable), 230-31.
5   Jane Desmond,(2011) "Animal Deaths and the Written Record of History," Linda Kalof & Georgina M. Montgomery,(eds.) *Making Animal Meaning* (East Lansing: Michigan State University Press), 99-111. cf. Kevin M. Donohue,(2005) "Pet Loss," *Social Work* (New York: Oxford University Press), 187-90.
6   이용숙, (2017) "가족으로서의 반려동물의 의미와 반려동물로 인한 구별 짓기," 「한국문화인류학」 50/2, 337-403.
7   Odean Cusack,(1988) *Pets and Mental Health* (London, England: Haworth), 10. cf. Andrew Linzey,(2013) "Animal Burials," in Andrew Linzey,(ed.) *The Global Guide to Animal Protection* (Urbana, IL.: University of Illinois Press), 137-39.

국내에서 반려동물을 입양하여 가족화 하기 시작한 때는 대략 2000년대 초반부터였으며, 농림축산식품부의 발표(2017)에 따르면, 반려동물 입양은 전국적으로 천만 마리(전 인구의 28.1퍼센트) 정도 되는 것으로 나타났다. 반려동물(개)의 수명이 평균 15-17년인 것을 감안하면 우리나라에서는 2015년 이후부터 반려동물 상실 가족들이 급격하게 발생하고 있는 것으로 분석된다.

　평균적으로 볼 때, 기독교인 가운데도 28퍼센트 정도는 반려동물을 키우고 있다고 추정할 수 있는데, 이들도 당연히 반려동물의 상실과 그로 인한 심리적 외상을 경험한다고 볼 수 있다. 그뿐만 아니라, 기독교인들은 일반인과 달리 반려동물 상실에 구원관을 투사해 반려동물의 구원 및 부활 관련 질문, 천국에 반려동물의 존재 여부 관련 질문을 하게 된다.

　또한, 반려동물 건강 등에 대한 축복기도의 요청, 기독교 형식의 반려동물 장례 요청 등 한국 교회 또는 기독교 상담 현장에서 일찍이 경험해 보지 못했고, 받아보지 못한 질문들이 봇물 터지듯 발현되고 있다. 과거와 달리, 기독교 상담자들은 반려동물을 상실한 기독교인들의 고민과 고통을 외면해서는 안 되며, 이에 관한 관심을 가져야만 하는 상황이 되었다.[8]

2. 반려동물에 대한 개념 이해

1) 반려동물 입양 이유

　현재 국내 반려동물 입양 가구는 28퍼센트이며, 미국의 경우는 39퍼센트 정도로 나타나고 있다.[9] 이는 꾸준히 증가해 온 수치이며, 향후 더욱 증가하리라고 예측된다.

8　Linzey, "Animal Burials," 137-39.
9　Desmond, "Animal Deaths and the Written Record of History," 99-111.

반려동물을 입양하는 공통적인 이유는 다음과 같다.[10]

- 공동체성의 감소 : 가족 구성원 서로의 지지가 약해짐에 따라 반려동물을 통한 지지
- 핵가족의 증가 및 1인 가족의 증가 : 가족이 없으므로 나타나는 외로움과 고독을 극복하기 위한 입양
- 대리적 역할 : 반려동물을 의인화하여 자녀 또는 식구, 친구로 투사한 관계 형성
- 심리정서적 충족 : 위로, 즐거움, 생기발랄함, 활력, 재롱, 웃음, 충성심, 신뢰감, 친밀감 보호감, 유대감, 안정감, 역동성, 상호작용, 애정, 애착 등의 획득

인간의 삶의 주변에서 이렇게 다양한 심리정서적 충족을 얻을 수 있는 대상은 흔하지 않으며, 그 대표적인 존재가 반려동물이라고 볼 수 있다. 벡과 마드레쉬는 반려동물 입양 이유를 네 가지로 정리했다.[11]

- 반려동물의 인간에 대한 무조건적 사랑
- 반려동물의 비보복적 수용성
- 반려동물의 절대적 충성
- 반려동물의 인간에 대한 심리정서적 지지

실제로 인간의 삶에서 반려동물 만한 충실한 동반자, 호의적인 대상, 무조건적인 사랑을 베푸는 존재는 발견하기가 쉽지 않다. 경쟁적이지 않고 수용적인 반려동물과 더불어 상호작용을 하고 친화적 태도를 나타낼 수 있다는 것은 누구에게나 심리정서적으로 상당한 유익이 있다. 반려동물 소유 자체가 주관적 행복감을 증진한다는 연구 결과가 있으며,[12] 반려동물

---

10   B. S. Sharkin & D. Knox,(2003) "Pet Loss," *Research and Practice* 34/4, 414-21.
11   L. Beck E. A. & Madresh,(2008) "Romantic Partners and Four-Legged Friends," *Anthrozoös* 21/1, 43-56.
12   A. Ram Han,(2018) "A Study on Attitude to Companion Animals and Adults' Subjetive Well-being," *Journal of Humanities and Social Science* 9/4, 549-64.

을 키우는 사람이 그렇지 않은 사람에 비해 심리정서적으로 건강하다는 연구 결과들을 흔히 발견할 수 있다.[13] 반려동물을 입양해 양육함으로써 심리정서적 유익을 얻을 수 있다는 것은 거의 이 주제를 다룬 선행 연구들에서 밝혀진 결과이다.

그런가 하면, 스펜서 케라리스는 반려동물 입양 가족이 동물에게 애정을 쏟는 면에서는 가족처럼 느낄 수 있겠으나, 다른 시각으로 볼 때, 동물을 지배하여 충동을 억제, 통제하고, 길들이고, 훈련하여 동물이 자기에게 복종하고 친절하도록 그리고 자기의 정서를 만족시키도록 만드는(the making of pet) 일종의 신종 노리개와 같은 모습이 나타날 수도 있다고 분석한 바 있다.[14] 이런 입장은 한편으로 반려동물 입양 가족을 폄훼하는 것으로 비치기도 하지만 일말의 그런 심리정서적 특성을 분석한 것일 수도 있다.

2) 반려동물의 의인화 및 가족화

1983년까지는 반려동물을 단순히 '애완동물'이라고 불렀다. 이렇게 반려동물이 애완동물 정도였던 시기가 있었지만, 현재는 그렇지 않음이 분명하다. 1983년 오스트리아 빈에서 개최된 '인간과 동물의 관계에 대한 국제 심포지엄'에서 동물행동학자 로렌츠가 애완동물을 일컬어 '함께 살아가는 동물'(companion animal: 반려동물)이라는 용어를 제안하여 그것이 일반화됨으로써 이른바 '반려동물'이라고 부르게 된 것이다.

그러다가 2000년 이후에는 반려동물이 가족과 다름없다는 의미에서 '반려 가족'(pet-family)이라고 부르며, 영어로 '펫팸'(pet-fam)으로 칭하고 있다. 펫팸은 반려동물을 뜻하는 '펫'(pet)과 가족을 의미하는 '패밀리'(family)를 합친 신조어이다. 과거와 달리, 반려동물이 가족 또는 그에 준하는 의미 있는 타자(significant other)인 것은 명백하다.

반려동물을 입양하는 가정에서 발견할 수 있는 공통적인 현상은 동물에 대한 의미를 격상하여 의인화(personification)와 가족화(familiarization)가 나

---

13 Allen Karen,(2003) "Are Pets a Healthy Pleasure? The Influence of Pets on Blood Pressure," *Current Directions in Psychological Science* 12/6, 236-39.
14 Spencer D. C. Keralis,(2012) "Feeling Animal," *American Periodicals* 22/2, 121-38.

타난다. '의인화'란 반려동물 입양자가 반려동물을 인간처럼 인식하고, 인간을 대하듯 하는 것인데, 이는 반려동물이 인격이 아니고 인간의 언어를 이해하지 못하는 존재이지만, 마치 사람에게 말하듯 자연스럽게 대화하는 현상으로 나타난다.

'가족화'는 반려동물이 입양된 가족생활에 적응하면서 가족처럼 취급하는 것이기도 하다. 반려동물 입양 가족은 대부분 반려동물을 '가족' 또는 '가족처럼', '가족이나 마찬가지'라고 인식하고 있다.[15] 가족화 인식에서 자녀가 없는 경우에는 반려동물을 자녀처럼, 자녀가 있는 경우에는 반려동물을 막내(늦둥이)에 준하는 대접을 하게 된다. 반려동물 입양 가족은 스스로 자기를 '아빠', '엄마', '형'(오빠, 누나, 언니)으로 자처한다.

반려동물의 나이가 가족의 최연소자보다 많을지라도 서열에 있어 반려동물은 우위를 차지하지 않는다. 그래서 최연소 가족은 반려동물에 대해 자기를 '형'(오빠, 누나, 언니)으로 자처하며 그렇게 호칭하는 경우가 일반적이다. 그래서 영어권에서는 반려동물을 일컬어 '유사 친족'(fictive kin) 또는 '기능적 친족'(functional kin)이라고 부르기도 한다.[16] 또한, 반려동물을 일컬어 'it'으로 나타내기보다는 'she/he'로 부르며, 'baby'라고 표현하기를 주저하지 않는다.

대부분 반려동물은 입양 가족의 중심에 존재한다. 가족 간에는 서로 소통이 없을지라도 모든 가족 구성원이 반려동물과는 스킨십이나 대화를 시도한다. 그뿐만 아니라 가족의 관심은 반려동물에 집중되어 함께 배려하고, 함께 놀고, 함께 운동하고, 함께 여행하고, 심지어 함께 자기도 하며 (반려동물이 말을 못 알아들을지라도) 자기의 고민을 털어놓기도 하는데, 이런 현상은 특이한 경우가 아니라 반려동물 입양 가족에서 흔히 볼 수 있는 보편적인 모습이다.

이런 경우에 '신앙적으로 잘못된 것(죄)은 아닌지'의 질문에 대해 마땅한 답변이 마련되어 있지는 않다. 원론적으로, 어떤 생명이든 생명은 하나님으로부터 비롯된 것이므로 이를 존중히 여기고, 보호하고, 배려하며, 그것이 상실되었을 때 안타까워하는 태도는 기독교적이다. 그렇지만 그것에 대한 애정이 지나쳐 '우상화'되지 않도록 권면하는 정도 외에 적합한 설명

---

15 Donohue, "Pet Loss," 187-90.
16 Jill Johnson,(2009) "Dogs, Cats and Their People," MA. thesis: University of Waterloo.

을 찾기는 어렵다.

3) 반려동물 상실로 겪는 심리

'가족화'된 반려동물의 상실은 틀림없이 모든 가족의 안정성을 깨뜨리고 슬픔과 우울을 비롯한 심리정서적 문제들을 일으킨다.[17] 질 존슨 등은 반려동물 상실에 대해 일반 애도와는 다른 심리정서적 특성이 있음을 분석하고, 반려동물에 대한 애도 척도를 개발하였다.[18]

모든 상실에는 후회가 동반되는데, 반려동물의 상실도 마찬가지이다.

"내가 병원에 좀 더 일찍 데리고 갔어야 했는데 …"
"내가 운동을 많이 시켰어야 했는데 …"
"내가 스트레스를 주지 말았어야 했는데 …"
"여행 갈 때 데리고 갔어도 되었는데 …"
"오줌을 아무 데나 쌌다고 발로 차지 말았어야 했는데 …"
"소파 물어뜯었다고 소리지르지 말았어야 했는데 …"
"안락사시키지 않았어도 되었는데 …"
"이런 고통을 느끼지 않도록 진작 안락사시켰어야 했는데 …"

이런 후회를 하게 된다. 대부분의 후회는 안타깝고 아쉬운 마음이 반영되어 가공된 것으로서 어떤 행동을 취했어도 상실과 관련된 후회는 발생한다. 하지만 단순한 후회와 죄책감이 결부된 후회는 상실의 질을 다르게 하는데, 죄책감이 결부되면 풀기에 복잡한 감정이 되어 회복을 다소 어렵게 만들 수 있다.[19]

17　S. R. Shuchter & S. Zisook,(1993) "The Course of Normal Grief," in Margaret S. Stroebe, Wolfgand Stroebe & Robert O. Hansson,(eds.) *Handbook of Bereavement* (Cambridge: Cambridge University Press), 23-43.

18　T. P. Johnson, T. F. Garrity & L. Stallones,(1992) "Psychometric Evaluation of the Lexington Attachment to Pets Scale(LAPS)," *Anthrozoös* 5/3, 160-75. cf. M. Hunt & Y. Padilla,(2006) "Development of the Pet Bereavement Questionnaire," *Anthrozoös* 19/4, 308-24.

19　Anne Fawcett,(2016) "Mourning for Animals," in Margo DeMello, *Mourning Animals*

상실을 경험한 사람이 상실 대상에 대해 충분히 슬퍼하는 것은 회복에 있어 꼭 필요하고 중요한 과정이다. 슬픔을 영어로 'mourning'이라 하는데, 이는 '아침'을 뜻하는 단어 morning과 정확하게 동일한 발음임에 착안하여 영어권에서는 'good morning을 위해 good mourning을 해야 한다'고 언어의 유희를 통해 충분한 슬픔의 유익을 강조하기도 한다.[20]

하지만 반려동물의 상실에 따른 비애, 비통을 충분히 나타내는 것이 사회 문화적으로 볼 때 쉬운 일이 아니거나 용납, 수용받지 못할 수도 있다. 1985년 미국에서 발간된 애완동물 관련 문헌에 따르면, "애완동물의 죽음을 경험한 주인이 슬퍼할 수 없었는데, 그 이유는 주변 사람들로부터 조롱당할까 봐 비애, 비통의 감정을 숨겼다"[21]라는 기록이 있다.

그런가 하면, 30년이 지난 2016년에 발표된 연구 논문에서도 반려동물의 상실로 슬퍼하는 것에 대한 비난이 있을까 해서 자기의 감정을 숨기는 경향이 있다는 분석이 있다. 우리보다 반려동물 입양이 훨씬 일찍 일반화되고, 문화적으로 감정 표현이 비교적 자유로운 미국에서도 30여 년 전이나 지금이나 반려동물 상실에 대한 슬픔에 대해 사회적 지지를 충분히 얻지 못한다는 것은 반려동물 상실 가족에게는 안타까운 현실일 것이다.

(1) 아동과 노인, 상실 경험의 영향

동일한 상실 경험이라 할지라도 아동이 느끼는 슬픔과 충격은 더 크고, 더 끔찍한 것일 수 있다.[22] 레빈슨은 동물의 죽음을 통해 아동에게 모든 인간도 죽음의 불가피성에 노출되어 있음을 깨닫도록 하고, 의미 있는 타인을 잃어버릴 수 있다는 것을 교육하는 현장이 되어야 할 것을 강조했다. 그러므로 상실 경험을 순기능적으로 전환하여 심리정서적 준비와 내성을

(East Lansing: Michigan State University Press), 171-78.
20 Elizabeth Meyer,(2016) *Good Mourning* (np.: Gallery Books), 1. cf. Ogaga Ifowodo,(2016) A Good Mourning (Ikeja, Lagos: Parre☒sia Publishers), 1. Allan H. Cole,(2008) *Good Mourning* (Louisville, KY.: Westminster John Knox Press), 1.
21 K. V. Cowles,(1985) "The Death of a Pet," in M. B. Sussman,(ed.) *Pets and the Family* (New York: Haworthm), 135-48. cf. Anne Fawcettm,(2016) "Mourning for Animals," in Margo DeMello,(ed.) *Mourning Animals* (East Lansing: Michigan State University Press), 171-78.
22 Vidal S. Clay,(1976) "Children Deal with Death," *The School Counselor* 23/3, 175-84.

갖도록 하는 것이 좋다.[23]

노인에게 반려동물은 특별한 의미를 제공하는데, 반려동물이 자기의 구취, 체취, 늙음 등을 싫어하거나 판단하지 않고 항상 곁에 있어 줌으로써 심리정서적 안정감을 느끼게 한다. 또한, 노인이 반려동물에 신경을 씀으로써 자기의 노화와 신체화 증상에 집중하는 것을 감소할 수 있고, 외로움(고독), 우울함 등을 해소할 수 있어 반려동물을 입양하는 노인이 증가하고 있다.

하지만 반려동물을 상실한 노인의 경우, 상실 경험이 없는 노인에 비해 극복하기 힘든 비애, 비통함으로 심한 우울을 경험하게 될 수 있다.[24] 즉, 노인은 반려동물과 애착관계가 형성될수록 심리정서적 유익을 얻을 수 있지만, 그 애착 대상인 반려동물의 상실을 경험했을 때는 심리정서적으로 회복하기 쉽지 않아 치명적인 상태가 될 수도 있다.

(2) 반려동물의 죽음과 장묘

① 반려동물의 죽음

통상 죽음으로써 해소된 관계를 일컬어 '사별'(死別)이라고 하나, 반려동물의 죽음으로 발생된 이별을 '사별'이라고는 하지 않는다. 반려동물의 죽음은 광범위한 개념의 용어 '상실'(喪失-loss)에 내포하여 우리말로 '반려동물 상실'이라 표현하며, 영어로는 'pet-loss'라 한다.

과거에는 애완동물을 집 밖에서 키웠고, 애착관계도 약했기에 애완동물이 죽었을 경우, 단지 안타까운 심정 이외에는 특별한 정서가 없었으므로 슬퍼한다거나 우울한 현상은 일부 아동에게서나 볼 수 있는 일이다. 개나 고양이 등이 애완동물에서 반려동물로, 반려동물에서 반려 가족이 되면서 심리정서적 거리도 가까워져 그것의 상실은 충격으로 작용된다.

이를테면, 할아버지의 죽음에 무덤덤할 수 있으며, 고모부의 죽음에 억장이 무너지는 슬픔을 경험할 수도 있는데, 그 이유는 단지 상실이 슬픔의 원인이라기보다는 애착관계에 따라 슬픔의 정도가 다르기 때문이다.[25] 그런 면

---

23 Boris M. Levinson,(1972) *Pets and Human Development* (Springfield, IL: Thom), 70.
24 H. Miltiades & J. Shearer,(2011) "Attachment to Pet Dogs and Depression in Rural Older Adults," *Anthrozoös* 24/2, 147-54.
25 Nigel K. Walton & Jo-Ann Fowler,(2013) "The Experience of Loss," in *The Global Guide*

에서 볼 때 반려동물의 관계는 심리정서적 거리가 먼 친척의 상실보다 더 밀착되어 있으며, 의미 있는 가족의 상실에 준하는 슬픔이 나타날 수 있다.

인간의 생명과 동물의 생명이 어떻게 같을 수 있는가?

이러한 이성적 태도는 옳은 것이지만, 심리정서적으로는 반려동물 상실 가족을 대하는 데 있어 적절하다고 할 수는 없다. 반려동물 상실에 대해 실제 가족의 상실에 준하는 충격과 심리정서적 문제를 겪는 사람은 여성의 40퍼센트, 남성의 28퍼센트 정도 되는 것으로 나타났다.[26] 이는 미국의 통계이기는 하지만 국내에서도 대동소이하다고 볼 수 있다. 남성은 여성에 비해 공감 능력이 다소 떨어지는 것이 일반적이므로 반려동물 상실로 인한 충격도 덜 받는 것으로 분석된다.

우리나라를 포함하여 대부분 국가에서 반려동물에 대한 견해는 남녀 간의 차이가 발생하는데 여성은 강한 공감적 양육 태도를 보이고, 동물 복지에 상당한 배려와 의인화가 나타나며, 가족화의 인식에 있어 '가족이다'라는 견해다. 하지만 남성은 여성에 비해 약한 공감적 양육 태도를 보이고, 동물 복지에도 다소 약한 배려와 의인화가 나타나며, 가족화의 인식에도 '가족이나 마찬가지이다'라는 태도를 보임으로써 격차를 나타내고 있다.[27]

② 반려동물의 장묘

반려동물 입양자는 반려동물이 인간보다 수명이 매우 짧다는 것을 인식하는 것이 중요하다. 따라서 반려동물을 입양하기 전에 자기가 반려동물의 죽음(상실)을 목격하고, 사체를 처리하게 될 것이라는 사실을 인식할 필요가 있다.

근래 반려동물 상실에 대해 애도 의식을 치르려는 입양 가족들이 많아지고 있다. 기독교회 대부분에서는 반려동물의 애도 의식과 관련하여 공식화된 예식, 예전이 없으므로 기독교인들로부터 이런 요구를 받을 때 상담자는 당황할 수밖에 없다. 반려동물의 애도 의식을 치렀다 해서 비애, 비통함이 사라지는 것은 아니나, 장례 의식(funeral ritual)은 죽음을 공식적으로 받아들

---

    to Animal Protection (Urbana, IL.: University of Illinois Press), 140-41.

26   Gage M. Geraldine & Ralph Holcomb,(1991) "Couples' Perception of Stressfulness of Death of the Family Pet," *Family Relations* 40/1, 103-05.

27   D. Miller, S. Staats & C. Partlo,(1992) "Discriminatin Positive and Negative Aspects of pet Interaction," *Social Indicators Research* 27/4, 363-74.

이는 방편이고, 관계에 대해 분명히 종결하는 절차라 할 수 있다.

반려동물의 사체 처리에 있어 임의로 (자기 소유의 땅이라 하더라도) 매장하는 것은 불법이다. 동물의 사체 처리는 다음의 방법가운데 하나를 취해야 한다.

- 관련 민간 업체에 위탁 처리 : 농림축산검역본부에 등록된 동물 장묘 업체에서 절차에 따라 화장(비용: 20-100만 원)
- 동물병원에 위탁 처리(의료 폐기물) 또는 일반 의료 폐기물로 폐사한 다른 동물들과 함께 일괄 소각(이 경우에는 반려동물의 유골을 받아볼 수 없음)
- 쓰레기 처리 : 반려동물의 사체를 쓰레기 종량제 봉투에 담아서 버리기

그러나 위 방법 중 반려동물과 맺었던 유대와 애착을 고려하면 그 사체를 쓰레기로 취급하기는 어려울 것이다.

미국에서는 반려동물 생존 시 거의 동일 형태의 인형을 만들어 보관하고 상실 이후, 그것을 보며 회상하는 유행이 생겼는데, 이를 '커들클론'(Cuddle Clone)이라고 한다. 피터 카프레또는 상실의 단서들로부터 단절하고, 벗어날 때 비로소 회복이 가능해지고 빨라진다고 주장했지만, 반려동물 입양 가족들은 상실 이후에도 회상하고 싶어 하는 성향이 나타난다.[28] 대개 위기 상담학에서는 상실과 관련하여 그 단서들을 놓아버리고, 떠나보내고, 집착하지 않을 때 회복이 수월해지고, 새로운 삶이 가능해진다고 보고 있다.[29]

대부분 목회자는 반려동물을 입양하였다가 그 죽음을 맞은 기독교인들 가운데 "반려동물의 병 낫기를 위해 기도해 달라"거나 "반려동물이 천국 가게 해 달라"라고 요청하거나 "반려동물의 장례식을 치르게 해 달라"는 비전통적인 요구가 있을 경우, 매우 난감해하면서 이런 요구를 지혜롭게 억누르거나, 회피하는 형태를 취해왔다.[30]

---

28 Peter Capretto,(2015) "Empathy and Silence in Pastoral Care for Traumatic Grief and Loss," *Journal of Religion and Health* 54/1, 339-57.
29 Laura Day,(2006) *Welcome to Your Crisis* (New York: Brown and Co.), 69-82.
30 Stephen G. Prichard, et al,(1974) "Pastoral Counseling," *Journal of Religion and Health* 13/1, 40-56.

어느 교단에서나 동물 관련 예식, 예전이 없기도 하지만 거룩하고 경건한 예식, 예전을 동물 장례를 치르는 방편으로 활용할 수 없다는 입장도 있다. 그러나 장례 자체가 사자(死者)를 위한 것이 아니라, 산 자를 위한 위로와 지지라면, 반려동물을 상실한 사람들을 위해 지지하는 차원에서 기도해 주는 것이 다소 어색하기는 해도 이를 비성경적이라고 단정하기는 어렵다.

그렇지만 반려동물 장례는 목회 돌봄에서 전혀 다루지 않는 주제일 뿐만 아니라 매우 어색한 일이다. 반려동물의 상실로 사람들이 겪는 비애, 비통에 대해 위로하며 기도해 주는 것은 광의적 개념에서 목회 돌봄 및 기독교 상담에 포함된다고 볼 수 있다. 통상 반려동물의 상실로 인한 비애, 비통은 6개월에서 12개월 정도 지속되며, 평균 10개월 정도 가는 것으로 분석되고 있다.[31]

따라서 반려동물의 상실을 경험한 사람들은 이 기간에 암울, 울적, 우울, 침체 등이 나타날 수 있는데, 이런 정서는 단지 심리학적 문제로만 볼 수 없으며, 영적 생활에도 영향을 미칠 수 있다. 그러므로 교회의 공식적인 행사로서 장례를 치를 수는 없어도 이 일을 당한 사람들을 방문하여 그 안타까움을 위로하고 기도해 주는 것이 신학적, 목회적 문제라 할 수는 없을 것이다.

3. 반려동물 상실에 대한 상담

근래 반려동물 상실 가족이 증가함에 따라 과거에 없던 반려동물 상실(비애, 비통 등) 관련 개인상담을 요청하는 사례가 상담실마다 급증하는 추세다. 이는 기독교 상담도 마찬가지인데, 기독교인들의 인식에 기독교 상담은 슬픔, 질병, 죄책감, 관계 등 삶의 모든 문제에 대해 하나님의 뜻, 성경적인 입장, 적어도 기독교적인 견해를 제공해 주는 분야로 확신하기에 기독교인들이 자기의 고민을 드러내고 있다.[32] 기독교 상담 현장에서 반려

31　Thomas A. Wrobel & Amanda L. Dye,(2003) "Grieving Pet Death," *Omega: Journal of Death & Dying* 47/4, 385-94.

32　Barbara J. McClure,(2011) "Moving Beyond Individualism in Pastoral Care and Counseling," in *Contemporary Pastoral Care and Counseling* (London: Lutterworth Press), 19-79.

동물을 키우는 기독교인들로부터 틀림없이 받게 될 질문이다.

"개를 위해 기도하면 하나님이 그 기도를 들으실까요?"
"개도 죽어서 천국에 가나요?"
"개의 죽음을 슬퍼하는 것도 죄가 되나요?"
"개도 없는 천국에 무슨 즐거움이 있겠어요?"
"우리 뽀미, 천국에 가도록 기도해 주세요."
"동물 없는 천국은 가기 싫어요."
"개도 하나님이 만드셨는데 구원 못하실 리가 있어요?"

이처럼 기독교 상담자에게 마치 대드는 듯 항변하는 것에 대해 데이링거는 '저항'(resistance)이라고 불렀는데, 대부분의 저항은 기독교 상담자에게 하는 것이라기보다는 하나님께 하는 것이라고 이해했다.[33]

기독교 상담은 기독교인들이 가족처럼 중요시했던 동물의 상실로 인하여 발생된 문제를 상담하는 것인 만큼 상담자는 이에 대한 기본적인 이해를 필요로 한다. 동물과 관련된 기독교 상담을 하기 위해 상담자가 이해해야 할 네 가지 개념이 있다.

첫째, 동물의 고통
둘째, 동물의 부활
셋째, 인간의 우월성
넷째, 인간의 잔인성[34]

이는 모든 동물 관련 상담의 핵심 주제이기도 한데, 이 연구와 관련해 주로 논란이 되는 것은 동물의 부활이다.

---

33 Richard Dayringer,(2012) "The Image of God in Pastoral Counseling," *Journal of Religion and Health* 51/1, 49-56.
34 Linzey, A.,(1998) "C. S. Lewis's Theology of Animals," *Anglican Theological Review* 80/1, 60-81.

1) 반려동물도 부활하여 구원에 이를 수 있는가?

천국에 반려동물이 있기를 바라는 것은 반려동물을 키우는 대다수 기독교인의 바람이다. 자기가 사랑하는 반려동물과 함께 천국의 아름다운 숲속을 산책하는 모습은 반려동물 입양 가족들이 갖는 상상일 것이다. 하지만 인간의 이러한 바람과 하나님의 섭리는 일치하지 않을 수도 있다.

'동물도 구원받고 천국에 가는가?'

이에 대한 정답은 성경에 명시적으로 기록된 바가 없으므로 '천국에 가봐야 알 수 있다'는 것이다. 성경에 명시적으로 드러난 내용이 아니면 성경의 본의, 하나님의 의도를 이해하기 위해서는 그와 관련된 단어, 용례 및 문맥들을 분석하여 신학적으로 해석해 낼 수밖에 없다.

이사야 11장의 내용이 장차 천국에서 있게 될 일, 또는 구원이 완성된 내세에 관한 기록이라는 것에 대해 복음주의나 진보적인 신학 입장에서 대부분의 학자가 동의한다.

> 그때 이리가 어린 양과 함께 살며 표범이 어린 염소와 함께 누우며 송아지와 어린 사자와 살진 짐승이 함께 있어 어린아이에게 끌리며 암소와 곰이 함께 먹으며 그것들의 새끼가 함께 엎드리며 사자가 소처럼 풀을 먹을 것이며 젖 먹는 아이가 독사의 구멍에서 장난하며 젖 뗀 어린아이가 독사의 굴에 손을 넣을 것이라(사 11:8).

이 구절에 따르면, 천국에 이리, 어린 양, 표범, 어린 염소, 송아지, 어린 사자, 암소, 곰, 사자, 소, 독사가 있으며, 어린아이가 이 동물들과 함께 장난하며 놀 것이라고 했다.

그렇다면, 이 구절과 같이 천국에 동물들이 존재한다는 것인가?
그것들은 구원받은 동물인가?
하나님께서 새로 창조하신 동물인가?

이러한 질문은 자연스러운 것이다. 그 해석에 대해 복음주의 일각에서는 여기에 등장하는 동물들은 상징적인, 영적인 의미로 이해해야 한다고 주장하기도 한다. 이 말씀은 "구원이 완성된 내세에 만물이 새로워질 것을 가리킨다. 그러나 이것은 영적 의미도 가지므로 이리나 표범이나 사자나 곰과 같은 악인들도 변화를 받아서 양과 소처럼 유순해진다"[35]라고 해석하는 견해도 있다.

이는 천국에 동물이 존재한다는 의미라기보다 동물의 포악성, 공격성이 제거되듯, 인간의 죄악성도 그곳에서는 사라지게 된다는 것을 부각하기 위해 동물을 등장시킨 일종의 비유일 수도 있다는 해석이다.

로리슨은 이 구절에 대해 메시아의 왕국, 완전한 평화의 왕국에서 있게 될 일로 이해했으나 이는 단지 '시적인 표현'이라고 보았다.[36] '시적인 표현'이라는 것은 현실적이거나 사실적이 아니고, 은유 또는 상징이라는 의미다.

존 오스왈트는 이 구절의 해석에서 "본성이 변화된 상태의 동물들과 더불어 살아간다"[37]라고 함으로써 동물이 천국에 존재한다고 밝혔는데, 이것이 하나님의 재창조 때문에 존재하는 것인지, 구원받은 동물이 부활하여 존재하는 것인지에 대한 언급은 회피했다.

> 다 흙으로 말미암았으므로 다 흙으로 돌아가나니 다 한 곳으로 가거니와 인생들의 혼은 위로 올라가고 짐승의 혼은 아래 곧 땅으로 내려가는 줄을 누가 알랴(전 3:20-21).

이 구절의 해석에 있어 풀핏 주석은 이렇게 말하고 있다.

"이 구절은 의문문으로서 하나님이 인간의 혼과 짐승의 혼을 다르게 취급하실지 그 운명이 어떻게 될지에 대해 알 수 있는 사람이 어디 있겠는가?"

즉, 아무도 모른다는 의미로 해석하고 있다.[38] 그러나 많은 목회자는 이 구절이 의문문이라는 사실을 간과하여 마치 인간의 혼은 위로(구원) 올라가고, 동물의 혼은 아래로(지옥) 내려간다고 단정한 평서문으로 이해하는 것 같다.

---

35 박윤선,(1979)『성경주석: 이사야서』(서울: 영음사), 127.
36 G. Rawlison, *Isaiah*, 박수암 역,(1979)『풀핏성경주석: 이사야서 상』(서울: 보문출판사), 393.
37 John N. Oswalt,(2003) *The NIV Application Commentary* (Grand Rapids: Zondervan), 250.
38 T. Whitelaw, et al,(1893) *Ecclesiastes* (Lomdon: Kegan Paul, Trench, Trubner & Co), 182.

천국에는 식물이나 동물은 전혀 없고 오직 구원받은 인간들로만 꽉 찬 곳일까 하는 의문은 제기될 만한 것이다. 린지는 종교개혁자 마틴 루터가 자기가 키우던 강아지 그레이하운드 피도(Fido)를 상실한 후, "여전히 하늘에서 꼬리를 흔들고 있다"라고 한 진술을 기초로 동물 구원을 주장하고 싶어했는데,[39] 단순히 이 진술만을 가지고 동물 구원을 확증하는 근거로 삼을 수는 없다.

분명한 것은 동물의 삶도 하나님의 주관 아래 있다는 것이다. 하나님이 우주 만물을 창조하시던 여섯째 날에 동물도 함께 지으시고 좋아하셨다(창 1:25). 하나님은 최초의 인간 아담이 각종 동물과 함께 지내도록 하셨고(창 2:19), 홍수 심판 때도 노아와 그 가족들을 구원하시면서 더불어 동물들도 함께 구원하시기 위해 방주에 들어가도록 하신 것(창 7:2)은 동물을 향한 하나님의 은혜와 사랑이 아닐 수 없다.

> 여호와께서 샘을 골짜기에서 솟아나게 하시고 산 사이에 흐르게 하사 각종 들짐승에게 마시게 하시니 들나귀들도 해갈하며 공중의 새들도 그 가에서 깃들이며 나뭇가지 사이에서 지저귀는도다(시 104:10-12).

마가복음 1:13에 예수 그리스도께서 광야에서 40일간 금식기도 하실 때 들짐승과 함께 계셨다는 구절들을 통해 알 수 있는 것은 하나님은 동물을 비인격체라고 해서 무시하지 않으셨다는 것이다. 다음 말씀은 동물 구원을 주장하는 입장에서 성경적 근거로 삼는 구절이다.

> … 여호와여 주는 사람과 짐승을 구하여 주시나이다(시 36:6).

예수 그리스도께서 동물도 구원하기 위해 십자가에서 피 흘려 돌아가셨을까?

동물은 어떻게 믿음을 가질 수 있으며, 구원을 얻을 수 있을까?

---

39   Andrew Linzey,(2013) "Animal Burials," in Andrew Linzey,(ed.) *The Global Guide to Animal Protection* (Urbana, IL.: University of Illinois Press), 137-39.

만일 예수를 구세주로 믿은 적이 없는 반려동물이 구원받고 천국에 간다면, 예수를 구세주로 믿은 적이 없는 모든 인간도 구원받고 천국에 갈 것이라는 논란이 발생한다. 이런 주장은 구원론의 심각한 문제를 야기하며, 다음 구절의 해석을 고민스럽게 만든다.

> 누구든지 주의 이름을 부르는 자는 구원을 받으리라. 그런즉 그들이 믿지 아니하는 이를 어찌 부르리요 … (롬 10:13-14).

C. S. 루이스는 자기의 저서 『고통의 문제』(The Problem of Pain) 제9장 "동물의 고통"에서 성경이 우리가 알고 싶어 하는 모든 진리를 담지는 않았다고 전제하면서, "성경이 침묵한다고 해서 그것이 부정되어서는 안 된다"라는 입장을 견지함으로써 동물 구원의 가능성을 열어 놓았다.[40]

루이스의 견해를 그대로 수용한 린지도 "인간은 예수 그리스도와의 관계에서 구원을 논해야 하지만 동물은 그렇지 않다"[41]라는 견해를 밝혔는데 이런 진술은 동물이 인간과 다른 차원에서 구원받을 수 있다는 의미를 드러낸 것이다. 애초부터 인간의 언어를 알아들을 수 없는 존재(동물)가 인간의 언어로 예수 그리스도를 이해하고, 영접하고, 믿고, 고백해야만 구원 얻을 수 있다는 것은 이해하기가 어렵다는 견해다.

동물은 인간과 달리 복음을 받아들이거나 거부할 수 있는 생물학적 체계를 가지고 있지 않다고 본다면 이해가 되는 진술이기도 하다. 하지만 하나님께서 이원론적으로 예수 그리스도를 구세주로 믿고 구원받는 방법 외에 대안적이거나 또 다른 차원의 구원 방법을 제시한 바가 없다는 것을 염두에 두면 이는 단지 한 개인의 흥미로운 견해로 이해할 수 있다.

누가복음 20:35 "저 세상과 및 죽은 자 가운데서 부활함을 얻기에 합당히 여김을 받은 자들은 장가가고 시집가는 일이 없으며 …"라는 구절로 인해 일각에서는 이런 고민을 하기도 한다.

---

40   Clive S. Lewis,(2014) *The Problem of Pain* (New York: HarperCollins), cp. 9.
41   Linzey, A.,(1998) "C. S. Lewis's Theology of Animals," *Anglican Theological Review* 80/1, 60-81.

'천국에 이성(異性)도 없고, 사랑도 없고, 성생활도 없다면 그런 곳에서 무슨 재미로 영원을 보낼 수 있을까?'

하지만 천국은 말초적이고, 쾌락적이고, 감각적인 것들이 하등의 재미가 될 수 없으며, 그와는 차원이 아주 다른 새로운 즐거움, 기쁨과 환희가 있게 될 것이라는 의미로 해석해야 할 것이다. 그렇다면 이 구절을 기초로 다른 차원에서 해석해 본다면, 천국에는 이 땅에서 반려동물로부터 얻었던 심리정서적 즐거움과는 비교가 되지 않을 즐거움이 있다는 내용을 시사하는 말씀으로 볼 수도 있다.

천국에 동물이 있다면, 하나님의 다른 방법에 따라 존재할 것으로 예측해 볼 수 있으나 성경의 명확한 기록은 발견하기 어렵다. 다만, 하나님은 동물을 지으신 창조주로서 전능하신 분이시고, 사랑이 많으신 분이라는 것을 우리가 확신한다면, 동물 구원에 대한 문제를 하나님의 주권과 영역으로 남겨두고, 다만 그것을 희망하는 정도가 가장 건전한 태도라 할 수 있다.[42] 인간이 겪는 모든 문제는 정확한 답을 얻어야만 비로소 문제가 완전히 해결되는 것은 아니다. 답을 모를지라도 '의문의 희망'이 문제 극복의 자원이 될 수 있기 때문이다.

2) 반려동물 상실에 대한 상담

반려동물은 가족들에게 짧은 시간에 '생로병사'를 모두 보여 주기 때문에 상실 가족들은 죽음을 통해 삶을 배울 기회로 삼으면 유익될 것이다. 문화적으로 표현이 비교적 자유로운 미국에서 가족 간에 죽음을 화두로 삼고 진솔하게 대화하는 가족이 30퍼센트 정도인 것을 감안하면 반려동물의 상실을 단서로 인간의 삶과 죽음에 관해 대화할 수 있는 절호의 기회가 될 수 있을 것이다.[43] 아동에게 자연스럽게 생명의 고귀함과 죽음이 삶의 한 부분임을 교육하는 것은 긍정적이라 할 수 있다.

---

42 Ben Devries,(2013) "Linzey and C. S. Lewis's Theology of Animals," *Journal of Animal Ethics* 3/1, 25-40.

43 Margaret S. Ryerson,(1977) "Death Education and Counseling for Children," *Elementary School Guidance & Counseling* 11/3, 164-74.

반려동물의 상실을 경험한 가족에게 "개 죽은 거 가지고 왜 그렇게 슬퍼해?", "얼른 잊어!", "새로 한 마리 사면 되지!" 등의 말들은 위로가 되지 않을뿐더러 설득력도 없고 오히려 상실 가족의 마음을 아프게 하는 잔인한 말이 될 수 있다. 반려동물을 입양해 본 적이 없는 사람은 반려동물 상실에 대한 슬픔을 충분히 이해하지 못하기 때문에 공감하기가 쉽지 않다.[44]

그래서 반려동물 상실 가족의 절반 이상이 "이 사회는 반려동물의 상실로 슬퍼하는 것을 이해하지 못하고 그 슬픔을 가치로 여기지 않는다"[45]라고 느끼는 것으로 분석된다. 따라서 반려동물을 상실한 가족들은 당분간 반려동물을 양육하지 않는 지인들과의 접촉을 피하거나 상실을 화두로 삼는 일은 갖지 않는 것이 회복에 유리하다. 자칫, 반려동물을 이해하지 못하거나 그 상실에 대한 개념이 없는 지인과의 대화에서 심리정서적 손상을 입을 수도 있기 때문이다.

상실 반려동물과 동종의 새로운 동물의 입양은 이전 반려동물을 잊게 하는 작용을 할 것이라는 주장이 있지만,[46] 동종의 반려동물이 오히려 심리정서적 혼란을 야기한다는 입장도 있다. 하지만 경험적인 진술들을 종합해 보면, 동종의 새로운 반려동물과 상실 반려동물 간의 비교("너는 뽀미하고 똑같이 생겼는데, 왜 그걸 못하니?, 참 이상하다!")가 나타나 실망하는 경우가 대부분이다.

표현 형질만 동일할 뿐, 성격과 행동의 차이가 나타나는데 그럴수록 떠난 동물에 대한 그리움과 상실감이 더 커질 수도 있다. 또한, 동종의 새로운 반려동물 입양은 아동에게 죽음을 대수롭지 않게 여기고, 생명의 존엄성을 가볍게 인식하거나, 존재를 언제든지 교체할 수 있는 것으로 생각하게 만든다.

대부분 반려동물 상실 경험자는 상실과 동시에 새로운 반려동물 입양을 고려하는 경우가 많지 않다. 특히, 오랜 시간 질병 상태에서 반려동물의 상실을 경험한 가족들은 더욱 그렇다.

44　David Redmalm,(2016) "So Sorry for the Loss of Your Little Friend," in Margo DeMello,(ed.) *Mourning Animals* (East Lansing: Michigan State University Press), 101-08.
45　Anne Fawcettm,(2016) "Mourning for Animals," in Margo DeMello,(ed.) *Mourning Animals* (East Lansing: Michigan State University Press), 171-78.
46　Jane Tully,(1999) "Dealing with Death," *The American Journal of Nursing* 99/8, 240-311.

반려동물을 입양해 본 경험이 없는 사람은 반려동물의 상실에 대해 공감할 수 없으므로 입장이 같은 사람들끼리 지지집단(support group)을 형성하여 자기 감정을 충분히 드러내고 공감, 이해, 위로, 지지를 주고받는 것이 중요하다.

이런 차원에서 교회, 목회자, 기독교 상담자는 반려동물 상실 가족을 '자조 지지집단'과 연결(link)할 수 있어야 하며, 또는 '지지집단'을 이끌 수 있는 집단상담기법을 갖추고 있어야 한다. 대규모 교회에서는 자체적으로 이런 집단을 형성하여 상실 가족들에게 집중적인 위로와 지지를 제공할 수 있을 것이다. 하지만 소규모 교회에서는 이런 기독교인이 많지 않으며, 있어도 이들을 위로, 지지할 수 있는 상담 전문 인력의 확보나 지지 체계를 마련하기가 쉽지 않으므로 지방회/노회 등 교회가 연합하여 이런 프로그램을 제공할 수도 있을 것이다.

동질 지지집단에서는 '합의적 타당화'(consensual validation)로 인해 치료 효과가 나타나는데, 다른 용어로는 '보편성'(universality)이라고 하며, '공통성'(commonality) 또는 '일반화'(generality)라고도 한다.

"너도 그러니? 나는 나만 그런 줄 알았는데 … 다 똑같네!"

이렇게 생각하게 될 때 자기 문제를 더 이상 문제로 보지 않고 자기의 증상이 문제라 할지라도 수월하게 극복하게 된다.

반려동물 상실 가족 지지집단에서 특별한 답을 얻는 것이 없어도 안타까움, 슬픔, 우울감 등의 정서를 충분히 드러내는 것만으로도 치유를 위해 상당히 가치 있는 일이다.[47]

상실, 애도 상담학자 알렌 올펠트는 상실, 애도 상담은 치료(treatment) 과정이 아닌, 동반(companion)으로 이해했다. 아픔과 슬픔을 겪는 사람 곁에 함께 있으면서 마음을 보듬어 주는 것 이상의 치료가 없다는 것이다.[48] 그런 의미에서 지지집단의 중요성을 인식할 수 있다. 신앙은 개인적으로 성장할 수 있지만 공동체를 통해 형성되기도 하고 문제를 극복해 내는 동기를 얻을 수 있다는 분석은 지지집단의 중요성을 인식하게 한다.

---

47   Peter Capretto,(2015) "Empathy and Silence in Pastoral Care for Traumatic Grief and Loss," *Journal of Religion and Health* 54/1, 339-57.
48   Allan D. Wolfelt,(2009) *The Handbook for Companioning the Mourner* (Fort Collins, CO.: Companion Press), 2.

모든 문제는 서로 연결되어 있는데, 반려동물 상실은 영적인 문제와 큰 관련이 없는 듯 보이지만 영적 관련성의 문제들이 대두되고 있다.[49] 영성이란 완전 독립적 부분이 아니라, 정서가 영성에도 영향을 줄 수 있다.

반려동물 상실로 인해 영적 생활에서 이탈되는 일도 있으므로 이로써 영적 성장을 기할 기회가 되도록 상담자가 도와야 할 것이다. 자기의 상실감에 성령의 위로와 지지를 얻을 수 있도록 하고 이런 경험을 재구성하는 것은 중요한 지지기반이라 할 수 있다.

기독교 상담이 기독교인들의 환경과 삶에서 발생한 문제들을 이해하고 해결해 주는 것이라는 정의에 기초한다면,[50] 반려동물 상실을 경험한 기독교인들의 문제를 외면할 수는 없을 것이다. 고통받는 기독교인들이 문제를 잘 극복하고 온전한 삶으로 복귀하도록 위로, 지지하는 것은 기독교 상담의 주요 기능 가운데 하나다.[51]

하지만 그 접근에 있어 일각에서는 고통당하는 내담자가 받기를 기대하는 돌봄을 제공해 주어야 그것이 바른 기독교 상담이라고 보는 견해가 있다.[52] 그런가 하면 내담자가 원하는 차원이 아니더라도 그에게 필요한 돌봄을 제공해 주어야 한다는 입장이 있다. 이런 주장은 복음주의 기독교 상담 입장과 갈등이 야기될 수 있다. 받고 싶은 지지와 필요한 지지는 다를 수 있기 때문이다.

기독교 상담자는 반려동물 상실로 슬퍼하고 우울한 기독교인들에게 동물 구원이 없다고 단정하여 슬픔과 우울을 더욱 가중할 필요는 없다.

---

49   E. Wayne Hill & Gloria F. Armstrong,(1998) "Integrity in Pastoral Counseling," *Journal of Religion and Health* 37/2, 105-13.
50   Stephen G. Prichard, Stephen M. Price, James M. Murphy, John Messerschmitt & William G. Brockman,(1974) "Pastoral Counseling," *Journal of Religion and Health* 13/1, 40-56.
51   Dayringer, "The Image of God in Pastoral Counseling," 49-56.
52   Armistead M. Kathryn,(1995) *God-images in the Healing Process* (Minneapolis: Fortress), 97-103.

4. 닫는 글

기독교 상담은 항상 말씀(text)과 상황(context) 사이에서 갈등을 겪어 왔다. 기독교인들이 도전받는 상황에 대해 기독교 상담은 성경적인 입장 및 그에 입각한 대안의 제시를 요구 받아 왔다. 그런 맥락에서 반려동물의 상실과 관련된 다양한 문제도 기독교 상담이 개입해야 하는 고민스러운 주제라 할 수 있다.

반려동물 상실로 인해 발생했을 심리적 외상으로부터 치유(복원력, 회복력, 적응성)되는 원동력은 성령의 역사라는 것을 인정한다면 기도가 회복의 주요 방편이다. 즉, 상실의 사전적 정의인 잃어버림 및 없어지거나 사라짐 때문에 발생된 허전한 상태에 성령의 위로와 지지로 채워져야 한다.

점차 반려동물 입양 가족이 증가하고 이에 따라 필연적으로 상실을 경험할 수밖에 없는 상황에서 기독교 상담자는 그들을 상담해야 하는 사례들이 증가하고 있다.

반려동물 상실은 그것을 양육했던 가족들에게 명백하게 스트레스 사건이며, 심리정서적 안녕감을 해치는 것이 분명하다. 반려동물 상실 가족들은 대개 비애, 비통을 드러내는 것에 어색함을 느낄 수 있으므로 자칫 기독교 상담에서 소외될 수도 있다. 그러므로 상담자는 이런 경우, 요구가 없더라도 그것을 표현하기 어려운 사회 문화적인 상황을 이해하여 적극적인 지지와 위로가 절실히 필요하다고 인식하고 상담적 개입을 해야 한다.

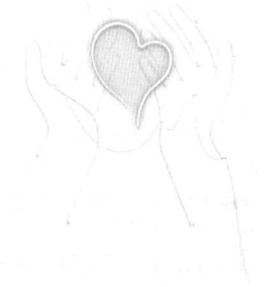

제6장

친밀관계 폭력 상담

목차
1. 여는 글 2. 친밀관계 폭력에 대한 개념 이해 　1) 심리적 외상으로서 친밀관계 폭력 　2) 친밀관계 폭력에 대한 실태와 폐해 　　(1) 친밀관계 폭력의 용어와 개념 　　(2) 데이트폭력 및 부부폭력의 실태 　　　와 폐해 　　(3) 데이트폭력과 원가족 폭력관계	3) 친밀관계 폭력에 대한 심리정서적 이해 　　(1) 폭력 가해자의 심리 　　(2) 폭력 피해자의 심리 　4) 친밀관계 폭력 예방에 대한 일반적 입장 3. 친밀관계 폭력에 대한 상담 　1) 친밀관계 폭력에 대한 성경 내용 　2) 친밀관계 폭력 상담 4. 닫는 글

1. 여는 글

　미혼 남녀의 데이트는 결혼을 위해 자연스럽고 필수적인 교제의 과정으로서 이를 통해 친밀관계를 형성하고 자기의 배우자를 선택하게 된다. 이성 간에 원만하고 바람직한 대인 관계 형성은 상대방의 입장을 고려하고, 상대방의 요구와 기대를 자각하며, 상대방을 배려해야 가능해진다.
　하지만 이성 교제의 기간이 길어지거나, 상호 친밀도가 형성되었다고 인식하는 경우, 상대방의 입장을 고려, 배려하는 마음이 감소되고, 어떤 경우에는 상대방의 요구와 기대에 부응하기보다 힘의 우위를 점유한 자가 자기의 요구와 기대를 관철하려고 완력, 폭력 등을 사용하는 일이 발생하기도 한다.[1]

1　Bonnie E. Calson,(1991) "Outcomes of Physical Abuse and Observation of Marital Vio-

이런 일은 통계적으로 볼 때 남성에 의해 발생 빈도가 높은 것으로 나타나는데 이것은 틀림없이 가부장적 인식(patriarchy)에 기인한 힘의 남용(abuse of power)이며, 애정, 존중과는 상반된 비정상적인 행동이다.

이런 일은 일상적인 경험이 아니므로 피해를 본 사람은 심리적 외상 또는 이에 따르는 충격을 받게 되고, 친밀관계가 파기되거나 다양한 개인적, 사회적 문제들을 일으키는 경우가 많이 있다.

서울특별시에서 거주 여성 2천 명을 대상으로 데이트폭력(dating violence) 피해 실태 조사를 시행한 결과에 따르면, 10명 중 9명이 데이트폭력에 노출된 바 있다고 밝혔다. 이는 데이트폭력 피해자가 비율로 볼 때 90퍼센트에 해당하는 인원인데 다소 과장된 결과이거나, 폭력의 범주를 지나치게 광범위하게 수립했거나 아니면 기술 통계적 문제처럼 인식될 만큼 여성 대다수가 손해를 입은 것으로 나타나 북미(최소 15퍼센트 정도, 최대 49퍼센트 정도) 등의 비율과 비교해 볼 때 매우 다른 결과라고 볼 수 있다.

데이트폭력이 발생했지만, 경찰에 적발되지 않았거나 관계 단절 우려 또는 수치심 등 다양한 이유에서 경찰에 신고하지 않은 피해자들이 있을 수 있다는 것을 감안하면, 그 수치는 훨씬 더 높아질 것으로 예측된다.

북미 통계에 따르면, 데이트폭력은 15-40퍼센트로 집계되고 있다.[2] 국내 '여성의 전화'에서 집계한 통계로는 61.6퍼센트가 데이트폭력에 노출된 것으로 밝혀졌다.[3] 성폭행은 모든 연령대에서 발생되는 사건에 비해 데이트폭력은 주로 20-30대에 집중되어 있으며, 이 연령대에서 발생하는 성폭행은 다른 연령대에 비해 4배 이상 더 높은 것으로 분석되고 있다.[4]

데이트폭력은 대부분 1회에 그치는 것이 아니라, 반복적으로 나타나는 문제다. 그래서 친밀관계 폭력은 한 번도 안 당한 사람은 있어도 한 번만 당한 사람은 없을 정도로 반복되는 경향성이 문제다. 데이트폭력을 당했지만 이를 수용하고 결혼하면 여지없이 가정폭력, 즉 배우자폭력 또는 자녀폭력으로 이어지는 것이 일반적이다.

---

lence Adolescents in Placement," *Journal of Interpersonal Violence* 6, 526-34.
2   Vaughn I. Rickert,(2002) "Adolescent Dating Violence and Date Rape," *Current Opinion in Obstetrics & Gynecology* 14/5, 495.
3   http://rima123.tistory.com/336(2023.6.30.)
4   Rickert, "Adolescent Dating Violence and Date Rape," 495.

데이트폭력에 관한 대부분의 연구 결과는 데이트폭력이 결국 배우자폭력과 자녀폭력으로 이어진다는 예측 변인들을 제기하고 있다.[5] 데이트폭력은 1회만 발생해도 그것이 심리적 외상이 될 수 있으며, 그에 따라 외상 후 스트레스장애를 겪게 된다는 위험성이 내재되어 있다.[6]

기독교 상담학에서 심리적 외상 또는 폭력 자체를 다룬 선행 연구들은 흔히 발견되지만, 친밀관계 폭력(데이트폭력, 배우자폭력)을 다룬 선행 연구는 발견하기가 어렵다.

2. 친밀관계 폭력에 대한 개념 이해

1) 심리적 외상으로서 친밀관계 폭력

구약성경에 나타난 폭력은 '악한 의지를 가진 사람의 강압적 행위'를 의미한다. 신약성경에서 폭력은 비아(βία: 격심한 폭력 행위)와 디아세오(διασείω: 협박에 의한 갈취의 의미)로 사용된다. 국어사전에 '폭력'의 정의는 신체적 손상을 가져오고, 심리정서적 압박을 가하는 물리적인 강제력이라고 기술되어 있다.

영어에서 폭력은 바이올렌스(violence)로 나타내는데, 이는 라틴어 비오렌티아(*violentia*)에서 비롯되었으며, 그 뜻은 '힘', '활력', '권력' 등을 의미하며 다분히 남성적 의미를 포함하고 있다.

물론, 남성만을 폭력의 가해자로 이해해서는 안 되지만 역사적으로 볼 때도 그 행위의 주체는 주로 남성이다. 또한, '힘'(force)이라는 것이 무조건 '악'(evil)한 것은 아니지만, 폭력은 악한 힘으로 대변되며, 이는 결국 피해를 본 사람에게 심리적 외상의 원인이 되며, 다양하고도 심각한 피해가 발생하는 범죄행위다.

---

5 우현진, 장숙희, 권호인,(2017) "데이트폭력 피해여성의 극복경험에 관한 연구," 한국심리학회 「한국심리학회지: 여성」 22/3, 315-35.
6 Lenore E. A. Walker,(1992) "Battered Women Syndrome and Self-defense," *Notre Dame Journal of Law, Ethics and Public Policy* 6/2, 321-34.

폭력에 의한 결과로써 '외상'(外傷, trauma, external wound)은 개인에게 무력을 사용해 가격(加擊, force)함으로써 신체적 안녕을 '위해'(危害, harm)하는 것인데, 가볍게는 고통을 일으키거나, 신체적 '상해'(傷害, injury)를 입힌 것이라 할 수 있다. 이 개념에 기반을 두고 이와 같은 일이 심리정서적으로도 나타날 수 있다고 보아 물리적, 신체적 외상과 비견되는 용어로 '심리적 외상'(psychological trauma)이라는 표현을 사용한다. 즉, 심리적 외상이란 개인의 심리정서적 안녕을 위협하여 고통을 일으키는 사건이라 할 수 있다.

'물리적, 신체적' 외상과 구별되는 용어로 '심리적' 외상이라는 용어를 사용하기는 하지만 심리적 외상이 물리적, 신체적 외상과 명백하게 구분되는 것이 아니다. 이를테면, 폭행은 물리적, 신체적 외상이 분명하지만 동시에 심리정서적 안녕에 위해를 가한 것이므로 사실상 모든 물리적, 신체적 외상은 동시에 심리적 외상일 수 있다.

또한, 폭력의 직접적인 피해 당사자가 아니라 할지라도 부모의 폭력 현장 등을 목격하면서 극심한 불안과 공포를 경험했을 때 그 자녀는 심리적 외상을 받았다고 볼 수 있다. 아동기 부모의 폭력 행동을 목격하는 것은 생애 초기에 모델링의 원천이 되어 성격 일부가 될 뿐만 아니라, 잠재적 가해자로서 장차 폭력 가능성을 증가시킨다고 볼 수 있다.

미국의 사례이기는 하지만 고등학생 이상 1,012명을 대상으로 분석해 보았을 때, 부모의 폭력을 목격한 경험을 가진 사람들의 49퍼센트가 이성교제 중에 상대방에게 폭력을 행사한 이른바 '데이트폭력'의 가해 경험이 있는 것으로 나타났다.[7] 이런 심리적 외상은 단순히 해당 외상 사건으로만 끝나는 것이 아니라, 일상적인 삶에 지속적이고, 복합적이며, 심각한 피해를 준다는 면에서 가볍게 넘길 수 없는 문제라 할 수 있다.

이러한 외상 사건에 따른 피해를 일컫는 상담심리학 용어를 '외상 후 스트레스장애'(Post Traumatic Stress Disorder: PTSD)라 한다. 이것은 제1차 세계 대전 참전군인들을 대상으로 사용하였다가 1980년에 발간된 『정신장애 진단 및 통계편람 제3권』(Diagnostic and Statistical Manual of Mental Disorders, DSM-III)부터 불안장애의 하위개념으로 '외상 후 스트레스장애'라는 질병

---

7 Maura O'Keefe,(1997) "Predictors of Dating Violence among High School Students," *Journal of Interpersonal Violence* 12/4, 546-68.

명이 공식적인 정신장애로 등록되면서부터 본격적인 연구가 시작되었다.
DSM-5에서는 불안장애로 분류되었던 PTSD가 '외상 및 스트레스 관련 장애'(Trauma and Stressor Related Disorders)라는 독립 장애 군으로 분류되었다. DSM-5에 명시된 심리적 외상의 기준은 실제적이거나 위협적인 죽음, 심각한 상해, 성폭력, 아동학대에 대한 직접 혹은 간접적인 노출 및 목격을 경험한 자로 되어 있다.[8]

폭력에 의한 심리적 외상이 발생하면 고통스러운 감정이든 즐거운 감정이든 사건 이후 감정의 마비(alexithymia: 감정 표현 불능) 증상이 초래되는 PTSD의 문제가 발생하게 된다.[9] 더 나아가 만성적 성격 와해, 성격장애 등이 발생하여 전과 같지 않은 다른 피해 양상이 나타난다.

하지만 동시에 동일한 외상 사건을 경험했어도 그 가운데 대략 20퍼센트 미만의 사람들만이 PTSD 진단을 받는 것으로 나타났다.[10] 따라서 심리적 외상과 PTSD는 그 사건 자체라기보다는 해당 사건에 대한 피해 당사자의 기억 및 인식, 인지적 해석과 태도 등에 달려있다고 할 수 있으며, 그것을 다루는 뇌와 신체, 심리정서적 반응에 따라 다르다고 볼 수 있다.

2) 친밀관계 폭력에 대한 실태와 폐해

친밀관계 폭력은 우리나라를 포함하여 북미 등 전 세계적으로 나타나는 현상이며, 아울러 세계적으로도 증가하는 범죄다.[11] 최근 친밀관계 폭력에 대한 언론 매체의 보도 내용을 분석해 보면, 매우 흉포화되는 추세임을 발견할 수 있다. 극단적인 사건만 보면, 연인의 집 방화, 연인의 부모 살해, 연인의 집에서 자살소동, 온몸에 휘발유 뿌려 협박, 연인을 납치, 감금, 연인의 자동차 파손, 연인의 얼굴에 염산 투척, 연인의 나체사진 유포, 연인의 얼굴에 담뱃불로 지짐, 연인의 손목을 칼로 그어 살인미수 등으로 점차

---

8   American Psychiatric Association.(2013) *Diagnostic and Statistical Manual of Mental Disorders*. 5th ed. Washington, DC: American Psychiatric Association.
9   Anna C. Salter,(1995) *Transforming Trauma* (Thousand Oaks, CA.: Sage), 45.
10 Diana Fosha, et al,(eds.)(2009) *The Healing Power of Emotion: Affective Neuroscience, Development and Clinical Practice* (New York: W. W. Norton), 165.
11 Delphine Theobald & David P. Farrington,(2016) "Editorial Advancing Knowledge about Dating Violence," *Criminal Behaviour and Mental Health* 26, 225-28.

흉포화되어 가고 있다. 국내의 경우 데이트폭력이 가장 많이 발생하면서 흉포화되는 시점은 데이트 초기 대부분 상대가 이별을 선언한 이후다.

또한, 친밀관계 폭력은 일반 폭력과 다르지 않은 행태로 나타나지만, 그 상황이 연인관계, 부부관계라는 것에서 독특성을 갖는다.[12] 즉, 연인관계라는 것은 많은 부분이 용납된다는 점에서 가해자나 피해자가 폭력을 폭력으로 인식하지 않을 수 있다. 특히, 데이트폭력은 결혼 후에 가정폭력, 즉 배우자폭력(부부폭력)과 자녀폭력으로 이어질 수 있다는 점에서 다른 폭력에 비해 더욱 심각한 의미가 있다.

선행 연구들을 분석해 볼 때 데이트폭력 경험이 가정폭력으로 이어지는 예측 변인으로 작용한다는 연구 결과들이 발표되고 있다.[13] 또한, 친밀관계 폭력의 극단이라고 할 수 있는 살인사건은 한 해에 적어도 50여 건, 살인미수가 60여 건이 발생하며 해마다 꾸준히 증가하는 추세에 있다. 친밀관계 폭력은 애정관계에서 발생하는 단순한 '사랑싸움'(이른바 "부부싸움은 칼로 물 베기"등)이나 개인적 문제로만 보아서는 안 되며, 그 예방이나 해결을 위해 사회적 문제로 다루어야 할 부분이다.

친밀관계 폭력을 논할 때 크게 네 가지, 신체적, 심리정서적, 언어적, 성적 폭력 등의 범주를 다루게 된다.[14] 친밀관계 폭력에서 가장 보편적이며, 쉽고, 단순하게 발생하는 것은 언어적 폭력이며, 이에 따른 심리정서적 폭력과 신체적 폭력이 아울러 발생한다. 신체적, 성적 폭력은 당연히 심리정서적 폭력을 초래하지만 심리정서적 폭력과 신체적 폭력은 구별이 가능한 것이며 그 피해 양상도 다르므로 다음과 같은 친밀관계 폭력의 네 가지 양태를 고려해야 한다.

---

12 Wendy Morgan & Michelle Wells,(2016) "It's Deemed Unmanly," *The Journal of Forensic Psychiatry & Psychology* 27/3, 404-18.
13 Paul D. Nicodemus, et al,(2011) "Predictors of Perpetrating Physical Date Violence among Adolescents," *North American Journal of Psychology* 13/1, 123-32.
14 Murray A. Straus,(2004) "Prevalence of Violence against Dating Partners by Male and Female University Students Worldwide," *Violence Against Women* 10/7, 790-811.

(1) 친밀관계 폭력의 용어와 개념

친밀관계 폭력(intimate partner violence)은 시점으로 보아 크게 두 가지로 구분되는데 하나는 결혼 전 교제 기간에 발생되는 모든 폭력을 지칭하는 것으로서 일반적으로 '데이트폭력'이라고 하며, 또 다른 하나는 '결혼 후 가정폭력'으로서 이는 배우자폭력과 자녀폭력으로 구분한다.

연인관계에서 발생하는 폭력을 영어권에서는 '데이트폭력'(dating violence)이라고 하는데 '데이트'라는 외래어는 굳이 번역하여 사용하지 않고 우리말로도 그대로 사용한다. 또는 우리말로 '혼전폭력'(courtship violence)이라는 용어가 사용되며, 영어권에서도 이 단어가 동일하게 사용된다.

우리나라에서는 데이트폭력에 대한 다른 표현으로 '구혼기폭력', '구애폭력', '연인폭력', '연애폭력', '교제폭력', '이성교제폭력', '치정폭력' 등 다양한 용어로 표기, 사용되고 있다.[15] 근래 북미를 중심으로 '폭력'(violence)이라는 용어 대신 이 문제를 사회 문제화하여 심각하게 다루려는 의도로 '테러'(terror)라고 사용하려는 움직임도 있다. 본래 테러는 정치적인 개념으로써 통상 폭력의 개념을 넘은 잔인성 또는 보복 등을 함의하고 있다.[16]

또한, 가정폭력은 넓은 범주로 볼 때 가정에서 발생하는 모든 폭력 행위를 뜻한다. 최근 국내에 새롭게 수립된 범죄 개념으로서 부부간에 완력과 강압에 의해 발생하는 이른바 '부부 성폭행'(정상적인 혼인 관계에서도 배우자에게 강제로 성행위를 했다면 '부부 강간죄'가 성립된다는 대법원 판결이 2009년 2월 [2008도 8601]에 있었다)을 범죄로 규정하고 있다.[17] 또한, 가정폭력에는 배우자에게 폭력을 행사하는 모든 행위, 자녀를 대상으로 하는 근친 강간(incest)을 비롯, 다양한 성폭력, 자녀폭행 및 폭력이 포함될 수 있다.

---

15 박현정,(2015) "데이트폭력의 위험요소와 대책에 관한 고찰,"「법학논총」22/2, 499-521.
16 Norman Wright,(2003) *The New Guide to Crisis and Trauma Counseling* (Ventura, CA.: Regal Books), 239.
17 Diana Russel은 그의 저서 *Rape in Marriage*『결혼 속의 강간』에서 아내가 21퍼센트가 이 문제에 노출되었다고 밝히고 있다. Diana Russel,(1982) *Rape in Marriage* (New York: MacMillan Publishing), 97.

(2) 데이트폭력 및 부부폭력의 실태와 폐해

① 폭력의 양상

데이트폭력의 양상은 가볍게는 밀치는 것으로부터 성폭력에 이르기까지 다양한 형태로 나타난다. 직접적으로 신체적 위해를 가하는 폭력양상은 신체 특정 부위를 비틀거나, 악력을 이용하여 움켜쥐거나, 힘껏 누르는 것, 목을 조르는 것, 밀치거나 넘어뜨리는 것, 발로 차거나 밟는 것, 주먹으로 때리거나, 손바닥으로 뺨을 때리는 것, 물건이나 흉기를 사용해 때리는 것, 화상을 입히는 것, 물어뜯는 것, 담뱃불로 신체를 지지는 행위 등이 있다.

그 밖에도 직접적이거나 신체적인 위협은 아니지만, 상대방이 자기의 요구를 이행하지 않았을 때 노려보면서 압력을 가하는 것, 주먹이나 발로 폭행을 가하려는 시늉, 주먹이나 발로 벽을 치는 것, 문을 세게 닫는 것, 물건을 집어던지는 것, 상대의 선호, 기호품을 파손하는 것, 분노의 표정을 통해 위협을 하거나 고함을 지르는 등 셀 수 없이 많다. 이런 것들은 신체적 접촉에 의한 위해가 직접적으로 나타난 것은 아니지만, 명백히 폭력으로 인식될만한 양상이다.

성폭력은 피해자가 전혀 원하지 않음에도 강제적으로 신체의 특정 부위를 접촉하거나 입을 맞추거나 포옹, 애무, 더 나아가서 성기 등 신체 특정 부위를 접촉하도록 강요하는 것으로부터 상대방의 성기 및 성행위 촬영을 인터넷에 유포하는 것, 또한 성기 삽입 등의 성 행태가 나타난다. 하지만 직접적이거나 신체적인 성접촉이 없었어도 신체 특정 부위를 반복해서 지속해서 쳐다본다든지, 남성들은 주로 시각을 통해 성적 매력을 감지하고, 자극받게 된다.[18]

서울특별시에서 데이트폭력 피해실태 조사를 시행한 바에 따르면, 성적 접촉 양상은 (원하지 않는데) 얼굴, 팔, 다리 등 신체를 만지는 것(44.2퍼센트) (상대방 의사에 상관하지 않고) 가슴, 엉덩이 또는 성기를 만지는 것(41.2퍼센트) 으로 분석되었으며, 상대방 허락 없이 여성을 엿보는 것(voyeurism: 관음 행위, 용변 및 탈의 현장의 목격 등), 성적 의미를 나타내는 신체 표현, 성기의 노출

---

18 Ted Roberts, *Every Man's Battle*, 권세연 역,(2015)『모든 남자의 참을 수 없는 유혹』(서울: 좋은씨앗), 100.

등으로 나타날 수 있다.

성폭력의 범주에 있어서, 데이비드 스태더의 정의에 따르면, 상대방의 동의가 없는 모든 성적 행위를 의미한다고 주장했다.[19] 당사자 간 서로 동의, 합의되지 않고 한쪽이 일방적, 강제적으로 행하는 애정 표현은 상대방의 성적 자기 결정권을 제한하는 것으로서 당연히 폭력에 해당한다고 할 수 있다.

② 데이트폭력 상황

데이트폭력에서 대부분 가해자는 물리적 힘의 우위를 차지하는 남성으로서 주로 강압적인 성접촉 등 신체적 폭력이 주류를 이루고 있다. 북미의 경우, 모든 폭력의 30퍼센트가 가정에서 발생하고 가정폭력의 90퍼센트가 남성에 의해 발생하는 것으로 나타났다. 우리나라의 경우에 친밀관계 폭력에 많게는 48.9퍼센트가 신체적 폭력을 당해 본 경험한 것으로 분석된다.

친밀관계 폭력의 성별 발생 빈도에 있어 남성들이 월등히 많다는 것은 명백한데(특히, 성 관련 폭력은 절대다수가 남성에 의해서 발생한다[20]), 국제연합(UN)에서 '여성에 대한 폭력'(violence against women)이라고 표현한 것은 기본전제가 남성에 의한 여성폭행이라는 개념을 저변에 두고 있다. 이는 남성들의 성불평등 및 성차별에 기인된 인식이며 행위라고 볼 수 있다.[21] 하지만 근래 증가하는 현상으로서 여성들이 가해자인 경우도 많이 발생한다는 선행 연구 결과들이 제시되고 있다.[22]

---

19 Stader, "Dating Violence," 139-43.
20 친밀관계 폭력에서 행동양식으로 나타나는 성적 문제는 대부분 남성에 의해서 저질러진다. Gorge Cilder의 저서 *Sexual Suicide*『성적 자살』에서 "가족과 자녀상대의 폭력범죄 91퍼센트가 남성들에 의해 범하는 것" Roberts, *Every Man's Battle*, 96. 재인용. cf. 신혜섭, 양혜원,(2005) "청소년 초기의 이성친구에 대한 신체적 폭력에 영향을 미치는 변인," 한국청소년학회 「청소년학연구」12/1, 299-323.
21 James A. Mercy & Andra T. Tharp,(2015) "Adolescent Dating Violence in Context," *American Journal of Preventive Medicine* 49/3, 441-44. 미국의 경우, 친밀관계 폭행에서 남성 가해자 비율은 84퍼센트, 여성 가해자는 12퍼센트, 기타 4퍼센트로 밝히고 있다. Andy J. Johnson,(ed.)(2015) *Religion and Men's Violence against Women* (New York: Springer Science), 3.
22 서경현,(2003) "음주동기, 문제음주 및 음주 가족력과 대학생의 데이트폭력," 한국심

일반 폭력과 데이트폭력은 폭력 자체에는 차이가 없다. 그러나 대부분 데이트폭력 피해를 당하는 여성의 경우, 연령대가 20-30대에 집중(75퍼센트)되어 있는 것이 특징이다. 물론, 데이트를 20-30대에만 하는 것은 아니지만, 일반적으로 결혼과 관련하여 이성교제를 가장 많이 하는 연령대라고 볼 수 있으므로 이 연령대에 집중되어 있다.[23] 데이트폭력은 남녀 간의 친밀관계가 형성된 연인 사이에서 발생한 폭력으로서 대개 은밀히 진행되고 만성화된 구조적 특징이 있다. 그래서 데이트폭력에 대해 역설적으로 '누구나 알지만, 누구도 모르는 것이 데이트폭력'이라고 그 은밀성으로 표현하기도 한다.

북미에서 데이트폭력으로서 심리정서적 폭행에 대한 통계는 편차가 심한데 약 20퍼센트 정도가 된다는 분석으로부터 80퍼센트에 이른다는 통계가 있다. 물리적 폭력은 약 20-30퍼센트 정도, 성적 폭력은 15-25퍼센트 정도로 보고되고 있다.[24] 국내에서 데이트폭력으로서 강제적인 성폭행은 약 8.5퍼센트로 발생하고 있는 것으로 분석된다.[25]

언어적 폭력으로는 직접적으로 모욕, 비난 또는 가족, 친지, 친구, 지인들 앞에서 굴욕스러운 언어, 위협적 언어를 사용하는 것이다.[26] 고함을 지르거나 욕, 성적 수치심을 갖게 하는 말 등 언어를 통한 심리정서적 폭력도 신체에 가하는 위해만큼 심각한 문제를 일으킬 수 있다.

폭력은 매우 다양한 변인이 작용하는데, 이를테면, 음주, 약물 경험, 학력, 가족관계, 부모의 애정관계, 부모의 양육 태도, 이전 폭력 경험, 거주 지역, 교제 기간, 인종 등의 변인에 따라 데이트폭력 고위험군인지 그렇지 않은지를 분석하는 연구들이 있다.

    리학회「한국심리학회지: 사회 문제」9/2, 61-78.
23 박경은, 유영권,(2017) "데이트폭력 피해여성의 심리내면에 관한 질적 연구," 한국심리학회「한국심리학회지: 상담 및 심리치료」29/3, 711-42.
24 Stader, "Dating Violence," 139-43.
25 신혜섭,(2007) "데이트폭력 피해의 위험요인," 한국가족복지학회「한국가족복지학」12/2, 149-70.
26 Claire B. Draucker & Donna Martsolf,(2010) "The Role of Electronic Communication Technology in Adolescent Dating Violence," *Journal of Child and Adolescent Psychiatric Nursing* 23/3, 133-42.

북미의 경우, 데이트폭력은 가해자가 코카인이나 헤로인 등 약물이나 마약을 한 경우에 빈번하게 발생하는 것으로 나타났다.[27] 라이언 쇼리 등은 데이트폭력과 대마초 약물 간의 관계를 분석했고,[28] 폴 니코데무스, 제시카 포터와 패트리시아 데이븐포트의 연구 결과에서는 술과 데이트폭력 간의 관계에서 유의미한 차이를 나타낸다고 밝힌 바 있다.[29]

국내에는 코카인, 헤로인 등 약물이나 마약 자체를 구하기가 여의찮거나 강한 법에 따른 제재가 따르기 때문에 증가 추세에 있기는 하지만 그 비율은 북미에 비해 매우 낮을 것으로 보이나, 음주 상태에서 데이트폭력은 밴지 포쉬 등의 연구 결과에서도 밝힌 바와 같이 매우 증가해 데이트폭력의 주요 원인으로 드러나고 있다.[30]

북미의 경우, 남성의 30-40퍼센트, 여성의 27-34퍼센트가 데이트 중 음주 상태에서 폭력이 나타난다는 보고가 있다.[31] 이는 국내의 선행 연구들에서도 다르지 않은 결과들이 나타나고 있다.[32] 그래서 라이언 쇼리는 음주에 대한 태도, 음주에 대한 교육이 바르게 이루어지기 전에는 데이트폭력을 감소시키는 것이 쉬운 일이 아니라고 밝힌 바 있으며, 아울러 감정조절 및 분노 관리에 대한 교육이 이루어져야 한다고 주장했다.[33]

하지만 이런 교육의 중요성을 인식했다고 할지라도 누가 주체가 되어 어떤 방법으로 어떻게 교육할 것인지에 대한 문제가 발생한다.

27　Steven P. Kurtz, et al,(2004) "Sex Work and 'Date' Violence," *Violence against Women* 10/4, 357-85.
28　Ryan C. Shorey, et al,(2015) "Being the Victim of Violence during a Date Predicts Next Day Cannabis Use among Female College Students," *Society for the Study of Addiction* 111, 492-98.
29　Nicodemus, et al, "Predictors of Perpetrating Physical Date Violence among Adolescents," 123-32.
30　Vangie A. Foshee, et al,(2016) "Developmental Outcomes of Using Physical Violence against Dates and Peers," *Journal of Adolescent Health* 58/6, 665-71.
31　Rickert, "Adolescent Dating Violence and Date Rape," 495.
32　양난미,(2009) "대학생 문제음주와 데이트폭력의 관계에서 특성분노의 매개효과," 한국상담학회 「상담학연구」10/4, 2539-54. cf. 이정훈, 양난미, 이명신,(2013) "대학생의 자기분화와 데이트 언어폭력의 관계," 한국상담학회 「상담학연구」14/6, 3653-72.
33　Ryan C. Shorey,(2012) "Dating Violence Prevention Programming," *Aggression and Violent Behavior* 17/4, 289.

통계청의 친밀관계 폭력에 대한 인식 분석을 보면, 데이트폭력은 용인될 수 없는 일이고, 어떤 경우라도 법에 따라 처벌되어야 한다는 입장이 89.2퍼센트로 나타났다. 하지만 우리나라의 경우, "가정폭력 범죄 처벌에 관한 특례법", "가정폭력 피해자 보호 등에 관한 법" 등이 제정되어 있지만, 친밀관계 폭력(데이트폭력 및 배우자폭력)이 발생했다 해서 모든 사안을 법에 따라 처벌하는 것은 아니다.

친밀관계 폭력은 형법 제260조(폭행, 존속폭행) 3항에 따라 '반의사 불벌죄'(反意思 不罰罪)에 해당해 명백한 피해가 발생했어도 피해자가 처벌을 원하지 않으면 형법으로 처벌할 수 없게 되어 있다. 친밀관계 폭력이 우리 사회에서 심각한 문제로 대두되고 있지만, 현행법 제도는 이에 대해 충분한 대응을 하지 못하고 있는 듯하다.

연인 간에 '사랑'이라는 명목으로 폭력이 어느 정도 인정되거나, 은폐되거나, 가해자에 대한 처벌이 적절히 이루어지지 못하고 있을 뿐만 아니라, 피해자 보호를 위한 법적, 제도적 장치도 미비한 실정이다. 친밀관계 폭력이 더 이상 개인적인 문제 영역에서 가볍게 처리되어서는 안 되며 강력한 법적, 제도적 장치들이 마련되어야 한다.[34]

(3) 데이트폭력과 원가족 폭력관계

데이트폭력은 결혼 전 이성 간의 데이트에서 발생하는 하나의 불미스러운 사건으로 보이지만, 이는 데이트 현장에서만 나타나는 폭력으로 끝나는 것이 아니라, 종단 연구를 통해 분석해 볼 때 결혼 이후에도 나타나는 부부 성폭행, 배우자폭행, 자녀 성폭행, 자녀폭행 등 결국 광범위한 가정폭력으로 이어지기 때문에 문제라 할 수 있다.[35]

보근 리커트는 데이트폭력과 가정폭력 간의 상관관계에 관한 연구에서 대부분의 데이트폭력 가해자들은 부모로부터 폭력을 당한 피해자였다는 것을 밝힌 바 있다.[36]

---

34 김구슬,(2017) "데이트폭력범죄에 대한 입법적 대응방안," 이화여자대학교 「이화젠더법학」9/3, 131-73.
35 Theobald & Farrington, "Editorial Advancing Knowledge about Dating Violence," 225-28.
36 Rickert, "Adolescent Dating Violence and Date Rape," 495. cf. 정소영 외,(2011) "대학

단순하게 달리 표현하면 성장기에 부모에게 폭력을 당한 피해자가 데이트폭력의 가해자가 될 가능성이 크다는 의미다. 남성 가해자의 경우, 아버지로부터 어머니가 폭력을 당한 것을 목격한 외상 경험 때문에 데이트폭력이 나타날 가능성이 크고, 부모로부터 폭력을 당한 외상 경험을 가진 자녀들이 성장해 데이트폭력의 가해자가 될 가능성이 크고, 나이 든 형제(누나, 오빠, 언니, 형)로부터 폭력을 경험한 사람이 폭력적으로 될 가능성이 커진다.[37]

여성 가해자도 마찬가지이지만 부모로부터 폭력을 당한 외상 경험 그리고 형제 또는 자매로부터 폭행당한 외상 경험 순으로 피해가 나타난다는 분석이 있다.[38] 결국, 가정폭력 피해자가 피해자로서만 존재하는 것이 아니라 장차 가해자가 되는 현상이 나타난 것이다.

그래서 이런 폭력 피해자를 피해자로 인식하고 상담 및 심리치료적 지원해야 하지만 동시에 이런 외상 경험자들이 장차 가해자가 될 가능성을 가지고 있는 '잠재적 가해자'로 보고 상담 및 심리치료적 지원해야 한다. 폭력은 부모에게서 관찰하거나 피해를 직접 경험한 경우가 대부분이기 때문에 데이트폭력 문제에 접근할 때 기본적으로 원가족의 문제와 연결해서 고려해야 한다.

원가족 관계에서 이해, 사랑, 존중받아 본 경험의 부재는 자연스럽게 다른 사람 또는 이성을 이해, 사랑, 존중하지 못하는 연결 고리가 될 수 있다. 그러므로 성숙하고 건강한 성격을 형성하지 못하게 만드는 원가족 관계의 미분화된 문제를 해결하고 심리정서적으로 분화되는 것이 근본적으로 폭력 문제의 해결 방안이라 할 수 있다.

가부장적 가정에서 소통의 단절 및 부재로 인해 가족 간 감정 표현의 억제, 불능의 경험은 가정 밖에서 심리정서적 문제를 비롯해 대인 관계적 문제를 일으킨다. 폭력행사자들의 공통적인 문제는 의사소통 기술의 부재다.[39] 가족 간에 입장과 견해가 다르거나 갈등 상황에서 설득하는 언어를

생의 데이트폭력 편견이 데이트폭력 가해행동에 미치는 영향," 「사회과학연구」 27/4, 127-51.
37 서경현, (2011) "데이트폭력과 가정폭력 경험에 대한 국가 간 비교연구," 「청소년학연구」 18/5, 219-43. cf. 박미랑, (2009) "한국대학생들의 데이트폭력 가해와 피해에 관한 연구: 성과 아동학대를 중심으로," 대한범죄학회 「한국범죄학」 3/2, 193-227.
38 Rickert, "Adolescent Dating Violence and Date Rape," 495.
39 Cooper-White, "Intimate Violence against Women," 809-55.

통한 대화 경험이 부재한 원가족에서 성장한 사람이 데이트 상황에서 바람직한 의사소통을 잘할 수 있을 것으로 예측하기 어렵다.

합리적, 타협적, 대화적이지 않은 방법을 사용해 자기의 목적을 성취하고자 하는 것은 성장 과정에서부터 형성된 심리정서적 미성숙의 결과라고 볼 수 있다. 따라서 데이트폭력의 예방 차원에서 논의한다면 가족 내에서 특히 부모 자녀 간 의사소통에서 완력을 사용하는 일이 없어야 하며, 이해하고 설득력 있는 소통의 경험을 하는 것이 결과적으로 데이트폭력, 장차 가정폭력(배우자폭력, 자녀폭력)을 예방하는 방법이라 할 수 있을 것이다.

타인에 대해 공격 성향을 보이거나 폭력을 행사하는 성인의 경우 대부분이 아동기에 경험한 심리적 외상이 있었다. 미국 텍사스주립대학교 의과대학 정신건강의학과 제퍼 사찰 교수 연구팀이 청소년 758명을 대상으로 설문 조사를 통해 아동기 체벌 경험과 데이트폭력에 관한 연구에서 응답자의 69퍼센트가 아동기 체벌 경험이 데이트 상대방에게 폭력 행동을 한 것으로 분석되었다.

즉, 아동기 체벌 경험자가 그렇지 않은 사람보다 29퍼센트나 데이트폭력을 행사할 가능성이 크다는 것이다. 이들은 갈등 상황에서 폭력을 해결 방법으로 사용한다는 것이다.[40] 아동기의 심리적 외상 경험은 성격 형성에 커다란 영향을 미친다는 사실은 선행 연구들에서 밝혀진 바다.[41]

원가족으로부터 기독교 교육을 받고 신앙으로 양육받은 경우는 절대로 친밀관계 폭력이 나타나지 않는다고 단정할 수는 없으나 많은 경우 예방이 가능하다고 예측할 수 있는 것은 폭력의 비성경적 입장을 가치관으로 수립하기 때문이라고 볼 수 있다.

---

40   Judith L. Herman, et al,(1989) "Childhood Trauma in Borderline Personality Disorder," *American Journal of Psychiatry* 146/4, 490-95. 연합뉴스, 2017. 12. 7일자.
41   안현의,(2005) "청소년의 심리적 외상에 관한 탐색적 연구," 한국심리학회 「한국심리학회지: 상담 및 심리치료」17/1, 217-31.

3) 친밀관계 폭력에 대한 심리정서적 이해

(1) 폭력 가해자의 심리

데이트폭력에서 가해자의 심리정서적 원인은 '열등감' 또는 '우월감'으로 볼 수 있다. 열등감이나 우월감은 표면적으로는 상반된 개념처럼 보이지만 근원은 같은 정서다. 우월감의 심리 저변에는 자기가 강자라는 것을 드러내기 위한 행위라고 볼 수 있다. 폭력의 가해자-피해자 관계는 약자에 대한 배려 없는 힘의 논리로써 '힘있는 자'와 '힘없는 자'라는 이분법적 사고에 기인한 통제적 관계다. 주로 데이트폭력 가해자의 성비가 남성이 월등히 높다는 것만으로도 그것을 입증하는 것이 된다.

성별에 따른 데이트폭력의 피해는 북미의 경우, 남성의 33퍼센트, 여성의 67퍼센트로 나타났다.[42] 여기서 볼 때 여성 피해자가 남성보다 약 2배 이상 많은 것으로 나타나고 있다. 데이트폭력에 관한 대부분의 연구에서 남성이 여성보다 더 폭력적이라는 사실이 연구 결과에서 드러나고 있다. 하지만 몽골과 필리핀 등 일부 국가에서는 반대의 현상이 나타난다.[43] 여성이 가해자가 된 경우는 언어적, 심리정서적 폭력이 주류를 이루는 것으로 나타났다.[44]

따라서 폭력의 유형에 따라 성별이 다르게 작용한다는 것을 알 수 있다. 북미의 연구 결과를 보면, 데이트폭력의 78-85퍼센트 이상이 백인들에 의해 발생한 것을 보면, 물리적, 심리정서적, 경제적 우월감이 그 원인이라고 분석해 볼 수 있다.[45]

또한, 우월감과는 반대 개념처럼 보이지만, 열등감의 발로로 폭력이 나타나기도 한다. 린 맥돌 등의 연구에서는 데이트폭력 가해자 특성을 분석해 볼 때 직업이 없거나, 학력이 낮고, 사회적 지지 체계가 취약하며, 비행 경험이 있고, 알코올과 마약의 의존도가 높은 사람일수록 신체적 폭력을

---

42   Rickert, "Adolescent Dating Violence and Date Rape," 495.
43   서경현, "데이트폭력과 가정폭력 경험에 대한 국가 간 비교연구," 219-43.
44   Foshee, "Developmental Outcomes of Using Physical Violence against Dates and Peers," 665-71. Nicodemus, "Predictors of Perpetrating Physical Date Violence among Adolescents," 123-32.
45   Rachel J. Voth Schrag,(2017) "Campus Based Sexual Assault and Dating Violence," *Affilia* 32/1, 67-80.

행사할 가능성이 크다고 분석했다.[46] 힘의 우위를 점유함으로써 열등감을 폭력으로 보상 받으려는 의도로 보인다.

가해자가 폭력을 사용함으로써 상대방으로부터 자기가 원하는 긍정적인 결과를 기대하기 때문에 그것을 획득하기 위해 완력, 폭력의 방법을 취하는 것이다.[47] 친밀관계 폭력은 심리정서적으로 질투심과 소유욕에 기반을 두고 상대방을 조작(manipulation), 조정, 통제(control)하려는 의도가 지배적이다.[48] 대부분 데이트폭력의 최정점이 이별 통보를 받은 시점이라는 것을 분석해 보면, 소유욕의 좌절이 폭력의 원인으로 작용한다고 볼 수 있다.

상대방을 영적 존재, 하나님의 피조물, 인격체 등으로 보았다면 하지 않을 행동을 본인 자신도 인간 된 품위를 훼손해 가면서 상대방에게 완력을 사용하는 것은 분명히 비성경적이며 죄악이다. 하지만 폭력 가해자들의 인지는 왜곡되어 자기가 폭력을 행사할만한 권리가 있는 사람이라고 인식하여 스스로 그것을 합리화, 정당화하는 심리가 일반적으로 나타난다. 폭력은 폭력 자체로 범죄이며, 어떤 이유로도 이를 합리화, 정당화시킬 수는 없다.

(2) 폭력 피해자의 심리

데이트폭력은 이상적인 친밀관계 및 연인관계에 대한 기대와는 너무나 모순된 상황으로서 결코 친밀관계에서 나타날 수 있는 자연스러운 일이 아니다. 가볍게는 이 일로 인해 당황, 혼란, 갈등, 후회, 두려움 등 다양한 심리정서적 반응을 나타내게 된다. 폭력 피해자(희생자)가 기본적으로 느끼는 정서는 우울이다.[49] 우울감은 심리적 외상을 경험한 사람들에게서 일반적으로 나타나는 증상이다.

또한, 데이트폭력은 애정 및 신뢰 상실, 실망감, 좌절감, 배신감, 불신감, 불안감, 불쾌감, 모욕감, 적대감, 수치감, 소외감 등 온갖 부정적 정서

---

46 Lynn Magdol, et al,(1997) "Gender Difference in Partner Violence in a Birth Cohort of 21 Year Olds," *Journal of Consulting and Clinical Psychology* 65/1, 68-78.

47 Foshee, "Developmental Outcomes of Using Physical Violence against Dates and Peers," 665-71.

48 Pamela Cooper-White,(2011) "Intimate Violence against Women," *Pastoral Psychology* 60, 809-55.

49 Ryan C. Shorey, et al,(2011) "Gender Differences in Depression and Anxiety among Victims of Intimate Partner Violence," *Journal of Interpersonal Violence* 26, 1834-50.

를 갖게 하는 외상 경험으로서 자아존중감이 극도로 낮아지며, 아래와 같은 자아개념에 대한 심각한 혼란이 발생한다.[50]

'나를 도대체 어떻게 보고 이런 행동을 한 것인가?'
'내가 그런 대상으로 보였다는 말인가?'
'내가 어디서도 이런 대접을 받지 않았는데 어떻게 하다가 이런 존재밖에 안 되었는가?'

그리고 자기가 학대를 당한 것이라는 생각을 하게 한다. 그뿐만 아니라 친밀관계 폭력은 곧 PTSD로 이어지는 것이 문제다.[51] 여성은 남성보다 3배 이상의 강한 심리정서적 후유증으로서 PTSD가 나타나는 것이 일반적이다.[52] PTSD를 경험한 사람들은 대개 부정적 정서의 내현적 기억에 압도되어 대인관계에서 상호작용의 문제들이 발생한다.[53] 이는 개인의 삶을 황폐하게 만드는 것임이 분명하다.

또한, 폭력의 정도에 따라서 심리적 외상의 정도도 다를 수 있는데, 원치 않는 폭행 때문에 원치 않는 생각들의 침습이나 회피행동 등의 강박성을 나타내는 것으로 보고되고 있다.[54] 일반적인 PTSD를 겪는 사람들 가운데 27.3퍼센트가 강박장애를 동반하는 것으로 되어 있는데 데이트폭력 때문에 심리적 외상을 경험한 사람들에게도 차이가 없다.[55]

50　Diann M. Ackarda & Dianne Neumark-Sztainer,(2002) "Date Violence and Date Rape among Adolescents," *Child Abuse & Neglect* 26, 455-73. cf. Alicia Hawley, et al,(2017) "Domestic Violence Shelters' Efforts to Prevent Teen Dating Violence," *Violence Against Women* 23/4, 520-29.

51　Theobald & Farrington, "Editorial Advancing Knowledge about Dating Violence," 225-28.

52　James M. Makepeace,(1981) "Courtship Violence among College Students," *Family Relations* 30/1, 97-102.

53　Charles R. Figley,(1988) "Post-traumatic Family Therapy," in Frank M. Ochberg, *Post-traumatic Therapy and Victims of Violence* (New York: Brunner/Mazel), 87.

54　Selvi Yavuz, et al,(2012) "Relations between Childhood Traumatic Experiences, Dissociation, and Cognitive Models in Obsessive Compulsive Disorder," *International Journal of Psychiatry Clinical Practice* 16/1, 53-59.

55　Rufer M., Rufer S., Fricke D., Held J.& Cremer I.,(2006) "Dissociation and Symptom Dimensions of Obsessive Compulsive Disorder," *Psychotherapy and Psychosomatics* 75/1,

친밀관계 폭력 피해자의 72.5퍼센트는 폭력을 경험한 이후에도 여전히 가해자와 관계를 지속하는 것으로 나타났다.[56] 이는 폭력 피해자들이 폭력에 대한 허용도가 높다는 것을 의미하는 데 폭력 허용도는 가해자의 반성을 제거(de-reflection)하게 하며, 나아가 강도 높은 폭력으로 이어지는 것이 일반적인 심리 현상이다.

이처럼 폭력 피해자가 모순된 양가감정(ambivalence)을 많이 느끼게 됨으로써 심리정서적 갈등과 분열을 경험하면 할수록 정신건강에 피해가 초래된다. 이를테면, 애정과 미움의 혼재된 정서, 친밀과 분리, 기대와 실망, 두려움과 의존적 감정이 동시에 나타나는데 이런 경우는 심리정서적 에너지 소모가 많이 발생하게 된다. 심지어 폭력피해 여성 가운데 이런 부적절한 상황에 대해 고민한다.

"나는 여자니까, 여자인 내가 참아야지!"
"남자친구에게 잘 맞춰 주어야 했는데."
"남자들이 다 그렇지!"

여성은 순응적, 순종적, 의존적, 허용적 태도로 인해서 자아존중감이 낮아지는 경우들이 있다. 일부 신앙이 돈독하게 비치는 피해 여성 가운데 이런 폭력에도 순종하는 것이 성경적인 태도인 것으로 오해하는 경우가 있는데 인격적 침해와 폭력을 당하면서 기꺼이 순종한다는 것은 성경의 본질적 가르침이 아니다.

또한, 일부는 자기가 폭력 피해자라는 사실 자체를 모르거나 인정하지 않는 경우, 오히려 다음과 같이 자기 잘못에 대한 자책감, 죄책감을 느끼기도 한다.

"내가 잘못했으니까 이런 일이 생겼지, 내가 잘했으면 이런 일이 생기겠어?"
"내 잘못도 틀림없이 어느 정도 있지!"
"내가 좀 더 남자친구에게 잘 대해 줬어야 했는데."

256.
56 우현진 외,(2017) "데이트폭력 피해여성의 극복경험에 관한 연구," 한국심리학회 「한국심리학회지: 여성」22/3, 315-35.

"남자친구가 화났을 때 한 행동인데 뭐, 나도 화나면 물건 집어던지는데, 이 정도는 이해해 줄 수도 있는 거지!"
"내가 남자친구의 심기를 불편하게 한 건 사실이야! 마음을 너무 많이 상하게 했어!"
"누구든 잘못하면 벌은 받는 거 맞잖아!"

이와 같이 일부 피해자는 자기 잘못으로 숙고하여 자기가 폭력의 원인 제공을 했거나 자기에게도 일부 책임이 있다고 인식하여 문제를 드러내지 않거나 은폐, 축소, 합리화 또는 정당화가 피해자에 의해서 나타나는 기현상이 발생한다.

그러나 혹 자기에게 다소 간의 잘못이 있다고 하더라도 또는 연인관계라 할지라도 가해자의 폭력 행위는 비상식적이고, 비인격적인 범죄라는 것을 인식해야 한다. 아울러 피해자는 자기가 설령 잘못했다고 할지라도 그에 대한 치리 및 처벌권을 상대 이성이 가지고 있다는 비상식에서 벗어나야 한다.

4) 친밀관계 폭력 예방에 대한 일반적 입장

친밀관계 폭력은 초기대응이 매우 중요하다. 외상 상담은 초기대응이 중요하며 지체하면 여러 면에서 불리해지는데 무엇보다도 외상적 기억이 고착되고 폭력이 더 강력해 질 수 있다는 것이다. 이를 노만 라이트는 시멘트 공사에서 양생 과정으로 비유했는데 그 모양을 바로잡지 않고 시간이 흐르면 굳어져서 나중에는 바로 잡을 수가 없다고 했다. 물론, 심리정서적으로는 인지 재구성(reframing)이 불가능한 것은 아니지만 매우 어려워진다고 볼 수 있다.[57]

일반적으로 사람들은 폭력 등으로 인한 두려움, 불안, 공포상황이 발생하면 세 가지 반응이 나타난다. 이를 영어 단어들의 첫 글자를 따서 이른바 '3fs'라고 한다.

---

57 Wright, *The New Guide to Crisis and Trauma Counseling*, 239.

- fight : 정면으로 마주하여 폭력을 다루는 것
- flight : 폭력의 현장을 피하고, 떠나버리는 것
- freeze : 폭력의 두려움에 압도되어 꼼짝 못 하고 얼어붙는 것[58]

만일 친밀관계 폭력이 나타나려고 할 때 '달아나기'(flight)로 대응 방식을 취했을 때, 그 순간에는 폭력을 당하지 않았지만, 상대방의 폭력 의도는 전혀 달라지지 않으며, 잠재적으로 향후 폭력 발생의 개연성 및 가능성을 가지고 있는 것이라 할 수 있다. 또한, '얼어붙음'(freeze)은 상대방이 폭력을 드러낼 때 두려움에 압도되어 꼼짝 못 하고 얼어붙어 일방적으로 당하는 현상이다. 이것은 가해자가 상대방이 폭력에 대한 수용성을 드러낸 것으로 '때려도 괜찮다'는 오해 또는 그것을 확신하게 하는 것이므로 근본적인 해결 방안이 될 수 없다.

그러므로 지지그룹을 확보하여 폭력을 반드시 공론화시켜 다루어야 한다. 하지만 부부관계에서 남편에 대한 심리정서적, 경제적 의존도가 높은 여성 가운데는 경찰에 신고하면 관계가 더욱 악화하고 이혼으로 치닫게 될까 봐 결혼관계를 유지하고자 신고하지 못하고 폭력의 고통을 수용하는 경우가 실제로 많이 있다.

친밀관계 폭력은 가해자가 가지고 있는 일종의 인지왜곡(cognitive distortion)에서 발생한다고 볼 수 있다. 가해자의 공통점은 일종의 착각이 나타난다는 것인데 그것은 친밀하여서 연인(또는 부부)이라는 이유로 폭력 행동이 가능하다는 인식, '폭행을 가해도 괜찮다'는 착각을 갖는 것이며, 상대방도 자기 행동을 수용할 것이라는 잘못된 생각을 하는 것인데 이를 범죄로 인식하는 경우는 드물다.

밴지 포쉬는 친밀관계 폭력은 교육으로 예방할 수 있다고 하면서, 데이트폭력을 예방하기 위해 학교 차원에서 성 역할, 갈등관리, 폭력의 개념, 데이트 범죄 등에 대한 교육이 있어야 한다고 주장한다.[59] 데이트폭력의 위험 요소를 교육함으로써 이것을 예방한다는 것에 대해서는 원칙적으로

---

58   Vicki Webster, et al,(2016) "Fight, Flight or Freeze," *Stress and Health* 32/4, 346-54.
59   Vangie A. Foshee,(2005) "Assessing the Effects of the Dating Violence Prevention Program 'Safe Dates' Using Random Coefficient Regression Modeling," *Prevention Science* 6/3, 245-58.

동의하지만 실시하기는 여의찮다. 이런 제안은 극히 이상적인 것으로서 국내의 경우, 학교에서 이런 교육을 시행하는 것이 쉽지 않은데, 누가 주체가 되어 이런 교육을 시행할 것이며, 어떤 내용으로 교육할 것이며, 어떤 방법으로 교육할 것인지, 시간을 어떻게 할애할 것인지 등 실제적인 문제가 발생한다.

마이클 존슨은 '폭력저항'(violence resistance)이라는 용어를 사용하여 데이트폭력이 나타날 시, 폭력에 대한 저항이 꼭 필요한데, 가해자의 폭력에 대해 분명한 거부 의사를 표현하는 것과 자기방어가 필요하다고 강조했다.[60] 하지만 폭력에 폭력으로 대처하는 것은 새로운 범죄가 될 수 있는 위험성이 있다. 동태 복수는 신약성경의 가르침이 아니며 예수 그리스도께서 사랑의 정신으로 율법을 완성하셨다.

미국의 경우는 폭력에 폭력으로 대처하는 이른바 '방어적 폭력'(defensive violence)이 65퍼센트 정도 나타나는 것으로 분석되었다. 방어적 폭력은 가해자의 성격과 폭력의 양태에 따라 다양하게 나타날 수 있는데 정당방위로부터 폭력 가해자를 제압하기 위해 더 큰 폭력이 나타날 수도 있다. 이런 경우, 최초에는 가해자-피해자 관계였으나 후에는 가해자-가해자 관계로 바뀌어 책임 소재를 구분하기 어렵고 쌍방의 책임이 될 수도 있으며, 자칫 잘못하면 법적인 문제가 발생할 수도 있다.

파멜라 쿠퍼-화이트는 친밀관계 폭력에서 나타나는 현상을 'interchangeably'라는 용어로 설명한 바 있다.[61] 즉, 폭력의 최초 상황은 누군가는 가해자이고, 누군가는 피해자(또는 희생자) 구조였을 것이지만 폭력을 맞받아치는 경우는 일방적으로 당하는 사람만 있는 것이 아니라, 맞고 때림으로써 폭력을 서로 '교환할 수 있는'(interchangeably) 상황이라는 표현이다. 이렇게 되면 가해자-피해자 관계가 불명확해지고, 예기치 않은 법적 문제가 발생할 수도 있으며 법의 보호를 받기 어려워질 수도 있다.

존슨은 여성이 남성에 대항하여 폭력적으로 대응함으로써 얻을 수 있는 것이 없고 오히려 그것을 제압하려는 가해자에게 더 큰 폭력과 예상치 않

---

60 Michael P. Johnson,(2008) *A Typology of Domestic Violence* (Boston: Northeastern University Press), 48-49.

61 Pamela Cooper-White,(2011) "Intimate Violence against Women," *Pastoral Psychology* 60, 809-55.

은 부상과 폐해가 발생할 수 있으므로 비폭력적 저항으로써 현장을 떠날 것을 강력하게 주장했다.[62] 배우자폭력이 나타날 때 대부분 여성은 아무것도 할 수 없었다는 증언을 밝힌 바 있다.[63] 후진국이 아닌 북미에서 여성이 이렇게 무참하게 무방비 상태로, 무기력한 피해를 겪을 수밖에 없었다는 연구가 다소 기이하기도 하다.

배우자폭력의 경우, 폭력 현장을 떠나는 것은 일시적이며, 다시 돌아갈 수밖에 없는 경제적, 종속적 구조로 인해 가정에 복귀했을 때 또다시 제압당하는 것이 일반적이다. 이는 북미에서도 동일한 구조적인 문제로 대두된다.[64] 가해 배우자는 상대 배우자를 자기의 통제권 안에 두기 위해 더욱 위협을 가하거나 배우자의 통제 범위를 이탈하는 것을 방지하려고 폭력의 정도가 더욱 강해지는 경우가 흔히 있다.

우리나라에서 친밀관계 폭력은 일반 폭력에 비해 관심도가 낮거나 그 심각성을 고려하지 않는 경향이 있다. 이는 데이트폭력이나 배우자폭력이 일반 폭력과 다르지 않은 폭력임에도 사랑싸움으로 보아 주변의 무관심 또는 공권력에서도 심각한 문제로 인식하지 않는다는 것이다.

과거에 북미에서는 우리나라와 마찬가지로 일반 폭력에 비해 친밀관계 폭력에 대한 사회적 관심도가 낮은 적이 있었으며, 현재도 그런 현상들이 발생하고 있다는 분석과 연구들이 다수 발표되고 있다.[65] 미국의 경우, 1960년대 후반부터 1970년대 초반에 친밀관계 폭력에 대해 대대적인 예방 운동이 있었다는 것을 볼 수 있다.

가정폭력은 북미의 경우 1964년 켐프스가 가정 내 부모로부터 반복적으로 신체적 폭력에 시달리는 아동을 일컬어 '매맞는 아동 증후군'(battered child syndrome)을 발표하면서 사회적 주목을 받기 시작했다.

1970년대 초반부터 가정폭력은 사회 문제로 확대되면서 '매맞는 아내'에 대한 관심이 일어나기 시작했다.[66] 우리나라도 친밀관계 폭력 예방에

---

62 Johnson, *A Typology of Domestic Violence*, 48.
63 Johnson, *A Typology of Domestic Violence*, 54.
64 Johnson, *A Typology of Domestic Violence*, 56.
65 David L. Stader,(2011) "Dating Violence," *A Journal of Educational Strategies, Issues and Ideas* 84/4, 139-43.
66 Lenore E. Walker,(1979) *The Battered Women*. New York: Harper & Row.

대한 사회적 차원에서 계몽운동이 있다면 상당한 인식의 변화가 발생할 수 있으리라고 본다.[67]

남성과 여성은 애정관의 차이가 있어 그것을 확인하는 방법도 상이하다. 남성은 애정을 생각할 때, 그 표시로 육체적인 면을 중심으로 생각하고, 성관계를 맺고자 하는 경향성이 있다. 그럼으로써 자기의 소유로 만들었다는 정복감마저 느끼게 되는데, 이런 요구는 국내뿐만 아니라, 북미에서도 동일하게 나타난다.[68]

"너(남성)는 사랑이라 부르고, 나(여성)는 폭력이라 부른다!"

위와 같은 국내 데이트폭력 추방 캠페인 문구를 통해 그 실태가 단적으로 드러나고 있다. 결국, 데이트폭력이란 사랑이라는 가면 뒤에 숨은 악행일 수밖에 없다. 이미 발생한 친밀관계 폭력은 더 큰 피해를 막기 위해 폭력 발생 이후, 초기대응을 잘해야 하며, 되도록 빠른 상담이 제공되어야 한다. 데이트폭력을 초기에 안이하게 대처하면 나중에 흉포한 폭력으로 악화될 수 있다.

최초 폭력이 나타났을 때 폭력 피해를 보는 처지에서는 애정관계 때문에 문제 삼지 않거나 가볍게 넘기려고 한다. 이러한 피해자의 폭력 수용성은 가해자의 폭력을 강화한다. 가해자는 과거의 폭력 수준은 이미 수용이 된 것으로 착각하여 폭력이 반복되거나 더 심한 폭력이 나타난다. 폭력의 구조는 가해자의 폭력 행위, 피해자의 항의, 가해자의 반성, 피해자의 용서, 또다시 가해자의 반복적인 폭력과 반성, 피해자의 반복적인 항의와 용서가 순환적이며 지속해서 나타난다.

하지만 최초 폭력이 나타났을 때 연인관계를 끊으려고 생각하는 사람들은 거의 없고 당황하면서 이 상황을 수용하는 경우가 많다. 아울러 대부분 흉포화된 폭력은 이별 시점인 것을 분석해 보면, 이별에 대해 세심하게 준비하고 지혜롭게 대처해야 한다는 것을 알 수 있으며, 데이트폭력의 예방 차원에서 이별에 대한 방법을 교육하는 것도 중요하다.

가해자가 폭력을 통해 얻을 수 있는 이득(요구에 대한 순응, 복종)이 없음을 깨닫고 폭력을 자제하게 만들 수도 있지만, 가해자가 더욱 제압하려는

---

67 Cooper-White, "Intimate Violence against Women," 809-55.
68 Rickert, "Adolescent Dating Violence and Date Rape," 495.

의도에서 폭력의 수위가 높아질 수도 있다. 대부분 폭력 가해자는 폭력이라는 공격적 수단을 통해 얻을 수 있는 이익이 있으므로 반복하기도 한다. 그러므로 가해자가 이득이 없거나 오히려 피해가 발생한다는 인식을 하도록 하는 것은 폭력 예방의 한 차원이 될 수 있다.

친밀관계에서 첫 폭력 사건이 발생했을 때 피해자는 곧바로 이를 문제 삼아야 해결이 수월해진다(fight). 문제 삼는다는 것은 폭력 사실을 공개적으로 드러내어 가해자가 사태를 직면하게 하는 것이다. 즉, 피해자는 폭력 사실을 가족, 친척, 친구, 성직자, 전문가 등에게 알리거나 관련 기관이나 경찰, 검찰 등 공권력의 도움을 받기 위해 신고하는 것이 전략적으로 중요하다.

미국의 경우도 경찰에 신고하는 것을 꺼리는 경우가 많다. 신고해야 한다. 친밀관계 폭력에서 성폭행의 경우 1/5, 신체적 폭행의 1/4은 경찰에 신고하지 않는 것으로 분석된다.[69] 이는 '지지그룹'(support group) 형성을 통해 이후 가해자로부터 통렬한 반성 및 회개와 아울러 재차 폭력을 행사하지 않겠다는 확고한 결심과 약속을 확인한 후 관계 회복을 고려해 볼 수도 있다.

그리고 피해자는 가해자로부터 재차 또는 폭력적 공격성이 조절되지 않고 반복적으로 폭력이 발생했을 때 관계 자체를 단호하게 단절, 해소하고 떠나겠다는 통보와 그렇게 하는 것이 폭력에 더 이상 노출되지 않는 방법이다.[70] 그러나 많은 경우 폭력은 싫으나 헤어지는 것은 더 싫어서 폭력관계를 떠나지 못하고 관계에 강박적이며 지속적으로 집착하여 친밀관계를 유지해 나가기도 한다.

폭력 때문에 관계를 단절시키기에는 그동안 교제를 위해 투자한 것(시간, 금전, 노력, 추억 등)이 너무 많고, 한 번 또는 몇 번의 폭력으로 관계 단절까지 고려하는 것은 가혹한 판단이라고 생각하기도 하며, 이로써 이성관계가 단절되었을 때 자기를 스스로 실패자로 인식하는 예도 있다. 이런 경우는 관계중독이나 아동기 양육자로부터 버림받았을 때 나타나는 전형적인 태도이기도 하다.

---

69 Johnson, *A Typology of Domestic Violence*, 48-50. cf. 김구슬, "데이트폭력범죄에 대한 입법적 대응방안," 131-73. Cooper-White, "Intimate Violence Against Women," 809-55.
70 Foshee, "Developmental Outcomes of Using Physical Violence against Dates and Peers," 665-71.

엠 존슨은 친밀관계 폭력으로서 배우자폭력을 당한 아내들의 상당수는 폭력 현장에서 저항하지 못하고, 떠나지도 못하는 '자살적'(suicidal), '피학적'(masochistic) 상황이었다고 분석했다. 이것은 '3fs' 가운데 'freeze'에 해당한다. 이는 데이트폭력을 비롯해 배우자폭력 등 친밀관계에서 발생하는 폭력의 전형적인 모습이다. 빈번하게 폭력을 당하게 되면 마틴 셀리그만의 연구에서 나타난 바와 같이 '학습된 무기력'(learned helplessness)이 형성되어 후에 폭력에 대항하고자 하는 의지가 소멸하고 적응되어 버리는 문제가 발생할 수도 있다.[71]

폭력을 문제삼지 않고 견디면 나중에는 그러한 순응의 태도가 더 큰 폭력을 일으키게 되고, 가해자나 피해자 모두 폭력에 대해 무감각하게 만들어 폭력의 악순환이 나타난다.

친밀관계 폭력이 나타났을 때 가벼운 폭력일지라도 폭력을 당한 피해자가 폭력에 대한 수용성 또는 허용성이 높아질 경우, 결국 성폭력을 비롯해 다양한 폭력이 증가하게 될 것을 예측한 선행 연구 결과가 많이 있다.

3. 친밀관계 폭력에 대한 상담

1) 친밀관계 폭력에 대한 성경 내용

성경에 친밀관계 폭력에 대한 직접적인 교훈이나 그것을 주제로 다룬 내용은 찾아보기 어렵다. 그렇다고 해서 친밀관계 폭력에 대해 성경이 인정한다거나 그렇게 유추해 해석하는 것은 언어 도단이다. 이 모든 것을 아우르는 것은 "네 이웃을 네 자신 같이 사랑하라"(눅 10:27)는 말씀이다. 이 연구에서 다루고자 하는 것과 가장 근접한 내용은 창세기 34장이다. 창세기 34:1-12은 야곱의 딸 디나가 히위 족속 아몰의 아들 세겜에 성폭행당하는 내용이 묘사되어 있다.

이때 세겜의 심리정서적 상태는 디나를 연연하며 사랑하는 감정이 있었다고 성경은 기록하고 있다. 즉, 세겜은 사랑했다고 했으나 디나는 폭행당

71　Johnson, *A Typology of Domestic Violence*, 48-49.

한 것이다. 세겜은 디나를 사랑하는 것으로 착각하여 혼인하고 싶어했으나 진정으로 사랑하여 애정관계를 형성하고 싶었다면 절대로 폭력, 폭행해서는 안 되는 것이다. 이는 가해자에 대한 신뢰를 잃게 만들고 이런 관계에서 결혼한다면 결혼생활도 원만하기가 어렵다.

이 내용을 기초로 볼 때 근래 발생하는 데이트폭력과 그 내용이 동일 구조는 아니지만, 애정관계를 성행위로만 이해하려는 남성들의 성 성향과 결혼 전 이성관계에서 나타나는 성폭력 문제는 어제, 오늘의 문제가 아니라 이미 창세기가 기록될 당시나 현대나 동일한 면이 있다고 볼 수 있다.

또한, 신명기 21:10 이하에는 여성 포로에 대해 애정을 느끼고 결혼하고 싶어 하는 남성의 태도에 관한 내용이 기록되어 있다. 노예(포로)와 결혼하고 싶을 때 상대가 노예라고 할지라도 이를 존중하여 그 부모를 위해 한 달 동안 애곡하고서야 결혼할 수 있다고 했다. 또한, 살다가 "그를 기뻐하지 아니하거든 그의 마음대로 가게 하고 결코 돈을 받고 팔지 말고, … 종으로 여기지 말지니라"고 했다.

상대방에 대한 감정이 좋지 않거나 기쁘게 생각되지 않을 때 폭언, 폭행하는 현대 친밀관계 폭력은 신명기가 기록될 당시 하나님의 교훈에 반하고 역행하는 것이라 할 수 있다. 또한, 아내를 미워하여 비방거리를 만들지 말 것을 가르친 율법서(신 22:13-17)가 신약 또는 현대에 와서는 그 의미가 확대되거나 무시되어 아내가 싫어졌을 때 미워하거나 비방하거나 폭행해도 좋다고 해석할 리가 만무하다.

근래 친밀관계 폭력 가운데 데이트폭력의 양상은 이별 또는 이혼쯤에 잔인하고도 끔찍한 폭력이 난무한 것이 언론 보도를 통해 드러나는데 신명기의 내용은 이에 대한 지침으로 이해할 수 있다.

친밀관계 폭력은 무엇으로 설명해도 정당화될 수 없으며, 적어도 이것은 그리스도 닮지 않은 모습을 드러낸 것이 분명하며, 성경에 명시된 사랑을 행하지 못한 것은 명백하다.

2) 친밀관계 폭력 상담

기독교인 가정의 배우자폭력에 대한 국내 통계는 발견하기 어려우나 북미의 경우, 여성 기독교인의 17퍼센트가 남편으로부터 배우자폭력을 당하는 것으로 드러났다.[72] 기독교인들도 이런 폭력으로부터 예외가 아니라는 사실을 알 수 있다.

일반적으로 데이트폭력에서 성폭행 등의 강제적 간음을 당한 경우, 가해자를 원망, 비난, 혐오, 저주하는 경우가 흔히 나타나지만, 신앙을 가진 경우는 그 방향성이 하나님께 향하는 일도 있다.

"하나님이 선하시고 옳으신 분이시라면 내가 어떻게 이런 일을 당할 수 있지요?"
"내가 이런 일을 당할 때 하나님은 어디에 계셨습니까?"
"내가 성폭행당할 때 하나님은 다 지켜보고 계셨나요?"
"왜 그것을 막아주지 못했지요?"
"그 현장을 보고 계셨다면 즐기신 건가요? 아니면 뭔가요?"

망언 같지만, 피해자들은 하나님에 대해 신정론의 질문으로 항변한다. 상담자는 '여기에 하나님의 깊으신 뜻, 섭리가 있을 겁니다'라고 섣불리 위로하거나 쉽게 결론을 내려서는 안 된다. 피해자의 슬픔을 충분히 표현하고, 분노를 여과 없이 드러내는 과정은 상담 초기에 필요한 것이다. 섣불리 결론을 내려서는 안 되는 것과 구별되어야 하는 것은 상담 초기에 서둘러 개입해야 한다는 점이다.

이에 대해 상담학자 노만 라이트는 이런 경우 초기에 개입해야 하는 이유로 대부분 피해자는 그 피해 사실에 대해 지나치게 과민 반응(hyper-alertness), 과다 각성(hyper-arousal), 과다 경계(hyper-vigilant)하게 되는데 이런 시간이 길어지면 인체의 경고 시스템 작동에 이상(신경증, 정신증을 포함한 PTSD)이 발생하게 된다고 분석했다.

이에 대해 라이트는 마치 콘크리트 공사에서 시멘트로 조형한 후, 초기에 바로 잡지 않고 양생 과정이 끝나면 회복할 수 없는 상태로 고착된다고 비유했다.[73] 물론, 심리정서적인 면을 콘크리트에 비유한 것이 과연 옳은

---

72 Joyce A. Neergaard, et al,(2007) "Women Experiencing Intimate Partner Violence," *New York* 55/6, 773-87.
73 Wright, *The New Guide to Crisis and Trauma Counseling*, 239.

지에 대한 논의가 있을 수 있지만 초기대응에 대한 강조로 이해한다면 무리가 없는 주장이다.

또한, 피해자가 울분 때문에 폭력에 폭력으로 대응하고 싶어 하지만 이런 동태 복수의 개념이나 방법으로는 예수 그리스도의 사랑을 실천할 수 없게 되며, 그 정당성을 인정받지 못할 뿐만 아니라, 폭력의 악순환으로 또 다른 범죄를 불러일으킨다. 기독교인들은 비폭력적인 대응 방안을 고려해야 한다. 비폭력 대화를 통해 서로 건강하게 소통할 수 있는 성숙 태도를 갖추도록 피해자에게도 상담할 필요가 있다.

즉, 폭력이 아닌 언어적으로 대응해야 하며, 언어적 대응에서도 비폭력적인 언어를 사용해야 한다. 비폭력적 언어라는 것은 표현적이고, 소통적이고, 설득적이다. 성경에 나타난 대로 기독교가 비공격적이라는 것은 친밀관계가 비폭력적인 관계여야 한다는 것에 적용되어야만 한다.

친밀관계 폭력이라는 심리적 외상을 경험하고 이를 긍정적으로 극복하고 성장과 풍요로운 삶을 살 수 있다는 것은 상담 지원에 의한 고무적인 일이라고 할 수 있다. 그렇게 되기 위해 기독교 상담에서 외상 피해자가 하나님과의 연합된 관계를 새롭게 모색하고 아울러 기독교 신앙적 입장에서 인지 재구성을 통해 의미 전환을 할 수 있도록 기독교 상담자가 도와야 한다.

4. 닫는 글

이 연구는 기독교 상담자들이 친밀관계 폭력에 대한 상담에서 그 이해를 확산하고, 효과적 상담 접근에 일조하기 위한 것이며, 이를 감소, 완화하는 방안을 수립하려는 것이다.

친밀관계 폭력은 심리적 외상이며 이를 당한 피해자는 상담 지원이 필요한 경우라는 것을 살펴보았다. 친밀관계 폭력은 국내는 물론, 세계적으로 발생하고 증가하는 사건으로서 신체적, 심리정서적, 언어적, 성적 폭력 유형으로 나타난다고 살펴보았다.

특히, 원가족 관계에서 폭력을 당한 경험이 있는 사람은 모두 친밀관계 폭력의 가해자가 된다고 예측할 수는 없지만, 잠재적 가해자로서 악순환적으로 폭력을 행사할 가능성이 크다는 사실을 살펴보았다. 즉, 데이트폭력은 그 자체로 끝나는 것이 아니라, 결국 가정폭력(배우자폭력, 자녀폭력)으로 이어진다는 것이다.

폭력 가해자는 열등감과 우월감의 발로에서 이런 행위가 나타나며 인격체나 하나님의 형상 또는 존귀한 존재로 인식하지 않고, 소유물로 인식하기 때문에 발생하는 것이다. 피해자는 매우 다양하고 심각한 폐해들이 발생한다는 것을 살펴보았다. 대부분 피해자는 심리정서적으로 fight, flight, freeze의 방식 가운데 하나의 태도를 보이게 되는데 fight가 바람직한 태도임을 알아보았다.

이 연구에서는 친밀관계 폭력 피해를 사전에 방비하기 위해 데이트 시점에서부터 비폭력적 대화를 교육하고 상담하는 것이 필요하다는 것을 피력했다. 아울러 가해자에 대한 법적 제재 장치도 더욱 강화될 필요가 있고, 피해자에 대해 보호할 수 있는 법적 장치가 필요하다는 것도 주장했다.

친밀관계 폭력(데이트폭력, 배우자폭력, 자녀폭력)에 관한 성경적 사례나 그 기초를 발견하기는 어려우나 하나님의 형상으로 지음을 받은 인간에게 폭력으로써 그것을 훼손하는 것은 그 자체가 범죄이고 비성경적이며 예수 그리스도의 가르침과 상반되는 것임을 알 수 있다.

제7장

부부 화해 상담

목차
1. 여는 글
2. 화해에 대한 개념 이해
1) 화해의 정의와 개념
2) 용서와 화해 관계
3) 부부의 유사 친밀성으로 인한 자녀의 희생양적 폐해
4) 화해에 대한 성경적 교훈
3. 화해와 심리정서적 구조
1) 가해자-피해자의 심리
2) 화해를 어렵게 만드는 심리
4. 부부 화해에 대한 상담
1) 심상과 기도하기
2) 대면과 표출하기
3) 대화와 타협하기
4) 고백과 사과하기
5) 보상과 복원하기
5. 닫는 글

1. 여는 글

부부문제로 상담실을 찾는 대부분 내담자는 배우자와의 불화 때문에 심리정서적으로 피폐화된 상태에서 역기능적 부부관계를 해결해 보고자 한다.[1] 부부불화는 부부간 사소한 다툼으로부터 가해자-피해자 관계라고 할 만큼 심각한 사건으로 악화될 수 있다. 가해자는 통상 다른 사람에게 상해를 가했거나 재산, 명예 따위에 피해 입힌 것이거나 배신 등이며, 피해자는 그러한 일을 당한 사람이다.

---

1 Mark R. McMinn & Timothy R. Phillips,(eds.)(2001) *Care for the Soul* (Downers Grove, IL.: InterVarsity Press), 105.

부부간에 '가해자-피해자' 상태라면 말다툼 정도를 넘어 거의 이혼에 이르렀거나 문제를 법적으로 해결하려는 상태로서 부부가 서로 화해하지 못하고 뒤틀린, 단절된, 붕괴한 관계라고 할 수 있다.

인간은 태초부터 관계적 존재로 지음을 받았고, 이 관계가 원만하여 행복하기를 소망하지만 관계의 손상과 회복 또는 불화와 화해는 부부관계를 비롯해 모든 인간관계에 존재한다. 정상적인 부부관계에서도 다툼과 회복은 빈번하게 발생하며 순환된다. 정상적인 부부와 부부문제를 구분 짓는 임계적(critical) 기준은 다툼과 불화가 아니라, 화해하지 못하고 관계 단절이 지속되는 역기능적 구조를 가진 부부는 비정상적 부부라 할 수 있다.[2]

뒤틀린, 단절된, 붕괴한 부부관계는 부부 당사자만의 문제로 남는 것이 아니라, 부부관계의 역기능적 상황을 목격하는 자녀에게 심각한 심리정서적, 영적 폐해를 초래하게 되므로 가족 구성원 전체에 미치는 피해라고 분석된다. 결국, 부부문제는 자녀에게 이어져 세대를 걸쳐 잘못된 상태가 나타날 수 있으므로 기독교 상담에서 이를 방관할 수 없다.

문제 부부의 공통점은 부부관계의 안정성(stability)과 견고성(hardness)을 원하지만 소통 능력의 부재나 미숙으로 인해 부부 단절 이전 관계로의 복원(resilience) 능력이 떨어져 관계 회복과 화해가 어려워지고 분리, 별거 등의 과정을 거쳐 이혼 위기에 처하는 경우가 비일비재하다.

따라서 기독교 상담에서는 화해의 심리와 방안을 구체적으로 제시하는 연구가 필요한 실정이다. 부부문제를 다루는 상담자는 불화 및 화해의 심리정서적 기능을 잘 파악하고, 중재 및 화해의 역할에 대한 성경적 입장을 견고히 하며, 그에 따른 다양한 기술을 개발함으로써 부부상담에 있어 단절을 잇는 중재자, 화해자로서 역할 감당을 해야 한다.[3]

하나님과 인간의 화해를 추구하신 예수 그리스도의 속죄 사역을 닮아 상담자가 단절된 부부의 중재 및 화해자가 되는 것은 기독교 상담에서 요구되는 바람직한 역할이다. 그래서 존 카터와 부르스 낼라모어는 기독교 상담자는 부

---

2   Michael P. Nichols & Richard C. Schwartz, (2010) *Family Therapy* (Boston, MA.: Pearson), 295.
3   상담자의 중재적 역할에 대해 Sherry Cormier와 Harold Hackney는 '중재의 상담학' 또는 '상담 중재 전략'이라고 표현했다. Cormier & Hackney, (2012) *Counseling Strategies and Interventions* (Boston: Pearson), 22.

부문제의 화해를 위한 중재적 책임과 역할을 받은 자라고 강조한 바 있다.[4]

이 연구는 용서에 초점을 맞추지 않았으며, 화해의 일반적 이해(화해의 정의와 개념, 용서와 화해의 관계, 부부의 유사 친밀성으로 인한 자녀의 희생양적 폐해, 화해에 대한 성경적 교훈), 화해를 어렵게 만드는 심리(가해자-피해자 심리, 화해를 어렵게 만드는 심리), 기독교 가족치료적 화해의 과정과 방안(심상과 기도하기, 대면과 표출하기, 대화와 타협하기, 고백과 사과하기, 보상과 복원하기)을 다루었다.

2. 화해에 대한 개념 이해

1) 화해의 정의와 개념

화해(和解, reconciliation)의 사전적 정의는 "다툼질을 서로 그치고 풂"이라고 되어 있다.[5] 화해의 영어 단어 reconciliation은 '다시'를 뜻하는 단어 're'에 '연합한다'는 의미가 합성되어 형성된 단어로서 본의는 '공동체로 다시 들어가는 것'을 의미한다.[6] 화해를 나타내는 헬라어 디아람네디(διαλλάνηθι)는 마태복음 5:24에 나오는데 '평화롭게 되다'라는 의미가 내포된 단어다.[7] 부부 화해는 부부가 다툼 때문에 뒤틀리고, 단절되고, 붕괴한 관계로부터의 회복을 의미한다.[8]

화해와 유사 용어로써 화목(和睦, peace, harmony)은 다툼 이전의 상태이거나 화해의 결과라고 이해할 수 있다. 화해는 부부간의 단절 관계를 해소하고 회복하여 평화로운 조화의 상태에 이르기 위한 전조 행위라고 할 수 있으며 붕괴하였던 관계를 새롭게 복구하는 것을 의미한다.

---

4   John D. Carter & Bruce Narramore,(1979) *The Integration of Psychology and Theology* (Grand Rapids: Zondervan), 81.
5   이희승 편저,(2016)『국어대사전 제3판 수정판』(서울: 민중서림), 4448.
6   David G. Benner,(1998) *Care of Souls* (Grand Rapids: Baker Books), 31.
7   Barclay M. Newman, Jr.,(1971) *A Concise Greek-English Dictionary of the New Testament* (London: United Bible Societies), 43.
8   David J. Livingston,(2000) *Healing Violent Men* (Minneapolis: Fortress), 4. cf. John P. Lederach,(1999) *The Journey toward Reconciliation* (Waterloo, Canada: Herald), 10.

부부 다툼에서 한쪽 배우자가 힘의 논리로 상대 배우자를 제압하여 심각한 피해를 주어 부부관계가 가해자-피해자 관계로 악화될 수도 있다. 일반적으로 가해자-피해자라는 용어는 특정 사건을 두고 피해를 준 사람, 피해를 본 사람이라는 법정 용어다. 이 용어가 부부관계 구조에 사용되기란 다소 어색한 표현이지만, 부부 다툼 때문에 한쪽 배우자가 피해를 봐 문제를 제기할 때 이런 관계가 형성될 수도 있다.

예를 들어, 아내가 남편에게 "커피 한 잔을 타 달라"라고 요구했을 때, 남편이 기꺼이 커피를 타다 주면 문제가 되지 않지만 이것을 부당한 요구로 인식하고 '그게 내가 할 일이냐?', '마시고 싶은 사람이 타서 마시면 될 것 아니냐?', '남편이 몸종이냐?', '왜, 무시하고 그래?' 등과 같이 불만을 토로하는 경우에는 문제가 발생될 수도 있다.

부부간 가해 행위는 배우자를 무시하거나 자존감의 손상 이상의 피해를 주어 심리정서적, 물리적, 경제적, 사회적으로 심각하게 훼손시키는 것들이다.

마이클 니콜스는 부부싸움에서 남편의 폭행을 경찰에 신고한 아내가 경찰에서 "언쟁을 벌이는 데는 두 사람이 필요하지만 코뼈를 부러뜨리는 것은 한 사람(가해자)이 하는 것이다"라고 부부관계에서 가해자-피해자 구조에 대해 진술한 내용을 소개했다.[9] 부부문제에서 자신을 피해자로, 상대방을 가해자로 판단하거나 이런 관계가 명확해질 때 뒤틀리고, 단절되고, 붕괴한 관계로 나아갈 수 있는 가장 짧은 지름길이 될 수 있다.

이 연구에서 논하고자 하는 것은 그것이 어떤 사건이든 부부가 서로 가해자-피해자로 인식되는 사건의 발생으로 소통 단절 및 붕괴에 이른 상태에서의 화해에 중점을 두었다.

2) 용서와 화해 관계

용서와 화해는 모두 가해자에 대해 보복과 복수를 포기한다는 공통점과 몇 가지 유사점 때문에 의미와 개념의 혼동이나 동일시 경향성이 나타난다.

---

9 Michael P. Nichols,(2020) *The Essentials of Family Therapy* (Hoboken, NJ.: Pearson Education), 79.

용서와 화해는 밀접한 관련이 있는 것은 사실이지만 동의어가 아니며 서로 다른 용어다.[10] 용서와 화해가 개념상 차이가 있다고 해서 이것이 완전히 분리된 개별적인 것은 아니다. 순차적으로 볼 때 용서는 화해 이전에 발생하는 것이며, 화해는 용서 이후의 2차적인 작업이라고 볼 수 있다.

일반적으로, 가해 배우자를 용서하고 나면 대부분 화해하고 싶은 심리가 나타나는 것을 볼 때 관계 회복에 있어 용서가 우선적이고, 화해는 후속적이라고 봐야 한다.[11] 만일 갈등 관계에 있는 부부에게 화해가 먼저 나타나는 피상적인 현상이 발생했다면 그것은 진정한 화해가 아닐 가능성도 있다. 용서가 내면적, 일방적, 선언적, 인식적, 심리정서적 회복이라면, 화해는 외형적, 쌍방적, 합의적, 행동적, 관계적 회복이라는 면에서 차이가 있다.

용서가 절대적으로 관계 회복을 가져오리라는 것은 환상에 불과하다. 가해 배우자가 피해 배우자에게 용서를 요청했으나 수용되지 않을 수도 있는데 그것은 화해도 거부한다는 의미가 될 수 있다.[12] 용서는 상대방의 허락 여부와 관련이 없다. 심각한 부부 갈등에서 한쪽 배우자가 세상을 떠났을 경우, 떠난 배우자를 용서할 수는 있으나 화해하여 관계가 회복되는 것은 불가능하다.

또 가해자-피해자 관계의 부부가 화해하지 못하고 이혼한 후, 피해 배우자가 가해 배우자를 진심으로 용서했지만, 한쪽 배우자가 재혼을 해 버릴 수도 있다.

존 아놀드는 딸을 유괴하여 살해한 범인이 체포되자 그 범인을 용서했지만, 범인과 화해를 이루지는 못한 내담자 마리에타의 상담 사례를 소개하고 있다.[13] 그렇게 볼 때 용서와 화해는 일치된 개념이 아니고, 필요충분조건도 아니며, 화해를 용서의 완성이라고 보는 것에도 무리가 있다. 그렇

---

10 McMinn & Phillips,(2003) *Care for the Soul*, 459. cf. Everett L. Worthington Jr., *Forgiving and Reconciling* (Downers Grove, IL.: InterVarsity Press), 212. Michael E. McCullough,(2008) *Beyond Revenge* (San Francisco: Jossey Boss), 112-33.
11 Mark A. Yarhouse & James N. Sells,(2008) *Family Therapies: A Comprehensive Christian Appraisal* (Downers Grove, IL.: InterVarsity Press), cp 8.
12 Dan G. McCartney,(1998) *Why Does It Have to Hurt?* (Phillipsburg, NJ.: P & R), 79.
13 Johann C. Arnold,(1998) *The Lost Art of Forgiving* (Farmington, PA.: Plough), 75-76. 음주 뺑소니 운전사를 용서할 수는 있지만 그와 화해할 이유는 없다. 용서를 끝으로 이별하고 새로운 관계로 나갈 수도 있다. Fred Luskin,(2003) *Forgive for Good: A Proven Prescription for Health and Happiness* (SanFrancisco: Harper), 132.

게 주장하는 한, 화해가 이루어지지 않은 용서에 대해 '미완성된 용서'라거나 '온전하지 않은 용서'라는 의구심을 갖게 되기 때문이다. 용서는 용서함으로써 용서의 완성을 이룬 것이며, 화해는 화해함으로써 화해의 완성을 이룬 것으로 보아야 한다.

일반적으로 용서와 화해의 개념을 알지 못하는 주변인들이 갈등 관계에 있는 부부에게 용서와 화해를 동시에 강요하는 경우가 많으나 에버릿 올싱턴은 이런 일이 다소 위험할 수 있다고 분석했다.[14]

주변인이나 상담자의 강요 때문에 수동적으로 이루어진 외관상의 화해는 진정한 화해가 아닐 가능성이 크고, 오래가지 못할 뿐 아니라, 단절로 회귀되기 쉽다. 아직 화해하고자 하는 마음의 준비가 안 된 부부에게 상담자가 화해를 중재하려다가 오히려 부부간에 강한 거부 또는 위협을 느끼고 상담의 조기 종결(dropout)이나 관계의 결별이 나타나는 일도 있다.

화해는 신뢰를 기초로 해서 이루어지는 것으로서 신뢰를 회복하는 데에는 다소 시간이 필요하므로 상담자가 이를 섣불리 요청하거나 서둘러서는 안 되며, 용서를 거론하면서 동시에 화해를 요청하는 것은 신중하게 고려되어야 할 부분이다.

3) 부부의 유사 친밀성으로 인한 자녀의 희생양적 폐해

대부분 부모는 부부 단절의 모습을 자녀에게 보여 주고 싶어 하지 않는다. 그래서 자녀에게 부부관계를 친밀한 모습으로 위장하는 경우가 많다. 하지만 부부의 문제가 있는 관계는 결국 노출되고 마는데, 마크 맥민과 티모디 필립스는 화해하지 못한 부부관계를 일컬어 '부부균열'이라고 표현하면서 자녀에게 악영향을 미치는 주요 원인으로 지적했다.[15]

니콜스와 리차드 슈왈츠는 이것을 '부부분열'(marital schism)이라고 표현했다.[16] 관계의 균열, 분열, 단절은 사탄이 틈을 벌려놓을 수 있으며, 이런 관계는 결국 붕괴될 가능성이 매우 크다.

---

14 Worthington Jr., *Forgiving and Reconciling*, 215.
15 McMinn & Phillips, *Care for the Soul*, 351.
16 Nichols & Schwartz, *Family Therapy*, 71.

이런 관계는 표면적으로 화해를 이루었어도 실제로 상호신뢰, 존중, 헌신이라는 화해의 핵심요소가 존재하지 않기 때문에 여전히 문제의 부부라고 보아야 한다. 부모의 부정적 모습을 자녀에게 은폐하기 위해 피상적으로 부부 화해가 이루어진 것으로 비칠 뿐, 실제로 용서와 화해가 안 된 경우를 가족치료에서는 '유사 친밀성'(pseudo-mutuality)이라고 하며, 이것은 자녀를 정신 질환에 걸리게 할 정도의 심각한 문제로 지적하고 있다.[17]

이런 부부는 심리정서적으로 볼 때 분리 불안과 합체 불안을 동시에 품고 있으며, 화해 및 보복의 모순된 양가감정(ambivalence)을 갖게 된다.[18] 행동적으로도 가정에서 한 사람은 화해를 요구하면서 접근하려는 노력과 한 사람은 이를 거부하면서 회피하려는 모습이 나타나기도 한다.

니콜스와 슈왈츠는 이를 'pursuer'(가까이 가려는 배우자와 회피하려는 배우자)라고 표현하면서 부부 및 가족 문제가 야기되는 구조라고 보았다.[19] 이것이 장기화되고 구조화되면 부부 화해는 더욱 어렵게 될 수 있다.

자녀는 부모의 화해를 목격함으로 하나님과의 화해를 이해하고 배우게 된다. 따라서 자녀는 부모의 화해를 봄으로써 성공적인 관계 맺기를 교육받는 기능과 기회를 얻어야 한다. 그러나 이런 기회가 없을 때 그 자녀는 장차 화해의 기능을 발휘하지 못하고 역기능적 가정을 이루는 악순환이 되풀이될 수 있다.

부부가 화해하지 못한 경우, 당사자는 물론 자녀에게 악영향이 그대로 미쳐진다. 가족공동체의 핵심적 두 축인 아내와 남편은 자녀에게 어머니와 아버지로서 양쪽의 균형 있는 영향을 끼쳐야 자녀가 바르게 성장할 수 있다. 그런데 부부관계가 가해자-피해자 관계로 악화될 만한 사건이 발생하면 부부 다툼, 갈등, 불화, 균열, 분열, 단절 등이 자녀의 심리정서적 안정성을 깨뜨리고 불균형을 초래하게 된다.

---

17 Nichols, *The Essentials of Family Therapy*, 32. cf. L. C. Wynne, I. Ryckoff, J. Day & S. I. Hirsch,(1959) "Pseudo-mutuality in the Family Relationships of Schizophrenic," *Psychiatry* 21, 205-20.

18 McCullough, *Beyond Revenge*, 115. 헤어지기에는 상당한 아쉬움이 남고, 여전히 부부로 함께 살기에는 너무나 아픈 상처를 가진 상태에서는 행복한 결혼생활을 하기 어렵다. Luskin, *Forgive for Good*, 198.

19 Nichols & Schwartz, *Family Therapy*, 71.

이 불균형적 가족구조에 대해 샤론 크루스는 '나비 모빌'(mobile)로 비유하여 설명했다.[20] 나비 모빌은 하나하나의 개체가 전체에 연결되어 있고 어느 한 개체의 미세한 움직임에 다른 개체의 위치와 안정성의 변화가 일어나는 것처럼 필연적으로 다른 가족 구성원에게 역기능적 영향을 미치게 된다는 것이다. 이런 역기능적 불균형을 가족치료에서는 '병리적 균형'이라고 부르기도 한다.[21]

가족 문제가 발생하면 가족 구성원 가운데는 가해자, 문제 야기자, 피해자, 희생자, 화해자, 중재자, 감시자, 방관자 등 다양한 역할자가 생기고, 한 사람이 이런 역을 동시에 자처할 수도 있다.[22] 자녀 가운데 화해자의 특성을 가진 경우, 부모를 화해시키려는 의도로 이른바 '희생양'(escape goat)이 되기도 한다. 이런 자녀는 부모의 갈등과 불화에 대한 병리적 균형의 원인이 자기에게 있다고 책임을 느끼면서 자기가 부모를 화해시키기를 희망하지만 이런 바람에도 화해시킬 능력이 없으므로 스스로 희생양의 역할을 하게 된다.[23]

이를테면, 부모가 늘 싸우고 아빠가 엄마를 구타하는 가정의 6세된 아들이 틱(Tic)장애가 있는 경우, 부모가 다툴 때마다 틱 증상이 더욱 심해지는 현상을 보인다. 아들은 부모의 다툼 및 관계 단절로 인해 불안이 증가할 때마다 자기의 틱 증상으로 부모의 관심을 자기에게 돌리게 하고, 심각한 걱정을 하게 만든다. 이로써 아들은 부모를 서로 물리적으로 근접하게 만들고, 대화하게 만들고, 불안정한 부부관계를 화해하도록 중재한다.

살바도르 미누친과 니콜스는 자녀의 희생양적 폐해에 대해 다음과 같이 분석했다.

> 부부간의 갈등을 자녀에게 노출하거나, 전가하거나 부부 각자의 방향대로 밀고 당기는 다툼이 지속되다 보면 그 가운데서 성장하는 자녀는 심각한 불안과 혼란에 빠지고 어떤 형태로든 결국 희생자가 된다.[24]

---

20 Sharon W. Cruce,(1989) *Another Chance* (Palo Alto: Science & Behavior), 47.
21 Yarhouse & Sells, *Family Therapies*, cp 8.
22 Paul D. Meier, Frank B. Minirth, Frank B. Wicherm & Donald E. Ratcliff,(1991) *Introduction to Psychology and Counseling* (Grand Rapids: Baker Books), 193.
23 Norman Wright,(1985) *Crisis Counseling* (San Bernardino, CA: Here's Life), 254.
24 Salvador Minuchin & Michael P. Nichols,(1993) *Family Healing* (New York: Basic Books), 149.

이런 시각에서 볼 때 대부분 문제 자녀의 배후에는 문제 부모가 있고, 문제 부모는 문제 자녀를 만든다고 볼 수 있다.

부부 소통 단절과 붕괴 상태에서 한쪽 배우자(아내)는 자녀 또는 자녀 중 한 사람(딸)에게 밀착되고 배우자(남편)를 소외시키게 되는데 이러한 현상을 이른바 '삼각화'(triangulation)라 한다. 어머니가 딸에게 아버지에 대해 불평이나 비난을 했을 때 딸이 이를 잘 들어주고, 지지하고, 반응함으로써 어머니의 불안정한 부부관계를 안정시키는 것이다.

이때 소외된 배우자(남편)가 자기의 불안, 불편한 감정을 제3의 대상(취미 활동, 가족 외의 사람, 단체 또는 가족 내 다른 자녀)에게 몰입하는 행동을 하는 경우가 있는데 이것은 또 다른 삼각화라고 할 수 있다. 가족 내에서 이런 삼각화가 일상적인 상태가 되면 그 가족은 심각한 역기능적 문제에 노출된 것이다.

4) 화해에 대한 성경적 교훈

하나님께서 인간에게 은혜를 내리시는 수단이며, 동시에 인간이 하나님으로부터 은혜를 받는 통로를 일컬어 '은혜의 방편'(means of grace)이라 한다. 랄프 언더우드나 랄프 턴벌은 다양한 은혜의 방편 가운데 화해를 중요한 것으로 이해했다.[25] 단순하게 표현하면 인간은 화해를 통해 하나님으로부터 내려오는 은혜를 체험할 수 있고, 하나님을 만나는 통로를 확보하게 된다. 아울러 화해를 통해 부부 재결합, 새로운 관계 형성, 화목, 행복 등이 수립된다는 것은 매우 자명한 사실이다.[26]

시워드 힐트너는 돌봄 및 상담(pastoral case & counseling)의 기능을 크게 세 가지, 즉 '인도', '유지', '치유'로 이해했다.[27] 이에 윌리암 크렙쉬와 찰스 재클이 '화해'의 중요성을 인식하여 개념을 추가함으로써 그 기능은 네 가지(인도, 유지, 치유, 화해)가 되었다.[28] 즉, 목회자, 기독교 교육자, 기독교 상담자, 기독교

---

25 Ralph Underwood,(1993) *Pastoral Care and the Means of Grace* (Minneapolis: Fortress), 7. cf. Ralph G. Turnbull,(ed.)(1967) *Baker's Dictionary of Practical Theology* (Grand Rapids: Baker Books), 216.

26 Mark R. McMinn,(1996) *Psychology, Theology, Spirituality in Christian Counseling* (Weaton IL: Tyndale), 168.

27 Seward Hiltner,(1958) *Preface to Pastoral Theology* (Nashville: Abingdon), 55-56.

28 William A. Clebsch & Charles R. Jaekl,(1975) *Pastoral Care in Historical Perspective* (New

가족치료자, 기독교 부부상담자 등 모든 교회 사역자는 그의 행위가 기독교인들을 신앙으로 인도하고, 그것이 유지되도록 하고, 질병 상태를 치유하고, 손상된 관계를 화해하도록 부르심을 받았다고 볼 수 있다.

이 가운데 화해는 성경의 기본사상이기도 하며, 목회 돌봄 및 상담의 핵심 개념이기도 하다. 예수 그리스도는 하나님과 인간을 화해시키신 분으로 예수님의 화해 사역은 죄로 인해 하나님과 분리되었던 관계 회복을 의미하는 것이지만 당연히 부부관계의 회복도 내포된다. 근본주의 신앙적 입장에서 기독교 상담을 수립한 마틴 밥간과 디드리 밥간은 하나님과 화해하기 전까지는 모든 것이 죄라는 입장을 가졌다.[29]

티모디 레인과 폴 트립도 부부관계에서 화해하지 못하고 화목을 깨뜨리는 원인을 죄로 보았다.[30] 부부간에 뒤틀리고, 단절되고, 붕괴한 관계는 죄에 의해 발생할 가능성이 매우 크므로 불화의 기저에 깔린 죄를 회개하는 것이 기독교 상담이라고 주장하는 태도도 있다.[31] 부부간의 관계 회복과 화해는 분명히 하나님께서 원하시는 것이며 하나님의 성품에 참여하는 것이다.

하지만 부부상담에 있어 화해하지 못한 상태를 상담자가 단순히 죄로만 단정할 때 관계 단절 상태에 있는 내담자 부부는 더 이상 상담관계를 형성하려고 하지 않고 상담을 조기 종결하려는 경우가 발생할 수도 있다. 따라서 명백한 죄라 할지라도 선불리 또는 강압적으로 회개를 촉구하기보다는 상당한 주의를 기울여서 상담해야 한다.

성령은 화해하는 영이시다. 칼 바르트와 같은 신정통주의 신학자도 성령에 대한 인식에 있어 화해의 역할을 강조하는 데는 주저하지 않았다. 그가 이해한 성령은 하나님과 적대적인 인간을 화해시키는 은혜의 영으로 본 것이다.[32] 성령은 하나님과의 관계에서 화해시키는 역할을 할 뿐만 아니라 인간과 인간의 적대적 관계에서도 역시 화해의 역할을 하신다는 것

York: Jason Aronson), 4. cf. Benner, *Care of Souls*, 31.

29　Martin Bobgan & Deidre Bobgan,(1985) *How to Counsel from Scripture* (Chicago: Moody), 64.

30　Timothy S. Lane & Paul D. Tripp,(2006) *How People Change* (Winston-Salem, NC.: Punch), 77.

31　Eric L. Johnson,(2007) *Foundations for Soul Care* (Downers Grove, IL.: InterVarsity Press), 220-60.

32　Karl Barth,(1938) *The Holy Ghost and The Christian Life* (London: Frederick Muller), 11.

은 의심의 여지가 없다.

골로새서 1:19-20, 로마서 5:10; 11:15 등도 대동소이한 내용으로 인간과 하나님 간의 화해를 기록하고 있다. 인간 상호 간의 화해에 대해서는 세 곳 밖에 나오지 않는다. 에베소서 2:16에서 바울은 이방인과 유대인이 그리스도 안에서 한 백성으로 연합하여 화목하게 되었다고 했다.

고린도전서 7:11에서 바울은 남편과 헤어진 아내는 남편과 화해할 것을 가르치고 있다. 마태복음 5장의 산상수훈은 대인 관계에서 화해의 중심이 되는 가르침이다. 성령은 부부간의 뒤틀리고, 단절되고, 붕괴한 관계를 회복, 화해시키시는 중재자로서 작용하신다는 견고한 인식이 복음주의 부부상담의 토대를 놓는 것이다.[33]

그러므로 상담자는 성령께서 부부 사이에 있는 분리의 벽을 무너뜨리고 화해를 통해 하나로 결합하게 하시고 화목하게 하신다는 사실을 염두에 두어야 성경적인 상담이 가능해진다(행 4:32). 따라서 화해는 상담 사역 중에 하나라고 이해하기 보다는 핵심적인 사역으로 인식해야 한다.

기독교 가족치료 또는 부부상담에서 이혼이 죄가 아니라고 할지라도 이혼을 권장하기보다 가능하다면 관계 회복, 화해, 재결합을 추구하는 것은 하나님이 그것을 원하시기 때문이다.[34] 댄 맥카트니는 부부관계의 왜곡과 단절, 붕괴, 즉 부부간에 화해하지 못함으로써 겪는 심리정서적 고통은 악을 경험하고 있는 영혼의 반응이라고 분석했다.[35]

로마가톨릭교회 신학자 로버트 슈리터는 화해를 '영성'이라고 표현한 바 있다.[36] 화해를 촉진하는 영성은 포괄적인 개념으로 성령의 충만 때문에 화해가 발생한다는 의미를 내포한다.

부부 단절 상태에서 가해 배우자가 피해 배우자에게 화해를 요청하는 것이나 피해 배우자가 가해 배우자의 화해를 받아들이는 것을 영성적 행

---

33 Der Tarr, "The Role of the Holy Spirit in Interpersonal Relations," in Marvin G. Gilbert & Raymond T. Brock,(eds.)(1985) *The Holy Spirit and Counseling* (Peabody, MA.: Hendrickson), 22.

34 Randolph K. Sanders,(2017) *Christian Counseling Ethics* (Downers Grove, IL.: InterVarsity Press), 69.

35 McCartney, *Why Does It Have to Hurt?* 5-6.

36 Robert J. Schreiter,(2015) *The Ministry of Reconciliation* (Eugene, OR.: Regnum Books International), 4.

위라고 볼 수 있다. 그래서 화해를 기독교 상담의 가장 필수적인 기법으로 이해하고 영적 상담으로 보는 일각도 있다.[37]

성경에는 화해에 대한 명시적인 교훈이 거의 나와 있지 않다. 개역개정판 성경에 '화해'라는 단어는 신약성경의 두 곳(눅 12:58; 행 7:26)에만 언급되어 있다. 구약성경에는 '화해'라는 단어조차 등장하지 않는다. 성경에 '화해'라는 단어의 언급이 많지 않다고 해서 이 개념을 무시하거나 의미를 약화해서는 안 되며, 다만 그것을 추론해 낼 수밖에 없다. 화해의 시각으로 본다면 성경 전체 내용은 화해의 주제로서 하나님과의 화해, 인간 간의 화해로 이해해 볼 수 있으며 성경이 화해를 가르치고 있는 것은 명백하다.

기독교적 화해 개념은 단순히 단절의 불편을 해소하기 위한 것이 아니라, 하나님의 성품에 참여하는 것이며, 그리스도의 속죄 십자가로 이루어진 하나님과 인간, 인간과 인간의 화해를 삶에서 실천하는 것이다.[38]

3. 화해와 심리정서적 구조

1) 가해자-피해자의 심리

가해 배우자가 자기의 행위에 대해 인식한 것과 피해 배우자가 그 행위에 대해 느낀 정서의 양은 동일하지 않다. 즉, 가해 배우자는 자기가 피해를 주었다면 그것은 매우 사소한 피해를 주었을 뿐이라는 과소평가의 심리가 작용하고, 피해 배우자는 자기가 막대한 피해를 보았다는 과대평가의 심리가 작용한다. 부부가 동시에 상담받는 경우, 대질 과정에서 가해 배우자의 책임회피는 피해 배우자를 분노하게 해서 또 한 번 심리정서적 손상을 입히게 된다.

가해 배우자가 자기 잘못이나 죄를 심각하게 인식하고 먼저 화해를 요청하는 절박한 시도는 어떤 부부에게서든 쉽게 보기는 어렵다. 가해 배우자는

---

37 Everett L. Worthington,(1999) *Hope-focused Marriage Counseling* (Downers Grove, IL.: InterVarsity Press), 128.
38 Emmanuel Katongole & Chris Rice,(2008) *Reconciling All Things* (Downers Grove, IL.: InterVarsity Press), 52.

자기 의를 훼손하려고 하지 않으므로 가해 행위를 쉽게 인정하거나 사과하려고 하지 않는 것이 일반적이다. 자기의 행위를 잘못이나 죄로 인식할지라도 그것을 단순한 실수로 여기거나, 일반화하거나, 가해 행위에 대해 정당성을 주장하거나, 의미 축소, 과대 평가, 일반화 또는 망각이 쉽게 나타난다.

대개 피해 배우자는 가해 배우자로부터 받은 피해에 대해 이성적이거나 논리적이라기보다는 감정적으로 바뀌고 과장되기 마련이다. 감정적인 반응은 이성적이고, 합리적인 판단을 마비시켜 문제를 더욱 악화시킨다. 피해를 보게 되면 불행감은 물론 고립감이 발생하고 심리정서적 고통에 집중하게 되는데 이를 과장했을 때 느끼는 심리정서적 고통은 더욱 커지게 된다.[39]

피해 배우자는 자기가 입은 특정 피해에 집중하는 경향성 때문에 분노, 원한, 보복과 복수를 생각하고 매 순간 이를 곱씹게 되어 수면장애 등 신체화 증상이 나타나는 것이 일반적이다. 심리정서적으로 손상된 상태가 지속되면 가해 배우자의 화해 요청에 대한 수용성이 낮아지고, 거부성이 향상되며 더욱 고립되어 결국 부부관계는 붕괴하고 말 것이다. 그래서 맥민은 화해를 고립의 감옥에서 벗어나는 것이라고 비유하여 설명하였다.[40]

2) 화해를 어렵게 만드는 심리

사람은 모두 각자 독특한 대인 관계 방식을 가지고 있으며, 대인 관계에서 개인의 고유한 특성(schema)이 행동양식을 이루게 된다. 구조화된 개인의 고유한 특성과 행동양식이 부부간의 갈등을 야기하며, 때로는 화해를 어렵게 만들고 긴장과 불안을 가중할 수 있다.

부부가 서로 맹렬하게 비난, 공격, 보복과 복수를 생각할수록 화해는 어렵게 되는데 자기가 입은 심리정서적 상처를 그대로 되돌려주려는 소위 '동해보복'(同害報復, lex talionis)의 심리는 인간에게 본성과 같은 것으로서 피해 배우자에게는 자연스러운 것이다. 레인과 트립은 부부상담에서 아내로부터 심리정서적 손상을 입은 남편이 "아내가 나에게 했던 것과 똑같은

---

39. McCartney, *Why Does It Have to Hurt?*, 109.
40. Mark R. McMinn,(2008) *Sin and Grace in Christian Counseling* (Downers Grove, IL.: InterVarsity Press), 57.

방식으로 상처받는 것을 보고 싶어요"라고 말하며, 보복과 복수를 원하는 상담 사례를 소개하고 있다.[41] 부부가 이 상태에 이르면 애정관계는 이미 단절되고 붕괴한 상태라고 볼 수 있다.

피해 배우자가 심리정서적으로 공정과 공평을 주장하다 보면 보복과 복수에 대한 정당성을 부여할 수도 있다.[42] 즉, 부부관계에서 공정과 공평은 자기가 당한 만큼 되돌려 주려는 의도로 나타나는데 이것을 '상호부채에의 직면'(facing reciprocal indebtedness)이라 한다.[43] 자기가 입은 심리정서적 손상, 착취, 피해 등을 일종의 부채로 보고 대차대조표의 경제적 균형(balance)을 고려하듯 자기가 당한 만큼 가해 배우자에게 그에 상응하는 보복과 복수로 수지를 맞추려는 것이다.

피해 배우자는 이런 공정하고 공평한 균형을 이룰 권리가 자기에게 있다고 정당성을 주장하지만 미로스로 볼프는 화해를 위해 인간에게 본능과 같은 이른바 '악행을 향한 충동'을 제어해야 한다고 보았다.[44] 즉, 피해 배우자는 가해 배우자에 대해 악을 악으로 갚지 않는 태도(롬 12:7; 벧전 3:9; 살전 5:15)를 가져야 한다.

화해가 잘 이루어지지 않는 이유는 피해 배우자가 감정적으로 피해 사실에만 집착하고 상대 배우자를 지나치게 비난하며, 가해 배우자를 회피하는 자기 폐쇄적 정체성 때문이다. 피해 배우자의 심리를 분석해 보면, '자신은 정당했는데, 배우자로부터 얼마나 큰 상처를 받았는지 모르겠다'고 생각하는 경우가 대부분이며 이로 인해 화해가 이루어지기가 어렵다.[45]

사람은 누구나 자기의 사고와 행동에 대해 정당화하려는 성향이 있어 문제의 당사자가 되었을 때 자기를 피해의 주체라고 생각할 뿐, 화해의 주

---

41 Lane & Tripp, *How People Change*, 142.
42 Leroy Aden & David G. Benner,(ed.)(2009) *Counseling & Human Predicament* (Grand Rapids: Baker Books), 176. Nichols와 Swartz는 미국 부부의 결혼생활은 공평, 공정, 부당, 불공평 등에 대해 매우 민감하기 때문에 이것이 부부문제를 해결하는 데 가장 곤란한 문제라고 지적했다. cf. Nichols & Schwartz, *Family Therapy*, 349.
43 Aden & Benner, *Counseling & Human Predicament*, 198.
44 Miroslaw Volf, *Exclusion and Embrace: A Theological Exploration of Identity, Otherness and Reconciliation* (Downers Grove, IL.: InterVarsity Press), 194.
45 William D. Backus,(2000) *What Your Counselor never Told You* (Minneapolis, MN.: Bethany), 97-118.

체로 여기지 않는다.

심리정서적으로 볼 때 가해 배우자가 받아야 할 책임과 심리정서적 고통을 피해 배우자가 자학적으로 취할 수도 있다.[46] 즉, 배우자와 단절, 분리, 별거 등으로 심리정서적 고통을 자초하면서 분노에 노출된다. 또는 상대 배우자가 화해를 원한다는 사실을 파악했을 때 상대에게 심리정서적 고통을 안겨 주기 위해 화해를 거부하고 회피하는 피학적 태도를 통한 가학적 행위가 나타날 수도 있다.

흔한 일은 아니지만, 보복과 복수가 곤란한 경우, 극단적으로 피해 배우자가 자해하거나 자살함으로써 가해 배우자가 죄책감에 시달리게 하는 일도 있다. 한 배우자가 화해를 요청했으나 상대 배우자가 냉담한 태도를 보이게 되면 화해를 요청한 배우자는 거절감, 거부감을 느끼게 되며 화해는 요원해진다.

이런 경우 부부지만 서로에 대해 타인을 대하는 태도보다도 더 매정하고 잔인한 상태에까지 이르게 된다. 이런 기간이 길어질수록 가해-피해에 대한 객관적 사실 이상의 감정이 작용하며 화해는 어렵게 된다. 단절, 분리, 별거 기간이 길어진다는 것은 물리적, 심리정서적 독립성이 강화되어 서로 상대 배우자 없이 잘 견딜 수 있는 상태에 익숙해져 단절이 고착할 가능성이 커진다.

또한, 가해 배우자가 화해를 요청했어도 과거와 같은 행태 및 악한 성격적 특성이 재발하여 다시 피해 볼 것에 대한 피해 배우자의 두려움이 화해를 막는 심리정서적 장벽이기도 하다. 어린 시절부터 부모에게 심리적 외상(trauma) 및 학대 경험이 있는 사람은 배우자로부터 그와 유사한 상황에 부닥치게 될 때 과도하게 자기를 움츠리는 내적 방어 및 보호 현상이 화해의 요청을 쉽게 받아들이지 못하게 만들 수 있다.

가해자-피해자 구조는 화해를 요청하는 자, 화해를 수용하는 자 구조가 되는데 맥민은 부부관계상황이 더 악화되지 않으려면 자기를 피해자로만 인식하지 않는 것이 중요하다고 분석했다.[47] 자기에게도 어느 정도 책임이 있다고 생각할 때 화해가 다소 수월해진다. 모든 관계적 문제는 상호적이

---

46 John Patton,(2005) *Pastoral Care in Context: An Introduction to Pastoral Care* (Louisville, KY.: John Knox Press), 231.
47 McMinn & Phillips, *Care for the Soul*, 153.

고 상대적이기 때문에 어느 한쪽이 절대적으로 정당한 예는 없다.[48]

또 가해자-피해자 관계는 항상 고정된 것이 아니다. 한 사건에서 가해자-피해자 관계가 명확하더라도 다른 상황에 있어서는 관계가 뒤바뀔 가능성이 있으므로 절대적으로 자기의 정당성만을 강조할 수는 없다. 대부분의 가해 행위는 힘과 권력에 의해 발생하는데 가해자가 권력의 자리에서 내려앉게 되거나 힘을 잃게 되는 것은 자연의 순리다.

그래서 가해자는 힘과 권력을 잃거나 놓지 않고 이를 지속시키고 싶어 하지만 이것은 가능한 일이 아니다. 결국, 뒤바뀐 가해자-피해자 관계는 화해가 이루어지지 않은 상태에서는 다시 역전되고 보복과 복수가 나타날 수 있는 악순환이 지속될 수 있다. 폭력도 피해 배우자는 억울하다고 여기겠지만, 부부 갈등의 원인 제공을 했거나 결과에 대한 다소 간의 책임이 있고, 자세히 분석해 보면 부부 상호도발의 측면이 있는 때도 있다.[49]

레인과 트립은 공동체와의 연결 부재는 화해를 더욱 어렵게 만든다고 보았다.[50] 이를테면, 사이가 틀어진 채로 각방을 사용하거나 가정으로부터 멀리 떨어져 이탈(별거)되는 것은 부부 단절을 공식화하는 것이며, 이런 경우는 화해의 필요성과 요구도 점차 낮아질 수 있다. 한 집에서 가족 구성원과 함께 지내는 경우, 당사자들은 물론 가족 구성원들도 고통에 노출되어 해소를 요구하는 일종의 압력으로 작용하기 때문에 공동체 내에서 화해의 요구는 이격 상태에서 보다 높아지게 된다는 의미다.

가정을 비롯한 교회 및 어떤 사회에서나 화해는 묵시적으로 요구되는 도덕적 지침처럼 인식되고 있다. 따라서 공동체에 속해 있을 때는 화해를 강하게 요구받을 수 있다. 또한, 가해 행위의 정도에 따라 화해와 회복의 시간은 다를 수 있는데 화해는 대개 길고 느린 과정이며, 그 기간은 가해 배우자나 피해 배우자가 모두 대부분 고통 속에 있기 때문에 화해하지 못한 상태의 기간이 길어지면 서로 절망에 빠질 수도 있다. 이때 심리정서적인 피해는 대개 피해 배우자의 몫이다.[51]

---

48 William D. Backus & Candace Backus,(1988) *Untwisting Twisted Relationships* (Minneapolis, MN.: Bethany), 164.
49 Nichols, *The Essentials of Family Therapy*, 78.
50 Lane & Tripp, *How People Change*, 226.
51 McMinn & Phillips, *Care for the Soul*, 83.

토마스 홈스와 리처드 라헤가 개발한 '사회적응 척도'(social readjustment rating scale)는 개인이 경험하는 스트레스 지수라고도 볼 수 있는데 이에 따르면, 부부간의 화해(9위 45점)는 결혼(7위 50점)에 버금가는 상당한 적응 능력을 요구하는 스트레스로 작용하는 것으로 나타났다.[52]

4. 부부 화해에 대한 상담

엘리자베스 루카스는 그의 저서 『화해의 심리학』(Ersten Schritt Tun)에서 화해를 위한 3단계 모델을 다음과 같이 제시했다.

- 1단계: 조화로운 협상 분위기의 기초를 다지는 것으로, 먼저 서로 상대의 입장을 공감하는 과정
- 2단계: 자연스럽게 자기를 돌아보며 상대에게 상처를 주지 않을 수 있는 변화된 행동 조치를 찾는 과정
- 3단계: 서로의 대립의 불을 끄는 분위기를 조성하려는 동기 외에 다른 어떤 이유에서도 서로에게 해가 되거나 고통을 주지 않겠다는 약속이 전달되는 과정[53]

그러나 이 모델은 다소 추상적이고 구체성이 떨어질 뿐만 아니라, 기독교 가족치료나 부부상담 및 기독교 상담에서 적용하기가 어렵다고 판단된다. 일각에서는 이 모델이 과도하게 인지적인 측면에 치우쳐 실제로 가해자들에게 적용하는 데 한계가 있다는 비평도 있다.[54]

따라서 기독교 가족치료, 부부상담에서 부부의 단절되고 붕괴한 관계를 회복하고 화해하는 과정과 방안으로 다음과 같이 효과적인 대처 방법 다

---

52 Thomas H. Holmes & Richard H. Rahe,(1967) "The Social Adjustment Rating Scales," *Journal of Psychosomatic Research* 11, 213-18.
53 Elisabeth Lukas, *Ersten Schritt Tun*, 엄양선 역,(2011) 『화해의 심리학』 (서울: 타임스퀘어), 208-54.
54 김윤수,(2015) "기독교 상담적관점에서 본 화해 모델연구" (박사 학위논문: 국제신학대학원대학교), 38.

섯 가지 내용을 제시하고자 한다.

1) 심상과 기도하기

심상(imagery)은 인간의 인지, 정서, 행동을 지배할 수 있다. 화해를 심상하는 것은 화해에 대한 인식의 변화와 행동에 영향을 줄 수 있으므로 관계 회복에 큰 도움이 될 수 있다.[55] 예컨대 배우자의 말과 행동 때문에 분노 상태로 종일 지내다가 가해 배우자에게 어떤 행동을 할지에 대해 종일 심상한 후, 연습을 통해 공격적인 말과 불쾌한 감정을 온건하게 표현하는 것이다.

배우자에 대한 불쾌한 감정과 행동을 잘 다듬어진 말과 행동으로 표현할 수 있는 것은 이미 심상을 통해 다툼을 연습했기 때문이며, 이는 심상을 통해 화해 또한 연습이 가능하다고 할 수 있다. 심상 과정에서 가해 배우자나 피해 배우자가 심리정서적 불안이 나타날 수 있는데 이것은 건설적이고 생산적이다.[56]

또 가해 배우자는 화해를 주선하거나 사과하는 일로 불안하고, 피해 배우자는 화해의 요청에 대한 '배타'와 '수용' 중 하나를 선택해야 하므로 불안과 갈등이 발생한다. 심상 단계에서 가해 배우자는 피해 배우자가 받았을 심리정서적 상처나 피해를 심상해 보는 것이 중요하지만 쉬운 일은 아니다.[57]

대개 심상은 연상작용을 하므로 관련된 사건에 꼬리를 물고 부정적 상상을 하게 되는 특징이 있다. 피해 배우자는 화해 이후의 관계 회복과 화목하게 되는 모습을 심상해야 한다. 피해 배우자 가운데는 가해 배우자가 통렬한 자기반성과 겸손한 화해의 요청을 심상하는 경우가 있다. 이를테면, 피해 배우자는 가해 배우자가 화해를 위해 양손에 값비싼 선물을 가득 들고 와서 무릎을 꿇고 눈물로써 자기 잘못을 뉘우치며 고백하고 사과하는 일을 상상하는데 이런 일의 발생 가능성은 거의 없거나 전혀 없는 일이다.

---

55 Norman Wright,(2005) *Making Peace with Your Past* (Grand Rapids: F. H. Revell), 73.
56 William D. Backus,(1988) *Good News about Worry* (Minneapolis, MN.: Bethany), 36-37. cf. Aden & Benner, *Counseling & Human Predicament*, 164.
57 Jack O. Balswick & Judith K. Balswick,(2008) *Authentic Human Sexuality* (Downers Grove, IL.: InterVarsity Press), 193.

프레드 러스킨은 이것을 '실현 불가능한 규칙'이라고 표현하면서 이런 상상을 하면 심리정서적 고통과 분노만 커지기 때문에 피해 배우자가 배제해야 할 생각이라고 주장했다.[58] 있지도 않을 일을 기대하고 상상하는 것은 실망과 고통 그리고 분노를 더욱 가중하는 것으로서 정신과 영적 건강에 좋지 않다.

가해 배우자든 피해 배우자든 둘 다 역기능적으로 손상된 부부관계가 회복되고 화목하게 되기를 갈망하지 않으면 화해는 이루어지기 어렵다. 볼프는 부부가 서로 화해의 열망 자체가 없는 경우에 화해하기 어렵다는 사실을 분석하면서 그 원인을 '문화' 때문이라고 지적했다.[59]

특히, 신앙 공동체 내에서도 화해를 어렵게 만드는 원인은 신앙과 성경 위에 올라선 문화 때문에 기독교인 간 화해가 어렵다고 분석했다. 서로 '미안하다'고 말하지 않거나 가부장적 가족문화도 화해를 어렵게 만드는 데 한몫한다고 볼 수 있다.

이혼을 작정하지 않았다면, 심상을 통해 화해를 갈망하도록 자극하고 그것을 마음속으로 그리는 것은 화해를 위한 첫걸음이라고 할 수 있으므로 상담자가 이를 잘 지도해야 한다. 기독교 상담에서는 단순히 심상만 하는 것이 아니라 화해가 이루어질 수 있도록 요청하는 간절한 기도를 드려야 한다. 이때 배우자 서로를 위해 기도하는 것은 매우 중요한 일이다.

2) 대면과 표출하기

진정한 화해는 자발적으로 이루어지는 만남으로부터 시작된다. 화해는 상호작용의 결과이기 때문에 상담자가 부부 상호작용을 충분히 이해해야 이 주제에 대한 상담을 잘 해낼 수 있다. 단절된 부부를 잇기 위해 무엇보다도 서로 대면을 전제로 한다. 서로 심리정서적 불편함 때문에 회피가 나타나는 것은 자연스러운 현상이지만 반드시 대면을 통해 화해가 시작되므로 상담자는 부부간의 대면을 적극적으로 격려해야 한다.

58　Luskin, *Forgive for Good*, 111.
59　Volf, *Exclusion and Embrace*, 55.

이때 바람직하거나 충분한 대화가 이루어질 수 없다는 것은 자명한데 니콜스와 슈왈츠는 부부간의 직접적인 대화를 되도록 자제하고 상담자를 통해 의사소통하는 방법을 권장하고 있다.[60] 부부가 상담자를 통해 자기 생각을 표출하는 것은 '심리정서적 완충작용' 또는 '심리정서적 굴절'을 의도한 것이다. 부부가 서로 비난이나 책임 전가, 분노 표출 등을 직접적으로 하지 않고, 상담자를 통해 해야 하며, 한 사람이 말을 할 때 한 사람은 경청하는 규칙을 어겨서는 안 된다.

이때 부부가 규칙을 무시하고 직접적인 비난, 논쟁, 폭언, 방어적 다툼 등이 나타난다면 상담자가 부부를 따로따로 만나야 한다. 부부의 격앙된 심리상태는 이 단계에서 해소되어야 한다. 부부문제를 해결하는 과정에 있어 분노를 효과적으로 드러냈을 때 문제가 수월하게 해소될 수 있다는 선행 연구들이 많이 있다. 반면, 억압된 정서가 효과적으로 드러나지 않을 때 부부 단절은 장기화된다는 선행 연구들도 있다.[61] 그러므로 피해 배우자의 분노와 불평을 억누르는 것은 생산적이지 않다.

일반적으로 개인상담에서는 내담자의 정서에 대한 질문이 좋은 질문기법에 해당하지만 부부 대면상담에서는 당사자의 정서를 묻는 질문은 분노나 방어적 반응을 유발할 수 있으므로 상담자는 과정질문을 하는 것이 적절하다.

부부가 상대 배우자에게 집중될 때 이를 어느 정도 해소할 수 있는 좋은 방법으로 권장되는 것은 다른 가족의 이야기를 하도록 하는 것이다.[62] 다른 가족의 시각이나 다른 가족의 이야기를 통해 자기 문제를 보도록 할 수 있으면 훌륭한 초기 상담 과정을 이행한 것이다. 이때 나타나는 현상은 양쪽 배우자는 서로 자기의 정당성을 주장하면서 상담자를 자기의 편이 되도록 노력할 것이다.

그러나 상담자가 부부 어느 한쪽 입장을 지지하면 상담은 더 이상 진전되지 않고 지지받지 못한 배우자의 저항이 발생하게 된다. 서로 적대적인 상태에서는 자기가 옳고 상대방이 틀렸다는 견해를 고수하게 되는데, 여

---

60 Nichols & Schwartz, *Family Therapy*, 192.
61 John M. Gottman & Lowell J. Krokoff,(1989) "Marital Interaction and Satisfaction: A Longitudinal View," *Journal of Consulting and Clinical Psychology* 57, 47-52.
62 Nichols & Schwartz, *Family Therapy*, 207.

기서 중요한 논점은 자기가 옳다고 해서 상대방이 무조건 잘못되었다는 생각을 버리도록 하는 것이다.

이를 위해 상담자는 중립성을 지키면서 가해 배우자의 가해 행위를 비난하거나 반성을 위해 몰아붙이는 일이 있어서는 안 되며, 피해 배우자가 입었을 심리정서적 상처를 결코 가볍게 여기거나 축소해서도 안 된다. 따라서 서로 지지해 주고 공감하는 기술을 익혀야 한다.

잘못하면 피해 배우자의 처지에서는 상담자가 자기의 정당성을 인정해 주지 않고, 상대 배우자에게 좀 더 비중 있는 진술을 해 주지 않는 것에 대해 불만을 가질 수 있고, 가해 배우자로서는 상담자가 자기의 처지에서 상대 배우자에게 잘못을 강하게 직면시켜 주지 않음으로써 불만을 가질 수 있다. 하지만 상담자가 지나치게 한쪽 배우자에 대해 옳고 그른 견해를 밝히게 되면 화해는 어렵게 된다.

3) 대화와 타협하기

게리 콜린스는 부부간의 화해는 현실적인 대화와 논의를 통해 상호작용이 이루어져야 한다고 보았다. 크랩(Crabb)도 화해가 이루어지지 않는 것은 만남과 대화의 부재라고 진단했다. 화해는 대화로부터 시작되므로 상담자는 내담자 부부가 어떤 방법으로든 대화에 이를 수 있도록 요청해야 한다.[63] 데이비드 벤너는 이것을 '소통'이라고 표현하면서 부부가 화해하기 위해 반드시 소통이 이루어져야 한다고 분석했다.[64] 부부간 단절과 불화가 지속되는 경우는 대부분 소통이 미숙한 상태라고 볼 수 있다.[65]

부부상담자는 어떻게 해서든지 부부간 소통과 상호작용이 나타나게 하는 것이 대단히 중요하다. 여기서 현실적인 대화와 논의는 부부가 화해하지 못하게 만드는 심리 내적인 상태를 서로 진솔하게 드러내는 과정을 의미한다.

---

63 Lawrence J. Crabb,(1975) *Basic Principles of Biblical Counseling* (Grand Rapids: Zondervan), 129.
64 Aden & Benner, *Counseling & Human Predicament*, 198.
65 Meier, Minirth, Wicherm & Ratcliff, *Introduction to Psychology and Counseling*, 337.

하지만 가해자-피해자 관계에서의 소통이 자칫 잘못하면 공격적인 상호작용이 될 수 있으므로 상담자는 특별히 신경을 쓰고 부부가 서로 건설적인 표현을 하도록 격려해야 한다. 따라서 부부문제를 해결하는 가족치료사, 부부상담사, 상담 및 심리치료사 등은 부부가 상호작용을 어떻게 하는지를 분석하고 화해를 촉진할 수 있는 전략을 가져야 한다.[66]

아덴과 벤너는 화해를 일종의 타협으로 보았는데, 피해 배우자가 가해 배우자의 가해 행위와 착취적인 행동에만 집중하면 비타협적 태도가 발달하게 된다고 분석했다.[67] 타협은 어느 정도 양보를 요구한다. 따라서 피해 배우자는 자기가 피해를 보았다는 사실로 인해 정당화된 상태에서 우위를 점유한 것으로 인식하면 타협은 쉽지 않게 된다. 상대 배우자에 대한 실망, 분노와 자기방어적인 태도에서 벗어나고 자기 정당화에서 탈피해야만 화해가 가능해진다. 대항 관계를 끝내고 존중 관계의 합의를 통해 심리정서적 안정을 가질 때 화해를 이루게 된다.

4) 고백과 사과하기

성과 있는 화해는 가해 배우자가 피해 배우자에게 사과와 고백을 함으로써 비롯되기 때문에 배우자를 함부로 대했거나, 자기의 가해 사실을 진술하게 밝히는 것은 필수적으로 중요한 과정이다. 배우자에게 심리적 외상을 입혔다면 그것을 깨닫고 상처 입힌 사실을 고백하여 용서를 구하고 화해를 요청하는 것은 당연하지만 그렇게 하는 것이 쉬운 일이 아니다.

아울러 피해 배우자는 너그러운 마음으로 고백과 사과를 수용하는 것이 필수적으로 중요하다. 이때 상담자는 가해 배우자가 고백하고 사과하면 피해 배우자가 이를 수용하고 화해할 수 있도록 교육하는 것도 필요하다.[68] 고백과 사과는 가해 배우자가 가해 사실을 인정하고 피해 배우자에게 잘못했음을 언어적으로 밝히는 것이다. 피해 배우자가 가해 배우자의 사과가 불충분하다고 인식할 때 상담자는 중재해야 한다.

---

66 Sanders, *Christian Counseling Ethics*, 68.
67 Aden & Benner, *Counseling & Human Predicament*, 198.
68 Edwin L. Battistella,(2014) *Sorry about That*: *The language of Public Apology* (Oxford: Oxford University Press), 49.

가해 사실과 피해 감정의 차이 및 자기 중심성 때문에 사과가 단순하게 쉽게 전달되거나 수용되지 않는 것이 일반적이다. 따라서 사과를 거부하지 않고 원만한 타협과 협상이 있을 수 있도록 중재해야 하는 것이다.

에드윈 베티스텔라는 사과(apology)의 두 가지 요소는 가해 배우자가 자기의 행위에 대한 후회와 그에 대한 규탄이라고 보았고, 이에 반드시 '잘못했다. 미안하다'는 용어가 포함되어야 한다고 보았으며, 이를 '사과의 지름길'이라고 표현했다.[69] 이때 피해 배우자가 가해 배우자에게 분노를 드러내거나 다소 공격적인 태도가 나오더라도 가해 배우자는 이를 감수하고 수용할 수 있어야 한다.

5) 보상과 복원하기

부부간의 가해-피해 사건이 일단 발생하면 후에 화해가 이루어졌다고 할지라도 그 이전상태처럼 완전히 원상회복되는 것은 쉬운 일이 아니다. 이에 적절한 보상은 화해를 화목으로 안착시키는 방편이 될 수 있으며 이를 화해의 기본요소로 보는 일각도 있다.[70] 일반적으로 보상받지 못한 상태는 분노를 가중하고 다양한 심리정서적 고통을 일으키기 마련이다.

하지만 부부관계에서는 보상금과 같은 물질적인 것이 진정한 보상이 되지 못할 때가 많다. 보상은 물질적인 것보다는 심리정서적인 것이 우선이며, 서로에 대한 신뢰, 존중, 헌신의 모습이 어떤 방식으로든 표출되어 행동으로 나타나야 한다. 그렇지만 상대 배우자에게 가혹한 보상을 요구하거나 감당하기 어려운 조건을 제시하는 경우는 또 다른 보복과 복수일 가능성이 있고, 그렇게 되면 화해는 어렵게 된다.

부부관계의 단절과 붕괴 원인은 서로 신뢰를 잃게 되는 행위로부터 비롯된다. 평소 배우자를 굳게 신뢰했던 사람일수록 신뢰 상실은 좌절감과 공허감으로 고통을 당하게 된다. 피해 배우자는 가해 배우자가 다시 전과 같은 가해 행위를 하지 않을 것이라는 신뢰를 회복하지 않은 상태에서 진정한 화해가 이루어지기 어렵다. 신뢰가 회복되지 않으면 심리적 외상을

---

69 Battistella, *Sorry about That,* 125.
70 McMinn & Phillips, *Care for the Soul,* 358.

반복해서 받을 것이라는 일종의 예기 불안이 나타날 수 있다.

보상은 헌신적 행위로 표현되어야 하는데 부부관계 복원을 위해 서로를 향한 헌신이 과거처럼 회복되고, 과거 이상으로 나타나야 하며, 제한된 헌신이 나타나서는 안 된다.[71] 뒤틀리고, 단절되고, 붕괴한 부부관계로 인해 이혼하는 예도 많지만, 화해를 위한 서로의 노력 여하에 따라서 이전보다 훨씬 좋은 결혼생활을 하는 경우도 많이 있다.

마이클 맥컬로프는 침팬지의 화해 실험 결과를 소개하고 있다. 350건의 무력 충돌이 나타난 침팬지들은 충돌 이전에 다정한 접촉이 있었던 경우는 50건(14퍼센트)이었으며, 무력 충돌 이후에 다정한 접촉이 있었던 경우는 179건(51퍼센트)이었다. 이 결과는 충돌 이후 화해가 이루어진 경우, 과거보다 더 행복해질 수 있음을 시사하는 것이다.[72]

가해 행위가 쉽게 잊히지 않겠지만 관계의 복원을 위해 기억에 담아 두지 않으려는 노력과 과거 사실을 재론하지 않는 결심이 필요하다. 피해 장면이나 내용을 잊게 해달라고 기도하는 것은 의미가 없다. 다만 의미를 재구성하고 다시 떠올리지 않고 피해 기억을 회상하여 불쾌, 불안, 불만, 분노, 우울 등에 감정에 빠져들지 않으려는 노력은 대단히 중요한 것이다.

> 이제는 너희가 이 모든 것을 벗어 버리라 곧 분함과 노여움과 악의와 비방과 너희 입의 부끄러운 말이라(골 3:8).

이 구절은 화해를 위한 부부관계에도 적용되는 말씀이다. 억압된 분노는 이미 2단계(대면과 표출하기)에서 충분히 해소했어야 한다. 화해가 이루어졌다고 해서 심리정서적 고통이 마술적으로 사라지는 것은 아니며 순식간에 화목이 이루어지는 것도 아니다. 신뢰가 회복되기 전까지는 화해의 과정에 놓여 있으며 화목을 향한 여정으로 이해해야 한다.[73]

화해의 기법을 숙지했다고 할지라도 화해의 시도가 항상 성공하는 것만은 아닌데, 화해의 요청에도 피해 배우자의 회피, 거부로 인해 불가능해진

---

71 Volf, *Exclusion and Embrace*, 234.
72 McCullough, *Beyond Revenge*, 177-204.
73 Donald E. Capps,(1980) *Pastoral Counseling and Preaching* (Philadelphia: Westminster), 71.

경우, 그에 대한 책임은 피해 배우자가 지는 것이다. 이때 가해 배우자는 심리정서적으로 아쉬움을 갖게 되기는 하지만 신학적, 신앙적 책임은 없다고 할 수 있다.

맥민과 필립스 등 복음주의 상담학자는 기독교 상담의 핵심적인 기능과 목표는 상한 영혼을 회복시키고 화해하도록 하는 것이어야 한다고 주장했다.[74] 상담학자 노만 라이트도 상담자는 모든 상담전략을 동원하여 부부가 화해하고 회복하도록 총력을 기울여야 한다고 주장한 바 있다.[75] 윌리암 배커스는 부부를 화해하고 회복시키기 위해 상담자는 부단히 노력하고 그것이 상담 현장에서 나타나야 한다고 주장했다.[76]

5. 닫는 글

화해가 이루어지기 위한 효과적인 대처 방법 다섯 가지에서 알 수 있듯이 기독교 상담에서 화해를 위한 중재의 역할은 성경이 요구하는 것이기에 상담자는 부부 단절을 잇는 중재자, 화해자로서 역할 감당을 잘해야 한다. 화해는 용서와 매우 밀접한 관련성이 있는 것은 분명하지만 화해와 용서는 동일한 것이 아니다.

이 연구에서는 기독교 가족치료적, 부부상담적인 입장에서 화해의 과정과 방안에 초점을 두고 다루었다. 부부 화해는 부부간에 어떤 일로 인하여 뒤틀린, 분리된, 단절된, 붕괴한 관계를 잇고, 바로잡고, 회복하고, 새로 수립하는 것이다. 이는 하나님께서 분명히 원하시는 것이고, 성경의 핵심 내용이며 기독교 상담의 근본개념이기도 하다.

그러므로 기독교 상담자는 부부문제를 잘 해소하고 화해하도록 기독교 본질에 입각한 상담을 할 수 있어야 한다. 부부가 서로 화해하는 것은 부부 당사자만의 문제를 해결하는 것이 아니라 자녀문제도 어느 정도 해결할 수 있는 것임을 살펴볼 수 있었다. 물론, 부부 화해가 쉽게 이루어지는

---

74 McMinn & Phillips, *Care for the Soul*, 15-16.
75 Wright, *Crisis Counseling*, 138.
76 Backus, *Untwisting Twisted Relationships*, 16.

것은 아니며 다양한 심리정서장애 요소가 있으나 가해 배우자의 화해 요청과 피해 배우자의 수용이 결과적으로 화해에 이르게 한다는 것을 알 수 있다.

화해가 이루어지기 위한 효과적인 대처 방법 각각의 내용을 회기별로 적용하면 최소 5회기의 부부상담이 필요하다고 볼 수 있다.

- 1회기 : 심상과 기도하기
- 2회기 : 대면과 표출하기
- 3회기 : 대화와 타협하기
- 4회기 : 고백과 사과하기
- 5회기 : 보상과 복원하기

필자는 부부간에 화해를 통해 화목이 유지되기 위해서는 상호신뢰, 존중, 헌신의 모습이 나타나야 하며, 이런 것들이 회복되기 전까지는 화해의 과정에 놓여 있는 것으로 화목을 향한 여정으로 이해해야 한다고 피력했다. 진정한 화해가 이루어지기 위해서는 가해 배우자, 피해 배우자 모두 그리스도의 십자가를 생각할 수 있어야 하며, 상담자는 가해 배우자에게 뉘우침을 요구하고, 피해 배우자에게는 수용을 요구해야 한다.

제8장

트라우마 플래시백 상담

목차	

1. 여는 글
2. 플래시백에 대한 개념 이해
  1) 플래시백에 대한 용어와 개념
  2) 플래시백의 문제
  3) 플래시백의 기억과 정서
	3. 플래시백에 대한 상담
	  1) 성경에서 살펴본 플래시백
	  2) 인지 재구성과 반복 심상
	  3) 인지적 유연성 강화
	4. 닫는 글

1. 여는 글

　전쟁, 테러, 폭행, 교통사고, 질병, 화재, 자연재해(지진, 태풍, 홍수 등)는 그것을 경험한 당사자의 삶 전체에 심각한 피해를 초래하는 외상 사건일 뿐만 아니라, 심리정서적으로도 상당한 영향을 미치게 된다. 이를 '외상 후 스트레스장애'(post traumatic stress disorder: PTSD)라 한다.
　PTSD의 특징 가운데 하나는 외상 사건 이후에 심리정서적으로 그에 버금가는 증상을 다시 경험하게 되는 것이다.[1] 그것은 외상에 대해 고통스럽고 끔찍한 기억이 되살아나는 것으로 마치 외상의 시간과 공간에 다시 존재하는 것 같은 경험이다.[2] 이를 '플래시백'(flashback)이라 하는데, 이 용어는 외상 경험에서 얻어진 기억들이 비자발적(비의지적, 무의도적, 무의식적)

---

[1] A. Bryant Richard, et al,(2011) "Posttraumatic Intrusive Symptoms across Psychiatric Disorders," *Journal of Psychiatric Research* 45, 842-47.

[2] C. Bourne, et al,(2013) "The Neural Basis of Flashback Formation," *Psychological Medicine* 43, 1521-32.

심상(Imagery)으로 나타난다는 것이다.[3]

플래시백은 외상 경험자에게 나타나는 주된 특징이며, 증상이다. PTSD 생존자의 75퍼센트 정도는 수면 중에 악몽으로 재현되는 플래시백을 경험하게 되고,[4] 일상생활, 일상 의식 중에도 나타나 삶의 질이 현저하게 떨어진다.

특히, 외상 가운데 폭행, 학대, 무시, 따돌림, 배신, 사기, 실연, 다툼, 피고발, 피소 등의 대인 외상(interpersonal trauma)은 비대인 외상에 비해 가해자가 명백한 경우가 대부분이어서 기억하고 싶지 않은 대상이 심상으로 나타나 견디기 어려운 경험을 하게 된다. 일각에서는 대인 외상을 '비외상 사건'(non-traumatic events)이라고 명명하기도 하고, '생활 사건 스트레스'(life stressful events)라고 구분하여 부르며, 외상보다 다소 가볍게 인식하려는 경향이 있다.

하지만 로나 등의 연구에서는 외상 사건(비대인 외상)과 비외상 사건(대인 외상) 간의 스트레스 차이는 없다고 밝혔다.[5] 더 나아가 슈마커 등의 연구에서는 비대인 외상보다 오히려 대인 외상이 훨씬 더 많은 스트레스와 심리정서적 증상을 경험하게 한다고 분석했다.[6]

플래시백을 경험하는 사람들은 자기의 상태에 대해 심각한 의심을 하는 것이 일반적인데, 그 의심이란 자기의 심리정서적 상태가 '혹시 정신이상은 아닌가' 하고 걱정하는 것이다. 자기 생각(심상 등)을 스스로 통제하지 못하는 것에 대한 당혹감이 의심으로 작용한다. 그리고 상담 및 심리치료 종결 이후라면, 완치에 대한 의심도 포함된다. 특히, 기독교인(내담자)의

---

3   Bourne, et al, 1521-32. cf. Dan J. Stein; Seedat A. Soraya Seedat & Wessely Simon,(2007) Post-traumatic Stress Disorder: Medicine and Politics," *Lancet* 369, 139-44.
4   Lisa A. Duke, et al,(2008) "The Sensitivity and Specificity of Flashbacks and Nightmares to Trauma," *Journal of Anxiety Disorders* 22/2, 319-27.
5   R. J. Rona, et al,(2004) "Screening for Physical and Psychological Illness in The British Armed Forces. Ill: The Value of A Questionnaire to Assist A Medical officer to Decide Who Needs Help," *Journal of Medical Screening* 11, 148-53.
6   Julie A. Schumacher, Scott F. Coffey & Paul R. Stasiewicz,(2006) "Symptom Severity, Alcohol Craving, and Age of Trauma Onset in Childhood and Adolescent Trauma Survivors with Comorbid Alcohol Dependence and Posttraumatic Stress Disorder," *American Journal on Addictions* 15/6, 422-25. cf. Thomas Ehring & Dorothea Quack,(2010) "Emotion Regulation Difficulties in Trauma Survivors: The Role of Trauma Type and PTSD Symptom Severity," *Behavior Therapy* 41/4, 587-98.

경우는 이에 더하여 선악에 대한 강한 이분법적 인식(성령:악령, 하나님:사탄, 축복:저주 등) 때문에 비의지적, 부정적 기억이 떠오르는 플래시백을 사탄(마귀, 악령, 악마, 귀신 등)의 역사로 간주해 영적 고통까지 가중시킨다.

기독교 상담 현장에서 내담자들이 겪는 상당수의 문제는 기억 관련 인지적 주제임에 주목할 필요가 있다.[7] 그러므로 상담자가 외상 기억과 플래시백을 기독교 상담학 차원에서 바르게 인식하고, 대처방안을 제시해 주지 않으면 내담자는 온전한 치료적 개념을 확립하지 못하고, 이에 지속해서 시달리기 때문에 반드시 해결해 주어야 할 과제라 할 수 있다.

2. 플래시백에 대한 개념 이해

1) 플래시백에 대한 용어와 개념

플래시백이 문제가 되는 것은 비자발적, 비의지적, 무의도적, 무의식적으로 발생하는 고통스럽고 끔찍한 기억의 회상(recall)이라는 점이다. 플래시백이 의지적으로 통제할 수 없는 기억이라는 면에서는 내현적 강박관념(의식)과도 유사하거나 중첩된 부분이 있지만 그와 동일하다고 볼 수는 없다. 이를테면, 강박관념도 재발적, 지속적, 충동적 또는 이미지로 나타나 불안을 유발하는 점, 문제에 대해 지나치게 걱정하는 점, 의식적으로 무시, 억압 또는 중화시키려고 시도한다는 점 등이 공통적이다.

하지만 강박관념은 스스로 엄격한 규칙을 수립하고, 원치 않거나 비현실적 생각에 대한 반복적 집착으로 반응한다는 면에서 플래시백과 차이가 있다. 강박관념의 일반적 반응은 다음과 같다.

- 책임에 대한 집착, 재확인 추구
- 대칭 강박관념, 의식의 순서와 계산
- 오염 강박관념, 세척 및 청소 의식

---

[7] Erika L. Sanborne,(2008) "Praying with Those Who Might Forget: Pastoral Considerations with Memory Impairment," *Journal of Pastoral Care & Counseling* 62/3, 207-17.

- 성, 폭력, 종교에 대한 강한 집착
- 물건 획득 및 비축, 유지

강박관념(의식)은 플래시백과 일부 중첩되는 개념이 있기는 하다. 이를테면, 강박관념(의식)도 재발적이고, 지속적, 충동 또는 이미지로 나타나 불안을 유발하는 점, 문제에 대해 지나치게 걱정하는 점, 의식을 무시, 억압 또는 중화시키려고 시도한다는 점 등이 공통적이기는 하지만 강박관념은 엄격한 규칙을 수립하고, 원치 않거나 비현실적 생각에 대한 반복적 집착으로 반응한다는 면에서 차이가 있다.

스타인 등은 플래시백을 '비자발적 외상 기억'(involuntary memories of trauma)이라고 명명함으로써 이것은 의지적 작용이 아니라고 하였으며,[8] 몰은 이것이 의도하지 않은 기억이라는 면을 드러내기 위해 '침입 기억'(intrusive recollection)이라고 했다.[9]

플래시백을 '재경험 현상'(re-experiencing phenomena)이라는 용어로 표현하는 일각이 있는데, 이는 외상 사건을 실제적으로 또다시 경험하는 것과 심리정서적 회상과 개념상 구분이 모호해 바른 용어로 사용하기는 어려울 것 같다.[10] 그래서 에러스와 크라크은 플래시백을 '외상의 침입적 재경험'(intrusive re-experiencing of the trauma)이라고 비의지적, 무의도적 작용임을 강조했다.[11] 이 표현과 동일하게 DSM-5에서도 다음과 같이 플래시백의 개념을 설명했다.

> 외상 사건을 겪은 후, 그 사건에 대한 침입적 사고를 통해 재경험하거나, 사건과 관련된 자극을 회피하거나, 불면증과 같은 지속적인 과각성 상태를 보이며, 인지 및 감정의 부정적 변화를 보고하는 것이 주요 증상이다.[12]

---

8   Stein, et al, "Post-traumatic Stress Disorder," 139-44.
9   C. Mole,(2016) "A Methodological Flaw in 'The Neural Basis of Flashback Formation," *Psychological Medicine* 46, 1785-86.
10 Theresa L. Blakley,(2009) "Triggers, Flashbacks and Fantasia," *Illness, Crisis & Loss* 17/1, 23-37.
11 A. Ehlers & D. M. Clark,(2000) "A Cognitive Model of Posttraumatic Stress Disorder," *Behavior Research and Therapy* 38, 319-45.
12 American Psychiatric Association,(2013) *Diagnostic and Statistical Manual of Mental Dis-*

플래시백은 심상을 부각하기 때문에 일각에서는 '상상의 재연'(imaginary reenactment),[13] '이미지의 재생'이라는 표현을 하기도 한다. '외상 장면의 재시각화'(revisualization of trauma scene)나 '플래시백 에피소드 유발'(flashback episodes provoked)이라는 표현들은 이를 잘 나타낸 용어라 할 수 있다. 이에 대해 가장 많이 사용하는 표현은 '플래시백 외상 기억'(flashback traumatic memories)이다.[14] 단순하게 '외상 기억'으로 이를 표현하는 것이 일반적인데, 이는 간단하면서도 명확한 표현이다.[15]

주요어 '외상'(trauma)과 '기억'(memory)이 결합된 traumatic memory를 우리말로는 '외상 기억', '외상적 기억', '외상성 기억' 등으로 옮기기도 한다. 그 밖에도 '회상 기억', '기억 회상', '재인 기억', '재발 기억', '재현 기억' 또는 '고통 기억'이라는 용어로 사용하나, 아직 학계에서는 이를 우리말로 지칭하는 합의되거나 통일된 용어가 없다.[16]

이 연구에서는 영어 단어를 그대로 음역하여 '플래시백'이라고 사용하고자 한다. Flashback은 두 단어가 합성되어 생긴 말로서 'flash'는 사전적 정의로 '확 지나가다', '스치듯 지나가다', '갑자기 나타나다'라는 의미의 용어이며, 'back'은 '뒤쪽', '옛날', '거슬러 올라가다', '되돌아오다'라는 의미의 단어다. 개념적으로 이는 과거에 발생되었던 어떤 외상 사건이 의지적, 의도적 작용 없이 불현듯 나타나는 부정적 기억을 뜻한다고 볼 수 있다.

플래시백이라는 용어는 1934년 프로스트에 의해 처음 사용되었는데,[17] 이는 본래 상담학이나 심리학 용어가 아니고, 주로 문학, 드라마, 영화 등에서 과거 특정 장면을 회상하는 묘사기법으로 사용된 개념이다.[18]

---

orders-5 (Washington, DC.: American Psychiatric Association), 250.
13   Edward K. Rynearson,(2016) *Retelling Violent Death* (London: Routledge), 67.
14   Anne L. Malaktaris & Steven J. Lynn,(2019) "The Phenomenology and Correlates of Flashbacks in Individuals with Posttraumatic Stress Symptoms," *Clinical Psychological Science* 7/2, 249-64.
15   Nick Grey, et al,(2002) "Cognitive Restructuring within Reliving," *Behavioural and Cognitive Psychotherapy* 30, 37-56.
16   S. Durio, et al,(2007) "Flashback," *Journal of Consumer Health on the Internet* 11/4, 61-72.
17   Anne E. Bernstein,(2005) "The Contributions of Marcel Proust to Psychoanalysis," *Journal of the American Academy of Psychoanalysis and Dynamic Psychiatry* 33/1, 137-48.
18   Anne L. Malaktaris & Steven J. Lynn,(2019) "The Phenomenology and Correlates of

심리학 분야에서 이 단어를 처음으로 사용한 것은 호로비츠가 자기의 저서에 소개한 것이다.[19] 그는 과거 외상 사건이 떠올라 심리정서적 문제가 발생한다는 것을 설명하기 위해 문학 용어인 플래시백을 심리학에 차용했다고 볼 수 있다.

1987년대 후반이 되어서야 미국정신의학회(American Psychiatric Association: APA)는 DSM-III-R에 이를 "급작스러운 행동 또는 외상성 사건이 반복되는 느낌, 경험을 되살리는 감각"[20]이라고 정의를 내렸다.

2) 플래시백의 문제

플래시백이 발생했다 해서 모든 플래시백이 치료 대상이 되는 것은 아니다. 외부 공격 때문에 심리정서적으로 발생한 상처(hurt)가 외상이지만, 공격이 있었다는 이유만으로 치료받아야 하는 것은 아니다. 치료해야 하는 플래시백은 다음과 같다.

첫째, 가해자에 대해 감당하기 어려운 불쾌하고, 부정적인 기억(불안, 공포, 우울, 혐오, 적의, 분노, 수치 등)일 경우이다.

다른 사람이 '심각한 외상이 아니다'라고 진단해도 자기가 스스로 견딜 수 없는 주관적 불쾌 정서, 기억이라면 이는 해결받아야 하는 문제라 할 수 있다.

둘째, 자주 발생할 경우이다.

빈도에 있어 '자주'(often)의 개념은 모호성을 내포하고 있으므로 특정하기는 어려우나 일주일에 1-2회 이상이 발생하는 경우라면 치료 대상이라 할 수 있다. 대부분의 플래시백은 짧고 순간적인데, 이런 경우는 극복이 쉽지만, 그럴지라도 그 빈도가 높아지면 문제가 된다. 외상 기억을 치료하

    Flashbacks in Individuals with Posttraumatic Stress Symptoms," *Clinical Psychological Science* 7/2, 249-64. 윤석진,(2008) "TV 드라마의 플래시백(flashback)기법 고찰," 한국비평문학회「비평문학」29, 263-95. 박인영,(2017) "영화에서 플래시백을 통한 여성의 트라우마 재현," 한양대학교 현대영화연구소「현대영화연구」27, 185-213.

19 M. J. Horowitz,(1969) "Flashbacks," *American Journal of Psychiatry* 126, 565-69.
20 American Psychiatric Association,(1987) *Diagnostic and Statistical Manual of Mental Disorders III-R* (Washington, DC.: American Psychiatric Association), 250.

는 일에 전문적인 연구를 했던 상담학자 데이비드 시맨즈도 빈도가 높은 심상은 치료 대상이라고 보았다. 외상을 떠올리는 고통스러운 기억의 빈도가 높아져 삶에 부정적 영향을 받고 있다면 치료받아야 한다.

상담 및 심리치료 후에도 외상 사건에 대한 시각적 이미지가 반복적으로 떠올라 극도의 두려움에 노출되는 경우가 흔하다. 상담 및 심리치료가 종결되었다 해서 외상 기억이 완전히 사라진다거나 떠오르지 않게 되는 것은 아니다. 하지만 대부분은 플래시백이 나타날 때 상담 및 심리치료가 완치되지 않았다는 인식 또는 재발 때문에 당황, 실망, 좌절, 불안하게 되는 경우가 많다.

이는 상담 및 심리치료에 대한 완벽주의적이며 이분법적 사고로 인해 발생한 '인지적 오류'라고 할 수 있다. 상담 및 심리치료가 외상 경험자의 기억과 그 사건에 대한 의미를 다룸으로써 회복, 극복하게 하는 것이지만 누구도 기억을 삭제할 수 없기에 이를 완전하게 통제하는 치료법이란 존재하지 않는다. 외상 경험자가 기억이 있는 동안, 외상 사건은 극복해야 할 과제이다.

셋째, 비자발적 기억일 경우이다.

따라서 자발적, 의지적, 의도적으로 특정 기억을 할 때는 스스로 통제가 가능하므로 문제라 할 수 없으므로 이 연구의 주제에서는 벗어난다.

플래시백은 외상 사건 후, 하루에도 여러 차례, 수개월 동안 나타나기도 하며, 때에 따라서는 몇 년에 걸쳐 발생하기도 한다. 외상 기억은 통상 심리정서적으로 억압, 억제되는 경향성이 있어 외상 사건 이후, 금방 나타나지 않을 수도 있는데, 일정 기간에 플래시백이 발생하지 않았더라도 대부분은, 수년 후에라도 발현되는 것으로 분석된다.[21]

플래시백은 그것을 경험하는 사람에게 외상 경험과 유사한 수준의 정서를 다시 갖게 해서 삶과 심리를 위축시킨다. 외상 경험은 현실이었지만 플래시백 자체는 현실이 아니고, 마음으로 이미지나 영상이 떠올라서 마음으로 듣고, 마음으로 느끼고, 마음으로 당하고, 마음으로 두려워한다는 면

---

21 Richard Benjamin,(2013) "Unconscious Relational Traumatic Memory and Its Relevance to 'Everyday' Clinical Psychiatry," *Australasian Psychiatry* 21/4, 321-25.

에서 환영(illusion)과 같은 것이다. 외상 경험자 가운데는 이런 허깨비와 같은 고통스럽고 끔찍한 기억과 사투로 평생을 보내는 일도 있다. 골드스타인 등은 외상 사건(제2차 세계 대전) 이후 40년이 지나서도 지속해서 플래시백에 시달린 사례를 소개한 바 있다.[22]

외상 사건에 대한 반복적이고, 환상적이고, 생생하고, 선명한 기억은 기본적으로 불안, 공포증에 속하는데, 이에 불안, 공포만 나타나는 것이 아니라, 수치심, 증오심, 적대감, 혐오감, 우울감, 분노, 후회, 슬픔 등의 정서가 교차(overlap)하기도 한다. 이런 상태가 만성화될 때 범불안장애로 악화될 수 있다.

플래시백은 사회공포증 상황에서 많이 발생하기도 하며, 또 사회공포증을 일으키기도 한다. 예를 들면, 내담자가 대중 앞에서 발표하다가 커다란 실수를 했을 때 그 장면이 플래시백으로 나타나는 경우가 많다. 이때 발표 실수와 관련된 모든 맥락이 일목요연하게, 논리적으로, 영상화된다기보다 실수 장면, 대중의 폭소 장면, 현장 이탈 장면 등 단편적이고 충격적인 기억 조각, 파편들에 압도당한다.

그래서 외상 사건과 플래시백은 그와 관련된 실수와 실패를 재차 경험할 것만 같은 두려움에서 '예기 불안'(anticipatory anxiety)과 매우 밀접한 관련이 있다. 결국, 플래시백은 사회공포증으로 악화되는데, 사회공포증이 잘 치료되지 않는 원인은 플래시백이 빈번하게 나타나기 때문으로 분석된다.

플래시백은 불안, 공포를 기반으로 하는데, 이는 가정에서 양육과 관련된 외상 경험으로부터 발생하게 된다. 즉 아동기 부모로부터 받은 심리정서적 문제로서 대부분 당황함, 놀람, 소외감, 거부감, 수치심과 우울감 등이 사회공포증을 악화시킨다고 볼 수 있다.[23]

또한, 대인 외상의 경우, 양극적 정서가 나타나는데, 자기에게는 후회와 혐오, 가해자에게는 원한, 분노, 적개심, 증오심, 복수심 등이 발생한다. 나아가 플래시백의 빈도가 높아지거나, 과장되거나, 감당할 수 없을 때 내담자가 정서장애는 물론 조현병(schizophrenia)에 이를 수 있다는 연구 결과도 있다.[24]

---

22 G. Goldstein, et al,(1987) "Survivors of Imprisonment in the Pacific Theatre during World War II," *American Journal of Psychiatry* 144, 1210-13.
23 Marcela Matos & Jose Pinto-Gouveia,(2010) "Shame as a Traumatic Memory," *Clinical Psychology and Psychotherapy* 17, 299-312.
24 Mole, "A Methodological Flaw in 'The Neural Basis of Flashback Formation," 1785-86.

대인 외상의 경우, 플래시백 때문에 심리정서적 장애만 일으키는 것이 아니다. 부정적 정서가 내현화되어 극단적으로 자살 관념에 영향을 줄 수도 있고, 외현화될 때 폭행 및 살인에 영향을 주는 사건이 발생하기도 한다.

보른 등은 기능성 자기공명영상(fMRI)을 통해 외상 장면 회상 때 뇌에 혈류 역학적 반응이 나타난다는 것을 확인했다.[25] 외상 경험을 유발하는 동안 대뇌 혈류의 증가는 전두엽 및 변연계에서 발견되고, 대뇌피질뿐만 아니라 편도체에서도 발견된다. 이 연구 결과에 따르면, 플래시백이 나타날 때 뇌가 활성화되고, 신체적으로는 심계항진(두근거림) 및 과호흡증후군 등이 나타났는데, 이것은 외상 사건과 유사한 격한 심리정서적 반응이 신체적으로 표출되었다고 볼 수 있다.

플래시백은 명백하게 스트레스로 작용하는데 이때 노르아드레날린(noradrenaline)과 에피네프린(epinephrine), 노르에피네프린(norepinephrine)이 분비되어 긴장과 각성 상태에 이르게 되며, 뇌(해마)의 통증 경보 시스템에 영향을 미쳐 불쾌감은 물론, 불안, 공포감이 있게 한다. 특히, 노르에피네프린은 기억에 자극을 주고, 기억을 활성화하는 데 영향을 주어 플래시백이 플래시백을 가중한다고 할 만큼 그 정도와 빈도를 높일 수 있다.[26]

3) 플래시백의 기억과 정서

인간이 기억 활동을 하는 한, 외상 경험을 했을 때 플래시백은 나타나게 되어 있으므로 이것을 완전히 통제할 수는 없다. 기억에 큰 영향을 줄 정도의 사건이었다면 그것은 극도의 두려움, 통제 불능 및 불가항력적 무력감, 강렬한 심리정서적 반응, 생명의 위협적인 사건이었다고 볼 수 있다. 이런 기억들은 잊고 싶다고 해서 쉽게 잊히는 것이 아니며, 치료적으로 특정 기억의 망각을 다룰 수 없다는 것은 명백한 사실이다.

---

25 Bourne, MacKay & Holmes, 1521-32. 외상 경험의 재발을 유발하는 동안 대뇌 혈류의 증가는 전두엽 및 변연계에서 발견되고, 대뇌피질뿐만 아니라 편도체에서도 발견된다.
26 Sexton A. McPherson-Sexton,(2006) "Normal Memory versus Traumatic Memory Formation," *Journal of Police Crisis Negotiations* 6/2, 65-78.

그래서 쵤너와 비텐거는 "기억과 치료는 관계가 없다"고 단정적으로 주장했는데, 그 의미는 기억 자체를 치료할 수 없다는 의미로 이해된다.[27] 플래시백이 외상 사건에 대한 기억의 회상이기는 하지만 외상 사건의 전체적인 맥락이 시각화, 영상화되어 떠오르는 것이 아니라, 특정 장면의 일부가 발현되는 경우가 대부분이다.[28]

쇼브와 킬스톰의 연구 결과에 따르면, 플래시백은 불쾌한 감정이 곁들여진 생생한 이미지 감각임은 분명하지만 그 상황을 구체적인 이야기로 표현하기에는 분명하거나 정교한 기억이 아니라고 분석했다.[29] 외상 사실(fact)에 대한 전반적이고 구체적인 상황은 시간이 지나면서 기억이 흐려지고 감정이 곁들여진 특정 충격적 장면만 플래시백으로 나타나게 되는 것이다.

외상 경험은 종종 무질서한 방식으로 기억된다. '무질서한 방식의 기억'이란 외상 사건이 경험자의 뇌에 정리되지 않고, 일관적이지 않고, 단편적이며, 비논리적인 장면으로서 기억의 파편화, 조각화된 이미지로 나타난다는 의미다.[30] 그레이(Grey) 등은 이를 '조각난 기억'(fragmented memory)이라고 표현했다. 또 기억이 정서와 결합해 다소 과장된 특징이 나타나기는 하지만 없었던 일이 나타나는 불일치의 경우는 거의 없다.[31]

벤자민의 연구에 따르면, 외상 경험자가 최초에는 외상 사건에 대한 사실 자체를 기억하지만 이것이 해석의 과정을 거치면서 감정(정서)이 덧입혀져 더욱 끔찍해지고, 더욱 두려운 장면으로 심상화된다고 보았다.[32] 데이비드 시맨즈도 기억은 단순히 사실 자체를 떠올리는 것이 아니라 감정

27　Lori A. Zoellner & Joyce N. Bittenger,(2004) *On the Uniqueness of Trauma Memories in PTSD* (Hoboken, NJ.: Wiley & Sons), 147-62.
28　Bourne, et al, "The Neural Basis of Flashback Formation," 1521-32.
29　Katharine K. Shobe & John F. Kihlstrom,(1997) "Is Traumatic Memory Special?" *Current Directions in Psychological Science* 6/3, 70-74.
30　Nick Grey, et al,(2002) "Cognitive Restructuring within Reliving," *Behavioural and Cognitive Psychotherapy* 30, 37-56.
31　Anne L. Malaktaris & Steven J. Lynn,(2019) "The Phenomenology and Correlates of Flashbacks in Individuals with Posttraumatic Stress Symptoms," *Clinical Psychological Science* 7/2, 249-64.
32　Benjamin,(2013) "Unconscious Relational Traumatic Memory and Its Relevance to 'Everyday' Clinical Psychiatry," 321-25.

과 함께 의식되거나 감정이 기억을 이끌고 의식으로 떠오른다고 보았다. 역으로 이런 연구 결과들은 외상 사건에 대한 의미를 바꾸는 인지 재구성과 재해석이 결국 치료로 작용할 수 있음을 보여 주는 것이다.

외상 기억의 대부분은 외상 사건에 대한 감정이 결부되어 있으므로 기억에 착상이 잘 되고, 회상이 잘 되는 것으로 볼 수 있다. 감정이 기억을 더욱 강화, 활성화한다는 것은 기억에 있어 기본개념이다. 사람은 어떤 사실에 대해 감정이 결부되면, 실제보다 훨씬 더 심리정서적 과장, 확장, 편향되는 현상이 나타날 뿐만 아니라, 기억이 장기기억으로 전환, 유지된다. 그래서 치료적인 입장에서 외상 사건은 초기 개입(처리)이 대단히 중요한데, 그 이유는 그것이 기억에 자리 잡을 때 새로운 인지적 해석을 덧입혀야 하기 때문이다.

3. 플래시백에 대한 상담

1) 성경에서 살펴본 플래시백

플래시백과 관련된 기독교 상담을 수립하기 위해 성경적인 교훈을 찾는 것은 쉬운 일이 아니다. 플래시백의 특징적 용어인 '회상'이라는 단어는 우리말 성경(개역개정판)에서 발견되지 않으며, 대부분 '기억'이라는 단어에 회상의 개념이 포함되어 있다. 성경에 '기억'이라는 단어는 226회 기록된 것으로 분석되며, '기념'(memorial)이란 단어와 '마음에 떠올리다'(call to mind a remembrance)는 동사도 기억과 같은 개념이라 할 수 있다.

이 성경 구절들 가운데 심리학적 개념의 플래시백과 일치되는 성경 구절은 찾아보기 어려우나 어느 정도 유사성을 내포한 구절들은 있다.

> 내가 기억하기만 하여도 불안하고 두려움이 내 몸을 잡는구나(욥 21:6).

이 내용은 욥이 그의 친구들과 나눈 대화에 언급된 구절이다. 이 구절에 나타난 특정 기억과 불안, 두려움의 정서가 나타난 것을 볼 때 플래시백과 유사하다고 유추해 볼 수는 있어도 정확하게 그것과 동일하다고 볼 수는 없을 것이다.

> 여인이 엘리야에게 이르되 하나님의 사람이여 당신이 나와 더불어 무슨 상관이 있기로 내 죄를 생각나게 하고 또 내 아들을 죽게 하려고 내게 오셨나이까(왕상 17:18).

이 구절도 기억하기 싫은 과거의 특정 죄가 생각나서 괴로움의 정서를 겪게 된다는 내용으로서 플래시백과는 관련성이 떨어지지만 특정 기억의 회상이라는 공통성은 존재한다.

> 닭이 곧 두 번째 울더라 이에 베드로가 예수께서 자기에게 하신 말씀 곧 닭이 두 번 울기 전에 네가 세 번 나를 부인하리라 하심이 기억되어 그 일을 생각하고 울었더라(막 14:72).

이 구절에서 베드로가 예수를 부인한 죄를 외상 사건으로 볼 수 있는데, 그 외상 기억이 후회, 슬픔 등의 정서와 연결된 것을 드러내고 있다. 하지만 이런 구절들은 대인 외상과의 밀접한 관련성도 부족하고, 플래시백과 일치되는 내용으로 보기도 어렵다.

창세기에 기록된 요셉의 내용은 인지행동치료 차원에서 이해될 수 있다. 그는 심리학적으로 볼 때 명백하게 외상이라 할 수 있는 경험을 여러 차례 겪은 자이다. 이를테면, 형제들에게 인신매매를 당하는 외상 사건(창 37:28), 노예로 전락한 외상 사건(창 39:1), 성폭행 미수범으로 몰려 수용되는 외상 사건(창 39:20) 등이 그에게 있었다. 이런 모든 일은 대인 외상으로서 누구에게나 잊고 싶은 과거의 기억이다.

이를 해소하는 요셉의 방법은 자기의 장남에게 '므낫세'(Manasseh)라는 이름을 지어 주었는데, 그 뜻은 '잊어버림'이라는 의미다.

> 요셉이 그의 장남의 이름을 므낫세라 하였으니 하나님이 내게 내 모든 고난과 내 아버지의 온 집일을 잊어버리게 하셨다 함이요(창 41:51).

요셉의 충격적 외상 기억이 그렇게 쉽게 잊힐 수 있는 것이 아니다. 요셉이 제 아들들에게 히브리 이름을 지어줄 때, 그의 심리 상태와 무관하지 않았을 것이다.³³ 요셉이 장남의 이름을 '잊어버림'이라고 작명했다는 것은 하루에도 여러 차례 이 이름을 부르면서 잊고 싶었던 외상 사건이 있었고, 그것을 잊으려는 반복적 노력이 있었다는 것을 방증하는 것으로 볼 수 있다.³⁴ 잊을 것이 없는 사람에게는 '잊어버림'이 의미가 없기 때문이다. 이는 인지행동치료의 인지 재구성과 반복으로 볼 수 있으며, 요셉이 자조적인 치료를 했다고 보는 것에 무리가 없다.

대인 외상의 경우, 자기의 심리정서에 직접적인 피해를 준 가해자와 그의 악행이 플래시백으로 나타나는데, 이에 대해 기독교 상담에서는 공통으로 용서를 치료의 방법으로 제시한다. 하지만 기독교인들 가운데는 플래시백에 대해 용서를 방해하는 사탄(마귀, 악령, 악마, 귀신 등)의 역사로 단정하는 예도 있다. 회상 기억을 사탄의 역사로 생각하는 것이 아니라, '용서'라는 거룩한 주제의 이행을 방해하기 때문에 그런 오해를 하게 된다.

즉, 대인 외상의 주체가 된 가해자와 그의 악행에 대해 예수 그리스도의 이름으로 용서했는데, 용서 이후에도 가해자와 가해 사건, 고통스럽고 끔찍한 피해 장면 등이 회상되기 때문이다. 플래시백을 경험하는 기독교인들이 이런 구조로 플래시백을 보지 않으면 귀인 대상이 없으므로 불안하고, 불쾌한 정서를 이해할 수 없게 되고, 싸워야 할 대상도 모호해지게 된다.

그래서 플래시백을 이분법적 구조로 보고 축사(exorcism: 사귀 축출)로 전환하거나 이른바 '영적 전투'라고 해서 자기의 영성을 공격하는 플래시백과 대결하는 경우들이 기독교 상담 현장에서 흔히 발견된다.

용서는 마치 죄인에게 마땅히 내려져야 할 처벌이 아니라 오히려 선물을 안겨 주듯 그리스도의 사랑과 자비를 가해자에게 베푸는 불균형적, 불평등적, 비논리적, 무조건적인 신앙 행위이다. 정상적인 인지와 이성을 가진 사람으로서는 하기 어려운 신적 행위에 참여했지만, 플래시백이 발생할 때 기독교인들은 혼란에 빠지게 된다.

많은 경우에 기독교인들은 용서와 망각을 동일시하여 진정한 용서를 했다면, 그 내용이 기억에서 깨끗하게 지워지는 것으로 생각하는 경향이 있

33　David A. Seamands,(2006) *Healing of Memories* (Milton Keynes, UK.: Authentic Media), 113.
34　Bill T. Arnold,(2014) *Genesis* (Kentucky: Cambridge University Press), 344.

다. 이런 혼란스러운 상황에서 플래시백에 대한 성경적이고 명시적인 교훈을 얻기 어렵기 때문에 더욱 고민에 빠질 수 있다.

또한, 플래시백을 경험하는 기독교인들은 용서의 유효성에 대한 의구심과 '단회적 용서', '반복적 용서'의 혼란을 정리해 줄 성경적이고, 신학적인 지침을 원하지만 그것을 얻기는 쉽지 않다. 일반 상담에서는 이런 내용을 다루지 못하거나, 다룰 수 없는 주제이며, 기독교 상담에서만 이에 대해 확고한 개념 정리를 할 수 있다.

로완은 다음과 같은 예화를 통해 플래시백과 용서 관계를 설명했다.[35]

> 닭을 기르는 한 농부의 아들이 어느 날 닭과 장난을 하다가 실수로 수탉 한 마리를 죽이고 말았다. 이 아들은 죽은 수탉을 들고 아버지에게 와서 자기 잘못을 고백한 후, 용서를 구했다. 아버지는 아들의 잘못을 용서하며 말했다.
> "죽은 수탉을 땅에 묻어 버려라"
> 그러나 며칠 후, 아들은 자기가 죽인 수탉에게 잘못한 생각이 떠올라 다시 땅을 파서 묻었던 그 수탉을 꺼내 들고 아버지에게 가지고 와 또다시 용서를 구했다.
> "아들아, 나는 이미 너를 용서했고, 너는 용서를 받았는데, 어찌 이런 일을 했느냐?
> 죽은 수탉을 땅에 묻어버리고 다시는 이러지 마라!"
> 아버지는 용서했음을 다시 한번 확인해 주었다.

이 예화는 플래시백과 용서를 연결하고 있다. 불현듯 수탉을 죽인 죄의 기억이 떠올라 다시 용서받기 위해 또 땅을 파헤치고 죽은 수탉을 꺼내는 어리석은 행위를 할 필요가 없다는 것을 통해 로완은 단회적 용서를 강조하고 있다.[36] 문제는 플래시백으로 악이 살아나는 것이라기보다는 악의 기억이 되살아나는 것이다.

이는 인간이 행한 죄악을 하나님께 회개하고 용서받았어도, 죄악에 대한 기억은 자연 발생적이다. 따라서 악은 회개로 해결되고, 회개는 사죄의 확신으로 완성되며, 사죄의 확신은 인지 재구성이라는 과정으로 얻어지는

---

35 Ford Rowan,(2018) "Forgiveness and Healing in Prison," *Journal of Bible and Theology* 72/3, 293-303.
36 Mole, "A Methodological Flaw in 'The Neural Basis of Flashback Formation," 1785-86.

것이라 할 수 있다. 용서는 단회적이지만 치료를 위해서는 사죄의 확신이나 용서의 확신을 자기에게 반복적으로 선언하는 것이 필요하다.

이를테면, 사죄의 확신은 "나는 이미 내가 그에게 행한 죄를 사랑의 하나님께 회개했고, 그리스도의 보혈로 용서받았어!"라고 하는 것이며, 용서의 확신은 "나는 이미 그가 나에게 행한 죄를 하나님의 사랑으로 용서했고, 그리스도의 보혈로 그를 덮었어!"라는 것을 반복적으로 확증하는 것이다. 이런 반복 작업은 인지 재구성의 과정으로서 결국 플래시백을 약화하게 된다.

2) 인지 재구성과 반복 심상

플래시백에 대한 인지행동치료적 핵심 전략은 인지 재구성(cognitive reframing)이라는 것에 재론의 여지가 없다. 미국 국립건강관리연구소(NICE)는 다양한 심리정서적 장애를 다룰 때 인지행동치료를 가장 먼저 적용할 치료기법으로 권장할 만큼 인정된 기법이다.[37] 이는 세계적으로 상담 및 심리치료 분야에서 가장 광범위하게 활용되고 있는 기법이 되었다. 인지 재구성이 외상 기억의 문제를 해소한다는 것은 다양한 인지행동치료 관련 선행 연구 결과들에서 드러나고 있다.[38]

힐슈와 홈스는 그들의 연구에서 외상 기억에 대한 플래시백을 해결하는 데 있어 가장 효과적인 방법은 인지행동치료라는 것을 실험 연구로 밝힌 바 있다.[39]

인지 재구성은 인지행동치료의 근간이 되는 그리스 스토아 철학자 에픽테투스의 진술 "사람은 사건이나 사물에 의해 영향을 받는 것이 아니라, 그에 대한 해석의 영향을 받는다"에 근거한다. 존즈와 버트만이나 맥민과 캠벨은 인지행동치료를 일컬어 기독교 상담에서 응용할 수 있는 가장 적절한 이론이며, 치료적 접근이라고 평가하는 데 주저하지 않았다.

---

37 Michael Neenan & Windy Dryden,(2014) *Cognitive Behavioral Therapy: 100 Key Points and Techniques* (New York: Routledge), 268.
38 Aaron T. Beck, et al,(2003) *Cognitive Therapy of Depression*. New York: Guilford.
39 Colette R. Hirsch & Emily A. Holmes,(2007) "Mental Imagery in Anxiety Disorders," *Psychiatry* 6/4, 161-65.

이는 본래 우울증 치료를 위해 창안되었으나 다양한 심리정서적 증상(불안증, 공포증, 강박증, 불면증, 비만증, 성격장애, 부부치료 등)에 적용되어 상당한 효과를 보고 있다. 이와 같이 다양한 증상에 인지행동치료적 접근을 시도하는 가운데 리식과 슈닉크는 PTSD에 인지행동치료기법을 적용한 최초의 학자로, 외상 사건에 대한 상담 및 심리치료는 그 사건에 대한 내담자의 기억에 새로운 의미를 갖도록 하는 데 초점을 맞추어야 한다고 주장했다.[40]

즉, 외상 기억 자체를 치료할 수 없으므로 그에 대한 의미를 바꾸는 것이다. 긍정적 인지 재구성이 쉽지 않을 때는 외상 사건보다 더 최악의 상황(죽음 등 더 극단적인 상황)을 인식하거나 하향 사회 비교를 하는 것만으로도 외상의 부정적 의미가 상당히 약화할 수 있다. 이런 방법을 근본적인 치료라 할 수는 없는데 그럴지라도 이런 기법은 문제가 악화하지 않는 것은 틀림없다. 더 나아가 인지 재구성은 외상 사건에 대한 해석을 꾸준히 바꾸는 작업으로서 플래시백에 긍정성을 덧입히는 것이다.

창세기에 기록된 요셉이 형들로부터 인신매매를 당해 이집트 노예가 되었지만, 그는 인지 재구성으로 외상 사건의 의미를 바꾸어 문제를 극복했다고 볼 수 있다.

요셉은 형들에게 말했다.

> 당신들이 나를 이곳에 팔았다고 해서 근심하지 마소서 한탄하지 마소서 하나님이 생명을 구원하시려고 나를 당신들보다 먼저 보내셨나이다(창 45:5).

그뿐만 아니라 요셉은 자기가 당한 외상 사건에 대해 다음과 같이 긍정성을 덧입혔다.

> 하나님이 큰 구원으로 당신들의 생명을 보존하고 당신들의 후손을 세상에 두시려고 나를 당신들보다 먼저 보내셨나니 그런즉 나를 이리로 보낸 이는 당신들이 아니요 하나님이시라 … (창 45:7-8).

---

[40] P. Resick & M. Schnicke,(1992) "Cognitive Processing Therapy for Sexual Assault Victims," *Journal of Consulting and Clinical Psychology* 60/5, 748-56.

여기서 볼 수 있는 대로 인지 재구성은 있었던 일을 없던 일로, 없었던 일을 있었던 일로 생각하는 것이 아니라, 있었던 사실 자체를 분명히 인정하지만 에픽테투스의 진술대로 해석을 긍정적으로 바꾸는 것이다. 이미 용서한 사건이나 용서받은 사건이 플래시백으로 빈번하게 나타나는 이유는 그것에 긍정성을 덧입히는 인지 재구성이 없었거나, 빈약했기 때문이라고 분석해 볼 수 있다.

캘리포니아 루터(Lutheran)대학교 심리학과 교수 셀은 자기에게 발생한 외상 사건의 가해자 및 가해 행위에 대한 플래시백이 나타날 때, 이를 의지적, 의도적으로 차단하는 '플래시백 약화하기'에 대한 유용성을 입증하는 실험 연구 결과를 제시한 바 있다.[41] 이 연구는 플래시백이 나타날 때 인지전략으로서 의지적, 의도적 그리고 적극적으로 자기의 주의를 다른 방향으로 이동하거나 분산하는 연습을 통해 플래시백에 끌려가지 않도록 하는 것이다.

셀은 '플래시백 약화하기'의 유효성을 경험하기 위해서는 외상 사건 및 가해자에 대한 인지 재구성은 필수적이며, 그에 대한 긍정적 인식으로 이동하는 연습이어야 한다고 주장했다. 그의 연구는 인간은 부정적인 내용을 더욱 기억하게 되어 있으므로 상호적 억제이론에 따라 사건에 대해 긍정성이 덧입혀지는 인지 재구성이 플래시백을 약화할 수 있다는 것이다.

그레이 등 플래시백에 대한 인지전략은 외상으로 손상된 심리적 자아의 복구 작업으로서 핵심 신념을 강화하는 것(reinforcing the belief)이 대단히 중요하다고 주장했다.[42] 하지만 근본적으로 핵심 신념은 침투 사고 과정과 반복된 인지의 결과로 형성된 것이기에 그 자체를 대상으로 직접적인 작업을 한다는 것은 쉬운 일이 아니다. 즉, 식습관을 바꿈으로써 살을 뺄 수 있지, 살을 뺌으로써 식습관을 바꿀 수 있는 것과 비견되는 내용이다.

핵심 신념을 강화한다는 것은 외상 때문에 손상되었다고 볼 수 있는 핵심 신념에 새로운 반복된 해석을 통해 인지 재구성을 하는 것이라 할 수 있다. 핵심 신념에 침투하기 위한 접근 방법은 인지행동치료에서 여러 가지를 제시하지만 가장 효과적인 것은 반복 심상(imagery)이다.

---

41 Andrea J. Sell,(2014) "Applying The Intentional Forgetting Process to Forgiveness," *Journal of Applied Research in Memory and Cognition* 5/1, 10-20.
42 Grey, et al, "Cognitive Restructuring within Reliving," 37-56.

인지행동치료는 그것이 처음 시작할 때부터 반복 심상의 역할에 대해 강조해왔다. 인지행동치료는 심상이 감정에 강력한 영향을 미친다는 전제를 두고, 플래시백 심상 때문에 심리정서적으로 고통당하는 내담자에게 그것을 완화하는 강력한 심리치료 방안이 될 수 있다. 이때 심상의 내용은 상호적 억제 및 상반행동강화원리에 따라 플래시백에서 나타나는 내용과 반대되는 긍정적 내용이어야만 한다. 전통적으로 플래시백에 대한 인지행동치료 전략은 상호적 억제에 기초한다. 즉, 상호적 억제는 나쁜 기억에 대응하여 좋은 기억을 반복하는 것이며, 부정적 심상의 문제를 긍정적 심상으로 치료하는 것이다.

누구라도 마음에서 떠오르는 외상 사건에 기억을 집중하면, 심리정서적 질병으로 악화될 것이 틀림없다. 기억은 항상 선택적이어서 그것이 떠오른다고 해서 문제가 되는 것은 아니며, 특정 기억을 자기가 의지적, 의도적으로 선택하여 심상을 반복적으로 확장하거나 활성화할 때 문제가 된다고 할 수 있다. 따라서 대인 외상에 대한 플래시백이 나타나면 상황에 집중하지 않고, 사죄의 확신, 용서의 확신에 집중하는 반복이 치료에 필수적이라 할 수 있다.

3) 인지적 유연성 강화

플래시백은 '침전된 기억'(precipitated memory)과 같아서 의식 저변에 깔려 있다가 외상과 유사한 상황에 부닥치거나, 기억촉발 요인 및 단서가 제공되거나, 충격 때문에 쉽게 의식층으로 부상되어 나타난다. 이는 내담자의 부주의로 발생하는 것이 아니기 때문에 죄책감을 가질 필요는 없다. 치료를 위해서는 플래시백과 기억을 회상하게 하는 촉발적(trigger), 촉매적(catalytic) 단서 간의 연결고리를 차단하거나 완충적 장치를 확보하는 것이 중요하다.

하지만 플래시백을 촉발하는 단서를 원천적으로 차단하는 것은 쉬운 일이 아니다. 생활 주변에 외상 기억을 불러오는 촉발적, 촉매제 역할을 하는 다양한 단서 또는 유사 단서가 수없이 존재하기 때문이다. 외상과 인지치료 관계를 연구한 엘러스, 스테판과 사이모스도 셀과 유사한 연구 결과를 내놓았는데, 외상 사건과 외상을 떠올리게 하는 촉발적, 촉매적 단서 간 그리고 외상 사건과 플래시백 간의 연결고리를 끊는 인지적 차단이 상

당한 치료 효과가 있음을 밝혔다.[43]

촉발적, 촉매적 단서들이 외상 기억으로 연결되지 않도록 하기 위해서는 단서에 대한 과민성(hyper-sensitivity)을 감소해야 한다. 이는 플래시백에 대한 심리정서적 유연성을 갖도록 하는 것인데, 단서나 증상에 대한 심각도(severity)를 낮추고, 비반응성(nonreactivity)을 높이는 것이 치료전략으로 활용되어야 한다. 인지적 유연성을 강화하는 것만으로도 심리정서적 안정감이 생기고, 플래시백에 불안 없이 대처할 수 있다는 선행 연구들이 있다.

그러므로 상담자는 상담 종결 때에 내담자에게 장차 비자발적으로 플래시백이 자연스럽게 나타날 수 있다는 것을 알려 줄 필요가 있다. 상담 및 심리치료를 받은 경우에도 외상 기억 자체를 지울 수 없으므로 비자발적(비의지적, 무의도적, 무의식적)으로 플래시백이 나타난다. 그것을 겪는 당사자에게는 고통스럽고 끔찍한 경험이 되겠지만, 이는 자연스럽고, 정상적이며, 전형적이다.

플래시백이 나타나더라도 긴장하거나 당황하지 않고 '일어날 수 있는 일이 일어났다'고 생각만 해도 심리정서적 유연성이 발생한다. 어떤 방법으로든 외상 사건에 대해 심리정서적 안정감을 느끼게 되면 문제는 훨씬 가벼워지고 복원력도 생기며, 외상 기억과 플래시백 발생 빈도가 현저하게 감소하는 것으로 나타났다.[44] 이에 기독교 상담적 접근으로는 임마누엘 요법을 통해 하나님이 자기와 함께하신다는 확신으로 영적 안정감을 느끼도록 해야 한다.

임마누엘 요법을 주장한 프리센 등은 하나님께서 자기와 함께하셔서 위로와 지지해 주시는 장면을 심상하는 것이 훌륭한 치료기법이라고 주장했다.[45] 위로하시는 예수 그리스도를 지금-여기서 도우시는 분으로 인식하는 것은 기독교 상담에서는 중요한 인지 재구성의 방법이라 할 수 있다. 더 나아가 자기가 고통당할 때 하나님이 자기와 함께하셨다는 것을 심상

---

43 Anke H. Ehlers, G, Stefan & Gregoris,(2013) *Trauma Focused Cognitive Behavior Therapy for Posttraumatic Stress Disorder and Acute Stress Disorder* (Oxford, UK.: John Wiley & Sons), 161-89.

44 Hirsch & Holmes, "Mental Imagery in Anxiety Disorders," 161-65.

45 James G. Friesen, James E. Wilder & Anne M. Bierling,(1999) *Living from the Heart Jesus Gave You* (Pasadena: Shepherd's House), 7-8.

하는 것보다 자기가 경험한 외상 사건의 현장에서 하나님도 자기와 함께 고통을 당하셨다는 것을 심상하는 것이 심리정서적 유연성과 안정성을 갖게 하는 중요 요소이다.

4. 닫는 글

이 연구는 심리적 외상 때문에 발생하는 플래시백에 대한 이해를 기초로 해서 인지행동치료 전략을 기독교 상담적으로 응용하는 것에 관한 것이다. 외상은 크게 두 종류, 대인 외상과 비대인 외상으로 나누는데, 어떤 종류가 되었든 그것을 경험하면 플래시백으로 나타나게 되며, 부정적 영향으로 삶의 질이 저하된다. 플래시백은 기억을 가진 인간으로서 외상 사건을 경험한 사람은 누구든지 자연스럽게 겪는 현상이다.

하지만 이를 잘 해결하지 못하면 기분장애, 범불안장애, 사회공포증 등을 비롯해 다양한 심리정서적, 영적 문제로 악화될 수 있다. 따라서 플래시백이 질병으로 악화하지 않도록 상담 및 심리치료를 통한 지지가 필요한데, 외상 기억에 대한 플래시백을 해결하는 데 있어 효과적인 방법은 인지행동치료다. 이것은 기독교 상담이론이나 기법이 아니므로 그것을 여과 없이 활용하기에는 어려운 점이 있다.

플래시백과 관련된 성경적인 교훈을 찾는 것은 쉬운 일이 아니다. 일부 성경 구절에서 대인 외상 및 플래시백과 관련된 내용을 발견할 수는 있으나 이 장에서 다룬 주제와 일치되는 내용은 보기 어렵다.

대인 외상의 경우, 자기의 심리정서에 직접적인 피해를 준 가해자와 그의 악행이 플래시백으로 나타날 때, 기독교 상담에서는 용서를 치료 방법으로 제시한다. 그러나 용서를 수용하고 이행한 기독교인들에게서 용서 이후에도 가해자와 가해자의 악행, 고통스럽고 끔찍한 피해 장면 등이 회상되기 때문에 불안하고, 불쾌한 정서를 갖게 된다. 플래시백에 대한 인지행동치료적 핵심 전략은 인지 재구성에 있다.

그러므로 상담자는 내담자가 외상 기억에 새로운 의미를 갖도록 하는데 상담의 초점이 맞추어져야 한다. 인지 재구성은 외상 사건에 대한 해석을 꾸준히 바꾸는 작업으로서 플래시백에 긍정성을 덧입히는 것이다.

인지행동치료에서 인지 재구성과 반복 심상은 감정에 강력한 영향을 미치는 것으로 되어 있는데, 이는 심리정서적으로 내담자의 고통을 완화하는 효과적인 상담 및 심리치료 방안을 제시한 것이다. 이때 심상의 내용은 플래시백의 장면과 반대되는 내용이어야 한다. 인지행동치료의 상호적 억제 및 상반행동강화원리에 따라 사건에 대해 적극적으로 긍정성을 덧입히는 인지 재구성이 플래시백을 약화할 수 있다. 하지만 그것으로만 충분하지 않다는 것을 다루었다. 용서하고, 용서받아야 할 상황에 대해 반복적인 사죄와 용서에 대한 확신이 기독교 상담적인 인지행동치료 방법임을 제시했다.

　아울러 인지적 유연성 강화로서 플래시백과 기억을 회상하게 하는 촉발적, 촉매적 단서 간의 연결 고리를 차단하거나 약화하기 위한 완충적 장치를 확보하는 것이 중요하다. 촉발적, 촉매적 단서들이 외상 기억으로 연결되지 않도록 하기 위해서는 단서에 대한 과민성을 감소해야 한다. 이를 다른 표현으로는 플래시백에 대한 심리정서적 유연성을 갖도록 하는 것인데, 이는 단서나 증상에 대한 심각도를 낮추고, 비반응성을 높이는 것이 치료 전략으로 활용되어야 한다.

　인지적 유연성을 강화하는 것만으로도 심리정서적 안정감이 생기고, 플래시백에 불안 없이 대처할 수 있다. 기독교 상담적으로 이런 심리정서적 유연성, 비반응성은 하나님이 자기와 함께하신다는 임마누엘 요법으로 가능하다는 것을 모색했다.

제9장

암 환자의 정신종양 상담

영적 지지와 완화치료

목차

1. 여는 글
2. 정신종양학에 대한 개념
   1) 정신종양학의 정의와 개념
   2) 정신종양학의 발생 배경
3. 정신종양학과 완화 돌봄
   1) 종양 환자의 심리상태
   2) 심리학과 기독교 상담학의 영성 차이
   3) 완화치료의 개념
   4) 완화치료의 대상 및 방법
      (1) 통증
      (2) 섬망

5) 완화치료에 대한 상담
   (1) 암 환자에 대한 영적 지지
   (2) 고통에 대한 새로운 의미 형성 (영적 차원의 인지 재구성), 말씀
   (3) 섬망과 불안을 안정시키기 위한 영적 자원: 기도
6) 정신종양학의 영적 지지 방안
   (1) 정신종양학의 영적 지지 개념
   (2) 영적 지지자
   (3) 영적 지지의 방안
4. 닫는 글

---

1. 여는 글

　암은 많은 사람에게 고통을 주고, 많은 사람의 생명을 앗아간 위협적인 질병이다. 세계보건기구(World Health Organization: WHO)의 발표에 따르면, '장차 암은 꾸준히 증가할 것이며, 그에 따라 암 사망률도 역시 증가할 것인데, 이는 세계적인 추세가 될 것'이라고 예측했다.[1]

　우리나라 국민의 사망률 1위를 차지하는 것 역시 다양한 종류의 '암'(癌, cancer)이다. 우리나라에서는 1983년 이후로 암이 가장 흔한 사망 원인이 되

1　Luigi Grassi1 & Michelle Riba,(2012) "Introducing Multicultural Psycho-oncology," in Grassi1 & Riba (eds.) *Clinical Psycho-Oncology* (Chichester, UK.: John Wiley & Sons), 3.

어, 국민 전체로 볼 때 암에 걸릴 위험성은 남성 4명 중 1명, 여성 5명 중 1명이며, 암은 전체 사망률 가운데 28.3퍼센트에 해당하는 높은 비율을 차지하고 있다.[2]

연령대별 암 사망은 20대에서 사망 원인 3위에 해당하며, 30대에서는 2위를 차지하지만 40대 이후부터는 1위로 보고되고 있다. 65세 이상의 노인 사망률 1위는 물론 암이지만, 그 발생률은 무려 41.6퍼센트를 차지하고 있으며, 이는 꾸준히 증가하는 추세에 있다.[3] 그래서 많은 사람이 암에 노출되었을 때, 곧바로 죽음을 생각하여 심리정서적 지지기반이 붕괴하고 이에 대한 불안과 공포, 우울은 물론, 낙심, 좌절, 절망, 무기력 등의 다양한 문제가 발생한다.

기독교 상담은 의학적 주제인 암 자체에 관해 연구하는 것에는 다소 제한된 영역이라 할 수 있다. 하지만 기독교 상담은 암에 노출된 기독교인들을 어떻게 도울 수 있을까 하는 연구를 담당하는 분야이다. 따라서 이 장에서는 암에 대한 일반적 이해를 기초로 정신종양학적 이해를 통해 기독교 상담의 영적 지지와 완화치료적 개념 및 방법을 수립하고자 한다.

2. 정신종양학에 대한 개념

암 환자들을 대상으로 심리정서적 지지를 전문적으로 연구하고 실천하는 학문을 일컬어 '정신종양학'(精神腫瘍學, psycho-oncology)이라 한다. 암 환자에 대한 지지 치료로서 정신종양학은 주로 정신의학 등에서 담당하지만 암 환자와 관련된 연구는 다학제적(multidisciplinary) 성격을 지니고 있는 학문으로 심리학, 상담학, 사회복지학, 종교학, 기독교 상담학 등에서도 관심을 집중시키고 있다.

---

2   Hyun Jeong Lee, et al,(2017) "Psycho-oncology in Korea: Past, Present and Future," *Bio-PsychoSocial Medicine* 11/1, 1-5. 손명균,(2018) "국내 일개 2차 병원의 암 환자 치료실태,"「한국호스피스 완화의료학회지」21/3, 84-91. cf. C. Doyle, et al,(2006) "Nutrition and Physical Activity during and after Cancer Treatment," *A Cancer Journal for Clinicians* 56/6, 323-53.
3   김희선,(2014) "암 환자의 연령에 따른 증상심각성, 증상관련 지장성, 우울, 투병의지 및 사회적 지지와의 관계 비교연구," 한국자료분석학회, *Journal of the Korean Data Analysis Society* 16(2B), 2143-59.

지미 홀랜드와 로우랜드는 정신종양학을 일컬어 "새로운 학문 분야일 뿐만 아니라, 급격하게 증가하고, 광범위하게 확장되는 임상 실천 분야"라고 분석한 바 있다.[4] 국내에서 1990년 이후부터 지금까지 한국연구재단 등재 학술지에 '정신종양학'이라는 용어가 제목에 포함되어 수록된 학술 논문은 고작 두 편에 불과하다.[5]

하지만 이런 현상을 두고 충분한 연구가 이루어지지 않았다고 단정할 수는 없는데 그 이유는 정신종양학의 명칭은 최근에 생긴 것이며 그동안 정신의학, 종양학, 간호학, 사회복지학, 심리학, 상담학 등에서 '호스피스'(hospice)라는 주제로 이것을 다루어 왔기 때문이다.

영적 지지를 통한 영성의 함양은 암 환자로 하여금 죽음에 대한 두려움 해소, 불편 및 고통을 감수하는 능력 향상, 고독의 감소 및 극복 의지 상승, 가족 및 다른 환자들과 심리정서적, 사회적 적응 등과 밀접한 관련이 있다.[6]

1) 정신종양학의 정의와 개념

한국정신종양학회는 정신종양학을 '암이 환자의 신체건강뿐만 아니라 정신건강에도 상당한 영향을 미친다는 것을 인식하고, 암의 심리정서적, 사회적, 행동적 측면에 관해 연구하는 종양학의 다학제적 하위 전문 분야를 일컫는다'고 정의했다.[7]

정신종양학을 의미하는 영어 단어 'psycho-oncology'는 근래에 사용된 신조어(neologism)이다. 구글 학술 검색(Google scholar)을 통해 분석해 볼 때, 영어권에서는 'psycho-oncological'(정신종양학적) 'psycho-oncological care'(정신종양학적 돌봄) 'psycho-oncological support'(정신종양학적 지지) 'psycho-oncological treatment'(정신종양학적 치료) 'psycho-oncological intervention'(정신종양학적 개입, 중재) 등의 용어를 빈번하게 사용하고 있다.[8]

---

4 Jimmie C. Holland & J. H. Rowland,(eds.)(1992) *Handbook of psycho-oncology* (Oxford: OUP), 785.
5 이철,(1994) "정신종양학의 역사와 개관," 한국정신신체의학회,「정신신체의학」2/1, 3-9. 함봉진 외, "정신종양학의 역사와 현황," 413-20.
6 Roddy, "Pastoral Counseling," 110.
7 http://kpos-society.org/2_1.php.(2023.7.1).
8 세계적인 문헌정보를 제공하는 WorldCat®에 따르면, 2000년 이후 'psycho-oncology'라

저자는 정신종양학을 의미하는 영어 단어 'psycho-oncology'에서 'psycho'를 심리로 이해하여 '심리종양학'이라고 번역하고자 했으나, 국내에 이미 '정신종양학회'라는 명칭의 학술단체가 설립되었고, '정신종양학'이라는 용어를 선점적, 공식적으로 사용하고 있어 기존의 용어로 사용하고자 한다.

'psycho'를 의학 계열(정신의학 및 간호학 등)에서는 '정신'(精神)으로 번역하는 경향이 있는가 하면, 비의학 계열(심리학, 상담학, 교육학 등)에서는 '심리'(心理)로 번역하는 추세다. 따라서 psychotherapy를 의학 계열에서는 '정신요법', '정신치료' 등으로 옮기지만, 비의학 계열에서는 '심리요법', '심리치료'로 번역하는 경향이 있다.

그런데도 psychology를 '정신학'으로 옮기지는 않는데 그것은 이 단어가 우리말로 옮겨졌던 초기부터 '심리' 또는 '심리학'이라고 사용하는 것이 일반화되었기 때문이다. 우리말 '정신종양학'이라는 용어가 근래에 사용되었고, 아직 일반화되지 않은 상태여서 정신종양학을 상징적으로 또는 글자 의미 그대로 이해하여 '정신'에 발생한 종양을 연구하는 학문으로 생각하는 때도 있다. 정신종양학이라는 용어가 함축적이어서 오해의 소지가 없는 것은 아니나, 풀어서 설명하면, 종양에 노출된 환자들의 다양한 정신 문제를 다루는 학문이라고 이해하는 것이 가장 단순한 개념이라 할 수 있다.

'종양'(tumor)이라 함은 일반적으로 신체에 발생한 악성 신생물로서 주로 '암'(癌, cancer)을 지칭하는 용어이다. 일단 신체에 암이 발생하면, 질병이 악화 또는 전이(metastasis)되거나, 치료되었다고 하더라도 재발 우려가 커지기 때문에 환자의 불안과 공포는 가중된다. 이에 대해 다니엘 맥파랜드 등은 정밀 의학(precision medicine)의 발전에도 환자 입장에서 치료의 불확

는 단어가 포함된 단행본은 다음과 같다. Youngmee Kim & Matthew J. Loscalzo,(2018) *Gender in Psych-oncology*. New York: Oxford University. Jimmie C. Holland, et al,(2015) *Psycho-oncology*. New York: Oxford University. Lori S. Wiener, et al,(2015) *Pediatric Psycho-oncology*. Cary: Oxford University. Jimmie C. Holland, et al,(2015) *Geriatric Psycho-oncology*. New York: Oxford University. Francisco O. Valenzuela,(2014) *Psycho-oncology*. Bloomington, IN.: Trafford. Thomas N. Wise, et al,(2013) *Psycho-oncology*. Arlington, VA.: American Psychiatric Association. Shulamith Kreitler, et al,(2012) *Pediatric Psycho-oncology*. Oxford: Hoboken, NJ.: Wiley Blackwell, Luigi Grassi & Michelle B. Riba,(2012) *Clinical psycho-oncology*. Chichester, West Sussex: Wiley Blackwell. James D. Duffy, Alan D. Valentine,(2010) *MD Anderson Handbook of Psycho-social oncology*. New York: McGraw-Hill. Andrew E. Iverson,(2003) *Psycho-oncology: the Mind of Cancer*. Portland: NCNM.

실성 때문에 두려움이 증가한다고 분석했다.[9]

암 환자들은 암을 진단받는 순간, 불안과 공포, 불확실성, 상실감, 심리정서적 혼란, 절망(생존에 대한 자신감 상실), 무력감 등의 심리를 해결하기 가장 어려운 문제로 꼽고 있으며, 이런 것들은 환자의 삶의 질을 현저히 저하한다.[10] 그래서 암 환자들의 정신을 억압하는 불안과 공포 및 다양한 심리정서적 문제와 혼란을 감소하고, 암 극복 의지를 향상하며, 통증 및 고통을 완화하여 삶의 질을 유지하도록 지지하기 위한 학문으로 정신종양학이 태동했다고 볼 수 있다.

하지만 암 환자를 '신체', '질병', '정신'의 삼각 구조로만 볼 수 없는 것은, 인간은 영적 존재이며, 영성이 신체, 질병, 정신에 영향을 미칠 뿐만 아니라, 이들 간에 밀접한 상관관계에 놓여있기 때문이다.

2) 정신종양학의 발생 배경

암 환자의 심리정서적 지지가 암의 결과나 예후에 뚜렷한 영향을 미치고 있음을 의학이 인정함에 따라 '정신의학'(psychiatry) 및 '종양학'(oncology)의 통합적 결과로써 '정신종양학'(psycho-oncology)이 태동했다고 볼 수 있다.

미국에서 암 발생 및 진행과 관련하여 환자의 성격적 특성, 갈등 및 심리정서적 상태 등과 관련하여 다양한 연구 결과가 발표되기 시작한 시점은 1960년부터였다. 1970년대에 미국 국립암연구소에서 암과 심리정서적 문제에 대한 최초의 통합된 연구가 시작되었고,[11] 1975년에는 최초로 암과 정신사회적 측면의 관계에 대한 학술회의가 개최되었다. 이런 학술적인 움직임들이 정신종양학을 태동시킨 기초가 되었다.

1976년에는 정신 사회적 종양학 합동연구회(Psycho-social Collaborative Oncology Group)가 조직되어 국가 기관으로부터 상당한 재정 지원을 받아 암과 심리정서적 차원의 체계적인 연구가 시도되었다.

---

9 Daniel C. McFarland, et al,(2017) "New Challenges to Psycho-oncology Research: Precision Medicine Oncology and Targeted Therapies," *Psycho-oncology* 26/2, 144-46.
10 Roddy, "Pastoral Counseling," 110.
11 이철,(1994) "정신종양학의 역사와 개관" 한국정신신체의학회, 「정신신체의학」2/1, 3-9.

1989년에 이르러서 국제정신종양학회(International Psycho-Oncology Society)가 설립되었는데, 이는 미국, 캐나다, 영국, 일본 정신종양학회나 범아프리카 정신종양학회 등 약 27개국의 학회들과 연계되어 세계 52개국을 대표하는 기구가 되었으며, 정신종양학 발전의 구심점 임무를 수행하고 있다.[12] 용어에서도 1984년까지는 정신사회종양학(psychosocial oncology), 행동종양학(behavioral oncology) 등으로 호환하여 명명하다가 '정신종양학'으로 통일되었다.

우리나라에서는 2005년 12월에 이르러서 '정신종양연구회'가 결성되었고, 2014년 9월에 비로소 '한국정신종양학회'가 창립되었으며, 2015년 10월부터 학술지 "Korean Journal of Psycho-Oncology"(한국정신종양학회지)를 간행하게 되었다.

호스피스는 말기 암으로 죽음이 거의 확정된 환자를 대상으로 마지막 삶을 돌보는 접근(end-of-life care/final stage of life care)이라면, 정신종양학은 암 진단을 받은 모든 환자를 대상으로 한 통증(distress)관리, 완화(palliative) 의료지원, 심리정서적 지지, 영적 지지 등에 대한 전반적인 돌봄의 영역이라 할 수 있다.

3. 정신종양학과 완화 돌봄

1) 종양 환자의 심리상태

일반적으로 암 환자는 암으로 인한 고통 등 암 자체의 문제와 동시에 심리정서적, 사회적, 영적 문제를 함께 수반하는 문제에 노출된다. 이런 상황은 암 환자나 그 가족의 삶의 질을 저하하며, 치료 및 예후에서도 직간접적으로 부정적 영향을 미친다.[13] 암 진단을 받은 환자는 필연적으로 신체 내적 변화에 직면하게 되며, 개인차에 따라 다르기는 하지만 심리정서적, 사회적, 영적으로도 다양한 변화를 겪는 것이 보편적인 현상이다.[14]

---

12 함봉진 외, "정신종양학의 역사와 현황" 413-20.
13 Hyun Jeong Lee, et al,(2017) "Psycho-oncology in Korea: Past, Present and Future," *BioPsychoSocial Medicine* 11/1, 1-5.
14 Gilda D. Roddy,(2008) "Pastoral Counseling," *Integrative Cancer Therapies* 7/2, 110. cf.

대개 암 환자들은 암을 형벌, 저주 또는 재앙으로 인식하거나 임박한 죽음을 알리는 예고로 받아들여 낙심, 좌절, 절망하게 되는 것이 일반적인 현상이다. 자기가 스스로 건강 관리를 잘못한 결과로 이것이 발생했다고 생각하여 심한 자책감, 죄책감 등을 갖게 된다. 이를테면, 과음으로 인한 간암, 과도한 흡연으로 인한 폐암, 과도한 염분 섭취로 인한 위암, 운동 부족, 만성 피로 등으로부터 암의 원인을 찾아내려고 노력한다.

기독교인도 예외 없이 암에 노출될 수 있는데 암을 하나님의 형벌 및 재앙으로 인식하면 스트레스가 더욱 가중될 뿐만 아니라 신앙적으로 혼란스러운 상태에 이르게 될 수 있다. 종양 환자의 30퍼센트는 정신건강에 심각한 문제가 발생하는 것으로 분석된다.

수잔 싱어는 거의 대부분 암 환자에게 발견되는 첫 반응은 '충격'이라고 분석했다.[15] 암 진단을 받은 대부분 환자의 인식은 자기에게 절대로 발생해서 안 되는 일이 발생한 것으로 생각해 상당한 충격에 노출되는데, 현상적으로 암이 사망의 주요 원인이라는 생각 때문에 충격이 더욱 커진다.

홀랜드 등은 다음과 같은 환자들이 느끼는 고통과 심리를 이해해야 한다고 주장했다.[16]

- 격렬한 통증
- 통제력 상실
- 낙인
- 죽음에 대한 불안과 공포
- 충격과 함께 암에 노출된 불안, 공포 등의 심리

이에 따른 심리정서적, 영적 문제를 겪을 것에 대해서는 의문의 여지가 없다.[17] 암이 발생하면 정상적인 삶의 적응력 저하를 비롯해 2차적 증상이

 Mirjam de Vries & Friedrich Stiefel,(2013) "Psycho-oncological Interventions and Psychotherapy in the Oncology Setting," *Psycho-oncology*, 121-35.
15 Susanne Singer,(2014) "Psychosocial Impact of Cancer," in Ute Goerling, *Psycho-oncology* (New York: Springer), 2.
16 Jimmie C. Holland & Jimmie Rowland,(1992) *Handbook of Psycho-oncology*. New York: Oxford University Press.
17 David W. Kissane, Carrie E. Lethborg & Brian Kelly,(2012) "Spiritual and Religious

나타난다. 이를테면, 암 발생자의 15-28퍼센트는 불안증이 나타나고 있고,[18] 21-58퍼센트는 우울증이 발생하고 있으며,[19] 38.2퍼센트의 환자들에게는 우울증과 불안증을 제외한 다른 정서장애를 겪고 있는 것으로 나타났다.[20] 암의 종류에 따라 2차적인 양상은 달리 나타나고 있다.

암 환자에 발생하는 극심한 불안과 공포는 매우 흔한 일이지만, 이것이 신경증으로서 불안증, 공포증과는 구별되어야 한다.[21] 일반적으로 신경증으로서 불안장애, 범불안장애, 공황장애 등은 비현실적이거나 비합리적인 인지왜곡 때문에 나타나는 두려움이지만 암에 노출된 환자는 자기에게 발생한 질병에 기초하여 실제적인 위협에 직면한 현실적인 두려움이라고 할 수 있다.[22]

암 환자들의 질병은 발생 부위에 따라 의학의 전문 영역에서 다루지만, 심리정서적 문제는 정신건강의학과에서 담당해 왔다. 그러나 암 환자들이 정신건강의학과의 치료를 받음으로써 부정적 인식과 낙인(stigma)을 경험하게 되는데 정신종양학에서는 이러한 부정적 경험을 감소, 제거하는 데 많은 도움을 주며 여기에서 정신종양학의 존재의 의미가 드러나게 되는데 일반적으로 심리정서적 지지의 가장 기본적 목표는 암 환자의 불안과 공포를 감소하는 것이라 할 수 있기 때문이다.

Coping with Cancer," in Luigi Grassi & Michelle Riba, *Clinical Psycho-oncology* (Chichester, UK: John Wiley & Sons), 281.

18 William F. Pirl,(2004) "Evidence Report on the Occurrence, Assessment, and Treatment of Depression in Cancer Patients," *Journal of the National Cancer Institute. Monographs* 32/1, 32-39.

19 Mary J. Massie,(2004) "Prevalence of Depression in Patients with Cancer," *Journal of the National Cancer Institute. Monographs* 32, 57-71. cf. Alex J. Mitchell, et al,(2011) "Prevalence of Depression, Anxiety and Adjustment Disorder in Oncological, Haematological and Palliative-care Settings: A Meta-analysis of 94 Interview-based Studies," *Lancet Oncology* 12/2, 160-74.

20 Thomas Kerrihard, William Breitbart, Ricardo Dent & Tania D. Strout,(1999) "Anxiety in Patients with Cancer and Human Immunodeficiency Virus," *Seminars in Clinical Neuropsychiatry* 4, 114-32.

21 Andre Dankert, Geoffrey Duran, U. Engst-Hastreiter, et al,(2003) "Fear of Progression in Patients with Cancer, Diabetes Mellitus and Chronic Arthritis," *Rehabilitation* 42, 155-63.

22 전요섭,(2017) "범불안장애극복을 위한 '상반행동강화'의 기독교 상담적 적용," 「신학과 실천」 56, 443-69.

하지만 영적 지지는 단순히 암 환자의 심리정서적 증상을 감소시키는 것을 본질로 삼지 않고, 암 환자가 회개와 사죄의 확신, 하나님 나라의 소망과 영적 재구성을 통해 결과적으로 다양한 심리정서적 문제를 감소, 극복하도록 하는 것이다.

와인은 암 환자의 심리정서적 증상을 제거한다든지, 기분을 좋게 하는 것은 정신종양학의 완화치료적 접근이기는 해도 영적 지지로 보기 어렵다고 주장했다.[23] 암 환자가 자기의 고통을 극복하고 평온함을 갖는 것이 매우 중요한 것이기는 하지만 그것이 영적 지지의 결과일 수는 있어도 기독교 상담에서 추구하는 영적 지지의 본질이거나 목적이 되어서는 안 되며, 심리정서적 지지와 영적 지지를 혼동해서도 안 된다.

암 환자에 대한 영적 지지가 암 환자의 우울증을 감소하는 데 영향을 미친 연구 결과도 역시 영적 지지의 결과일 뿐, 우울증을 감소하기 위해 하는 것은 아니다.[24] 암 환자에 발생하는 우울증은 자기에게 죽음이 근접했다는 절망과 자기가 죽음 앞에 할 수 있는 것이 아무것도 없다는 무기력으로 인한 것이다.[25]

이에 대한 영적 지지는 긍정적 미래 인식과 하나님 나라의 소망을 수립함으로써 현실을 극복하게 해서 결국, 심리정서적 문제(불안, 공포, 낙심, 절망, 무기력)가 회복되는 부가적 이득이라 할 수 있다.

죽음학자 엘리자베스 큐블러로스는 암 환자를 비롯해 대부분 불치병(terminal ill)에 노출된 환자의 심리상태를 5단계로 분류한다.[26]

- 1단계 : 부정, 최초 의료진으로부터 진단받은 암 판정을 의심하거나 부정하여 의사 구매(doctor shopping) 현상이 나타난다.
- 2단계 : 분노, 자기가 암에 걸린 것에 대해 하나님께 분노한다.
- 3단계 : 타협, 헌신을 전제로 하나님과 타협하지만 그것이 받아들여지지 않는다.

---

23 Wein, "Spirituality," 91-94.
24 Santosh Ka Chaturvedi & Chitra Venkateswaran,(2008) "New Research in Psycho-oncology," *Current Opinion in Psychiatry* 21/2, 206-10.
25 Singer, "Psychosocial Impact of Cancer," 2.
26 Elizabeth Kubler-Ross.(1969) *on Death and Dying.* New York: Simon & Schuster.

- 4단계 : 우울, 말기 암으로 진행되면서 우울과 침체가 나타난다.
- 5단계 : 순응, 결국 수용적 태도를 보이며 죽음이 누구에게나 예외 없이 찾아온다는 사실과 모든 사람이 병들어 죽거나 사고로 생을 마치게 된다는 것을 받아들인다.

이는 대부분 암 환자에 나타나는 심리적 단계이지만 모든 암 환자가 순차적으로 이런 과정을 겪거나 자기에게 발견된 악성종양을 수용하는 것은 아니다. 일부 환자들은 암을 자기 신체에 발생한 '적'(enemy)으로 인식해 끝까지 힘겨운 심리적 전투만 하다가 생이 종결되는 경우도 많이 있다. 암이 곧 죽음을 의미했던 인식은, 근래 의학의 발달로 인해 치료 효과가 높아진 결과로, 많이 개선되고 있으나 암에 노출되었다는 자체는 다른 경우보다 사실상 죽음의 위협에 노출된 상황이다.

근래 이 주제의 연구에 따르면, 암 때문에 발생하는 충격, 의심, 혼돈, 낙심, 긴장, 슬픔, 우울, 불안, 공포, 분노 등의 심리정서적 상태는 큐블러 로스가 주장한 특정 단계에서 나타나는 것이라기보다 암 투병 기간 전반적인 상태에서 나타난다고 보고 있다. 그런 면에서 볼 때, 암은 만성 스트레스라 할 수 있다. 기독교인 암 환자가 이런 디스트레스에 노출되었을 때 영적 자원을 활용하여 그것을 완화해 주는 것이 기독교 상담의 역할이다.

디스트레스는 필연적으로 신체의 면역 기능에 심각한 손상을 일으켜 치료와 치유 및 회복에 방해가 될 뿐만 아니라 심리정서적 문제를 야기하고, 영적인 면까지 악영향을 주어 이중적, 삼중적 피해가 발생한다. 암 환자 사례 분석에서, 암 환자의 디스트레스 제거가 생존율을 낮추는 데 유의미한 차이가 있음을 입증한 연구 결과도 제시되고 있다.[27]

암에 대한 부정적 인식과 태도를 가진 환자는 말기 암으로 진행된 경우, 심리정서적, 영적 혼란 상태에서 임종을 맞게 될 수 있다. 일부 암 환자는 통증 및 고통과 싸우느라 삶의 질이 하락하고, 생을 정리할 여유를 갖지 못한 채 힘겨운 사투만 벌이다가 생을 종결하는 경우가 발생한다.

---

27 Lorys Castelli, Gianluca Castelnuovo & Riccardo T. Logo,(2015) "Psycho-oncology," *Frontiers in Psychology* 6, 947.

그렇게 되면, 에릭 에릭슨이 강조한 심리사회적 발달 8단계의 마지막 단계인 자아 통합(ego integrity)은 이루지도 못하고 낙심, 좌절, 절망만 하다가 생을 마치는 안타까운 일이 발생할 수 있다.[28] 따라서 영적 지지가 절실히 필요한 암 환자를 대상으로 상담자가 어떻게 지지할 것인지에 대한 명확한 입장을 갖고 접근하는 것이 필요하다.

암에 노출되었을 때 기독교인이라 하더라도 이를 처음부터 거부, 저항 없이 하나님의 섭리로 받아들이며 이겨내려고 하는 것은 일반적이지 않다. 게다가 대부분 암을 자기의 죄악에 대한 심판과 형벌로 인식하기도 해서 악성종양과의 싸움(투병)도 힘겨운 상황인데, 심판, 형벌, 저주, 재앙이라는 부정적 인식과의 싸움으로 더욱 견디기 힘든 상황에 부닥치게 된다.

대부분 기독교인 암 환자는 질병을 단순하게 보지 않고 자기와 하나님 간의 매개적 관련성을 찾아내고 해석하려는 심리정서적 특성이 나타난다. 즉, 자기가 하나님과 떨어진 관계에 대해 하나님이 자기에게 질병으로써 메시지를 전달한 것으로 해석하는 경향성이 생긴다. 또는 자기의 죄와 성경적 삶 간의 괴리를 깨닫게 하려는 하나님의 의도가 암으로 나타났다고 인식하기도 한다.

미국 기독교인 입원 암 환자 200명을 대상으로 한 조사 결과를 보면, 암을 비롯한 질병과 하나님과 관련성을 생각하는 경우가 94퍼센트로 나타났다.[29] 이를 통해 볼 때, 기독교인은 일단 암에 노출되면 기본적으로 신앙 관련성을 고려하고 죄책감과 불안을 느끼게 된다고 볼 수 있다.

기독교 상담자는 암 환자에게 인간의 원초적 두려움인 죽음 불안(death anxiety)과 공포(thanato-phobia)를 해소하고, 그에 대한 새로운 이해와 인지 재구성을 할 수 있도록 각별한 돌봄을 제공해 주어야 할 필요가 있다. 암 환자에게는 악성종양(malignancy)의 제거만큼이나 중요한 것이 비합리적 신념(irrational belief: 암을 형벌 및 재앙, 저주로 인식하는 것)을 제거하는 것이다.

존 파이퍼는 암에 노출되었을 때 발생하는 기본정서를 낙심으로 보았는데 누구도 여기서 벗어나기가 쉬운 일이 아니라고 분석했다.[30] 그는 기본적으로 이 정서가 해결되어야만 다른 문제도 풀릴 수 있을 것으로 보았다.

---

28   Erik H. Erikson,(1963) *Childhood and Society* (New York: Norton), 96.
29   Dana E. King,(2000) *Faith, Spirituality and Medicine* (New York: Haworth), cp. 3.
30   John Piper,(2001) *Hidden Smile of God* (Wheaton, IL.: Crossway Books), 164.

이는 마치 잠언 18:14 "사람의 심령은 그의 병을 능히 이기려니와 심령이 상하면 그것을 누가 일으키겠느냐"라는 구절을 입증이라도 하는 주장이다. 잠언의 내용은 '심령이 상하면 누구도 그 사람을 일으킬 수 없다'는 의미라기보다 근본적으로 인간의 마음을 지으신 하나님(시 33:15)은 일으키실 수 있다는 의미로 보아야 한다.

이에 미국의 상담학자 케네스 미첼과 허버트 앤더슨은 낙심에서 벗어나도록 마음을 일으키시는 하나님의 역사를 암 환자가 체험할 수 있게 반드시 주변 사람들(기독교 상담자, 원목, 목회자, 환자 가족 등)이 그 역할을 담당해 주어야 한다고 주장했다.[31] 이는 돌봄과 지지의 중요성을 피력한 것이라 할 수 있다.

낙심은 우울의 다른 표현일 수 있는데, 우울, 불안 및 디스트레스는 어느 것이 먼저랄 것도 없을 정도로 암 환자에게 동시 발생적 정서로 보는 것이 옳다. 암 환자의 21-58퍼센트는 우울증이 나타나고 있고, 15-28퍼센트에게서 불안과 공포증이 나타나고 있으며, 38.2퍼센트의 환자는 다른 정서장애를 겪는 것으로 나타났다.[32] 우울, 불안 및 디스트레스는 필연적으로 심리정서적, 영적 변화를 초래하며, 삶 전체에 부정적 영향을 미쳐 삶의 질이 저하된다.[33]

2) 심리학과 기독교 상담학의 영성 차이

심리학은 종교가 아니므로 영성을 다루는 데 근본적인 한계가 있으나 근래 초월심리학 등에서 영성에 대한 지대한 관심을 표명하고 있다. 심리학에서 다루는 영성은 종교적 개념의 영성과 그 개념의 차이가 있다고 전제 및 범주를 설정한 후, 조작적 정의로 영성의 의미를 수립하고 나름대로 영적 지지에 대한 기법을 제시하고 있다. 즉, 일부 심리학에서는 종교적 영성과 관련성을 거부하고 단지 초월적인 것을 영성으로 이해하고 이

31　Kenneth R. Mitchell & Herbert Anderson,(2014) *All Our Losses All Our Griefs* (Winnipeg: Manitoba Education and Advanced Learning), 116.

32　T. Kerrihard, W. Breitbart, R. Dent & et al,(1999) "Anxiety in Patients with Cancer and Human Immunodeficiency Virus," *Seminars in Clinical Neuropsychiatry* 4, 114-32.

33　Gilda D. Roddy,(2008) "Pastoral Counseling," *Integrative Cancer Therapies* 7, 110.

에 대한 심리학적 접근을 하고 있다.

특히, 실존주의 심리학자 빅토르 프랭클의 의미요법(logotherapy)은 인간 실존의 특징과 본질적 요인 가운데 영성을 꼽았다.[34] 프랭클에 의하면, 인간은 생물학적 욕구나 사회적 환경에 의해 결정되기도 하지만 인간의 진정한 모습은 그러한 제약을 넘어선 영적 차원에 의해 결정된다고 보았으며, 영이 인간을 목적 지향적으로 만든다고 보았다.

대부분의 심리학에서 인간의 영을 다룬 이론은 발견하기 어려운데 의미요법은 이례적인 것이 아닐 수 없다. 프랭클은 '심인성 신경증'(psychogenic neurosis)과 구별하여 '영인성 신경증'(noogenic neurosis)이라는 새로운 개념을 제시했는데 '영인성 신경증'이란 심리정서적 차원이 아니라 영적 차원에서 비롯되는 신경증을 의미한다고 보았다. 의미요법에서는 영인성 신경증의 경우에 일반적인 상담 및 심리치료를 통해 치료될 수 없고, 영적 차원을 취급하는 의미요법을 통해서만 치료할 수 있다고 보았다.

영성에 대한 혼란을 막기 위해 심리학 일각에서는 '종교적 영성'과 '비종교적 영성'(spiritual but not religious)이라는 용어를 사용하여 애써 구분하기도 한다.[35] 영성은 기독교에서만 다루는 개념이 아니고, 불교, 천주교, 기타 초월 종교에서도 다루고 있으며, 그 개념도 상이하여 논란이 있을 수 있으므로 이런 개념이 제기되고 있는 것으로 이해된다.

신크레어는 이런 실정을 고려하여 영성은 다면적이어서 정의하기가 복잡하고 잘못 정의되는 경우들이 많다고 우려를 나타냈다.[36] 영성의 정의는 영성의 정의를 다룬 학자의 수만큼이나 많을 수 있다.

암 환자를 대상으로 한 영적 지지를 효율적으로 하기 위해 기독교 상담에서는 영성의 개념을 확고히 수립하는 것이 중요하다. 암에 대한 치료적 접근을 논할 때 단순히 의학적 접근만을 논하지는 않으며, 그렇게 되어서도 안 된다.[37] 암 환자의 심리정서적, 영적 상태 또는 신앙 요소의 활용이

---

34 Victor E. Frankl,(2019) *The Doctor and the Soul: from Psychotherapy to Logotherapy* (New York: Vintage Books), 19.

35 Fraser N. Watts,(2016) *Psychology, Religion and Spirituality: Concepts and Applications* (London: Cambridge University Press), 94.

36 Sinclair, S.(2016) "Spiritual Communication," in Elaine Wittenberg, et al,(eds.) *Textbook of Palliative Care Communication* (New York: Oxford University Press), 301-10.

37 Mirjam de Vries & Friedrich Stiefel,(2013) "Psycho-oncological Interventions and Psy-

암 환자의 증상 완화를 비롯한 치료적 변인으로서 영향력 등에 관한 전문적인 연구가 있어야 한다.

의학에서는 정신-신경-면역-내분비(PNI & E)가 상관관계에 있다는 것을 의심의 여지 없이 인정하고 있다.[38] 더 나아가 영성-정신-신경-면역-내분비(SPNI & E)의 구조와 개념을 가지고 있지 않으면 영적 지지는 어렵게 된다.

스코트는 말기 암 환자를 비롯해 불치병 때문에 생이 끝날 무렵에 하나님과 관계성을 갖는 경우가 많다는 현상을 제시했다.[39] 마이클 발보니 등의 분석에 따르면, 신앙을 갖지 않은 상태에서 암 진단을 받은 환자들 가운데 49퍼센트는 암 진단 이후, 종교적인 관심을 드러내어 영적 지지를 요구하는 것으로 밝혀졌다.[40] 스코트 등은 암 환자에게는 틀림없이 의료적, 신체적 치료 이상의 확장된 지지 개념이 있어야 하는 것이 분명하다고 보았다.[41] 암은 환자들이 영적인 것에 관심을 두도록 하고, 자기의 상태를 영적으로 해석하도록 만드는 일임이 틀림없다.[42]

3) 완화치료의 개념

완화치료는 말기 암 환자에 대해 증상 제거 및 감소, 완화에 필요한 치료적 돌봄을 제공하는 정신종양학의 주요 분야이다. 여기서 '완화'(緩和, palliation)라는 용어의 사전적 정의는 '긴장된 상태나 급박한 것을 느슨하게 한다'는 뜻이다.

---

chotherapy in the Oncology Setting," Psycho-oncology, 121-35.
38 Robert A. Anderson,(2003) "The Reviews This Month Are An Attempt to Connect the Dots between PNIE and Other Holistic Areas of Interest Including Behavior, Exercise and Nutrition," *Townsend Letter for Doctors and Patients* 245, 113-15.
39 Linda O. Scott, Johnathon M., Daniel P. Brodeur, Christopher A. Salerno, Anzette Thomas & Susan C. McMillan,(2014) "Relationship with God, Loneliness, Anger and Symptom Distress in Patients with Cancer Who Are Near the End of Life," *Journal of Hospice & Palliative Nursing* 16/8, 482-88.
40 Balboni, et al, "Religiousness and Spiritual Support among Advanced Cancer Patients and Associations with End-of-Life Treatment Preferences and Quality of Life," 555-60.
41 Andrea L. Meluch,(2018) "Spiritual Support Experienced at a Cancer Wellness Center," *Southern Communication Journal* 83/3, 137-48.
42 Stansfield, et al, "Religious and Spiritual Support, Reentry and Risk," 254-79.

세계보건기구(WHO)에서는 캐나다의 의사 밸푸어 마운드가 1974년에 말기 암 환자의 증상 경감을 위한 접근의 의미로 처음 사용한 용어를 수용하여 '완화 돌봄'(palliative care)이라는 용어를 사용한다.[43] 그 개념은 암으로 인한 통증과 고통을 낮춤으로써 삶의 질을 향상해 주는 신체적, 정신 사회적, 영적 접근이다. 세계보건기구에서는 암 환자에 대한 완화치료의 정의를 '통증과 다른 문제들의 조기 확인, 치료를 통해 통증을 예방하고 낮춤으로써 생명을 위협하는 질병 및 그와 관련된 문제에 직면한 환자와 그 가족의 삶의 질을 향상해 주는 신체적, 정신 사회적, 영적 접근'이라고 했다.

세계보건기구의 정의에 '영적 접근'이라는 용어가 사용된 것은 괄목할 만한 일인데, 여기서 의미하는 '영적'이라는 개념을 기독교 상담학에서 여과 없이 수용할 수 있는 것인지를 차제에 두고 이 용어가 사용되었다는 자체가 암 환자의 완화치료를 위해 영적 접근이 필요하다는 것을 공식적으로 인정한 것이다. 암 환자에 대한 영적 지지(돌봄)는 기독교 상담 분야의 전문가가 가장 잘 담당할 수 있다는 것은 명백하다.

암 자체는 그 병을 가장 잘 이해할 수 있는 해당 분야 의료진 및 정신종양 전문가가 담당하지만 영적 지지는 이를 가장 잘 이해하고 영적 자원을 잘 활용할 수 있는 기독교 상담전문가가 담당해야 한다는 인식이 확고히 수립되어야 한다.

완화를 치료(therapy)로 이해할 것인지, 돌봄(care)으로 이해할 것인지에 따라 암 환자에 대한 접근방법이 상이해질 수 있다. 의학계에서는 대개 완화를 치료적 접근으로 보아 '완화치료'라는 용어를 사용하고 방사선치료, 전기치료, 진통제 등의 약물을 통해 완화적 목적의 화학요법(chemotherapy)을 하지만 심리학, 상담학, 사회복지학, 기독교 상담학 등에서는 돌봄적 접근으로 이해해 상담, 음악, 기도 등 다양한 매체나 자원을 활용한 비의학적 차원에서 노력을 기울인다.

호스피스 완화치료(hospice palliative care), 완화의학(palliative medicine), 말기 치료(terminal care) 등의 용어는 대동소이한 개념이다. 호스피스 완화치료는 말기 치료와 죽음 및 사별까지 포괄하여 돌보는 치료를 설명하는 용어이

---

43 Stephen Lutz,(2011) "The History of Hospice and Palliative Care," *Current Problems in Cancer* 35/6, 304-09.

며, 완화의학은 완화치료를 현대 의료 체계에 받아들여 독립시킨 의료활동의 한 분야이다. 그리고 완화치료는 호스피스뿐만 아니라 생명 연장 치료를 포괄한 접근이라고 할 수 있으며, 말기 치료는 죽음이 예견하는 말기 암 환자를 돌보는 치료라 할 수 있다.

임상 현장에서 분석해 보았을 때, 완화치료 단계에 이른 암 환자들은 기독교인과 비기독교인을 막론하고 영적 지지를 요청하는 일이 증가하고, 그 전보다 훨씬 더 신앙과 영적 자원을 의지하는 것으로 나타났다.[44]

에드워즈 등의 연구에 따르면, 암 환자의 51-77퍼센트는 암 진단 이후, 종교와의 관련성을 갖고 싶어하며, 87퍼센트는 영적 지지를 받고 싶어 한다는 연구 결과를 발표했다.[45] 신학자, 목회자, 기독교 상담학자, 종양학자, 정신종양학 의사, 간호사, 보건학자, 사회학자 등이 연합하여 진행 암 환자를 대상으로 분석해 보았을 때, 환자의 86퍼센트가 영적 지지 가운데 구체적으로 '기도를 통한 지지를 받고 싶다'라고 의료진에게 요구했다는 통계를 발표한 바 있다.[46]

사실상 정신종양학은 영적 지지를 충분히 또는 효과적으로 하기가 어려운데, 그 이유는 정신종양학이 인간의 영혼을 다루는 학문이거나 영적 전문 분야가 아니고, 영적 지지와 관련된 연구나 훈련 과정이 없기 때문이다. 완화치료로서 영적 지지를 요구하는 암 환자에게 가장 효율적으로 지지해 줄 수 있는 분야는 기독교 상담학이라 할 수 있으므로 여기서 담당하는 것이 옳다.

4) 완화치료의 대상 및 방법

완화치료가 암 환자를 위한 것이기는 하지만 모든 암 환자가 완화치료를 요구하거나 요구받는 것은 아니다. 완화치료는 일반적으로 의료인의 임상적, 경험적 판단에 따라 대략 임종 6개월 정도 앞둔 말기 암 환자를

---

44 King, Faith, *Spirituality and Medicine,* cp. 3.
45 A. Edwards, N. Pang & V. Shiu,(2010) "The Understanding of Spirituality and the Potential Role of Spiritual Care in End-of-Life and Palliative Care," *Palliative Medicine* 24/8, 753-70.
46 Michael J. Balboni, et al,(2011) "It Depends," *Journal of Pain and Symptom Management* 41/5, 836-47.

대상으로 하지만 환자가 향후 얼마 동안 생존할 수 있을지에 대한 예후를 측정하는 표준화된 척도는 마련되어 있지 않다.[47] 미국 국립종합암네트워크(National Comprehensive Cancer Network)에서는 다음 중 어느 하나에 속하는 경우 완화치료가 필요한지 평가할 것을 권장하고 있다.

- 조절되지 않는 증상
- 암 진단 및 치료와 관련된 중등도의 고통
- 심각한 신체적, 심리정서적, 사회적 합병증
- 전이성 암
- 기대 수명 6개월 이하
- 질병 및 의사 결정에 대한 환자나 보호자의 고민
- 완화치료를 위한 환자나 보호자의 요청이 있는 경우

완화치료는 죽음을 전제로 한 것이라서 일부 암 환자들은 완화치료의 수용을 마치 삶의 끈을 놓는 것으로 이해하는 예도 있다. 그럼으로써 죽음이 빨리 찾아온다든지 삶의 의지를 포기한 것처럼 인식하여 이를 거부하는 예도 있다. 하지만 근래 암 환자나 그 가족들의 인식이 바뀌어 완화치료의 필요성을 인정하고 말기 암 상태에 이르면 완화치료를 받겠다는 환자가 국내는 85퍼센트, 해외는 87퍼센트 수준에 이르는 것으로 나타났다.[48]

완화치료의 주요 증상은 통증과 섬망이다. 사실, 통증과 섬망은 의학(정신종양학)적 주제로서 기독교 상담학의 주요 관심 영역에서 벗어난 주제다. 하지만 기독교 상담이 다루어서 안 될 주제는 없으며, 암 환자가 겪는 여러 증상을 기독교 상담에서 접근하기 위해 이 주제를 다루어야만 하므로 이에 대한 학문적 관심이 고조되어야 한다.

---

47 "카르노프스키 수행지수 척도"(Karnofsky Performance Scale), "완화수행 척도"(palliative Performance Scale) 등이 있지만 표준화되지 않았고, 참고자료일 뿐이다.
48 "YTN 방송 사이언스"(2018.4.3). Edwards, Pang & Shiu, "The Understanding of Spirituality and the Potential Role of Spiritual Care in End-of-Life and Palliative Care," 753-70.

(1) 통증

암 초기부터 통증을 호소하는 환자는 30퍼센트 정도이고,[49] 3개월 이상 지속되는 만성암 통증은 암 환자의 50퍼센트 이상에서 나타나며,[50] 말기 암에 노출된 환자의 92.5퍼센트가 통증을 호소하기 때문에 완화치료의 목표는 암을 치료한다기보다는 통증의 제거, 감소 및 완화에 있다고 할 수 있다.[51]

통증 완화를 위해 방사선치료와 전기치료 및 화학요법 등 의학적 방법들이 활용되며, 극단적으로는 신경절제 및 차단을 통해 통증을 제거하기도 한다. 통증 완화는 기본적으로 진통제 등 약물요법에 따른 것이 대부분이다.[52] 진통제는 마약성 진통제, 비마약성 진통제, 진통 보조제가 있으나 일반적으로 암성 통증 조절을 위해서는 마약성 진통제를 주로 사용한다.

백승완 등 마취과 전문의들은 말기 암 환자의 통증 완화에 관한 연구에서 진통제는 환자의 육체적 통증만을 약제로써 완화해 주지만, 암 환자의 고통에 대한 심리정서적 지지가 필요하다는 것을 피력했다.[53] 통증 완화에 의학적 접근만 있는 것이 아니고, 스트레칭이나 마사지(온열 찜질 포함) 등 운동요법 및 물리 치료적 접근도 있으며, 근래에는 음악을 통한 통증 완화 효과를 입증하는 연구들이 활발히 진행되고 있다.[54]

암 환자의 극심한 통증 때문에 고통 표정, 기분 저하 등 통증에 집중하느라 자기 삶을 되돌아볼 여지를 상실하고, 남은 삶을 진지하게 정리할 기회를 박탈당한다면 이는 틀림없이 문제 상황으로서 개입이 필요한 경우이다.

---

49 Howard S. Smith,(2009) *Current Therapy in Pain* (Philadelphia: Saunders/Elsevier), 97.
50 Sandra Kurtin & Abby Fuoto,(2019) "Pain Management in the Cancer Survivor," *Seminars in Oncology Nursing* 35/3, 284-90.
51 Stacey Scott,(2001) "Faith Supportive Group Therapy and Symptom Reduction in Christian Breast Cancer Patients" (Ph.D. diss.: Regent University), 4.
52 Shirley H. Bush, Shllyanne Tierney & Peter G. Lawlor,(2017) "Clinical Assessment and Management of Delirium in the Palliative Care Setting," *Drugs* 77/15, 1623-43.
53 백승완, 변병호, 채명길,(1998) "암성 통증환자의 통증완화법과 실태에 대한 연구," 「대한통증학회지」 11/2, 214-19.
54 Hannah You & Sandra Ross,(2018) "The Impact of Music Therapy in Paediatric Palliative Care in Residential Hospice," *Journal of Pain and Symptom Management* 56/6, 75.

암 환자가 통증을 호소할 때 그에 대해 영적 차원에서 접근할 수 있다는 것을 인식해야 영적 지지가 가능해진다. 스미스는 암 환자의 통증 완화에 있어 상담사, 병원 원목, 목회자 등이 반드시 참여해야 하는 이유를 밝히고 있는데 이들의 영적 지지를 통해 암 통증을 경감시킬 수 있기 때문이라고 밝혔다.[55] 이는 암 환자에 대한 완화치료에 있어 의학적 방법 외의 접근 가능성을 인정한 진술이라 할 수 있다.

(2) 섬망

완화치료는 통증 완화를 함의한 용어일 수 있으나, 통증만 완화하는 것이 아니라, 섬망(delirium)에 대한 완화는 재론의 여지 없이 완화의 개념에 포함된다. 암 환자의 고통 및 통증 완화 또는 여기서 발생하는 섬망을 다루는 것은 완화치료의 주요 기능이라 할 수 있다.

섬망은 신경 인지적 증상(neuro-cognitive syndrome)이지만,[56] 과잉행동(hyperactive), 복합활동(mixed), 저활동(hypoactive) 등으로 나타난다. 과잉행동 섬망은 암 환자가 공격 성향을 드러내거나 심한 불안정 상태에서 통제하기 어려운 발작 상태가 나타날 수도 있다. 저활동 섬망의 경우는 암 환자의 인지, 정서, 행동의 감소 및 저하가 나타나는 특징이 있으며, 복합 섬망은 두 가지가 동시에 나타나는 것이다.[57] 섬망이 과잉 활동적일 때는 암 환자에게 현저한 이상증세를 보임으로써 의료진에 의해 섬망으로 인식되거나 감별 진단이 쉬워진다.

하지만 일부 우울한 사람에게 매우 소극적인 저 활동 섬망이 나타나 평상시보다 더 졸리고, 피곤해하고, 일어나기가 어려우며, 혼란스럽고, 무기력하고, 우울하며, 느린 반응을 보일 수 있어, 사실상 무엇이 섬망인지 그 징후가 모호하여 식별하기 난해한 예도 있다.[58] 임상적인 시각에서 볼 때, 섬망은 우울증, 불안증이나 치매 또는 정신착란과도 유사하거나 중복 증상이 나타난다는 분석도 있어 진단에 혼란을 겪을 수 있다.[59]

55　Smith, *Current Therapy in Pain*, 97.
56　Shirley H. Bush & Peter G. Lawlor,(2015) "Delirium," *Canadian Medical Association* 187/2, 129.
57　서민석, 이용주,(2016) "섬망의 돌봄: 완화의료 영역에서의 진단, 평가 및 치료," 「한국호스피스 완화의료학회지」19/3, 201-10.
58　Erin Dean,(2017) "Delirium," *Emergency Nurse* 25/7, 11.
59　서민석 외,(2016) "섬망의 돌봄," 201-10.

섬망은 대개 암이 급격하게 진행되는 상황에서 흔히 발생하고, 입원 암 환자들의 42퍼센트에서 증상을 보인다.[60] 이는 암 환자의 가족과 의료진을 당황하게 하므로 정신종양학의 완화치료적 접근이 반드시 그리고 급히 요구되는 상태다. 특히, 임종이 가까운 암 환자에게서 섬망이 증가하는데 말기 암 환자를 대상으로 시행한 연구에서는 90퍼센트의 높은 발생을 보인다는 연구 결과도 있다.[61]

정신종양학에서 암 환자의 섬망 진단은 DSM-5에 의존한다. DSM-5는 섬망에 대해 종래의 DSM-IV와 거의 동일한 기준을 제공하지만 DSM-IV는 섬망을 일컬어 의식(consciousness) 장애를 일으킨다고 보았지만, DSM-5는 인지(awareness) 장애를 일으킨다는 용어 차이밖에 없다.[62]

섬망의 원인은 내과적 문제, 전신적인 합병증, 중추신경장애, 영양결핍, 약물에 의한 독성 등에서 발생하는 것으로 이해하고 있으나 의학에서도 아직 구체적인 원인을 명확하게 밝히지는 못하고 있다.

5) 완화치료에 대한 상담

(1) 암 환자에 대한 영적 지지

정신종양학은 정신의학 분야로서 암이 환자의 신체뿐만 아니라 정신에도 심각한 영향을 미친다는 것을 전제로 해서 그 연구 결과를 임상과 교육에 적용하는 다학제적 분야이다.[63] 하지만 정신종양학도 의학이기 때문에 완화치료에 있어 의학적 접근을 해 나간다.

---

60 Bush, Tierney & Lawlor, "Clinical Assessment and Management of Delirium in the Palliative Care Setting," 1623-43.
61 David J. Casarett & Sharon K. Inouye,(2001) "Diagnosis and Management of Delirium Near the End of Life," *American Society of Internal Medicine* 132, 32-40.
62 European Delirium Association; American Delirium Society,(2014) "The DSM-5 Criteria, Level of Arousal and Delirium Diagnosis," *BMC Medicine* 12, 141. cf. G. McCarthy, et al,(2014) "Phenomenology of Delirium: Awareness vs. Consciousness or DSM-5 vs DSM-IV," *European Psychiatry* 29, 1.
63 전요섭,(2018) "정신종양학의 영적 지지에 대한 기독교 상담적 접근 방안,"「복음과 상담」26/2, 221-46.

일반적으로 의료 과학에서는 영적 차원을 종교적으로 보거나, 입증 불가능하다는 이유로 과학이 아니라는 입장을 견지해 왔으나 근래 완화의학 관련 학술 간행물(journal)에 게재된 내용들을 분석해 보면, 기사의 6.3퍼센트가 영적 접근을 다루었고, 논문의 11.9퍼센트가 영적 변인을 다룬 통계적 문헌이고, 19.3퍼센트는 영적 지지에 대한 질적 연구 결과를 제시하는 문헌으로 나타났다.[64]

암 환자의 신체적 통증(physical pain)을 다스리는 것만큼 중요한 것은 심리정서적 고통(psychological suffering)을 완화해 주는 것이며, 더 나아가서 영적 지지를 통한 완화라 할 수 있다. 암 환자에 대한 기독교 상담의 영적 지지는 질병에 대한 의미를 바꾸어 주고, 신앙 자원을 통해 통증과 고통에 대한 극복 의지를 향상해 주는 것을 목표로 한다. 영적 지지는 많은 신앙 자원 가운데서도 말씀과 기도를 활용하는데 이를 통해 암 환자의 상황에 대한 새로운 의미 형성(재구성)과 불안을 안정시키는 것이다.

(2) 고통에 대한 새로운 의미 형성(영적 차원의 인지 재구성), 말씀

인지 재구성(cognitive reframing)은 주로 심리학(인지치료, 인지행동치료)에서 상담 및 심리치료기법으로 활용한다. 제임스 랍슨과 라우 트로트맨 조단은 인지 재구성에는 다음과 같이 네 가지 속성이 있다고 주장한다.

- 개인의 통제감 강화
- 인지왜곡 및 자기 파괴적 신념의 전환
- 부정적 생각을 적극적이고 지지적인 사고로 변환
- 인지 변환을 통한 행동 변화와 건강 향상[65]

인지 재구성은 모든 돌봄에 부응하는 기법으로서 적응 행동을 지원하고 우울, 불안 및 디스트레스와 통증을 완화해 주는 인식의 전환으로서 특히, 자기 치욕적이거나 비참한 상황에 대한 인식을 변화시킨다. 영적 지지

---

64 Castelli, Castelnuovo & Logo, "Psych-oncology," 947.
65 James P. Robson & Meredith Troutman-Jordan, (2014) "A Concept Analysis of Cognitive Reframing," *Journal of Theory Construction & Testing* 18/2, 55-59.

가 암 환자의 증상 완화에 상당한 영향을 주어 삶의 질을 향상하고, 죽음을 긍정적으로 맞이하는 변인이라는 다양한 연구 결과가 제기되고 있다.[66]

영적 차원에서 인지 재구성은 말씀을 통해 자기의 상황을 새롭게 해석하고 인식하는 것을 의미한다. 인지행동치료의 근거를 제시했다고 할 수 있는 에픽테투스가 "인간은 사건이나 사물에 의해 영향을 받는 것이 아니라 그것에 대한 해석의 영향을 받는다"라고 주장한 것처럼 자기에게 발생한 사건을 하나님 입장에 의미를 새롭게 부여하고, 긍정적으로 해석하는 영적 차원의 인지 재구성은 기독교 상담에서 암 환자에게 제공할 수 있는 중요한 지지 가운데 하나다.

인지 재구성은 긍정적 사고를 갖도록 하는 것이 기본적인 접근이다. 기독교 상담적 지지가 아니더라도 상황에 대해 단순히 긍정적 인식하는 경험 자체 또는 심리정서적으로 안정된 심상(imagery)만으로도 암 환자의 통증을 완화할 뿐만 아니라, 힘든 상황을 잘 감당하게 되었다는 연구 결과들은 영적 인지 재구성의 가능성과 효과를 뒷받침하고 있다.[67]

즉, 암 환자를 대상으로 말씀과 기도를 통한 영적 지지는 더할 나위 없이 효율적인 완화치료가 될 수 있다는 것이다. 암 환자가 겪는 통증과 고통은 심판, 형벌, 저주, 재앙이라기보다 하나님께 근접할 기회이며, 특별한 섭리로 수용토록 하는 것이 영적 재구성이라 할 수 있다. 암으로 인한 통증과 고통은 하나님과 가까워지는 계기가 되며, 진정한 회개와 삶의 방식 변화를 통한 영적 유익을 가져올 수 있다.

더 나아가 죽음의 위협에 노출된 경험을 통해 암 환자가 진정한 자아의 발견, 인생의 궁극적 목표 발견과 하나님 나라를 사모하고 영적 생명을 추구할 수 있는 절호의 기회로 삼아야 한다. 하나님을 의지함으로써 우울 불안 및 디스트레스로부터 벗어나 그의 나라와 구원을 확신하는 것은 암 환자에게 절실하게 필요한 영적 지지라 할 수 있다.

유한한 인간은 약함, 고통, 질병과 죽음을 통해 이 땅에서의 체류를 마치고 하나님 나라에 입성하게 되는 일종의 통과 의례임을 인식하는 것으로부

---

66 Javier L. Barragan,(2007) "Beyond Palliative Care," *Health & Mission* 8, 16-19.
67 C. Cormio, et al,(2014) "Psychological Well-being and Post-traumatic Growth in Caregivers of Cancer Patients," *Frontiers in Psychology* 5, 1342.

터 고통과 죽음에 대한 성경적 입장을 취할 수 있다. 질병과 죽음을 상실(loss)로만 이해하거나 건강과 생명이 빼앗긴다는 개념을 가지고 있으면 암 환자는 신체적 통증에 피해의식, 좌절 등 심리정서적 고통과 영적 혼란까지 가중될 것이다.

자기의 구원을 위해 예수 그리스도께서 당하신 고난, 고통을 묵상하고 내면화하며 체휼토록 하는 것은 기독교 상담에서 제공할 수 있는 영적 지지의 핵심이라 할 수 있다. 로마가톨릭교회에서도 병자 사목의 핵심으로서 고통받는 말기 암 환자의 완화적 지지는 영적 돌봄으로 가능하며, 그것은 그리스도와의 일체감을 갖는 것에서 출발한다고 주장한다.[68]

인지 재구성은 성경에 근거한 일종의 설득 과정이라 할 수 있는데 이에 신정론(theodicy)의 질문을 피해 갈 수는 없을 것이다.[69] 인지 재구성은 경험된 사실, 사건, 사람 등에 대한 영적 재해석을 통해 발생된 일을 하나님의 섭리로 인식하고, 긍정적으로 수용하는 것이다(창 45:5).

따라서 암 때문에 자기를 향한 하나님의 섭리를 발견하려는 태도는 바람직한 신앙이며, 기독교 상담자가 암 환자에게 요구해야 할 부분이기도 하다. 하지만 이것이 누구에게나 간단하고 쉽게 되는 것은 아니다. 그 이유는 일반적으로 다음과 같은 신정론의 질문을 하게 되고, 암의 인과 관계를 밝히고 싶어하며, 그에 대한 답을 얻고자 하는 이성적 의도가 심리 저변에 자리 잡고 있기 때문이다.[70]

"왜 나한테 이런 일이 생긴 거지요?"
"그동안 수많은 기도를 했는데 하나님은 그 기도를 모두 폐기해 버린 건가요? 그게 좋으신 하나님인가요?"
"능력 많으신 하나님이 이것을 막아주실 수 없었나요?"
"하나님이 이렇게 하셨다면, 도대체 왜 이렇게 하신 거지요?"

---

68 Lee Yi-Hui,(2019) "Spiritual Care for Cancer Patients," *Asia-Pacific Journal of Oncology Nursing* 6/2, 101.
69 Norman Wright,(1985) *Crisis Counseling*, 전요섭, 황동현 공역,(1998)『위기상담학』(서울: 쿰란), 179.
70 전요섭,(2018) "자살자 유가족의 심리이해와 영적 지지를 위한 목회상담 방안,"「신학과 실천」58, 297-327.

암 환자는 신정론의 질문이 아니더라도 병인론(etiology)의 질문에 답을 얻지 못할 때 심리정서적 고통에 처하게 된다. 현대 의학을 통해 암의 원인이 명백하게 밝혀진 것도 있지만, 많은 경우에 인과 관계를 밝히기 어렵고, 그것이 밝혀졌다 할지라도 자기에게 발생한 암을 심리정서적으로 수용하는 것은 쉬운 일이 아니다.

큐블러로스의 이론에 따르면, 암 판정을 받은 초기는 심리정서적 부정 및 저항이 극심한 단계이므로 인지 재구성의 적용이 난항에 부딪힐 수도 있으므로 타협의 단계, 완화치료 단계에서 시도해 보아야 할 것이다.

대부분 통증은 객관적 평가보다는 주관적 호소에 의한 것이어서 의미 재구성은 통증의 정도를 낮추는 데 큰 도움이 된다. 진통제(특히, 마약성 진통제)에 의해 통증을 완화시켰을 때 통증은 완화되지만 이런 경우, 수면 및 의식 혼탁이 번갈아 나타나기 때문에 삶의 질을 높이는 데 그다지 도움이 되지 않는다. 통증이 있더라도 환자는 분명한 의식을 가지고 회개하고, 자기 삶에 대해 정리하려는 자세를 갖도록 하고, 온전한 정신으로 하나님의 은혜에 감사할 수 있어야 한다.

말기 암 환자 가운데, 극도의 피로감과 무력감 그리고 통증을 경험하면서 단지 죽기만을 바라는 경우가 있다. 그러나 이는 신앙적 차원에서 바람직한 삶의 종결 자세라 할 수 없으므로 인지 재구성은 반드시 필요한 것이다. 말기 암 때문에 죽을 자라 할지라도 삶의 소망에서 단절되거나 소외되어서는 안 되며, 아울러 하나님 나라의 소망을 갖도록 해야 한다.

(3) 섬망과 불안을 안정시키기 위한 영적 자원: 기도

기독교 상담의 영적 지지가 완화치료의 한 형태나 방법으로 작용하기 위해서는 완화치료의 핵심 개념이라 할 수 있는 통증 완화가 나타나야 한다. 이에 기도는 하나님의 임재를 의식하게 함으로써 마음의 평안과 이완을 가져오기 때문에 통증 완화를 위한 영적 지지 방안으로 제기될 수 있다. 통증 의학자 후세인의 연구에 따르면, 극심한 허리 통증 환자를 대상으로 기도해 주었을 때 유의미한 통증 완화 효과가 나타난 연구 결과를 제시한 바 있다.[71]

71　D. Houssien,(2009) "The Relief of Back Pain Immediately after One Session of Low Level Laser Acupuncture Therapy: The Effect of Prayer," *European Journal of Pain* 13, 35-36.

이는 기도가 신체적 통증 완화에 효과적임을 입증하는 연구 결과이다. 또 아드리안 클라크와 존 샤프의 연구도 환자를 대상으로 기도를 통한 영적 지지를 해 주었을 때 환자에게 심리정서적 안정은 물론, 질병 상태에 따라 치료, 치유의 가능성을 충분히 고려할만한 유의미한 차이가 있다는 사실을 도출해 냈다.[72] 진행 암 환자를 대상으로 '신앙 기반의 통증 완화'(faith based pain relief)를 시도한 의학적 연구에서 기도가 통증 완화에 유의미한 효과가 있음을 입증한 결과가 나타났다.[73]

이 결과는 암 환자 가족 및 영적 지지 전문가들이 암 환자를 대상으로 기도해 주었을 때 심리정서적 불안 감소는 물론, 안정 상태를 유지하게 된다는 것을 시사하는 것이다. 기도 활용의 방법으로 제시되는 것은 환자와 물리적으로 이격된 상태에서 원격 기도의 효과도 있으나, 효과적인 기도는 환자가 영적 지지자, 돌봄 제공자(caregiver)로부터 기도 소리를 들으며 인식을 집중시키면서 기도하는 것이 효과가 크다는 연구 결과가 있다.

암 치료의 전 과정에서 가장 유력한 지지는 배우자의 심리정서적 지지일 수 있는데, 배우자의 심리정서적 지지 유무 및 정도에 따라 치료, 회복과 적응 등에 영향을 미치는 것으로 나타났다.[74] 지지집단이 있을 때 암에서 파생되는 심리정서적 고통이 감소 및 완화될 뿐만 아니라, 삶의 질이 개선된다. 물리적으로 가장 지근 거리에서 암 환자를 안정시킬 수 있는 존재는 가족이다. 배우자를 포함한 가족의 기도는 환자의 안정을 위해 훌륭한 지지가 될 수 있다.

정신종양학에서도 섬망이 반드시 약물요법으로만 완화된다고 주장하지는 않는다. 근본적으로 아직 그 원인 자체를 밝혀내지 못하고 있고, 임상적인 차원에서 볼 때 비약물적 접근에도 치료 효과가 나타난다고 밝히고 있기 때문에 영적 지지의 가능성을 드러내고 있다. 정신의학자 스코트는 암 환자에게 의학적, 사회적 지지와 함께 영적 전문가(기독교 상담사, 원목,

---

72 Adrian Childs Clarke & John Sharpe,(1991) "Keeping the Faith: Religion in the Healing of Phobic Anxiety," *Journal of Psycho-social Nursing & Mental Health Services* 29/2, 22-24.
73 Balboni et al, "It Depends," 836-47.
74 D. H. Baucom et al,(2009) "A Couple-based Intervention for Female Breast Cancer," *Psycho-oncology* 18, 276-83.

목회자 등)의 기도를 통한 영적 지지가 있을 때 암 환자의 우울, 불안 및 디스트레스와 고통이 유의미한 차이로 완화된 연구 결과를 밝히고 있다.[75]

무엇보다도 암 환자의 섬망은 안정 상태를 유지하는 것을 매우 중요한 치료적 환경으로 보고 있다.

> 평안을 너희에게 끼치노니 곧 나의 평안을 너희에게 주노라 내가 너희에게 주는 것은 세상이 주는 것과같지 아니하니라 너희는 마음에 근심하지도 말고 두려워하지도 말라 (요 14:27).

위 말씀을 근거로 성령에 의해 다스려지는 심리정서적 안정성과 마음의 평안을 무시할 수 없을 것이다. 이는 벤조다이아제핀(Benzodiazepine) 계열의 항정신성 약물보다 진정 효과가 있는 영적 지지가 될 수 있다.

일반적으로 정신의학에서는 암 환자에게 기도를 통해 섬망을 완화한다는 것은 섬망을 잘 모르고 있거나 아니면 기도의 결과를 지나치게 과장한 것으로 이해한다. 하지만 예수 그리스도께서 광풍도 잠잠케 하시고 (눅 8:22-25; 마 8:23-27; 막 4:35-41), 거라사 광인을 제압하신 하나님의 능력(눅 8:26-39; 마 8:28-34; 막 5:1-20)이 섬망도 다스릴 수 있다고 믿는 것은 기독교 상담의 기본적인 입장이다.

골절 환자가 발생했을 때 목회자가 기도해 주는 것은 기도를 통해 하나님의 능력으로 뼈가 붙을 수 있다고 믿지만, 그것만을 의도한 신앙 행위는 아니다. 성령의 역사가 환자에게 나타나서 그가 낙심하지 않고, 오히려 상황을 감사한 마음으로 전환하고 고통과 불편을 기쁘게 극복, 감당해 내며, 치료가 급속도로 나타나기를 바라며 기도하는 것이다.

섬망의 원인은 정확하게 알 수 없는 현실이며, 적극적인 의료 관리에도 완화가 나타나지 않는 경우가 있을 수 있지만, 의료진과 가족들이 환자에게 안정, 이완, 안락, 평안 등을 제공하는 것에 초점만 맞추어도 증상이 현저하게 감소 및 완화된다는 사실이 드러나고 있다.[76]

75　Scott, "Faith Supportive Group Therapy & Symptom Reduction in Christian Breast Cancer Patients," ix.

76　Casarett & Inouye, "Diagnosis and Management of Delirium Near the End of Life," 32-40.

이런 연구 결과는 기독교인 암 환자의 경우, 기도와 묵상으로 불안을 제거하고, 찬양, 말씀 등을 통해 영적 평안을 향상해 주는 것이 약물에 의한 진정 효과보다 열등하지 않다는 것을 제시한 것이라 할 수 있다. 영적 추구가 나타나는 상담이 기독교 정체성을 확립한 기독교 상담이기 때문에 은혜의 방편을 통한 영적 지지는 암 환자에 대한 기독교적인 접근이다. 따라서 정신종양학의 완화치료와 기독교 상담의 영적 지지가 보완적으로 이루어지면 암 환자에게 더욱 효과적인 지지를 제공할 수 있게 될 것이다.

6) 정신종양학의 영적 지지 방안

(1) 정신종양학의 영적 지지 개념
앤 폴크너와 피터 매과이어는 암에 노출된 환자들에게 필요한 것 다섯 가지를 분석했다.

- 미래에 대한 확실성 수립
- 의미 수립
- 통제 상실에 대한 안정감 수립
- 정서장애를 극복할 수 있는 지지 체계 형성
- 의료적 지원

그들은 이것을 '장애물'이라고 표현하면서 이를 극복하지 못할 때 심리정서적 혼란이 증가한다고 보았다.[77] 이들이 완화치료 방안을 제시한 것은 괄목할 만하다고 하겠으나, 여기에 영적 지지를 포함하지 않은 것은 매우 아쉬운 일이라 할 수 있다.

정신종양학에서 완화치료 및 심리정서적 지지를 연구하는 학자들이 모두 영성 및 영적 지지를 조건 없이 수용하는 것은 아니다. 일각에서는 '영성과 실존의 융합'(conflation of the spirituality and existence)으로서 정신종양학의 필요성과 효용성을 강조하는 것에 반해, 팰 살렌더는 '과연 암 환

77　Ann Faulkner & Peter Maguire,(1999) *Talking to Cancer Patients and Their Relatives* (New York: Oxford University).

자에게 영적 지지라는 것이 의미 있는 것인지'에 대해 의구심을 제기한 바 있다.[78]

그는 유물론적 입장에서 인간이 영적 존재라는 것을 거부하여 '의학'과 '영'의 관련성을 배제하려고 하였다.[79] 이런 견해는 단지 팰 살렌더의 개인적 입장이라기보다 증거 기반의 임상 영역인 현대 의학의 보편적인 면으로서 현대 의학은 인간의 '영'(spirit), '영혼'(soul), '영성'(spirituality), '영적'(spiritual) 문제와 관련을 가지려고 하지 않는다.[80] 그러나 현실적으로 암 환자들을 돌보는 의료현장에서 영적 지지를 통해 치료의 효율성 및 완화치료 효과가 극대화되는 것이 현실이다.[81]

그래서 브라이언 도랜은 영혼과 의학의 관계는 가장 불편하면서도 상호작용을 하지 않을 수 없는 영역이라고 분석한 바 있다.[82] '정신'(mental)과 '영'(spirit)은 개념적으로 차이가 있으나 세계보건기구에서 "정신건강이 없는 건강은 없다"(no health without mental health)고 선언한 바 있다. 이는 환자의 신체적 치료만 치료가 아니라 심리정서적 회복이 아울러 초래되어야 한다는 개념으로 이해된다.

급기야 국제정신종양학회(International Psycho-Oncology Society)에서는 "암 환자를 돌보는 핵심은 육체(body)와 영혼(soul)에 있다"라고 강조함으로써 신체적 차원은 물론, 심리정서적 차원을 넘어 영적 개념을 탐구하기 시작했다.[83] 와인은 정신종양학에 영적 지지가 반드시 포함되어야 한다는 것을 주장함으로써 영적 지지의 중요성을 강조한 대표적인 학자 가운데 한 사

---

78 Päl Salander,(2015) "Whether 'Spirituality' Can Be A Meaningful Concept is still Open to Question," *Palliative & Supportive Care* 13/1, 101-02.
79 Päl Salander,(2006) "Who Needs the Concept of Spirituality?" *Psycho-oncology* 15, 647-49.
80 Fenwick, Tara,(2014) "Sociomateriality in Medical Practice and Learning: Attuning to What Matters," Medical Education 48/1, 44-52. Simon Wein,(2014) "Spirituality: The Psyche or Soul?" *Palliative & Supportive Care* 12/2, 91-94.
81 Balboni, et al, "Religiousness and Spiritual Support among Advanced Cancer Patients and Associations with End-of-Life Treatment Preferences and Quality of Life," 555-60.
82 Brian Dolan,(2007) "Soul Searching: A Brief History of the Mind/body Debate in the Neuro Sciences," *Neurosurgical Focus* 23/1, 1-7.
83 Butin, "Psycho-oncology: Searching for Practical Wisdom?" 1495-1500.

람이 되었다.[84] 멜러취는 "암 치료에 있어 영성의 역할 및 영적 지지는 지난 몇 년 동안 관심이 증가하고 있다"[85]라고 분석하였다.

근래 의학, 심리학, 상담학, 사회복지학 등에서도 영성을 중요한 차원으로 인정하고 이를 다루고 있다.[86] 영성은 그 정의가 매우 다양하고 모호하게 사용되는 단어라 할 수 있다. 퍼찰스키는 영성의 정의에 대해 "영성은 개인이 의미와 목적을 추구하고 표현하는 방식이며, 자기와 자기, 타인, 자연 그리고 의미 있거나 신성한 존재와의 연결성을 경험하는 방식을 가리키는 인간성의 측면이다"라고 했다. 이런 정의를 영성의 진정한 정의로 이해할 기독교 상담학자는 없을 것이다.

영성을 종교성 또는 초월적인 것으로 인식하는 경우가 보편적이나 종교성 및 초월적인 것과 영성을 동일 개념으로 이해해서도 안 된다.[87] 물론, 일부 연관된 개념이 있으나 분명한 것은 하나님과 관계성에서 영성을 고려하지 않으면 기독교 상담학에서 수용하기 곤란한 정의가 될 수 있다.

대부분 기독교인은 자기에게 발생한 암을 죄의 결과, 하나님의 심판, 처벌, 죽음, 징벌, 저주, 재앙 등으로 이해하는데, 이렇게 되면 신체적, 심리정서적, 영적 고통은 더욱 극심해지고, 완화치료도 성과를 보기 어려워진다.[88] 그래서 리차드 데이링거는 암 환자들을 위한 영적 지지에는 그들의 내면에 도사리고 있는 죄, 하나님에 대한 분노와 저항 등 영적 문제를 반드시 포함해야 한다고 주장했다.[89]

---

84   Wein, "Spirituality," 91-94.
85   Andrea L. Meluch,(2018) "Spiritual Support Experienced at A Cancer Wellness Center," *Southern Communication Journal* 83/3, 137-48.
86   Phillis I. Sheppard,(2016) "Understanding Pastoral Counseling," *Journal of Pastoral Theology* 26/1, 61-65.
87   Halil Eksi & Selami Kardas,(2017) "Spiritual Well-being: Scale Development and Validation," *Spiritual Psychology and Counseling* 2/1, 73-88.
88   Linda O. Scott, Johnathon M., Daniel P. Brodeur, Christopher A. Salerno, Anzette Thomas, Susan C. McMillan,(2014) "Relationship with God, Loneliness, Anger, and Symptom Distress in Patients with Cancer Who Are Near the End of Life," *Journal of Hospice & Palliative Nursing* 16/8, 482-88.
89   Richard Dayringer,(2012) "The Image of God in Pastoral Counseling," *Journal of Religion and Health* 51/1, 49-56.

신정론, 하나님 관계, 영적 문제 등은 의학이나 정신의학, 간호학, 심리학, 상담학, 사회복지학 등에서는 근원적으로 다루기 어려운 문제로서 기독교 상담학에서 가장 효율적으로 다룰 수 있다.

(2) 영적 지지자

리차드 스탠스필드는 다음과 같은 의문을 화두로 삼고 문제 제기한 바 있다.[90]

'암 환자들에게 영적 지지가 필요하다면 도대체 그것을 누가 할 것인가? 의료진들이 과연 암 환자들에게 영적 지지를 효율적으로 할 수 있을 것인가?'

의사는 환자의 질병을 대상으로 그것을 추적하는 자(chaser, pursuer)이지만, 기독교 상담자는 환자를 하나님의 형상을 가진 자로 보기 때문에 환자에 대한 지지가 의료진과 다를 수 있다.[91] 일반적인 의료 체계에서는 암 환자들의 영적 욕구에 대해 충분히 지지하지 못하는 것이 현실이다.[92]

메러취는 현실적으로 의료 기관 및 의료진들의 영적 지지에 대한 관심 저하로 인해 허용 가능성이 낮기 때문이라고 그 이유를 분석하였다.[93] '허용 가능성'이란 의료 기관 및 의료진들이 그것을 적극적으로 거부하는 것은 아닐지라도 환자들을 상대로 영적 지지를 하도록 제도화, 공식화하여 접근하지 않고 소극적 태도를 취하고 있다는 의미다. 의료진들은 개인적으로 신앙이 있을지라도 환자와 영적 관계를 포함하여 치료 외적 관계를 형성하려고 하지 않는 것도 허용 가능성이 낮은 이유가 된다.

---

90 Richard Stansfield, Thomas J. Mowen & Thomas O'Connor,(2018) "Religious and Spiritual Support, Reentry and Risk," *Journal Justice Quarterly* 35/2, 254-79.
91 Ryan LaMothe,(2014) "Pastoral Counseling in the 21st Century: The Centrality of Community," *Journal of Pastoral Care & Counseling* 68/2, 1-17.
92 Tracy A. Balboni, Lauren C. Vanderwerker, Susan D. Block, M. Elizabeth Paul, Christopher S. Lathan, John R. Peteet & Holly G. Prigerson,(2007) "Religiousness and Spiritual Support among Advanced Cancer Patients and Associations with End-of-Life Treatment Preferences and Quality of Life," *Journal of Clinical Oncology* 25/5, 555-60.
93 Andrea L. Meluch,(2018) "Spiritual Support Experienced at A Cancer Wellness Center," *Southern Communication Journal* 83/3, 137-48.

영적 지지자는 암 환자들에게 죽음의 문제나 삶의 위기를 영적으로 대처할 수 있도록 그 힘을 제공해 주는 자이어야 한다. 우리 사회에는 육체와 영혼, 질병 치료와 영적 지지를 동시에 할 수 있는 존재가 없으므로 육체는 의학에서, 영혼은 기독교, 교회, 신학, 기독교 상담학 등에서 담당하지 않을 수 없다.[94]

암 환자의 신체와 질병을 치료했던 의사가 영적 지지도 맡아서 한다면 자연스럽고, 효율성도 뛰어나며 다방면에 좋은 결과가 예측된다. 그러나 실제로 의료진들이 암 치료와 영적 지지를 동시에 하는 경우는 흔하지 않은 일이다.[95] 종교 단체에서 설립한 병원의 경우, 원목(hospital chaplain)이 암 병동(또는 호스피스 병동)에서 영적 지지를 전담할 수 있지만, 모든 병원이 이런 구조가 아니기 때문에 어려움이 발생한다.

멜러취는 효과적인 영적 지지를 위해 전문직 종사자(원목 등)에 의한 지지그룹이 형성되어야 '보조 의료 서비스'(auxiliary healthcare services)의 효율성을 높일 수 있다고 주장했다.[96] 하지만 우리나라에서보다 사회적으로 기독교가 비교적 더 허용적인 미국에서도 의료 기관이 영적 지지를 허용하거나 보장하는 것이 용이하지 않다는 분석이 있다.

(3) 영적 지지의 방안

입원하여 치료 중인 일부 암 환자를 제외하고 대부분 암 환자는 재가 치료(home therapy: 질병의 악화 예방, 생명 유지 등을 위해 가정에서 치료 및 관리하는 경우)를 하고 있으며, 이들을 파악하거나, 접근하는 것이 쉬운 일은 아니다. 그러나 교회가 암에 노출된 기독교인들을 대상으로 그들만을 위한 집회를 통해 치유를 위한 기도, 교육 상담, 설교, 동료 집단과 나눔 등 영적 지지를 하는 것이 중요하다. 교회가 이런 목회 돌봄과 상담을 할 수 있다면 암 환자들에게 가장 효과적인 영적 지지를 하는 것이다.

암 진단받은 경우, 대부분 암 환자는 자기의 영성과 하나님과의 관계를 재평가하려고 한다. 이를테면, 그동안 성경을 읽지 않았던 것, 기도하지

94　Helen Butin,(2015) "Psycho-oncology: Searching for Practical Wisdom?" *Palliative and Supportive Care* 13/5, 1495-1500.
95　Balboni et al, "Religiousness and Spiritual Support among Advanced Cancer Patients and Associations with End-of-Life Treatment Preferences and Quality of Life," 555-60.
96　Meluch, "Spiritual Support Experienced at A Cancer Wellness Center," 137-48.

않았던 것, 신앙으로 행동하지 않았던 것, 신앙 전통에서 벗어난 것 등에 대해 후회하거나 반성과 회개를 하며 영적 문제에 집중하게 되는 것이 일반적이다.

> … 마지막에 이르러 네 몸, 네 육체가 쇠약할 때에 네가 한탄하여 말하기를 내가 어찌하여 훈계를 싫어하며 내 마음이 꾸지람을 가벼이 여기고 내 선생의 목소리를 청종하지 아니하며 나를 가르치는 이에게 귀를 기울이지 아니하였던고 … (잠 5:11-13).

따라서 기독교 상담자나 영적 지지자는 암 환자가 후회와 반성을 넘어 충분히 회개하도록 독려하는 것이 중요한데 이는 영적 지지를 위한 가장 기본적인 과정이다. 그 이유는 회개하지 않은 환자에게 영적 지지를 한다는 것은 마치 모래 위에 집을 세우는 것과 같다고 비유할 수 있기 때문이다.

영적 지지는 진정한 회개 이후에 비로소 가능한데, 이때 사죄의 확신을 견고하게 갖는 것이 중요하다. 회개 이후의 죄책감과 심판, 처벌, 저주, 재앙 등에 대한 두려움은 치료에 방해가 된다.

기독교 상담자는 암 환자가 성경에 기초하여 사죄의 확신, 즉 그리스도의 속죄로 인해 자기의 죄가 용서되었다는 확고한 의식을 갖도록 하는 것이 필요하다. 이는 암이 죄로 인해 발생했다는 의미가 아니라 (혹 그럴지라도) 어떤 위기이든지 위기에 처한 개인의 영적 태도, 즉 회개와 사죄의 확신 그리고 의미의 재구성을 통해 암을 긍정적으로 수용하는 것이 영적 지지의 핵심이기 때문이다.

이와 같이 자기에게 발생한 암에 대한 영적 의미를 부여하는 것을 '영적 재구성'(spiritual reframing)이라 할 수 있는데 이것은 영적 지지에서 가장 어려운 부분이다. 즉, 영적 재구성은 사도 바울이 고린도후서 12:10에 "내가 약한 그 때에 강함이라"라는 역설적인 표현에서 명확한 의미를 발견할 수 있다.

사도 바울은 자기의 신체적 질병에 대해 "내 은혜가 네게 족하도다 이는 내 능력이 약한 데서 온전하여짐이라"라고 주님의 응답을 받고 "도리어 크게 기뻐함으로 나의 여러 약한 것들에 대해 자랑하리니 이는 그리스도의 능력이 내게 머물게 하려 함이라"라고 질병에 대한 의미를 새롭게 수립하게 되었다.

암에 노출된 환자들에게 성경을 통한 인지 재구성으로 영적 지지를 하는 것은 기독교 상담의 특징이 아닐 수 없다. 또한, 암 환자의 고통에 영적으로 개입해 환자로 하여금 암을 새롭게 인식하고, 상황을 재해석, 재구성하며, 수용, 적응해 나가도록 하는 것은 기독교 상담학에서 제공할 수 있는 영적 지지이다.

절망은 심리정서적인 문제이지만, 영적 지지에 부정적 영향을 주고, 장애를 초래하기도 한다. 암 환자들은 자기 신체에 발생한 암의 공격 때문에 잘못되면 생명이 끝날지도 모른다는 위기, 위협, 불확실한 미래에 대한 두려움, 불안, 공포 상황에 노출되는데 이런 상황에서 암을 수용하고, 긍정적으로 인식하는 것은 결코 쉬운 일이 아니다. 하나님 나라의 소망을 갖는 것이야말로 현실적 좌절과 절망, 불안, 공포를 극복하거나 극복 의지를 강화하는 것으로서 인지 재구성을 위한 필수적인 요소이다.[97]

다니엘 3:17-18에 의하면, 다니엘이 우상숭배를 거부함으로써 야기된 정치적 문제로 인해 생명의 위협을 당할 때, 이 사태를 여러 시각으로 해석할 수 있었으나 그는 신앙적으로 재구성하였다. 그는 자기가 처형당하게 될 위협 상황에서 불안, 공포, 낙심, 좌절, 절망하지 않았고, 사태를 이렇게 만든 정적들의 모함에 대해 한탄, 원망, 분노, 서운함도 드러내지 않았다. 그는 자기가 처한 상황에 대해 영적 인식을 새롭게 함으로써 문제를 극복하려고 하였다. 다음은 다니엘이 가진 재구성의 인식이다.

- 하나님이 자신을 맹렬히 타는 풀무불 가운데서 능히 건져내시겠고, 왕의 손에서도 건져내실 것을 믿었으며,
- 하나님이 그렇게 하지 아니하실지라도 (이 일로 죽을지라도) 자기가 다른 신들을 섬기지 않겠다는 확고한 의지를 드러냈다.

다니엘은 이런 인식과 신앙의 재구성이 영적 지지가 되어 문제 상황에 대처하게 된 것이다. 현대 암 환자들도 같은 맥락에서 다니엘처럼 생명의

---

97 Sarah A. Schnitker, et al,(2017) "The Virtue of Patience, Spirituality & Suffering," *Psychology of Religion & Spirituality* 9/3, 264-75.

위협을 느낄 때이다.

- 하나님이 자신을 고통스러운 질병에서 능히 치료해 주실 것을 믿고,
- 하나님이 그렇게 하지 아니하실지라도 (암으로 죽을지라도) 하나님과 바른 관계를 형성하여 영성을 함양해 나가겠다는 신앙을 확고히 해야 한다.

따라서 환자가 암 때문에 죽음의 가능성도 열려 있다는 것을 부정하지 않는 것, 더 나아가 죽음이 삶을 완성하는 최종 과정이라는 것, 죽음을 통해 하나님 나라에 진입하게 된다는 것을 확고히 인식하는 것이 영적 지지에 포함되어야 할 부분이다. 하지만 대부분 암 환자는 자기가 죽을 수도 있다는 생각은 삶의 지지 기반을 무너뜨리는 것으로 여겨 그런 생각 자체를 하지 않으려 한다.

암 환자가 우울, 불안, 공포, 낙심, 좌절, 절망, 무기력의 상황에서 성경 몇 구절을 읽었다고 해서 단시간에 이러한 심리정서적 문제를 완전히 떨쳐 버리고 소망을 확고하게 붙잡게 되는 것은 아니다. 재구성을 위해 꾸준하고 반복적인 인식의 전환이 요구된다.

교회에서 암 환자와 그 가족들을 대상으로 지지집단(support group) 및 심리교육집단(psychoeducational group)을 구성하여 종양과 영적 지지 등에 대해 교육하거나 상담하는 것은 중요하다고 볼 수 있다.[98] 암 환자의 영적 지지를 기독교 상담자의 점유물로만 이해해서는 안 된다. 스탠스필드는 동료 암 환자 또는 유사한 암 경험을 가진 사람이나 그 가족이 암 환자와 그 가족을 대상으로 영적 지지를 할 경우에 매우 효과적이고 바람직한 지지 구조가 될 수 있다고 제안한 바 있다.[99]

이 경우 영적 지지를 받는 환자나 그 가족의 필요를 동료 입장에서 다룰 수 있으며, 동일한 암에 노출되어 본 경험의 공통성 자체만으로도 이해와 공감을 갖게 할 수 있기 때문에 이를 멘토십 프로그램으로 개발하는 것이 좋다.

---

98 Nina W. Brown,(2011) *Psychoeducational Group: Process and Practice* (New York: Routledge), 9, 11.
99 Stansfield, et al, "Religious and Spiritual Support, Reentry and Risk," 254-79.

생명을 위협하는 질병이나 불치병은 환자로 하여금 극도의 불안과 공포를 야기하므로 이를 다루기 위해 강력한 관계성 형성과 지지가 중요하다. 이 관계성에는 가족 강인성(hardness)을 기초한 가족 지지 체계 형성과 상담사, 사회복지사, 목회자, 의료진의 사회적, 치료적 지지, 더 나아가 하나님과 관계 형성인 영적 지지가 매우 중요하다.

4. 닫는 글

여기서 살펴본 것은 정신종양학의 개념(정신종양학의 정의와 개념, 정신종양학의 발생 배경), 정신종양학과 완화 돌봄 및 영적지지(종양환자의 심리상태, 심리학과 기독교 상담학의 영성 차이, 완화 돌봄의 개념, 완화 돌봄의 대상 및 증상과 방법, 통증, 섬망, 완화 돌봄에 대한 기독교 상담의 접근, 고통에 대한 새로운 의미 형성(영적 차원의 인지 재구성), 섬망과 불안을 안정시키기 위한 영적 자원(영적 지지자, 영적 지지 방안) 등이다.

암 때문에 하나님에 대한 의심이나 영적 혼란, 심리정서적 불안, 공포 등을 버리고, 자기의 상태에 대한 역설적 의미로 인지 재구성된 신앙을 갖고, 기도를 통한 영적 생활의 함양은 가장 훌륭한 영적 대처가 아닐 수 없다. 암 환자가 암 때문에 하나님과 영적 관계를 바로 수립하고 신앙생활과 심리정서적, 영적 거리 및 간격을 좁힘으로써 삶의 불확실성과 불안, 공포를 극복할 수 있는 힘을 얻게 하는 것이다.

이 연구는 정신종양학의 완화치료 접근에 기독교 상담학의 영적 지지를 보완하여 암에 대한 증상 완화, 수용, 극복하도록 영적 지지체제를 형성하는 데 목적이 있다. 그래서 저자는 기독교 상담자가 암 환자의 암에 대한 부정적 인식을 전환함으로써 디스트레스를 감소하며, 영적 재구성과 아울러 말씀과 기도 등의 영적 자원들을 활용하여 효율적 역할을 담당하는 것에 대해 피력했다.

암 환자가 영적 지지나 인지 재구성의 기회를 얻지 못해 생애 통합을 이루지 못하는 일이 없도록 기독교 상담적 개입이 절실히 필요하다. 암 환자의 심리정서적 특징인 충격, 의심, 혼돈, 낙심, 긴장, 슬픔, 우울, 불안, 공포, 분노 등에서 벗어나 그들이 재구성된 신앙, 확고한 신앙을 가질 수 있도록 기독교 상담자, 원목, 목회자 및 환자 가족들의 영적 지지가 요구된다. 그래서 암 환자들이 완화치료 및 영적 지지를 통해 임종까지 삶의 질을 유지하고, 품위 있는 죽음을 맞이할 수 있도록 영적 돌봄이 제공되어야 한다.

미첼과 앤더슨은 교회가 상실을 경험한 기독교인에게 적절한 영적 자원을 활용하여 영적 돌봄을 제공하는 것은 매우 중요하다고 강조했다.[100] 교회에 상실위로위원회가 구성되어 죽음에 직면한 사람, 가족을 상실한 남은 가족, 건강을 상실한 가족에 대한 집중적이고, 전문적이며, 적절한 지지와 돌봄을 제공할 수 있어야 한다.

그렇게 되기 위해 교회는 전문적인 상담 교육 및 훈련을 통해 지지자원을 확보하거나 기독교 상담을 전공한 기독교인들이 이 일을 담당하도록 하는 것이 중요하다. 건강의 상실이나 가족의 상실, 더 나아가 생명의 상실은 인간사에서 누구나 반드시 노년 또는 불특정 시간에 경험하는 일이기에 신앙 공동체는 서로를 지지해 주는 지지 체계를 형성하는 것이 필요하다.

> … 우리는 마땅히 믿음이 약한 자의 약점을 담당하고 자기를 기쁘게 하지 아니할 것이라 (롬 15:1).

암 환자가 말기 암에 이르게 될 때, 그 가족들은 교회의 기독교 상담전문가 또는 상담 기관에서 근무하는 기독교 상담전문가를 요청하여 완화치료로서 전문적인 영적 지지를 받을 수 있는 체제가 수립되어야 할 것이다. 병원에 원목(chaplain)이 배치되어 있지 않은 경우에는 기독교 상담 기관과 연결되어 상담전문가를 파송 받을 수 있는 체제도 필요하다.

미국의 경우, 1980년 후반부터 대부분 종합병원에는 암 환자를 대상으로 완화치료 프로그램(hospital-based palliative program)을 실시하고 있다.[101] 국내에서도 2005년부터 보건복지부에서 완화의료 전문기관 지원을 통해 말기 암 환자에게 무의미한 연명치료 대신 암 환자의 통증과 증상을 경감

---

100 Mitchell & Anderson, *All Our Losses All Our Griefs*, 116.
101 Georgina D. Feldberg,(2002) *Women, Health and Nation* (Montréal: McGill-Queen's University), 342.

해 주고 삶의 질 향상을 목적으로 하는 의료서비스를 시행하는 전문기관들을 확대해 나가고 예산을 지원하고 있다.

암 환자가 영적 지지를 통한 완화치료를 원한다면 그 부분은 종파별로 상담전문가가 담당하도록 하고 국가 예산에서 지원해 줄 수 있는 체제가 수립되어야 한다. 아울러, 기독교 상담전문가를 배출하는 양성 과정(대학원 과정 또는 학회 및 상담 연수 기관 등)에서 기독교 완화 치료전문가를 교육하고 실습하는 프로그램도 마련되어야 할 것이다.

이것은 종래의 임상목회교육(clinical pastoral education: CPE)이나 호스피스(hospice)를 확장할 수도 있겠으나, 더 전문적 프로그램이 되기 위해서는 반드시 정신종양학과 연계되는 과정이 되어야 한다.[102] 또한, 정신종양학에서는 기독교 상담을 영적 지지 전문 분야로 인정하고 수용해야 할 것이다.

---

102 Frank와 Frank는 모든 상담전문가 양성하기 위해 반드시 의도해야 할 네 가지 차원을 제시했는데 (1) 기본적으로 상담자(심리치료사)는 유능해야 하고, 내담자(환자)의 입장에서 그 상태에 대한 깊은 관심이 있다고 인식하는 관계여야 하고 (2) 치료의 장소로 정의된 설정이 있어야 하고 (3) 내담자의 고통과 그것이 어떻게 극복될 수 있는지를 설명하는 이론적 근거가 있어야 하고 (4) 상담자와 내담자 상호 간 적극적인 참여를 필요로 하는 일련의 절차 및 상호 간 회복의 수단으로 여겨지는 절차가 있어야 한다고 분석했다. Jerome D. Franck & Jerome B. Frank,(1991) *Persuasion and Healing: A Comparative Study of Psychotherapy* (Baltimore: John Hopkins University), 69.

제10장

원치 않는 침투적 생각 상담

목차

1. 여는 글 2. UIT에 대한 개념 이해 　1) UIT의 용어와 개념 　2) 침투, 침입 사고와 인지 억제 　3) UIT의 발생 원인과 폐해 　4) UIT와 사고행위융합의 오해	3. UIT 극복을 위한 상담 　1) UIT 수용전략 　2) 집중산만전략 및 상반행동강화 활용 　3) 인지 자원 활용 4. 닫는 글

1. 여는 글

　사람은 누구나 자기가 원하는 생각만 하는 것이 아니라 원치 않는 생각도 하게 되는데, 그 경험 비율에 대해 알틴 등은 80퍼센트, 리우 등은 90퍼센트, 심지어 줄리엔 등은 93퍼센트의 사람에게서 나타나는 현상이라고 분석했다.[1] 이른바 '원치 않는 침투적 사고'(unwanted intrusive thoughts: UIT)가 나타나면 누구나 정신이상이 아닌가 하여 당혹감을 느끼게 되지만, 90

1　Müjgan Altin & Tülin Gencöz,(2011) "How Does Thought Action Fusion Relate to Responsibility Attitudes and Thought Suppression to Aggravate the Obsessive Compulsive Symptoms?," *Behavioural and Cognitive Psychotherapy* 39, 99-114. cf. Sicong Liu, et al,(2021) "Effects of Control Strategies on the Activation of Unwanted Intrusive Thoughts in Elite Athletes," *Journal of Experimental Psychology: Human Perception and Performance* 47/10, 1395-1408. Dominic Julien, K. P. O'Connor & Frederick Aardema,(2007) "Intrusive Thoughts, Obsessions and Appraisals in Obsessive Compulsive Disorder," *Clinical Psychology Review* 27/3, 366-83.

퍼센트 전후의 사람이 경험하는 현상이라면 이는 일반적이고, 자연스러운 뇌기능으로 이해할 수 있을 것이다.

하지만 '원치 않는 침투적 사고'가 사소하거나 중립적 개념이 아니라 비합리적, 부정적, 충격적, 재앙적 또는 잔인하고 끔찍한 죄악된 생각일 경우에 사람들은 이를 비정상적(abnormal) 증상으로 인식해 회피하거나 물리치기 위해 '내가 왜 이러지?' 하며 자기 나름의 인지전략을 활용한다.

자기 내면에 발생하는 UIT로 인한 자아 이질적(ego-dystonic) 경험은 매우 혼란스럽고, 당혹스러운 것으로서 이에 대한 회피 또는 대립, 어떤 태도를 보이든 모두 심리정서적으로 과다한 에너지 소모가 발생한다.

UIT의 내용이 비윤리, 부도덕, 비신앙적, 비성경적인 생각일 경우에 기독교인들 가운데는 사탄, 마귀, 악령, 귀신이 주는 생각으로 이해해 힘겨운 영적 싸움을 하는 일도 있다. UIT로 인해 강박장애에 노출된 사람 가운데 40퍼센트 정도는 학업 및 직업 활동을 제대로 하지 못하는 것으로 분석되고 있다.[2]

이때 상담자가 '그런 쓸데없는 생각은 하지 말고, 잊어버리거나 물리치세요.'라고 말해도 되는가?
'잊으라'고 하면 잊을 수 있는 것인가?
특정 생각을 하지 않는 것을 자의적으로 할 수가 있는 것인가?

이와 같이 기독교 상담에서는 UIT를 어떻게 이해하고, 어떻게 상담해야 하는지, 상담 현장에서 고민스러운 사례들이 발생할 수 있다. 따라서 이 연구는 문제를 자조적으로 해결하려는 기독교인들에게 바른 대응 방안 제공을 목표로 할 뿐만 아니라, 일선 기독교 상담자들이 UIT에 대한 상담을 효과적으로 할 수 있는 자료를 제공하는데 목표를 두고 있다.

에릭 레이신은 UIT에 대한 논의는 지난 100년 동안 있었고, 여전히 논쟁할 충분한 이유가 있는 주제라고 진술했다.[3] 레이첼 반스는 UIT를 억제,

---

2   Rogers Koenig-Robert & Joel Pearson,(2020) "Decoding Non-conscious Thought Representations during Successful Thought Suppression," *Massachusetts Institute of Technology* 32/12, 2272-84.
3   Eric Hollander, et al,(1996) "Obsessive Compulsive and Spectrum Disorders," *Journal of Clinical Psychiatry* 57, 3-6.

회피하는 방법을 배우면 정신건강에 유익한 결과를 얻게 될 것이라고 강조한 바도 있다.[4] DSM-5는 강박사고를 지속적, 반복적으로 발생하는 생각, 충동 및 심상이 침투적이고 원치 않는 방식으로 나타나는 것으로서 불안, 심리정서적 고통을 유발하는 증상으로 정의하고 있다.

이에 대해 심리학에서는 1987년 다니엘 웨그너의 연구를 필두로 전문적이고, 집중적이며, 활발한 논의가 있었다고 볼 수 있으나, 기독교 상담에서는 이에 대한 학술적 논의가 충분했다고 보기 어려울 정도로 연구 논문은 미미한 실정이다. 비합리적, 부정적, 충격적, 재앙적, 잔인하고 끔찍한, 죄악된 강박사고로 인해 고통받는 기독교인들에게 이에 대한 바른 지침을 제공하는 것은 의미 있는 일이며, 기독교 상담학의 소임이라 생각한다.

2. UIT에 대한 개념 이해

1) UIT의 용어와 개념

'원치 않는 침투적 사고'(Unwanted Intrusive Thoughts)를 통상적으로 약칭 'UIT'라 부른다. UIT가 DSM-5 또는 ICD-10 등의 공식 질병명은 아니지만, 영어권에서는 UIT를 거의 공식적이고, 일반적인 용어로 사용하는 추세다.[5] 여기서 intrusive를 우리말로 옮길 때 어떤 학자들은 '침습적'이라고도 번역하는데 '침투적'이나 '침습적'은 완전히 동일한 개념의 용어이다.

UIT는 강박장애(obsessive-compulsive disorder: 강박사고, 강박행동)로 분류하는 것이 일반적이지만, 이는 불안장애에서도 매우 빈번하게 나타나는 현상이다. 일각에서는 이를 저절로 발생하는 생각이라고 해서 '자생적 강박사고'(autogenous obsession)라 부르기도 한다. 알틴은 이를 내면에서 발생하는 '비밀스럽고도 은밀한 강박 증상'(covert compulsion)이라고 표현한 바 있다. 근래 이 분야의 연구자들은 '침투적 사고장애'(intrusive thought disorder)

---

4   Eric Rassin,(2005) *Thought Suppression* (New York: Elsevier), 1.
5   Rachel D. Barnes, et al,(2010) "Relationships among Thought Suppression, Intrusive Thoughts and Psychological Symptoms," *Journal of Cognitive and Behavioral Psychotherapies* 10/2, 131-46.

라는 용어를 사용하기도 한다.

개념적으로 볼 때, 원치 않는 침투적 사고는 '원치 않는 생각', '무의식적인 생각', '강제적 사고', '난입하는 이미지', '조절할 수 없는 생각', '자동적인 생각', '끊임없는 생각' 등의 용어를 사용하기도 한다.

2) 침투, 침입 사고와 인지 억제

이 세상에 자기 생각을 스스로 완전히 통제한다거나, 자기가 의도한 생각만 할 수 있는 사람은 없다. 인간의 뇌는 연상 네트워크 기능으로 정보가 서로 연결되어 있어 대부분의 생각은 단순히 그것만 떠오르는 것이 아니라, 그와 연관된 다양한 생각을 하게 되어 의도하지 않은 생각, 원치 않은 생각, 갑작스럽게 튀어나온 생각도 하게 된다.

이러한 생각 가운데는 획기적이고, 기발하고, 창조적이며, 생산적인 것들도 있지만 그렇지 않은 비합리적, 부정적, 충격적, 재앙적인 잔인하고 끔찍한 사고가 침범(invade), 침투(intrusion), 침입하는 예도 많다.

다음의 사례는 한 남성이 겪는 UIT에 대한 전형적인 증상을 묘사한 내용이다.

> 어느 날, 이 남자는 주변의 가까운 사람과 원치 않는 성관계를 갖는 생각이 문득 떠올랐다.
> "내가 왜 이런 바보 같은 생각을 하지?"
> 머리를 흔들어 보긴 했지만, 그다지 이 생각이 고통스럽지는 않았다. 별로 신경이 쓰이지도 않았고, 반드시 떨쳐 버려야 한다는 생각도 없었다.
> 그러던 어느 날, 길을 걷다가 문득 앞사람의 뒤통수를 구둣발로 짓이기는 생각이 들었다. 순간 머리가 아찔해지면서 현기증을 느꼈다. 생각을 떨쳐 버리려고 머리를 흔들었다. 그러나 이상하게 자꾸 신경이 쓰이면서, '이 생각이 또 떠오르게 되면 어떻게 하나' 하고 걱정하기 시작했다. 이상하게도 사람들을 쳐다볼 때마다 의식이 되고 신경이 쓰였다.
> 그런 생각을 하게 될 것 같아 염려하고 있을라치면 틈새를 놓치지 않고 바로 앞사람을 가격하고 구둣발로 머리를 짓이기는 생각이 또 떠올랐다. 점점 이 생각 때문에 신경이 몹시 쓰이게 되고 죄책감마저 들었다. 이 생각을 떨쳐 버려

야겠다고 생각하면 할수록 더욱더 생각을 조절하기가 어려워졌다.[6]

이와 유사한 사례로서 운전하다가 자기도 모르게 차를 보도로 틀어 행인을 치려는 생각, 고층 아파트에서 자녀를 창 밖으로 내던지려는 생각, 어머니를 성폭행하려는 생각, 조용한 예배 시간에 갑자기 일어나 큰 소리로 성기 비하의 욕을 내뱉으려는 생각 등도 위의 사례와 동일, 유사 구조로 나타나기도 한다. 또 식당에서 지인과 함께 식사하면서 반찬을 집으려고 쥐고 있던 자기의 쇠젓가락으로 갑자기, 이유도 없이 옆좌석에 앉은 지인의 정수리를 세게 내리쳐 해치려는 UIT가 반복되어 괴로워하는 상담 사례도 있다.

그뿐만 아니라 상담학자 도날드 캡스는 자기의 상담에서 25세 여성이 가위로 자기 딸을 찔러 죽여 목사님에게 바치는 끔찍한 UIT 사례를 소개한 바 있다.[7]

과연 이것이 아브라함이 자기 아들 이삭을 하나님께 바치는 것과 같은 것일까?

UIT의 내용 가운데는 윤리, 도덕, 법률, 성경, 신앙적으로 용납하기 어려운 신성모독, 음탕한 성적 환상, 잔인하고 끔찍한 공격 행위 같은 것이 많다. 자기의 의식 표면에 나타난 이런 생각들을 자기도 모르게 저지를 것만 같은 두려움이 발생하여 심리정서적으로 고통을 당하는 사례들이 많다.

마태복음 15:19 말씀은 예수 그리스도께서 마치 UIT를 구체적으로 설명이나 한 듯, 인간 심리 상태를 표현한 구절이다.

> 마음에서 나오는 것은 악한 생각과 살인과 간음과 음란과 도적질과 거짓 증거와 훼방이니(마 15:19).

웨그너와 데이비드 슈나이더는 원치 않는 특정 생각을 억제, 회피하는 것이 가능한가에 대한 실험 연구를 했는데, 그 결과 UIT를 억제, 회피하는 것이 극도로 어렵고, 때로는 무의미하며, 헛된 노력일 수 있다는 연구

---

6 이용승, 이한주,(2002)『강박장애 : 헤어날 수 없는 반복의 굴레』(서울: 학지사), 78.
7 Donald E. Capps,(2003) *Biblical Approaches to Pastoral Counseling* (Eugene, OR.: Wipf & Stock), cp 1.

결과를 제시한 바 있다.[8] 그것을 입증한 것이 이른바 '백곰(white bear) 실험' 인데, 실험 참가자들은 학부생 17명으로 이들은 5분 동안 백곰을 생각하지 않도록 노력하는 요청에 따라 백곰 생각을 억제했다.

인지 억제 시도 실험 중에 백곰 생각이 발생하면, 참가자들은 종을 울리거나 인지적 침입을 실험자에게 말로 보고해야 했다. 참가자들은 평균 7번 백곰을 생각했으며, 이런 억제는 5분 후에 백곰 생각을 더욱 증가시키는 결과를 가져왔다. 이 연구 결과는 사람이 해서는 안 되는 특정 생각이 무의도적, 비의지적, 비자발적으로 떠오를 때 그것을 억제, 회피한다는 것이 매우 어렵고, 비효율적임을 의미한다.

UIT가 발생했을 때 그것과 맞서 싸우기 위한 온갖 의식적인 노력은 원하는 결과를 이루기는커녕, 오히려 정반대로 치달아 그 생각을 한층 심화시키고, 결과적으로 UIT가 더욱 강화되어 나타나게 되는 것이다.

그런가 하면, 백곰 생각을 하지 않기 위해 빨간색 폭스바겐(Volkswagen) 자동차를 생각하도록 요구했을 때, 백곰에 관한 생각은 명백하게 감소할 수 있었다.[9] 또 '백곰 실험'과 유사하게 10분 분량의 잔인하고 충격적인 내용의 영화를 상영한 후, 피실험자들에게 영화 장면의 회상을 억제하도록 요구한 실험에서도 유사한 결과가 나타났다.

이런 주제의 선행 연구들은 대부분 일관된 결론을 드러내고 있다. 그것은 UIT를 억제, 회피하려는 노력을 하면 할수록 빈도와 강도가 오히려 높아지지만, 억제할 필요가 없는 중립적 사고는 억제 후에 덜 자주 발생한다는 것이다. 노래 가사나 영화, 드라마 대사나 장면, 광고 문구 등 중립적 사고나 유쾌한 일에 대한 인식은 정신건강이나 신앙에 심각한 피해가 발생하지 않고, 그것을 거부해야 할 동기가 없으므로 UIT라 할지라도 문제가 되지는 않는다.[10]

---

8 Daniel M. Wegner & David J. Schneider,(2003) "The White Bear Story," *Psychological Inquiry* 14, 326-29.
9 Sadia Najmi & Daniel M. Wegner,(2009) "Hidden Complications of Thought Suppression," *International Journal of Cognitive Therapy* 2/3, 210-23.
10 Najmi & Wegner, "Hidden Complications of Thought Suppression," 210-23. cf. Reginald D. V. Nixon, Neralie Cain, Thomas Nehmy & Melanie Seymour,(2009) "Does Postevent Cognitive Load Undermine Thought Suppression and Increase Intrusive Memories after Exposure to An Analogue Stressor?" *Memory* 17/3, 245-55.

행동주의 심리학에서는 UIT의 부정적 내용에 대해 사고중지(thought stopping)를 인지 억제전략으로 사용한다. 사고중지는 UIT의 중단을 위한 발설(utterance)기법으로서 잘못된 생각에 대해 자기 자신에게 '그만!'(stop) 이라고 외치는 방법인데, 이렇게 하면 바람직하지 않은 생각들이 순간적으로 중단된다.[11]

이렇게 하는 이유는 잘못된 사고의 흐름을 차단하고, 단호한 거부 의지를 나타내는 것이라 볼 수 있다. 하지만 일반적으로 사고중지기법은 순간적으로는 극복 효과가 있으나 곧이어 반동 효과(rebound effect)가 나타나서 억제, 회피의 유효성과 지속성이 떨어지고, 오히려 그 생각의 빈도와 강도가 더욱 증가한다는 연구 결과도 있다.[12]

대부분 사람은 이런 생각을 억제, 회피하기 위해 고개를 흔들거나, 다른 생각을 하거나, 대적하여 물리치거나 자기 나름의 인지전략을 활용하여 해결하려고 노력한다.[13] 상담 사례들을 분석해 보면 어떤 내담자는 회피전략으로서 크게 기침하여 순간적으로 주의를 환기하여 UIT를 떨쳐 버리려고 노력한다.

심지어 UIT가 생길 때 잘못된 생각을 하는 자기를 처벌하는 의미로 자기 뺨을 세게 때리는 일도 있다. 그뿐만 아니라 기독교인 가운데는 "주여"를 연발하기도 하고, "예수 이름으로 …"를 경음화하여 마치 주문처럼 "(예)쓔", "쓔", "쓔"소리를 내거나 (이런 생각이 떨어질 줄로) '믿습니다'를

11　William O. Donohue & J. E. Fisher,(eds.)(2008) *Cognitive Behavior Therapy* (Hoboken, NJ.: John Wiley & Sons), 18. cf. Paul D. Tyson,(1998) "Physiological Arousal, Reactive Aggression and the Induction of An Incompatible Relaxation Response," *Aggression and Violent Behavior* 3/2, 143-58.

12　Donohue & Fisher,(2009) *Cognitive Behavior Therapy*, 5. cf. Sadia Najmi, et al, "Managing Unwanted Intrusive Thoughts in Obsessive Compulsive Disorder," *Behaviour Research and Therapy* 47, 494-503.

13　Altin & Gencöz, "How Does Thought Action Fusion Relate to Responsibility Attitudes and Thought Suppression to Aggravate the Obsessive Compulsive Symptoms?" 99-114. 국내도 성적인 UIT가 강박증상으로 악화되는 과정에 대한 연구가 있다. 하승수 외 (2005), "성적인 침투적 사고에 대한 인지적 평가와 통제방략,"「한국임상심리학회」24, 771-89. cf. J. Neufeind, et al,(2009) "The Effects of Thought Suppression on Autobiographical Memory Recall," *Behaviour Research and Therapy* 47/4, 275-84. Sadia Najmi, "How to Respond to an Unwanted Intrusive Thought" (Ph.D. diss. Harvard University, 2008), abstract.

경음화하여 "믿쑵니다", "쑵", "쑵"소리를 내어 UIT를 쫓아내려는 경우도 있다.

샐리 윈스톤과 마틴 세이프는 UIT의 강박적 특성에 대해 "끈적거리는(sticky) 생각"이라고 표현했고,[14] 에드워드 웰치는 "지긋지긋한", "지겨운(repugnant) 생각" 또는 "성가신", "거슬리는(bethersome) 생각"이라고 묘사하기도 했다.[15] 이를 경험하는 많은 사람 가운데 "미쳐버릴 것 같다"는 공통적인 표현을 하기도 하는데, 심지어 "이런 생각이 현실로 나타난다면 차라리 죽어 버리겠다"라는 내담자도 많다.

그래서 새디아 나즈미는 UIT를 '비생산적인 생각'이라고 표현했지만, 이는 비생산적인 차원을 넘어 때에 따라서 개인의 정신건강을 심각하게 손상하는 '파괴적인 생각'이라 할 수 있다.

3) UIT의 발생 원인과 폐해

UIT는 도대체 왜 발생하는 것인가?

현재까지 UIT 발생에 대한 신경 메커니즘은 신경생리학, 신경생물학, 임상심리학, 정신병리학 등의 활발하고, 진전된 학술적 연구에도 그 원인을 명확하게 밝혀내지 못하고 있다. 하지만 여러 가설 가운데 정신분석학에서는 인간의 무의식에 억압되어 있는 성적 본능과 공격성의 표출로 UIT를 이해하고 있다.[16]

현상적으로 UIT의 내용들을 분류해 볼 때 이 두 가지가 주류를 차지하는 것을 보면 이 주장이 어느 정도 설명력을 갖는다고 볼 수도 있다. 또 정신분석학에서는 UIT를 역동적 무의식(dynamic unconscious)으로 설명한다. 모든 인식은 본능, 경험, 감각, 감정의 저장소에서 항상, 부단히, 역동적인

---

14 Sally M. Winston & Martin N. Seif,(2017) *Overcoming Unwanted Intrusive Thoughts* (New Harbinger), 21.
15 Welch, *Counselor's Guide to The Brain and Its Disorder,* 221, 310. cf. Arnold, Heinrich. (1997) *Freedom from Sinful Thoughts*. House Farmington, PA.: Plough Publishment.
16 Najmi & Wegner, "Hidden Complications of Thought Suppression," 210-23. 억압(抑壓, repression)은 무의식적인 과정으로서 자기의 의지와 무관하게 특정 생각이 억눌려져 무의식에 두는 것이고, 억제(抑制, suppression)는 의식적인 과정으로서 의지적으로 특정 생각과 행동을 억눌러 목적달성을 위해 참는 것을 의미한다.

활동이 일어나고 있는데, 이것들이 무의식에서 의식으로 예기치 않게 침투하는 일은 얼마든지 있을 수 있다는 견해다.[17]

레이신의 표현에 따르면, UIT의 발생은 불쾌하고, 끔찍하고, 잔인하고, 외설적이며, 추악한 기억을 오랫동안 억압, 억제함으로써 이런 기억들이 무의식에서 자연적인 부패(natural decay)가 일어나는 것이 아닌가 하는 가설을 제기했는데, 이는 정신분석적 개념과 유사한 것이다.[18]

복음주의적 상담에서는 UIT를 인간 내면에 잠재된 죄성의 표출로 보기도 하며, 다른 표현으로는 사탄, 마귀, 악령, 귀신의 공격으로 이해하여 사귀 축출(exorcism)을 하기도 한다. 윈스톤과 세이프는 그 원인이 어떠하든, 부정적인 UIT는 폭력적인 글, 영화, 드라마에서 죄와 악을 묘사하기 위한 장면과 대사 등 시청각 정보들이 무의식에 축적, 침착되어 의식 표면에 나타난 것으로 분석하고 있다.[19]

UIT는 우울증, 불안증, PTSD, 스트레스장애 및 약물, 물질 남용 등과 밀접하여 빈번한 증상이 발현되고 있으며, 강박장애나 조현병(schizophrenia) 환자들에게서는 만성적이고, 보편적인 증상으로 나타난다.[20] 크리스틴 펄돈 등은 강박장애인에게 3일 동안 UIT 억제 시도에 대해 자세한 일지를 작성하도록 요청하여 이를 분석했다. 강박장애인의 76퍼센트는 UIT를 의지적으로, 효과적으로 억제, 회피하는 데 성공하지 못한 것으로 나타났다.[21]

17　Gary L. Almy,(2000) *How Christian Is Christian Counseling?* (Wheaton, IL.: Crossway Books), 24.
18　Rassin, *Thought Suppression*, 18. cf. Toshihiko Aso, et al,(2016) "Dynamic Interactions of the Cortical Networks during Thought Suppression," *Brain and Behavior* 6/8, 1-15.
19　Winston & Seif, *Overcoming Unwanted Intrusive Thoughts*, 21, 128.
20　Winston & Seif, *Overcoming Unwanted Intrusive Thoughts*, 2. cf. Barnes, et al, "Relationships among Thought Suppression, Intrusive Thoughts, and Psychological Symptoms," 131-46. 대부분의 강박장애에서 나타나는 침투사고는 부정적인 것이며, 강박장애자들은 부정적 생각에 집착함으로써 심리정서적 고통을 경험한다. Jedidiah Siev, et al,(2022) "Predicting Negative Emotions in Response to in Vivo Triggers of Thought-action Fusion," *Journal of Obsessive Compulsive and Related Disorders* 33, 1-7.
21　Najmi, et al, "Managing Unwanted Intrusive Thoughts in Obsessive-Compulsive Disorder," 494-503. cf. Christine L. Purdon, et al,(2007) "Daily Records of Thought Suppression by Individuals with Obsessive Compulsive Disorder," *Behavioural and Cognitive Psychotherapy* 35, 47-59. Najmi, et al, "Managing Unwanted Intrusive Thoughts in Obsessive Compulsive Disorder," 494-503.

강박장애가 UIT의 원인일 것으로 보는 입장이 있는가 하면, UIT에 대한 인지 억제 기능의 손상을 강박장애로 보는 일각도 있다.[22] 분명한 것은 UIT가 강박장애를 악화시키고, 악화된 강박장애에서는 UIT의 자동성이 매우 높다는 것이다.

또 강박장애인들의 공통점은 자기에게 나타난 UIT의 빈도와 강도 및 불편감을 지나치게 과대, 과장해서 지각하는 경향성이 있다. 이는 단지 강박장애인들에게서만 나타나는 것이 아니라 UIT로 인해 심리정서적 문제가 발생한 대부분 사람에게 주관적 불편감이 과대, 과장되는 공통점이 있다.

그 밖의 특성으로 웰치는 UIT를 심리정서적 피로에 의해 발생된 '정신운동적 발작'(psychomotor seizures)으로 이해했다.[23] 성별로 볼 때 UIT는 여성에게 많이 나타나는데, 여성은 반추하는 경향성이 높으므로 남성과 비교하면 더 많이 발생하고, 더 많이 억제하는 것으로 분석되고 있다. 또 60대 이상의 연령층에서는 UIT의 발현율이 매우 낮은 것으로 분석되고 있는데, 이는 뇌의 왕성한 인지 기능 변화와 관련 있는 것으로 볼 수 있다.[24]

대부분 사람은 자기 생각을 자기의 의지로 완전하게 통제할 수 있어야 정신이 건강한 상태라고 인식한다. 이런 전제에서 자기 생각을 스스로 의지적으로 억제, 회피할 수 없는 상황에 부닥치게 되면 자기가 정신이상에 노출된 것이 아닌가 하는 강한 의구심을 갖게 된다. UIT는 단지 생각일 뿐이고, 용어 그대로 자기가 '원치 않는'(unwanted) 생각이기 때문에 이를 실행에 옮길 가능성은 적으나 혹시 인지 억제력을 상실하고 실행에 옮길까 봐 극도의 두려움을 갖는 것이다.

22　Filippo Ghinab, et al,(2022) "The Importance of Resource Allocation for the Interplay between Automatic and Cognitive Control in Response Inhibition," *Cortex* 155, 202-17.
23　Welch, *Counselor's Guide to The Brain and Its Disorder*, 310.
24　Paivi Lappalainen, et al,(2021) "The Role of Thought Suppression and Psychological Inflexibility in Older Family Caregivers' Psychological Symptoms and Quality of Life," *Journal of Contextual Behavioral Science* 20, 129-36. cf. Lisa D. Butler & S. Nolen-Hoeksema,(1994) "Gender Differences in Responses to Depressed Mood in a College Sample Sex Roles," *Journal of Research* 30/5-6, 331-46. 김선인,(2002) 『살아있는 죽음 강박증 II』(서울: 한솜), 24. 30세 이전 발병률이 82퍼센트로 나타나는 것으로 분석된다. 보건복지부, "정신질환실태 역학조사," 2017.

UIT를 경험한 사람들은 이를 중화(neutralizing)시키기 위한 자기 나름의 인지 억제전략을 활용해 보지만 그것이 적용되지 못하고, 적극적인 노력에도 진압(suppression)이 수포로 돌아가거나 실패했을 때, 자기의 인지 억제력 부족, 의지적 결함, 실패감, 무능감, 무기력감, 좌절감, 불안감, 공포감, 우울감, 수치심, 죄책감 등이 초래된다. UIT는 일회적이지 않고, 시간이 지남에 따라 사라지는 것으로 보이지 않으며, 반복되는 경향성과 만성화 또는 악화하기도 해서 삶의 질이 저하될 수 있다.

UIT가 재발하면 그것을 더 강하게 의식 밖으로 밀어내려고 노력해 보지만 그럴수록 역효과가 나고, 더욱 몰두하다가 공황 상태에 이르게 되기도 한다.[25] UIT의 빈도와 강도가 증가한 사람들은 심리정서적 각성 때문에 과다한 에너지 소모로 인지적 피로(cognitive fatigue)가 높아지는 것을 경험하게 되는데, 이는 신체화(somatization) 증상으로 이어지는 것이 일반적인 현상이다.

UIT 경험자들은 이에 대해 더욱 민감해지고, 재발에 대한 두려움이 극심하여 예기(anticipatory)불안 등이 발생한다. UIT의 빈도와 강도가 더욱 증가하면 사람들은 자기의 안전, 의도, 윤리, 도덕성, 신앙, 자제력 및 전인성 등을 의심하고, 그 현상에 몰두하며 두려워하다가 심리정서적 질환(강박장애, 우울증, 불안증 등)으로 이환되기도 한다.

이런 UIT의 특징과 악화의 과정은 선행 연구들에서 공통적이고, 비교적 일관된 결론을 드러내고 있다.[26] 그러므로 상담 초기에 UIT가 신경정신증(psychoneurosis)으로 악화, 이환되는 것을 예방하는 적절한 치료적 개입과 효과적인 상담 전략이 필요한 것이다.

---

25 George H. Eifert & Michelle Heffner,(2003) "The Effects of Acceptance Versus Control Contexts on Avoidance of Panic-related Symptoms," *Journal of Behavior Therapy & Experimental Psychiatry* 34, 293-312. cf. Lappalainen, et al, "The Role of Thought Suppression and Psychological Inflexibility in Older Family Caregivers' Psychological Symptoms and Quality of Life," 129-36.

26 Winston & Seif, Overcoming Unwanted Intrusive Thoughts, 157. cf. Mark R. McMinn & Timothy R. Phillips,(2001) *Care for the Soul* (Downers Grove, IL.: InterVarsity Press), 273. Neufeind, et al, "The Effects of Thought Suppression on Autobiographical Memory Recall," 275-84. Lappalainen, et al, "The Role of Thought Suppression and Psychological Inflexibility in Older Family Caregivers' Psychological Symptoms and Quality of Life," 129-36.

4) UIT와 사고행위융합의 오해

　UIT 경험자들의 대다수는 사고행위융합(thought-action fusion)적 견해를 밝히고 있다. 사고행위융합은 인식과 행위가 동일하다고 보는 것으로서 간음을 생각한 것은 곧 간음 행위를 한 것과 같다는 신념이다. 이런 논리로 볼 때 탐욕은 도적질과 마찬가지이고, 분노는 살인과 등가적(equivalent) 관계라는 사고행위융합적 인식은 생각만으로도 죄의식, 죄책감을 충분히 느끼게 될 수 있다.
　특히, 기독교인들에게 사고행위융합적 인식이 확산해 있는데, 그 이유는 마태복음 5:28에 예수께서 하신 말씀을 통해 이해할 수 있다.

> 나는 너희에게 이르노니 여자를 보고 음욕을 품는 자마다 마음에 이미 간음하였느니라 (마 5:28).

　여기에서 "음욕을 품는 자"와 "간음"을 동일시한 데서 비롯된다. 여기서 '음욕을 품는 자'의 헬라어 명사 에피뒤미아(ἐπιθυμία)나 동사 에피뒤메오(ἐπιθυμέω)는 마음속에 '욕정이 타오르다', '갈망하다'가 함의된 단어다.
　본래 이 단어는 '절제되지 않은', '극단적인', '과도한', '강력한' 열망으로 이해하는 것이 정확한 의미다.[27] 그렇게 볼 때, 예수께서 말씀하신 내용은 '여자를 집중적으로 바라보면서 마음속에 절제되지 않고 강력한 욕정을 갈망하는 자마다 이미 간음한 것이라'고 의미역을 해 볼 수 있다. UIT 자체는 열망 상태가 아니고 무의도적, 비의지적, 비자발적이므로 사고행위융합으로 보기는 어렵고, 이를 죄로 보는 것은 무리이다.[28]
　종교개혁자 마틴 루터가 비의지적 생각을 '머리 위에 맴도는 새'로 비유하여 "새들이 머리 위를 날아다니는 것은 어쩔 수 없지만, 머리 위에 둥지를 틀게 해서는 안 된다"라고 표현했는데, 이는 UIT를 쉽게 이해할 수 있는 예라 하겠다. 단순히 특정 생각이 떠올랐다고 해서 그것을 죄로 보기는 어렵고, 자발적 욕구와 의지, 열망이 결부된 생각이 죄가 될 수

27　Barclay M. Newman, Jr.,(1971) *Greek-English Dictionary* (London: United Bible Societies), 69. cf. Tim Clinton & Ron Hawkins,(2011) *The Popular Encyclopedia of Christian Counseling* (Eugene, OR.: Harvest House Publishers), 276.
28　Arnold, *Freedom from Sinful Thoughts*, 11.

있을 것이다.

그런가 하면 자기의 UIT는 다른 사람의 생각이 아니고, 자기의 무의식에 잠재되어, 자기의 죄성에 의해서, 자기의 의식에 침투된, 자기 생각이라는 면에서 절대적으로 죄가 아니라고도 할 수 없는 상황이다.

높은 도덕성, 신앙을 가진 사람은 UIT에 대한 높은 예민성(hyper-sensitivity) 때문에 명백하게 성경에 어긋나고, 기독교 신앙에 금지된 내용의 UIT에 대해 더 강한 죄의식 및 죄책감을 느끼게 된다. UIT가 강박장애와 매우 밀접한 관계가 있는 것은 분명한데, 이것이 강박장애로 악화한 경우, 도덕성 및 종교성과의 상관관계에서 유의미한 차이가 있는 것으로 나타났다.

특히, 처벌하는 신(神) 또는 형벌 개념의 신이 강조되고, 용서하는 신에 대한 개념이 약화할 때 강박적 UIT가 높아지는 것으로 밝혀졌다.[29] 기독교인들 가운데는 UIT를 이분법적 사고, 즉 하나님과 사탄, 성령과 악령, 선과 악, 영적인 것과 육신의 것 등 대립적 구조로 자기의 증상을 보려고 한다. 그래서 성직자 등 신앙이 좋다고 평가되는 종교적인 사람들에게 UIT 증상이 심한 이유는 이것에 대해 이분법적이고, 대립적이며, 적대적 인식의 구조를 갖추고 있기 때문으로 분석된다.[30]

즉, UIT와 대립적, 적대적 구조에서는 이것을 싸워 이겨야 하는 대상으로 인식하기 때문에 승산이 없는 소모전을 치르게 된다. UIT에 대해 대립적, 적대적으로 인식하면 할수록 여기서 벗어나는 것은 요원해질 수 있다.[31]

3. UIT 극복을 위한 상담

UIT 극복에 유일무이하거나 획기적인 인지전략은 현재까지 알려진 것이 없다. 하지만 선행 연구들을 통해 밝혀진 인지전략 가운데 비교적 효과

29　Johanna A. Younce & Kevin D. Wu,(2020) "Examining the Relationship between Religion and Thought Action Fusion in a Protestant Sample," *Journal of Obsessive Compulsive and Related Disorders* 27, 1-7.

30　Najmi, et al, "Managing Unwanted Intrusive Thoughts in Obsessive Compulsive Disorder," 494-503.

31　Altin & Gencöz, "How Does Thought-Action Fusion Relate to Responsibility Attitudes and Thought Suppression to Aggravate the Obsessive Compulsive Symptoms?" 99-114.

성이 높다고 인정된 전략들이 있다. 여기서 '효과'라는 의미는 UIT에 대응하는 인지전략을 활용하여 그것의 빈도 감소, 기간의 단축, 심리정서적 불편감 및 고통의 경감으로 이해할 수 있다.

이에 대해 하인리치 아놀드가 제시한 기독교 신앙적 방법은 참고할 만한데, 그는 자기 암시, 억압, 믿음, 자기 포기, 자백, 기도, 초연함, 회개 등을 UIT 극복 방법으로 제안한 바 있다.[32] 하지만 이 내용들은 산발적인 나열로서 어떤 것을 먼저 적용해야 할지 혼란스럽다. 또 일반 이론들은 기독교 상담에 그대로 적용하기가 여의찮다.

다음에 살펴볼 UIT 극복을 위한 UIT수용전략, 집중산만전략 및 상반행동강화 활용, 인지 자원 활용 이 세 가지 인지전략은 기독교 상담을 응용한 핵심적인 방법이다.

1) UIT 수용전략

나즈미 등과 리우 등은 UIT에 대한 인지전략으로서 수용(acceptance)의 임상적 효과를 제시했다.[33] UIT를 대부분 사람이 겪는 자연스러운 사고 발생이라는 것, 죄성을 가진 인간에게 일반적으로 나타나는 현상임을 인정하는 것이 수용의 개념에 포함된다. 단지 이것을 인정만 해도 이에 대한 심리정서적 고통이나 두려움은 상당 부분 감소할 수 있다.

아울러 UIT가 나타났다고 해서 정신이상이거나, 사탄, 마귀, 악령, 귀신에 들린 것이나, 인지 억제력을 잃고 UIT대로 행동하지 않을 것이라는 확신을 하는 것이 중요하다. 수용전략이 쉬운 것은 아닌데, 그 이유는 UIT를 수용하기에는 그 내용이 지나치게 극단적이고, 또 기독교인들 가운데 죄를 받아들이는 의미로 곡해하는 경우가 있기 때문이다.

페이브 레파레인 등의 연구 결과에 따르면, UIT를 심각하게 경험하는 사람들에게는 공통으로 심리정서적 경직성이 나타난다고 분석했다.[34] 경

---

32 Arnold, *Freedom from Sinful Thoughts*, 11.
33 Najmi, et al, "Managing Unwanted Intrusive Thoughts in Obsessive Compulsive Disorder," 494-503. cf. Liu, et al, "Effects of Control Strategies on the Activation of Unwanted Intrusive Thoughts in Elite Athletes," 1395-1408.
34 Lappalainen, et al, "The Role of Thought Suppression and Psychological Inflexibility in

직성은 놀람, 충격, 불안, 공포로 인해 인지, 정서, 행동(신경과 근육)적으로 유연하지 못한 반응으로서 이는 UIT에 대해 수용적 태도를 보이지 못하도록 만드는 장애가 될 수 있다.

이들에게는 자기관찰(self-monitering)에 집중하는 경향성 때문에 다음과 같은 생각에 몰두하다가 증상이 심각해지는 경우가 많다.

"내게 왜 이런 일이 생기는 거지?"

"도대체 어떨 때 이런 생각이 떠오는 것인지?"

이런 생각에 대해 빅토르 프랭클은 자기의 증상에 몰두하거나 증상의 원인을 자기의 악한 생각과 행위에 대한 지나친 반추, 반성을 문제로 보고 이에 대해 '반성 제거'(de-reflection)를 해야 한다고 주장했다.[35] UIT가 나타나더라도 이에 집중하여 반성하거나 인지적으로 몰두하지 않고 반성을 제거하는 비반응적 태도를 보여야 한다는 것이다.

UIT가 자연스러운 정신활동 가운데 하나일 수 있다고 인정하고, 수용할지라도 이것을 포착하지 않거나, 이에 빠지지 않으려는 둔감화(desensitization) 노력은 대단히 중요한 수용전략이다. 이를테면, 아파트 10층에서 뛰어내릴 의사가 전혀 없는데 그런 UIT가 발생했을 때 자기가 뛰어내리면 죽게 된다는 위험성에 대해 명확하게 해야 한다. 사실은 이런 인식 때문에 UIT로 인해 두려움이 발생하는 것이기도 하다.

그러나 UIT를 포착하여 '고층에서 뛰어내리면 어떤 느낌일까?', '내가 진짜 뛰어내리고 싶은 것일까?'라고 생각하는 것은 대단히 위험한 것으로서 UIT를 의지적으로 의식 표면에 두려고 해서는 안 된다. 그러나 극단적인 예가 아닌 음주, 흡연 및 중독 등을 단절하고자 결심한 사람들에게서 그와 관련된 UIT가 빈번하게 나타나는 경우가 많은데, 유경험자들 가운데는 그것을 포착하여 의식에 소환하는 경우들이 흔히 발견된다. 이는 과거의 행위(습관, 중독)로 회귀 될 가능성을 높인다.[36]

또 이런 UIT는 상대적으로 윤리, 도덕, 법률, 성경, 신앙에 크게 어긋나거나, 위험하거나, 위해를 가하거나, 위협적으로 생각하지 않고, 이미 그 대상으로부터

Older Family Caregivers' Psychological Symptoms and Quality of Life," 129-36.
35　Victor E. Frankl, *The Will to Meaning: Foundations and Applications of Logotherapy* (New York: Plume, 2014), 128.
36　Najmi & Wegner, "Hidden Complications of Thought Suppression," 210-23.

즐거움 등을 경험해 보았기에 익숙함 때문에 UIT를 쉽게 포착하게 된다.

정상인이나 강박장애인이나 모두 공통으로 UIT를 경험하지만 정상인은 이를 무시하거나 비반응적 태도를 쉽게 보이지만, 강박장애로 이환된 경우는 UIT의 내용을 포착하고, 반복하며, 과도하게 몰두해 인지왜곡이 나타난다.

UIT에 관한 대부분의 연구에서 공통적인 결론은 이에 대한 대처, 대응 기법들이 일시적일 뿐, 장기적이지 않다는 것이다. 그 원인에 대해 UIT 연구에 몰두했던 나즈미와 웨그너는 '비반응적 태도(non-reactivity)에 대한 훈련이 되지 않았기 때문'이라고 분석한 바 있다.[37] 비반응적 태도가 UIT 해소의 인지전략으로 제시되는 근거는 단순한 데 드리첼 뉴파인드 등의 선행 연구들에서 밝혀진 바에 따르면, UIT에 대한 인지 억제 수준이 높을수록 오히려 UIT가 증가하거나 활성화되어 부정적 인식이 확산한다는 연구 결과에 기인한다.

아놀드는 비반응적 태도를 '초연함'(detachment)이라고 표현하면서 UIT가 나타나더라도 긴장, 불안하거나, 이에 말려들지 않고, 스스로 분리하려는 의지의 중요성을 강조한 바 있다.[38] UIT에 대해 "너무 불편해서 견딜 수 없어!"라고 거부적 생각을 하면 견디기 어려운 상태에 이르게 되므로 "불편하지만 기꺼이 견딜 수 있어!"라고 수용적 생각을 하는 것이 중요하다. 로버트 보이스는 "비의도적인 악한 생각과 더불어 살아가는 법을 배워야 이 문제가 해결될 수 있을 것"[39]이라고 진술한 바 있다.

기독교 상담에서는 UIT를 자기에게 접근해 오는 '사기', '거짓', '사악한 속임수'라고 단정하고, 그것을 선언하는 것을 수용전략의 개념으로 보고 있다.[40] 따라서 이 거짓을 믿는다는 것이 얼마나 허망된 일인지를 알고, 스스로 선언해야 한다. UIT를 유혹이라고 본다면, 이에 당황하지 않고, 미동도 하지 않

37　Najmi & Wegner, "Hidden Complications of Thought Suppression," 210-23. cf. Winston & Sief, *Overcoming Unwanted Intrusive Thoughts*, 193. Mark A. Yarhouse & James N. Sells,(2008) *Family Therapies: A Christian Christian Appraisal*, 전요섭 외 공역,(2010)『기독교 가족치료』(서울: CLC), 422.

38　Arnold, *Freedom from Sinful Thoughts*, 11.

39　Robert Boice,(2012) "An Alternative to Thought Suppression?" *American Psychologist* 67/6, 498.

40　Najmi, et al, "Managing Unwanted Intrusive Thoughts in Obsessive Compulsive Disorder," 494-503.

는 초연함과 비반응적 태도를 보일 때 심리영적으로 평안의 상태를 유지할 수 있게 된다. 인지적 유연성을 강화하는 것은 증상에 대한 심각성을 낮추는 것인데, 이로써 UIT의 발생 빈도나 강도를 현저하게 낮춘다는 연구 결과가 있다.[41]

2) 집중산만전략 및 상반행동강화 활용

UIT를 완전히 억제하는 것은 불가능한 것이지만, 인지 회피전략으로서 집중산만전략(focused distraction)은 UIT에 대한 주의(attention)를 다른 곳으로 흐트러뜨리는 것으로서 대부분의 선행 연구에서 비교적 효과성이 높다고 인정된 것이다. 빨간색 폭스바겐 자동차 생각에 몰두했을 때 백곰 생각이 감소했다는 연구 결과는 집중산만전략의 유효성을 나타낸 실험이라 할 수 있다.

비유하면, 피부의 특정 부위가 가려울 때 신경 쓰지 말 것을 요구한다고 해서 가려움이 없어지는 것이 아니라, 다른 곳에 집중하면 가려움을 느끼지 않게 되는 원리라 할 수 있다. 의사나 간호사 등 의료인들이 마취 없이 환자를 치료할 때 통증 감소나 회피를 위해 집중산만기법을 활용하기도 한다.

UIT와 반대되는 다른 특정 생각에 집중함으로써 UIT를 분산시킬 수 있는 예는 TV 시청에 집중하는 동안 아이의 우는 소리를 인식하지 못할 수 있고, 글 쓰는 것에 열중하는 동안 구급차 사이렌 소리가 들리지 않거나 별 의미 없이 들려질 수 있는 것이다.

다른 것에 집중함으로써 부정적 UIT의 내용을 다소 잊거나 의미 없도록 만드는 인지전략은 짧은 시간일지라도 이것이 반복되는 시간의 폭을 넓혀 갈 때 해결중심 상담에서 보는 치료라 할 수 있다.

UIT에 대응하는 집중산만전략은 특정 하나의 생각에 집중하는 것이 효과적이다. 대부분의 UIT는 급작스럽게 나타나는 특성 때문에 매우 빠른 시간에 대체 전략을 활용해야 효과를 얻을 수 있으므로 많은 인지전략을 활용하는 것은 효과성이 떨어진다.

왕과 차치사렌티스는 집중산만전략을 활용할 때 긴급성을 요하기 때문에 신속하게, 쉽게 다른 생각으로 전환할 수 있어야 한다는 것을 강조했

---

41   Hirsch & Holmes, "Mental Imagery in Anxiety Disorders," 161-65.

다. 이때 심상은 대단히 중요한 방법인데, 순간적으로 떠올릴 수 있는 친숙한 장면이 극복에 효과적이라는 연구 결과가 있다.[42]

따라서 부정적 UIT에 대응할 수 있는 긍정적 심상을 떠올리는 훈련이 반복되어야 극복이 수월해진다. 인지행동치료를 개발한 알버트 엘리스도 부정적 UIT와 반대상황을 심상하는 긍정적 시각화를 통해 분명히 치료할 수 있다고 강조했다.[43]

기독교 상담에서 이를 응용한다면 하나님, 예수 그리스도를 심상하는 것은 좋은 방법이다. 구체적인 장면은 상담자와 내담자의 작업을 통해 선정하는 것이 좋다. 성경 구절의 암송을 활용한다면, UIT 내용과 상반된 특정 성경 구절에 집중하는 것이 좋다. 또는 찬송가 가사를 활용할 경우, 후렴구나 특정 구절을 반복하는 것이 효과적이라 할 수 있다

행동주의 심리학에서 다루는 상반행동강화(incompatible behavior reinforcement)를 응용하는 것은 UIT극복의 훌륭한 방법이라 할 수 있다. 상반행동강화는 '양립 불가능한 행동 차별강화'(differential reinforcement of incompatible behavior)라 부르기도 하고, '상호적 억제', '역제지', '역조건 형성', '상호금지', '상호제지' 등으로 명명하기도 한다. 그 개념은 이전의 조건반응을 소거(extinguishment)하는 동시에 그 조건반응과 상반된 새로운 반응을 조건화하여 이전 조건반응을 억제, 완화, 감소 및 제거하는 것이다.[44]

본래, 상반행동강화는 관절, 근육, 신경기능이 자극을 받게 되면 대립하는 관절, 근육, 신경 기능은 억제된다는 의미로서 앉는 것과 일어서는 것을 동

---

42 Deming Wang & Chatzisarantis L. D. Nikos Chatzisarantis,(2017) "Mechanisms Underlying Effective Thought Suppression Using Focused Distraction Strategies," *Psychology of Consciousness: Theory, Research and Practice* 4/4, 367-38. cf. Najmi & Wegner, "Hidden Complications of Thought Suppression," 210-23. Lena Jelinek, et al,(2022) "Therapists' Thought Action Fusion Beliefs Predict Utilization of Exposure in Obsessive Compulsive Disorder," *Behavior Therapy* 53/1, 23-33.

43 Albert Ellis,(2016) *How to Control Anxiety before It Controls You* (Grand Haven, MI.: Brilliance), 93.

44 Natjam J. Blum, Jennifer J. McComas & Charels F. Mace,(1996) "Separate and Combines Effects of Methylphenidate and Behavioral Intervention on Disruptive Behavior in Children with Mental Retardation," *Journal of Applied Analysis* 29/3, 305-19. cf. Cathleen C. Piazza, Doug R. Moes & Wayne F. Fisher,(1996) "Differential Reinforcement of Alternative Behavior and Demand Fading on the Treatment of Escape-Maintained Destructive Behavior," *Journal of Applied Behavior Analysis* 29/4, 569-72.

시에 할 수 없고, 주먹을 쥐는 것과 펴는 것을 동시에 할 수 없으며, 근육이 긴장 및 수축하는 동안에는 절대로 동시에 이완될 수 없다는 개념이다.

인지적으로 나쁜 생각을 극복하기 위해 좋은 생각에 집중하는 것, 심리정서적으로 안정된 감정을 지속해서 가짐으로써 두려운 감정을 갖지 않도록 하는 것이 상반행동강화원리라고 할 수 있다.

바울은 생각에 관해 "육신을 쫓는 자는 육신의 일을, 영을 쫓는 자는 영의 일을 생각하니 …"(롬 8:5) "위의 것을 생각하고 땅의 것을 생각하지 말라"(골 3:2) 등의 진술을 했는데, 이는 기독교인들이 영적인 일, 거룩한 것, 위엣 것에 집중함으로써 상반된 생각을 억제, 회피하는 집중산만전략과 상반행동강화전략의 성경적 설명이라 할 수 있다.

왈터스는 "악에게 지지 말고 선으로 악을 이기라"(롬 12:21)는 구절은 악의 생각과 상반된 선의 생각을 함으로써 UIT를 극복할 수 있는 성경적 방법이라고 주장했다.[45] 기독교 신앙은 잘못된 생각을 버리고, 비우고, 쫓는 것에만 신앙을 집중하는 것이 아니라, 상반되는 새롭고, 바람직한 생각을 추구하고, 채우는 것에 있다고 할 수 있다.

3) 인지 자원 활용

UIT 대응 전략으로 인지 자원을 활용하여 UIT에 집중된 주의를 다른 곳으로 분산시키는 것은 매우 효과적인 방법이다.[46] 인지 자원을 기독교 상담으로 볼 때 '영적 자원' 또는 '은혜의 방편'(means of grace)으로 이해할 수 있다. 왈터스는 성경, 찬송, 기도 등을 활용하여 UIT를 극복하는 것은 기독교 상담의 특성을 반영한 방법이라고 주장했다. 이에 게리 콜린스는 영적 자원 활용이 UIT 극복을 위한 기독교 상담을 성공적으로 이끌 수 있다고 피력하면서 대표적인 것으로 기도와 성경 활용을 강조했다.

또한, 미국 풀러신학교 상담학 교수 아치발드 하트도 특정 성경 구절을 집중적으로 묵상함으로써 UIT를 급선회하는 극복 방법을 제시했다.[47]

---

45 Richard P. Walters,(1987) *Counseling for Problems of Self-control*. Waco, TX. Word Books.
46 Christopher G. Beevers,(2001) "Ignorance May Be Bliss, but Thought Suppression Promotes Superficial Cognitive Processing," *Journal of Research in Personality* 35, 546-53.
47 Walters, *Counseling for Problems of Self-control*, 251. cf. Gary R. Collins,(1972) *Effective*

UIT가 행위로 나타난 죄는 아니지만, 자기의 의식층에 침투된 생각임에는 분명하므로 회개는 기독교 상담에서 UIT에 대응할 수 있는 가장 기본적인 신앙 태도이다. 이는 프랭클의 반성 제거와 상치되는 개념처럼 보이지만 회개는 UIT에 대한 비의지적 태도를 견고히 하고, 그에 대한 견해를 분명히 밝히는 신앙적 접근이라 할 수 있다.

회개는 반드시 사죄의 확신이 수반되어야 하며, 그럴 때 죄책감 해소와 해방감을 느끼게 하여 심리영적인 유익을 얻게 한다. 또 회개는 앞서 살펴본 비반응적 태도와 배치되는 개념으로 인식될 수 있다. 하지만 기독교 상담에서는 UIT 발생 때 최초에 충분하고, 분명하게 자기의 죄성을 회개하는 과정을 적는 것이 필요하다.

이후에는 이것이 나타나더라도 사죄와 확신하고 비반응적 태도를 나타내야 한다. 게리 알미는 진정한 회개는 성령에 의해 가능하므로 성령을 의지해야 한다고 주장하면서 이것을 기독교 상담의 특징으로 이해했다. 아울러 그는 성령에 충만하고, 성화(sanctification) 상태에 이르면 UIT 조차도 통제하는 능력을 갖추게 될 것이라고 주장하고 있다.[48]

연약한 인간이 자기의 내적 상태를 잘 알고 계신 하나님을 의지하고, 예수 그리스도의 능력을 힘입으며, 자기의 죄성을 다스리시고 연약함을 도우시는 성령의 역사(롬 8:26)를 기대하고, 기도하는 믿음은 UIT 극복에도 적용된다.

영적 자원은 다양한 것이 있지만, 회피전략에 활용되는 내용이 다양한 것은 좋지 않다. 부정적 UIT에 대한 산만전략들이 많아 어떤 것을 활용해야 할지 혼란을 겪는 것은 긴급성을 요하는 상황에서 오히려 집중하지 못하게 만드는 것이 될 수 있다. 즉, 기도도 하면서 찬송도 하고, 동시에 성경 암송도 하는 것보다 특정 전략 하나에 집중해야 효과적이다.

UIT의 내용이 끔찍하고, 잔인하며, 외설적인 것이 나타날 때 기독교인들 가운데는 이를 죄로 인식하여 수치심을 갖게 되기 때문에 이를 드러내어 상담하는 경우가 많지 않다. 이것의 은폐나 침묵은 이를 억압하는 것으로써 기독교인들에게 이 경험을 더욱 고통스러운 경험이 되게 하며, 홀로

Counseling (Carol Stream, IL.: Creation House), 31. Archibald D. Hart,(1999) *The Anxiety Cure* (Nashville, TN.: Thomas Nelson), 337.
48 Almy, *How Christian Is Christian Counseling?* 24, 60.

힘겨운 투쟁 때문에 심리영적으로 지치게 한다.

그러므로 개인적인 상담이 가능한 경우에는 상담을 통해 문제를 해결하지만 그렇지 못한 경우가 많으므로 공개적인 심리교육(psycho-education)을 통한 인지 자원의 활용은 UIT 감소에 중요한 방법이 될 수 있다. 심리교육을 받은 UIT 경험집단은 교육받지 않은 집단에 비해 부정적 UIT의 실행에 대한 불안 도가 현저하게 감소했다는 연구 결과는 참고할만하다.[49]

심리교육은 UIT의 정체를 바르게 인식하고, 그것에 대응하는 방법과 그에 대한 거부 의지를 견고하게 하는 동기를 갖게 한다. 또한, 집단상담 형태의 심리교육은 이 증상의 일반화 및 합의적 타당한 효과로 인해 자기의 증상을 병적으로 보거나, 이상심리에 몰두하지 않도록 만드는 방안이 될 수 있으며, 그것을 실행에 옮기지 않을 것이라는 신념을 지지 및 강화해줄 뿐만 아니라, 두려움을 감소시킬 수 있는 방편이 된다.

4. 닫는 글

'원치 않는 침투적 사고'는 자기의 의지에 반하는 생각으로서 자기가 의지적으로 완전히 억제, 회피하기 어렵다는 면에서 매우 혼란스럽고, 당혹스러운 경험일 수 있다. 따라서 선행 연구들에서 밝혀진 인지전략들 가운데 효과성이 입증된 것들을 기독교 상담적으로 응용하여 UIT 극복 방법으로 제시하려는 것이 이 연구의 취지였다.

이 연구에서는 UIT 극복을 위한 인지전략으로 세 가지를 다루었다.

첫째, 수용전략
둘째, 집중산만전략 및 상반행동강화 활용
셋째, 인지 자원 활용

---

[49] Marino-Carper, et al,(2010) "The Effects of Psychoeducation on Thought-action Fusion, Thought Suppression and Responsibility," *Journal of Behavior Therapy and Experimental Psychiatry* 41/3, 289-96.

기독교 상담 적용점으로는 의도하지 않고, 원치 않는, 비합리적, 부정적, 충격적, 재앙적, 잔인하고 끔찍한 죄악된 UIT를 인간의 죄성 때문에 발현된 자연스러운 것이라고 인정하고, 심리정서적 유연성을 가지면서 바람직한 상반된 생각(심상)을 추구하는 것이 심리영적 건강을 유지하는 적절한 방법이라 할 수 있다. 이에 사고행위융합은 인지와 행동 관계에 대한 왜곡이라 할 수 있으므로 회복을 위해서는 사고행위융합적 인식을 전환하는 것이 필요하다.

제11장

노인성 치매 상담

목차

1. 여는 글
2. 치매에 대한 개념 이해
   1) 치매의 정의와 개념
   2) 치매의 유형
3. 치매에 의한 인지 및 심리적 변화
   1) 인지 기능의 손상
   2) 심리적 변화
   3) 치매 환자 가족의 심리영적 문제
4) 치매에 의한 불신앙 행위
   (1) 증상인가? 죄인가?
   (2) 죄와 의지
5) 치매에 대한 상담
   (1) '품위 있는 노화' 준비
   (2) 치매 환자를 위한 상담
4. 닫는 글

1. 여는 글

우리나라는 빠르게 '고령화'되고 있다. 통계청의 발표에 따르면 우리나라는 2017년에 전체 인구 대비 노인 인구 구성비가 14.3퍼센트로 고령 사회가 되었다. 2022년 현재 17.8퍼센트이고, 향후 2025년에 20.3퍼센트에 도달해 초고령 사회가 될 것으로 전망한다.[1] 전 세계적으로 고령화에 따른 노인 문제는 심각한 지경에 이르고 있는데, 특히 고령화는 노인성 치매를 비롯해 여러 가지 발병 우려를 자연스럽게 높이고 있다.

---

[1] 65세 노인 인구가 전체 인구의 7퍼센트가 넘으면 '고령화 사회' 14퍼센트가 넘을 경우 '고령 사회'인데, 우리나라는 2011년 현재 노인 인구가 11.3퍼센트에 이르러 고령화 사회로 진입했고, 현재는 고령사회이다. 고령화 사회에서 고령 사회로 진입하는데 프랑스가 115년, 미국이 71년, 일본이 24년이었던 것에 비해 우리나라는 20여 년 정도밖에 걸리지 않았다.

65세 이상 노인에게서 치매 발병률은 동서양을 막론하고 전체 인구의 약 10퍼센트 정도에 이르고 있지만 점차 증가하는 추세다.[2] 게다가 여성이 남성보다 장수하기 때문에 여성의 치매 발병률은 더 높은 것으로 나타났다.[3]

치매는 퇴행성 질환으로서 다양한 원인 때문에 뇌에 문제가 발생해 지능, 학습, 언어 등 인지 기능이 손상된 것이다. 이는 심장질환, 암, 뇌졸중에 이어 4대 주요 사인으로 되어 있다. 현재까지 치매의 원인 뚜렷하게 밝혀지지 않고 있으나, 이것은 바이러스에 의한 감염이 아니므로 위생에 주의한다고 해서 이 병으로부터 자기를 보호할 수 있는 것은 아니다.

평균 수명이 늘어나는 현대인은 누구나 이 병에 노출될 가능성이 있으므로 불안감도 커지고 있다. 문제는 치매에 노출되었을 때, 곧 세상을 떠나는 것이 아니라, 만성 질환자가 되어 장기간 생존하면서 가족 및 주변인들에게 심각한 고통을 안겨 준다는 것이다. 그래서 사람들은 치매를 개인, 가정, 사회를 황폐화하는 '치매 대란' 또는 '고령화의 재앙'으로 인식하기도 한다.

이런 문제를 해결하기 위해 치매에 관한 연구는 정신의학, 신경학, 신경언어학, 신경생리학, 인지심리학, 임상심리학 등에서 주로 다루고 있으며, 치매에 대한 진단, 평가 및 예측, 예방, 증상의 완화, 지연, 치료, 회복 등에 관심을 기울이고 있다. 애석하게도 기독교 상담학에서는 이런 현실적이고 사회적인 문제에 적극적으로 대처하기보다는 신학적으로 답하기 모호한 주제나 다른 전문 분야와 관련된 연구는 회피하려는 성향이 있다.[4]

기독교인이라고 해서 노인성 치매로부터 면책 특권을 갖는 것이 아니며, 이런 문제가 발생했을 때, 신체적, 심리적, 경제적, 사회적 문제뿐만 아니라, 영적 문제를 초래하므로 기독교 상담학에서는 이에 대한 이해와 대안

---

2 2022년 기준으로 우리나라 65세 이상의 치매환자는 대략 79만명 정도되고, 2050년에는 300만명이 넘을 것을 추정된다.
3 이성희,(2000)『노인 치매의 현황과 과제』(서울: 한국노인의 전화), 39. 여성노인이 남성에 비해 3배 정도 치매가 더 많은 것으로 나타났다.
4 Martin Bobgan & Deidre Bobgan,(1985) *How to Counsel from Scripture* (Chicago: Moody), 19. David Keck는 기억, 알츠하이머병, 신학의 복합적 관련성에 대해 심도있는 연구를 하였다. 그 연구결과를 그의 저서 Keck,(1996) *Forgetting Whose We Are: Alzheimer's Disease and the Love of God* (Nashville: Abingdon)를 통해 발표했다.

을 가지고 있어야 하는 상황에 직면하게 되었다.

기독교 상담학에서 치매에 대한 선행 연구는 미미한 실정인데, 그 이유는 치매가 정신의학적 주제로서 이 전문 분야에 대한 제한적 이해 때문일 수 있다. 기독교 상담학이 치매와 관련된 해부학적, 신경학적, 인지 기능적 연구를 한다는 것은 곤란해도 그로 인한 가족 기능, 가족 갈등, 치매 당사자나 그 부양자에 대한 신앙과 상담 또 불신앙 행위 등에 대해 어떤 태도를 보여야 할 것인지를 다루는 것은 반드시 필요한 일이다.

노인성 치매의 특징인 인지 기능의 붕괴로 인해 치매 환자에게서 헛소리, 욕설이나 외설적 표현을 비롯해 다양한 금기적 발언, 신앙 대상에 대한 부정 및 모독 등의 불신앙 행위가 나타나기도 한다. 따라서 기독교 상담학에서는 이를 어떻게 이해하고 다루어야 하는지 분명한 성경적, 신학적 입장을 제시하는 것이 중요하다.

2. 치매에 대한 개념 이해

노인은 유기체의 세포와 조직 전체가 점진적으로 쇠퇴 및 노화된 사람을 의미한다.[5] 따라서 노인은 필연적으로 다양한 질병을 앓게 되는데, 노인성 질환 가운데 치매는 한 개인의 삶과 인격을 붕괴시키는 심각한 질병이 아닐 수 없다.

1) 치매의 정의와 개념

노인성 치매를 나타내는 영어 단어 senile dementia에서 senile은 라틴어 *senilis*에서 비롯되었고 그 뜻은 '노인'이라는 말이다.[6] dementia는 '치매'를 뜻하는데 이는 라틴어 *dementatus*에서 유래된 말로 '정신이 제거된' 또는 '정상적인 마음에서 이탈된(out of mind)' 상태를 의미한다. 라틴어에서 '*de*'가 접두어로 사용될 때는 '없다', '제거하다', '나가다'는 의미로 사용되며, 'ment'는 정신(mental)을 의미한다. 한자에서 치매(癡呆)는 '어리석을 치'(癡), '어리석을 매'(呆)로 사용하는

---

[5] Gumpert Marth, (1954) "Old and Productive Loss," *Journal of Pastoral Psychology* 46, 40.
[6] Andrew M. Colman, (2001) *A Dictionary of Psychology* (New York: Oxford University), 664

데 이렇게 동일 의미의 글자를 반복하여 단어를 형성했다는 것은 현상적으로 볼 때 사람이 매우 어리석어지기 때문에 붙여진 이름이라 할 수 있다.

DSM-IV에서는 치매를 '섬망', '치매', '기억상실증' 및 '기타 인지장애'라는 범주에 포함해 이해했으나 DSM-5에서는 '치매'라는 용어를 사용하지 않고, 주요 신경인지장애에 포함하여 인지 결함이 근본적인 신경생물학적 과정으로 보고 있다.

세계보건기구(WHO)의 국제질병분류(ICD-010, 1992)에서는 치매를 뇌의 만성 또는 진행성 질환에 의해 발생한 증후군으로서 이에 따라 기억력, 사고력, 집중력, 지남력,[7] 이해력, 계산력, 학습 능력, 언어 능력 및 판단력을 포함한 대뇌피질 기능에 다발성(multi-infarct)장애를 일으키는 것이며, 최소한 6개월 이상 장애가 지속될 때 치매로 판정한다. 치매는 뇌의 기능적 문제로 인해 지적 황폐화뿐만 아니라 이상행동 및 성격변화와 정서적 기능 상실이 발생하여 삶의 질이 극도로 낮아진다.

인간을 인간답게 만드는 것은 뇌의 작용인데 뇌기능의 상실로 인해 신체는 인간이지만 삶은 인간답지 않은 비참한 상태에 이르게 된다. 신체적 질병은 심리정서적 장애를 일으키고, 그것은 때때로 영적 질병도 일으킨다고 프랜시스 맥너트가 분석하였듯이 치매는 신체적, 정서적 그리고 영적 질병의 복합적인 상태라고 볼 수 있다.[8]

2) 치매의 유형

노인성 치매는 세간에 이른바 '노망'(老妄)이라 부르기도 하면서 노화의 필연적 과정으로 이해되어 왔다. 이는 현재까지 대략 10여 가지로 나뉘는데 알츠하이머형(dementia of Alzheimer's type) 치매,[9] 뇌혈관성(cerebrovascular) 치매, 크로이츠펠트-야콥(Creuzfeldt-Jakob's) 치매, 면역결핍 바이러스(HIV

---

7   치매환자는 지남력(指南力, orientation)장애로 인해 자기가 현재 어디에 있는지를 알지 못하며 자주 가던 곳도 가지 못하여 헤매기 때문에 집을 잃거나 거리를 배회하는 경우가 많다.
8   Francis S. MacNutt,(2005) *Healing* (Nortre Dame, IN.: Ave Maria), 133.
9   알츠하이머형 치매는 1960년 독일 의사 알츠하이머(Alois Alzheimer)에 의해 명명된 퇴행성 치매를 일컫는 용어이다. Harold G. Koenig & Andrew J. Weaver,(1998) *Pastoral Care of Older Adults* (Minneapolis: Fortress), 26.

disease) 치매, 두부 외상(head trauma)에 의한 치매, 파킨슨(Parkinson's) 치매, 헌팅톤(Huntington's) 치매, 픽(Pick's) 치매 등으로 분류되고 있다.[10]

그 밖에도 초로성 치매, 초로성 정신병, 원발성 퇴행성 치매, 노인성 우울형 또는 편집형 치매, 노인성 정신병 등으로 나누고 있다.[11] 미국의 경우는 알츠하이머형 치매가 전체 치매의 60-70퍼센트를 차지하지만 우리나라의 경우는 주로 뇌혈관성 치매가 대다수를 차지하고 있다.[12]

치료가 가능한 치매는 전체 치매의 약 20-25퍼센트 정도로 알려졌으며, 대부분은 치료하기가 쉽지 않다. 알츠하이머형 치매는 퇴행성 증상으로 서서히 발생하며 뇌세포가 다양한 원인에 의해 파괴되어 회복이 어렵게 된다.[13]

알츠하이머형 치매는 나이 증가에 따라 발병률이 높아지는데, 이는 성경의 기록과 같이 "겉 사람이 낡아지는"(고후 4:16) 결과 가운데 하나다. 여기서 낡아진다는 것은 디아프데이로(διαφθειρω)로 그 의미는 뇌, 근육, 장기, 뼈, 신경세포 등을 오래 사용하여 쇠약해지고, 파괴되며, 붕괴한다는 의미다.[14]

그러므로 인간은 나이가 더해 갈수록 신체적으로 더욱 건강해질 수는 없을 것이다. 노화 자체가 질병은 아니지만, 질병을 야기하며, 이에 따라 인간은 연약해지다가 세상을 떠나게 된다. 소천맹(小川猛)의 조사에 따르면 재택 노인의 83.8퍼센트가 1인 평균 2.9가지 복합적 질환으로 고통을 당하고 있는 것으로 나타났으며, 그 질환은 응급을 요구한다기보다는 대개 만성질환이라고 분석했다.[15]

---

10   Colman, *A Dictionary of Psychology*, 193, 664.
11   World Health Organization,(1993) *The ICD-10 Classification of Mental and Behavioral Disorders Diagnostic Criteria for Research* (Edinburgh: WHO), 29.
12   손은남,(2007) "노인 치매의 유형 및 심한 정도에 따른 담화특성" (박사 학위논문: 대구대학교대학원), 17.
13   미국국립노화연구소 산하 알츠하이머병 센터의 Steven Arnold는 치매의 원인이 뇌의 인슐린 저항에 의한 것이라고 밝힌 바 있다. 따라서 뇌가 포도당을 연료로 사용하지 못하여 그 기능을 잃게 된 것을 치매로 보았다. 뇌세포의 인슐린 민감성을 회복시켜 주면 치매환자의 인지 기능은 회복된다고 보았다.
14   Barlay M. Newman, Jr.(1971) *A Concise Greek-English Dictionary of the New Testament* (London: United Bible Societies), 44
15   小川猛,(1982) 實踐 老人心理學, 고정자 역,(1995) 『노인심리학의 실제』 (서울: 동아대학교 출판부), 74.

알츠하이머형 치매는 발병 5년 이내 80퍼센트가 사망하는 것으로 분석되고 있다. 치매는 결국 사망에 이르게 하는 병이지만, 현재는 치매 발병 이후 10년 이상 삶이 지속되는 경우가 많으며, 의학 발달로 인해 15-20년 이상 생명 유지가 가능하게 되었다.[16] 뇌혈관성 치매는 뇌혈관이 막히거나 좁아져 혈액이 제대로 공급되지 않아 뇌의 여러 부위에 뇌경색 발생으로 인지 기능의 손상이 생겨 장애가 나타나는 것이다.

치매는 뇌혈관이 터져서 생기는 뇌출혈에 의해서도 나타날 수 있다. 뇌혈관성 치매에도 그 원인에 따라 여러 가지로 분류할 수 있다. 그 증상은 급작스럽게 발생하고, 급속히 악화하고, 신체화 증상이 동시에 나타난다.

알츠하이머형 치매와 뇌혈관성 치매를 합하여 '노인성 치매'라 하는데, 의학에서도 근래 이 둘을 합쳐 '알츠하이머형 노인성 치매'(Senile Dementia of Alzheimer Type)라고 부르기도 한다. 물론, 이 두 가지만 '노인성 치매'라고 할 수는 없지만, 이 둘은 전체 치매의 80-90퍼센트를 차지하는 치매이다. 궁극적으로 모든 치매를 앓는 노인은 유형이 어떻든지 정상적인 삶을 영위할 수 없다는 것이 문제다.

치매가 65세 이상의 노인에게서만 나타나는 것은 아니다. 최근 40-50대 중장년층에서도 조발성 치매(presenile dementia)가 급증하고 있다. 폴 미이어 등은 18세 이하의 나이에서도 치매를 발견했다고 보고하고 있다.[17] 치매는 연령 증가에 따라 그 발병 가능성이 높아지지만 특정인에게 걸리는 것이 아니라 누구나 걸릴 가능성이 있는 질병으로 보아야 한다.

---

16 연병길,(1996)『노인 치매의 현황과 과제』(서울: 동인), 40.
17 Paul D. Meier, Frank B. Minirth, Frank B. Wichern & Donald E. Ratcliff,(1991) *Introduction to Psychology and Counseling: Christian Perspectives Application*s, 전요섭 외 공역,(2007)『기독교 상담심리학개론』(서울: CLC), 158.

3. 치매에 의한 인지 및 심리적 변화

1) 인지 기능의 손상

노인성 치매의 원인 가운데 하나는 인지 기능을 담당하는 뇌의 해마 부분이 손상되어 기억과 행동장애를 야기하는 것이다. 인지장애가 발생하면 불분명한 말, 비논리적이고 이치에 맞지 않는 말, 단어 사용의 혼란, 용어의 망각 등을 초래한다. 이는 뇌세포의 파괴로 인한 뇌기능의 저하로 나타나는 증상이다.

뇌기능의 손상은 인간을 인간답지 못하게 만드는 요인이다. 즉, 기억력, 사고력, 집중력, 지남력, 이해력, 계산력, 통찰력, 지각력, 추리력, 상상력, 학습 능력, 언어능력 및 판단력 등의 기능을 뇌가 관장하고 있는데 이것이 약화, 마비, 기능부전 등 때문에 나타나는 증상은 인간으로 존중받기 곤란한 상황이 발생한다.

만일 사람에게서 인지 기능 장애가 발생하면 그 사람은 존재 자체에 대한 가치를 의심받게 될 수도 있는데, 이런 문제는 노인성 치매 환자에게서 나타나는 전형적인 증상이다.[18] 정상적인 노화 과정에서 기억력의 저하는 보편적으로 나타나지만, 식별력이 없어지지는 않는다.

하지만 치매는 기억력장애와 함께 식별력장애가 나타나는데, 결국 식별력 여부에 따라 치매 여부로 진단되기도 한다. 치매 노인에게서 단기기억 능력은 현저히 떨어지고, 장기기억도 서서히 감퇴한다. 치매 노인의 기억력은 최근의 것으로부터 사라지게 되는 인지 불능으로 인한 실인증(失認症, agnosia)은 배우자와 자녀를 못 알아보게 되고 급기야 자기를 알아보지 못하는 안타까운 현상이 나타난다.

52세의 조발성 치매를 앓는 한 여성 환자는 10년 전에 현재의 집으로 이사했는데 치매가 발생해 자기가 살고 있는 집을 찾지 못하고 10년 전에 살았던 집으로 찾아가 결국 집을 잃어버린 사례가 있었다. 모든 기억은 뇌에 저장되어 있으므로 노인성 치매는 해마의 손상으로 인출 능력의 저하

---

18   양동원,(2004) "기억의 메커니즘 및 기억장애 질환," 대한치매학회, *Dementia & Neuro-cognitive Disorders*, 65-72.

및 상실이라고 보아야 할 것이다. 아내를 '아줌마' 남편을 '오빠'라고 부르거나 자녀를 마치 낯선 사람 대하듯 할 때 가족의 실망감은 이루 말할 수 없다. 그래서 치매는 인격의 붕괴를 초래한다고 해서 이를 재앙 또는 저주로 표현하기도 한다.[19]

치매 노인의 망각 현상은 인지 기능의 손상으로 뇌에 저장된 정보 손실과 기억 체계의 혼란으로 인한 인출 장애로 이해된다. 그래서 치매 노인은 "모른다", "기억이 나지 않는다", "싫어", "안 해", "못해" 등 부정적인 용어를 빈번하게 사용한다.

이런 인지적 역기능은 노인성 치매에만 나타나는 것은 아니다. 두부 손상(head injury)에서도 치매와 차이가 없는 증상이 나타난다. 매우 쾌활했고 성경적인 삶에 헌신한 기독교인이 교통사고로 두부 손상을 입고 인지 변화로 인해 까다롭거나 호전적이고, 비판적이며 폭언과 폭행을 일삼고 음탕하며 절망적인 사람으로 바뀌기도 한다.

적지 않은 노인이 다른 노인의 치매를 보면서 그것이 자기에게 발생할까 봐 불안해하고 있으나, 막상 치매에 노출되면 불안감은 없어진다. 스티븐 포스트는 자기가 잊어버린다는 사실을 잊어버릴 때 그 사람은 불안함을 덜 느끼게 된다고 보았다.[20] 즉, 치매에 걸린 사람은 자기의 인지 기능이 잘못되었다는 것 자체를 인지하지 못하기 때문에 불안감이 없다는 것이다.

2) 심리적 변화

노인성 치매 환자는 우울, 불안, 공포, 강박, 망상, 환청, 환시 등 여러 가지 정신이상 증상이 복합적으로 나타나기 때문에 주로 정신과에서 치료를 담당하게 된다. 치매 노인의 20-30퍼센트는 환각을 경험하고, 30-40퍼센트는 망상을 경험하여 현상적으로 볼 때 조현병(schizophrenia)과 큰 차이

---

19 Mark R. McMinn & Timothy R. Phillips,(eds.)(2001) *Care for the Soul,* 전요섭 외 공역,(2008) 『영혼돌봄의 상담학: 신학과 심리학의 통합을 위한 탐구』(서울: CLC), 372.
20 Stephen G. Post,(2004) "Dementia: Inclusive Moral Standing," in C. B. Mitchell, Robert D. Orr, & Susan A. Salladay,(ed.) *Aging, Death, and the Quest for Immortality* (Grand Rapids: Cambridge: Eerdmans), 94.

가 없을 정도이다.[21] 치매는 뇌 속에서 상당한 혼란이 발생하고 심리정서적 안정성이 극히 낮아진다. 치매 환자가 겪는 망상은 상대방이 자기에게 피해를 줄 것이라는 피해망상이 흔히 나타난다. 치매로 인해 남편이 자기를 죽일 것이라고 믿으며 불안에 떨고, 소리 지르는 아내를 어떻게 대해야 하는지는 매우 난감한 일이며, 가족들이 그것을 바라보는 자체만으로도 상당히 고통스러운 일이다.

치매 노인의 피해망상은 자기를 보호하려는 심리적 반작용이 공격성으로 변환되어 나타나는데, 주변 사람을 경계하며 공격적 표정을 흔히 볼 수 있다. 노인성 치매는 그가 본래 지녔던 성격이 더욱 강화되어 고집스럽게 변해 비타협적으로 되기 때문에 가족과 원만한 의사소통이 어렵게 된다.[22] 배우자가 바람피운다는 망상으로 배우자에게 입에 담기도 곤란한 욕설을 내뱉는 행동이 가족을 당혹하게 만든다. 또 특정 물건에 집착하는 등 성격 변화는 노인성 치매에서 나타나는 현저한 특성이다.[23]

치매 증상은 괄약근이나 방광의 문제가 아니지만, 인지장애로 인해 실금(失禁, incontinence) 현상이 나타나는데 이것이 가족을 매우 힘들게 하는 문제 가운데 하나다. 그러다 보니 장수는 축하와 존경을 받는 일이지만 노인성 치매를 앓는 부모의 모습은 의미없는 삶 정도가 아니라, 부모의 권위와 존중을 잃을만한 삶, 가족을 좌절하게 하는 삶이 될 수 있다.[24] 마치 평생 일구어 놓은 인생 농사를 노년에 비참하게 망쳐버리는 것, 삶의 완성을 이루지 못한 방향 이탈(disorientation) 등으로도 유지될 수 있다.

치매에 의해 가학적 폭언이 나타났을 때 가족들이 그러한 말을 거부하거나 통제할수록 치매 노인은 더욱 불안해하고 자기가 공격당하고 있다는 인지왜곡 때문에 더욱 난폭해질 수 있다. 뇌 손상을 심각하게 받은 사람은 능숙하게 말하지 못하고, 성격도 변화되어 자극이 없는데도 감정의 변화가 발생하며, 도발적 자극이 있다고 인식될 때는 공격성이 나타나서 난폭해진다.

---

21 김형길, 양기화,(2002) "대뇌피질의 독특한 질병에 대해," *Journal of the Korean Dementia Association*, 3-5.
22 Mark R. McMinn,(2008) *Sin & Grace in Christian Counseling*, 전요섭, 박성은 공역,(2011) 『기독교 상담에서 죄와 은혜』(서울: CLC), 94.
23 박정한, 이윤로,(2000) 『치매의 원인과 치료』(서울: 학문사), 128. cf. Harold W. Faw,(1997) *Psychology in Christian Perspective* (Grand Rapids: Baker Books), 37.
24 Donald E. Capps,(1983) *Life Cycle Theory and Pastoral Care* (Philadelphia: Fortress), 32.

3) 치매 환자 가족의 심리영적 문제

92세의 여성이 치매로 인해 6년 전부터 가족에게 매우 외설적인 욕설을 한 사례가 있다.[25] 노인성 치매 환자의 공통적 증상이라 할 수 있는 폭언, 욕설, 심지어 거리낌 없는 외설적인 언어의 발설 등은 가족을 당황하게 한다. 특히, 치매 환자와의 조손관계에 미칠 좋지 않은 영향 때문에 자녀 또는 며느리는 말할 수 없을 정도로 긴장하게 되고 불안에 노출된다.

대개 노인성 치매 환자를 둔 가족은 환자를 이해하기보다는 완력, 폭행, 폭언 등 불신앙 언행으로 대응, 제어, 제압하려고 하므로 죄를 짓는다는 면에서는 치매 노인보다 더 의도적이고 의지적인 죄를 짓는다고 할 수 있다. 치매를 앓는 기간이 길어서 가족의 인내심은 한계에 이르게 된다.

치매 노인을 부모로 둔 가족에게는 치매 때문에 부모를 존중하지 않는 일이 발생한다. 가정에서 사랑, 기쁨, 화목, 인내, 자비 없이 분노하고 학대하는 등 신앙과 상충하는 불효 행위가 흔하게 나타난다. 온전한 신앙을 형성할 수 없고, 상당한 죄책감을 느끼고 살아간다.

치매 노인은 가족 의존성이 매우 높아 가정에 혼자 있을 수 없으므로 종일 돌봄이 있어야 한다. 그래서 가족은 치매 노인을 홀로 두고 외출이나 여행을 할 수 없으므로 사회 활동이나 여가 활동이 급격히 위축되고 고립감을 느끼게 된다. 만일 치매에 노출된 부모 또는 시부모(장인·장모)를 가정에서 돌본다면 며느리나 사위는 실제로 혈족이 아닌 상태에서 치매 가족의 증상을 참아내고, 퇴행의 결과로 나타나는 실금(대변, 소변)을 처리하는 일은 결코 쉬운 일이 아닐 것이다.

어떤 남성 치매 노인은 의자(chair)에 대해 지나치리만큼 애착을 나타내는데, 손자가 그 의자 근처에만 오면 지팡이로 폭행하는 일이 반복되는 일도 있다.[26] 며느리 입장에서 시아버지는 혈족관계가 아니지만, 자기 자녀를 폭행하는 시아버지에 대해 분노를 견디지 못하고 그것을 폭발시킨 사례가 있다. 며느리는 시아버지에게 저주에 가까운 욕설과 대응 폭행을 하

---

25 한설희, 이건국, 양기화, 장순환,(2002) "부검으로 확진된 알츠하이머병 1예," *Journal of the Korean Dementia Association*, 39-43.
26 Edward T. Welch,(1998) *Blames It on the Brain? Distinguishing Chemical Imbalances, Brain Disorders, and Disobedience* (Phillipsburg, NJ.: P & R), 82.

는 사례를 생각해 본다면 치매는 확실히 다른 신체적인 질병과 달리 가족의 행복을 앗아가는 질병임이 분명하다.

인지능력이 떨어진 치매 노인에게 가정은 천국 같지만, 그 가족은 지옥을 경험하는 것일 수 있다. 그래서 가족 가운데 치매 환자가 있을 때 그 가정은 그리스도의 사랑을 최대로 실천할 수 있는 장(field)이 되기도 하지만 동시에 온갖 죄악의 현장이 될 수도 있다. 치매 기간이 만성적으로 길어지면 그 가족은 심리정서적으로도 짜증, 한탄, 무력감, 우울 또는 만성적 분노, 적대적 태도, 욕설, 폭행, 학대 등을 비롯해 다양한 문제가 나타나 심혈관계, 순환기계, 소화기계 등의 신체화 증상도 나타나게 된다.[27]

이것은 영적으로도 좋지 않아 치매 환자를 위한 치유 기도에 응답받지 못한 경우, 기도 무용론을 갖게 되고, 신세 한탄 및 하나님의 축복을 받지 못한 것에 대한 불평과 불만으로 나타나기도 한다.

부모의 치매가 가족의 불행을 초래한 원인이라고 투사하여 그 가족 가운데 치매 부모를 원망, 혐오하며 그의 죽음을 서둘러 기대하게 되면서 죄의식이 가중된다. 또한, 치매 부모를 잘 공경하지 못함 때문에 가족은 적어도 십계명 가운데 제5계명 "네 부모를 공경하라 …"(출 20:12)는 말씀을 명백히 어긴 죄로 늘 침울해 한다.

치매 부모를 시설에 위탁하는 경우, 부모를 사랑으로 돌보지 못하고 마치 '부모를 버렸다'는 죄의식을 떨쳐버릴 수가 없으며 그것을 합리화한다. 치매를 앓고 있는 부모를 선택해야 할지, 배우자를 선택해야 할지 기로에 서는 일도 적지 않게 발생하여 치매가 가족 해체를 가져오는 원인이기도 하다. 또 부모가 치매를 앓고 돌아가신 경우에 그 자녀는 오랜 병환으로 부모를 잘 돌보지 못한 것에 대한 강한 죄책감을 느끼는 것이 일반적이다.[28]

대부분 사람은 치매를 가볍게는 불운으로 이해하고, 극단적으로는 저주로 생각해 공포심을 갖게 된다. 치매 환자 본인과 그 가족은 환자가 생의 마지막에 인간으로 사는 삶을 아름답게, 바람직하게 마감하지 못하는 것에 너무나 고통스럽고 힘겨워한다. 부부 중 한 사람이 노인성 치매에 노

27　Leslie S. Greenberg & Sandra C. Paivio,(2003) *Working with Emotions in Psychotherapy* (New York: Guilford), 228.
28　Yarhouse & Sells, *Family Therapies*, 409.

출되었을 때 부양해야 하는 배우자의 마지막 인생은 자기와 가족, 친구, 친지를 돌아볼 여유도 없이 피곤함에 지친 상태에서 삶의 좌절을 경험하게 된다.

노부부 가운데 어느 한쪽이 노인성 치매를 앓게 되면 간병이 필요하게 된다. 이런 경우 대부분 아프지 않은 또는 덜 아픈 배우자가 간병하게 되는 데, 아무리 건강한 노인이라도 신체적으로 노쇠한 상태에서 간병한다는 것은 커다란 부담이 된다. 배우자를 간병하는 노부부의 모습은 외부에서 보기에는 금실이 좋게 보일는지 모르지만, 노부부 자기에게는 힘겨운 일이며, 언제까지 이 일이 계속될 것인지에 대한 생각에서 커다란 심리적, 경제적 부담과 우울 및 불안 그리고 고통이나 좌절이 아닐 수 없다. 때로 이런 상태에서 부담을 견디다 못해 자살하거나 배우자를 살인하고 자신도 목숨을 끊는 사례도 증가하고 있다.

한 70대 남성 노인은 10년 이상 아내의 치매를 간병해 오다 더이상 돌볼 수 없어 집에 방화하여 동반 자살한 사건도 있고, 70대 치매 남성 노인이 아파트에서 투신해 자살한 사건 등 유사한 사건들이 흔히 발생한다. 또 81세 노인은 치매 아내를 6년간 보살피다가 아내를 살해하고, 자신도 자살한 사례도 있다.

치매 환자 가족에 대한 대부분의 연구 결과에서 생활 만족도, 행복감, 안녕감, 가족 강인성, 가족 기능성, 가족 응집성 등이 현저하게 낮고, 우울감, 불안감 등 심리적 상태는 심각한 상태였음을 밝히고 있다.[29] 치매는 치매 환자 당사자만의 질병이 아니라 가족 전체가 함께 앓는 질병이라고 할 수 있다. 위기 상담에서는 노인성 치매를 앓는 가족이 있을 때 그 가족은 위기에 직면한 것으로 보고 상담 지원이 필요한 상태로 평가한다.[30] 치매 환자 자신도 상담 지원을 받아야 할 사람이지만, 그 가족은 시급히 상담받아야 할 상황이다.

---

29   J. C. Cohen, & C. Eisdorfer,(1988) "Depression in Family Members Caring for a Relative with Alzheimer's Disease," *Journal of American Geriatic Society* 36, 330-39.
30   Norman Wright,(1985) *Crisis Counseling: Helping People in Crisis and Stress*, 전요섭 외 공역,(1988) 『위기 극복을 위한 위기상담학』(서울: 쿰란출판사), 18.

4) 치매에 의한 불신앙 행위

치매 노인이 하나님을 부정했다고 해서 의사나 심리학자들은 심각하게 생각하지 않는다. 그것은 치매의 특징인 인지 기능의 장애로 나타날 수 있는 일반적인 현상이라고 보기 때문이다. 하지만 이러한 행동에 대해 기독교 상담학에서는 단순하게 넘길 수가 없다. 그 이유는 이런 행동이 현상적으로 명백히 죄악으로 보이고 심지어 예수 그리스도나 하나님을 부정하고 성경과 기독교 교리에 반하는 행동으로 나타나기 때문이다.

(1) 증상인가? 죄인가?

치매는 인지 기능의 손상이므로 치매 노인이 식사하고 돌아서서 곧바로 "밥을 먹지 않았다"고 하는 것은 사실과 다른 말을 하는 것이지만 거짓말이라고 볼 수는 없을 것이다. 68세의 남성 치매 노인 A씨는 아무 곳에서나 자기 성기를 드러내놓고 딸, 며느리를 구분하지 못하고 여성만 보면 접근하여 성행위를 하려는 이상행동이 나타난 일도 있다.[31] 이런 경우 A씨가 근친 강간이나 성폭행 또는 성추행이 의도를 드러냈다고 단정하기는 어려울 것이다. 다만 인지 기능 장애로 인해 실인증 또는 인물오인 증세가 나타난 것이라고 보아야 한다.

상담학자 에드워드 웰치에 따르면 이런 사례는 오랜 시간 자신만의 세계에서 성적인 생각에 몰두했던 경우, 뇌 질환으로 그러한 생각들이 통제력을 잃고 자기 욕망을 추구할 대담성을 갖게 된 것이라고 보았다.[32] 원인이 밝혀지지 않은 질병에 대해 그 현상이 불신앙적이라고 해서 사탄이 주는 병이라고 이분법적으로 단정할 수는 없다. 모든 질병이 죄 때문에 발생한다는 주장은 욥과 그의 조언자들로 거슬러 올라가는 오래된 이설이다.

웰치는 뇌 자체가 사람을 죄로 이끌 수는 없다고 주장했다. 그는 레위기 5:17 "만일 누구든지 여호와의 계명 중 하나를 부지 중에 범하여도 허물이라 벌을 당할 것이니 …"를 인용하여 죄의 책임이 내게 있는 것이지,

---

31 정금안,(2001) "치매노인가족을 위한 상담방법연구" (석사학위논문: 이화여자대학교 신학대학원), 86.
32 Welch, *Blames It on the Brain?* 58.

뇌에 있는 것이 아니라고 강조했는데 그것이 노인성 치매라고 해서 예외가 아니라는 견해를 견지했다.[33] 그래서 그는 이것을 밝혀 *Blames It on the Brain?* 라는 책을 저술한 바 있다. 잘못된 행동의 책임을 뇌에 전가하려는 의도는 의학적 입장으로서 모든 기독교 상담학자가 웰치의 견해를 따르는 것은 아니다. 상담학자 도날드 캡스는 인생의 책임은 결국 자기가 책임져야 한다는 태도를 밝혔다.[34]

마크 맥민과 필립스는 의식적이며 고의로 악한 행동을 하는 경우, 이를 명백히 죄로 보았지만 무의식적으로 범한 행동에 대해 '죄'라고 판정하기는 곤란하다는 견해를 밝혔다.[35] 하지만 치매 상태라고 해서 불신앙 행위가 죄가 안 된다는 것은 지나친 관용적 해석이거나 면책 특권을 주는 것이라고 볼 수 있다. 죄가 안 된다기보다는 '정황이 고려된 죄'라고 보는 것이 옳을 것이다. 그렇지만 그 정황을 누가 고려하는가 하는 문제가 생긴다.

죄의 판단은 주님께서 하실 영역인데 과연 주님께서 정황을 고려해 주실 것인지에 대해서는 사실 누구도 알 수 없다. 이런 문제가 구원의 조건과 관련된 문제일 경우에 새로운 잣대를 적용해야 할지에 대한 고민이 발생한다. 이를테면, 치매 상태에서 그리스도를 부인하고 하나님을 저주하는 불신앙 행위가 노인성 치매 환자에게서 나타났을 경우이다.

젊은 시절 하나님에 대한 분노가 내재되었지만 교회의 직분과 사회적 요구 때문에 훌륭한 신앙으로 포장되어 다른 기독교인들로부터 경건한 그리스도인이라는 평가와 인정을 받았던 사람이 노인성 치매로 인해 뇌의 인지 기능이 상실하여 억압과 억제가 풀림으로써 불신앙적인 말을 일삼아 주위 사람을 안타깝게 하는 사례가 있다.

또 젊은 시절 독실한 신앙을 가졌다고 누구에게나 인정받았던 한 여성은 알츠하이머형 치매로 인해 지나치게 음란한 말을 하고, 가까운 사람에게 듣기 곤란한 죄악된 언행을 빈번히 하는 경우도 뇌가 죄를 지었다고 하기보다는 뇌 문제로 인해서 죄성이 드러났다고 보는 것이 정확한 표현일 것이다.

---

33 Welch, *Blames It on the Brain?* 49.
34 Capps, *Life Cycle Theory and Pastoral Care,* 38. Sall도 같은 입장으로서 무엇으로 설명해도 죄는 죄라는 견해를 분명히 했다. Millard J. Sall,(1975) *Faith, Psychology and Christian Maturity* (Grand Rapids: Zondervan), 236.
35 McMinn & Phillips, *Care for the Soul,* 74

이런 경우 무의식 속에 감추어졌던 죄성이 드러났다고 볼 수 있는데, 이처럼 죄성이 감추어져 있었던 이유는 그것을 노출할 만큼 강렬한 계기가 없었을 뿐이다. 뇌가 건강할 때는 단지 생각만 하고 실제로는 말하지 않을 만큼 정신적인 자기통제력을 발휘했기 때문이다.[36] 알코올이든 뇌기능의 문제이든 뇌 문제는 평상시 자기가 가지고 있었던 죄성을 드러냈다는 것은 웰치의 지론이다.[37]

언어는 인지와 밀접한 관련을 맺고 있다. 인간의 뇌에 있는 정보가 언어로써 입 밖으로 나오기까지는 자기 뇌의 여과(filter) 및 제어(control) 기능에 의해서 걸러져 나온 단어가 논리를 가지고 언어로 발설되는 것이다.[38] 차마 다른 사람에게 말할 수 없는 내용, 금기적 용어, 자기의 가치가 떨어질 것이 예측되는 내용, 다른 사람으로부터 질타, 공격 또는 부정적 평판을 받게 될 것이 예상되는 내용 등은 이미 순간적인 신경적 제어작업을 통해 걸러 내게 된다. 이를 심리학에서는 '통제된 언어적 표현'이라고 부른다.[39]

사람은 누구나 자기 내면에 있는 다양한 여과 및 제어 장치(neurological, social, individual constraints)가 본능처럼 작용하고 있다. 제임스 엥겔은 이 제어장치에 대해 세계관, 학력(지식)과 경력(경험), 신조(신앙)와 태도(삶의 자세), 개성 등이라고 보았다. 뇌에 저장된 자기의 지식, 경험, 감정, 태도, 신념, 사고방식 등이 이러한 여과망을 형성하여 정보를 언어로 인출하게 되는데, 노인성 치매나 두부 손상 등으로 언어가 바르게 인출되지 않거나 그 여과망이 기능을 발휘하지 못해서 뇌에 저장된 정보가 여과 없이 발설되

---

36 Welch, *Blames It on the Brain?* 58.
37 문*식씨는 신학대학교에 재학 중이던 1982년 '부산 미 문화원 방화사건'으로 구속돼 사형을 선고 받고 이후 6년 9개월만인 1988년 12월 석방되었다. 2011년 12월 30일 (금) 문씨는 만취 상태에서 택시 기사가 자기를 알아보지 못한다는 이유로 기사를 두 차례 폭행하고, 경찰에게도 욕설과 행패를 부리고 출입문을 발로 수차례 걷어차 기물을 파손한 사실이 언론에 보도되었다. 이에 대해 문씨는 "과음을 해서 전혀 기억이 나지 않지만 어떤 이유로도 용서받을 수 없는 행동을 저질렀다"라고 사과한 바 있다. 다량의 알코올이 뇌신경에 작용하여 긴장과 불안을 이완시켜 의식, 무의식(또는 죄성) 저변에 있던 의도들이 부지불식 간에 언행으로 나타나게 된 것이다. 이것은 알코올로 인한 일시적 뇌문제를 야기한 경우지만, 뇌문제로 인해 발생되는 조발성 치매 등의 현상도 그와 크게 다르지 않다.
38 James F. Engel, *How to Start Counseling*, 정진환 역,(1996) 『당신의 멧시지는 전달되고 있는가?』(서울: 죠이선교회), 41.
39 Meier, Minirth, Minirth, & Ratcliff, *Introduction to Psychology and Counseling*, 94.

는 경우가 노인성 치매에 의한 언어적 문제라고 볼 수 있다.

웰치는 자기의 연구 결과를 통해 볼 때, 알츠하이머형 치매 환자, 조증 진단을 받은 정신증 환자, 알코올 중독자들에게서 동일하게 평상시 마음속에 품고 있었던 강력한 생각과 의도들이 뇌기능의 문제로 인해 노출되었다고 분석했다.[40] 건강할 때는 여러 가지 이유로 억압, 억제했던 생각들이 질병 때문에 죄성이나 본심이 통제력을 잃고 표출된 것이라고 볼 수 있다.

그렇다면 질병이라는 이유로 표출된 불신앙적 언행이 용인될 수 있는가? 만일 한 경건한 그리스도인이 치매 발병 이전에 진실하고 명백한 신앙고백을 했으나, 노인성 치매로 인해 인지 기능의 왜곡, 마비 등이 나타나 구술적으로 그리스도를 부인했다면 그의 구원은 유효한 것인가?

이런 상태에서의 구원 여부를 명백히 판별해 내기는 어렵다. 구원에 대한 최종적 판단은 오직 하나님께만 있기 때문이다. 다만 치매라는 질병의 특성을 이해해 볼 때, 그것을 추론할 뿐이다. 또한, 중생한 삶에 있어 한 번 얻은 구원이 질병에 의해 상실될 수 있는지에 대해서는 상당한 신학적 논란을 야기한다.

웰치는 치매에 노출된 아버지가 가학적인 폭언으로 가족을 혼란에 빠뜨렸을 때, 그 자녀가 "아버지, 아버지는 지금 죄를 짓고 있는 거예요. 그 죄에 대해 회개해야 합니다"라고 말했다 하더라도 그가 그 요청에 응하기는 어려울 것이라고 보았다. 아울러 웰치는 가족들이 이해력을 넓혀 아버지가 뇌 문제로 통제력을 상실했다는 사실을 인정해야 한다고 주장했다.[41]

맥민과 필립스는 뇌 문제로 발생된 무의도적이고 무의지적인 것이라 할지라도 기억에서 하나님을 잊음에 관한 문제는 죄라는 시각으로 보아야 한다고 진술했다.[42] 노인성 치매 환자의 불신앙적 언행은 회개를 촉구할 수 없으며, 회개를 요구한다고 할지라도 실제로 그에 응하기는 어려울 것이므로 치매는 매우 안타까운 질병이 아닐 수 없다.

40　Welch, *Blames It on the Brain?* 58.
41　Welch, *Blames It on the Brain?* 55.
42　McMinn & Phillips, *Care for the Soul,* 372.

(2) 죄와 의지

정상적 인지가 있는 사람이 대소변을 함부로 배설하게 되면 인격적 의심을 받게 된다. 하지만 치매는 정상적 인지를 하고 있지 않기 때문에 이를 인격의 문제나 범법행위로 보기보다는 질병에 의한 증상이라고 보아야 할 것이다. 결단할 수 있는 자유로운 선택의 능력이 있는 경우, 정신 질환 등 질병에 의한 증상으로 나타나는 죄를 정상상태에서 범한 죄와 동일한 잣대로 보기가 어렵다는 입장도 있다.

이를테면, 수면 내시경을 하기 위해 프로포폴 등 수면 유도제를 주입했을 때, 환자 가운데는 난동을 피우거나, 내시경을 스스로 뽑아내는 행동을 하기도 하고, 의료진을 발로 차거나, 주먹을 내두르거나, 꼬집거나, 할퀴기도 하고, 폭언하는 환자도 있다. 물론, 환자들은 수면 마취 상태이므로 이런 행동을 전혀 기억하지 못한다. 심지어 내시경 장비를 이로 물어 장비를 파손하는 환자도 있다.

순식간에 병원 장비가 손상되어 상당액의 피해가 발생하는 순간인데 이 책임을 환자에게 물을 수 있을까?[43]

죄악된 의도를 가지고 죄악을 행하는 것, 죄악된 행위는 없었지만, 죄악된 의도를 가진 것, 죄악된 의도는 없었지만, 죄악된 행위에 대해 죄악이라는 입장에서는 동일하겠지만, 악의 영향이나 그 처벌은 다를 것이다.

무의도적 정신 활동인 꿈 상태에서 죄를 지었을 때 이것을 죄로 보고 회개의 대상으로 삼는 것은 이 죄악된 꿈이 무의지적, 무의도적이라 할지라도 다른 사람의 꿈이 아닌 자기의 무의식으로부터, 자기의 죄성에 기초하여 비롯된 것이므로 실행에 옮긴 죄가 아닐지라도 회개의 대상이라고 보아야 한다. 하지만 꿈에서 범한 죄가 현실에서 범한 죄와 동일하다고 볼 수는 없을 것이다.

노인성 치매 환자의 신앙을 확인하려는 목적으로 가족들이 신앙고백을 요구하는 것은 의미 없는 일일 수 있다. 그 이유는 이성적, 인지적으로 정상이 아니기 때문이다. 즉, "할아버지! 예수를 구주로 믿으십니까?"라고 질문했을 때 치매 노인은 "아니!"라고 답변할 가능성이 있다. 이때 그가 예수를 구주로 고백하지 않았다고 해서 그가 신앙을 부정하는 것이라고

---

43 이상원,(2011) "인생의 위기와 자살," 「개혁주의 생명신학 신학으로 세상읽기」8, 4-8.

보기 어렵다. 질문하는 단어가 귀를 통해 뇌로 전달되는 과정에서 인지왜곡이 나타날 수 있기 때문이다.

'예수', '구주', '믿는다' 등의 단어는 뇌 속에 그 단어의 의미를 보유하고 있을지라도 그 개념을 왜곡하여 이해할 수 있다. 치매로 인해서 눈에 보이는 가족도 몰라보는 실인증이 나타나는데, 단어를 정확하게 이해하거나 표현을 분명하게 한다는 것은 어려운 일이다. 치매는 정신 질환의 상황임을 이해할 수 있어야 한다.

카슨은 구원받을 수 없는 일이란 의식적이고 의도적으로 예수가 하나님의 아들이심과 그의 대속의 죽음을 부인하고 그 진리로부터 떠나는 것이라고 설명하고 있다.[44] 혹시 치매에 의해 그가 그리스도를 부인했다고 하더라도 그 의식을 관장하는 특정 부위의 질병 상황으로 인한 무의도적, 무의지적 행위라고 이해해야 할 것이다.

따라서 이미 건강하고, 정신이 온전할 때 진실하게 하나님을 인정하고 예수 그리스도에 대한 신앙고백을 했다면 그는 구원받을 자격을 가졌다고 보아야 한다. 그렇지만 이에 대한 성경적 답변은 오직 하나님만이 인간의 진정한 마음의 생각과 뜻을 꿰뚫어 보시며 아신다는 것이다.

5) 치매에 대한 상담

치매는 인지 기능의 손상으로 인지왜곡이 나타나는 질병이다. 노인성 치매로 인해 인지 기능이 떨어졌다고 할지라도 기독교 상담자는 그를 인격체로 보아야 한다.[45] 이에 대한 가레스 존스의 다음과 같은 진술은 치매환자를 보는 기독교인이 가져야 할 시각이다.

> 만일 나의 두뇌가 손상된다면 나는 이전보다 무책임해질 것이고 내가 할 수 있는 반응은 그리 많지 않을 것이다. 나는 비참하게 제약받을 것이며 어쩌면 그것조차 인식할 수 없을지 모른다. 그런데도 나는 여전히 한 인격체이다.[46]

---

44 D. A. Carson,(2010) *The Expositor's Bible Commentary: Matthew & Mark* (Grand Rapids: Zondervan), 337.
45 Faw, *Psychology in Christian Perspective*, 38.
46 Gareth D. Jones,(1981) *Our Fragile Brains: A Christian Perspective on Brain Research*

(1) '품위 있는 노화' 준비

하워드 헬펀은 치매와 같은 이상행동을 포함해 권태, 피로, 무력감, 무능, 혼돈, 신체적 징후, 근심, 인간관계의 혼란, 가족관계의 혼란 등을 노인성 위기로 보았다.[47] 노년기를 하나의 발달 위기로 본다면 이는 예측이 가능한 위기이므로 노년기 이전에 미리 대비할 수 있을 것이다. 정신이 온전할 때 교만, 시기, 질투, 의심, 분노, 나태, 음란, 탐욕, 탐식 등을 다스리며 경건생활에 전념하는 영성훈련이 필요하다.

정신이 온전할 때 신앙고백과 찬양 등 경건의 훈련이 중요하다. 노인성 치매로 인해 노년에 신령과 진정으로 하나님 앞에 예배드리지 못할 때가 오기 때문에 심신이 온전할 때 신앙생활을 열심히 해야 한다.

전도서 12:1 "너는 청년의 때에 너의 창조주를 기억하라 곧 곤고한 날이 이르기 전에 …"라고 기록된 말씀처럼 우리에게 반드시 찾아오는 "곤고한 날"을 준비하기 위해 무의식 저변까지 침투하도록 하나님을 묵상하는 습관을 가져야 한다. 즉, 인지행동치료에서 주장하는 이른바 '침투적 사고'를 형성할 만큼 반복적인 경건훈련을 해야 한다.

노인성 치매는 만성질환이므로 그 가족은 인적, 물적, 시간적, 경제적, 심리정서적 부담을 지속해서 지니게 된다. 치매 당사자는 생의 마지막 기간에 인간적인 삶의 질과 품위를 떨어뜨리며 불행한 상황을 맞게 된다. 근래 우리 사회는 '잘 사는 것'(well being)을 주장하며 건강하게 존재하는 것에 관한 관심이 고조되었었다.

그러다가 '잘 죽는 것'(well dying)을 주장하며 건강하게 잘 죽음으로써 생을 아름답게 마치는 것에 대한 주의가 집중되었었다. '잘 사는 것'과 '잘 죽는 것' 사이에 '잘 늙는 것'(well aging)이 필요하다. 즉, 건강하게 늙는 것에 대한 이해가 보편화되어야 한다. 기독교인들은 품위 있는 고상한 노화를 위해 준비해야 할 것들이 있다. '성공적 노화'(successful aging)', '품위 있고 고상한 노화'란 곧 경건생활을 의미한다.

(Downers Grove, IL.: InterVarsity Press), 112.
47 Howard W. Stone,(2009) *Crisis Counseling* (Minneapolis: Fortress Press), 28.

(2) 치매 환자를 위한 상담

노인성 치매는 일반적으로 상담 및 심리치료에서 주로 다루는 증상, 즉 우울, 불안, 공포, 좌절, 강박, 시기, 질투, 분노 등을 포함하는 심각한 질환을 앓고 있는 것이며, 여기에 불신앙 언행까지 나타나는 것으로서 노년에 겪게 되는 불행한 증상이다. 웰치는 노인성 치매 환자는 뇌기능 이상으로 인지가 왜곡된 것은 분명하지만 사랑과 인내를 가지고 상담하면 그들의 마음눈이 열리고 복음에도 반응한다고 주장하면서 70세 여성의 사례를 소개했다.[48]

그녀는 매일 환청을 들었다. 새벽 2시에 일어나 TV를 크게 틀기도 하고, 전기난로의 불을 끄는 일을 항상 잊었다. 때로는 가족을 떠나 밖에서 방황하기도 해서 나가지 못하도록 바깥문에 빗장을 쳐 그녀를 집안에 가두는 상황이 되었다. 그러나 그녀의 치매에 있어 다음 특성은 정말 놀라웠다. 지적 능력 저하에도 불구하고 그녀는 복음에 대한 강한 혐오감을 드러냈다.

"나는 너희들의 예수가 필요가 없어!"

이 말은 그녀가 가장 분명하게 할 수 있는 말이었다. 그러던 어느 날 예배에 참석하고 돌아오는 도중, 그녀는 일시적으로 무자각 상태에서 벗어난 듯 말했다.

"내가 옛날 친구들에게 못 할 짓을 한 거, 용서받고 싶구나."

딸과 사위는 이 순간을 붙잡았다. 그리고 십자가로 표현되는 예수님의 용서하심에 관해서 설명했다. 그러자 그녀는 예수님에 대한 신앙을 고백했을 뿐 아니라 다른 사람에게도 이 사실을 알렸다. 치매가 그녀에게서 대화 능력을 빼앗았기 때문에 그녀가 말로 신앙을 표현하는 기간은 오래가지 않았다. 그러나 가족 중 예수를 믿지 않던 사람들은 그녀의 얼굴에 가득한 기쁨과 태도에 깃든 평안에 놀라고 말았다. 그녀는 심오한 영적 진리를 드러내는 산 증거가 되었다.

> 그러므로 우리가 낙심하지 아니하노니 우리의 겉 사람은 낡아지나 우리의 속사람은 날로 새로워지도다(고후 4:16).

---

48 Welch, *Blames It on the Brain?* 83.

미첼과 오르 그리고 살라데이의 연구 결과에서도 치매 환자들은 자기를 사랑으로 대하는 사람에게 호의적으로 잘 반응한다는 보고가 있다.[49] 노인성 치매로 인해 인지 기능 장애가 생겼다 할지라도 가족을 포함한 주변 사람들의 사랑을 느끼지 못하는 경우는 없다. 그러므로 치매 노인이 사랑받고 있으며 돌봄을 받고 있다고 느끼도록 하고 더 나아가 그것을 확신할 수 있게 해 주는 것이 좋다.[50] 치매뿐만 아니라, 어떤 심리정서적 증상이든 그것을 치료, 회복하기 위해서는 심리정서적 안정감을 제공해 주는 것이 가장 기본적인 일이다.[51]

치매 노인의 말이 다소 비논리적이라 할지라도 가족이나 상담자는 그의 내적 세계를 충분히 이해하고 관심사를 무시하지 않고 경청해 줌으로써 정서적 안정감을 느끼도록 하는 것이 공격성을 감소시키는 중요한 방법이다. 즉, 헛소리처럼 들리는 비이성적 언어라고 할지라도 즉각 그것을 거부, 통제하려 하지 말고 일단 수용한 후, 현실 감각을 갖도록 도와주어야 한다.

치매 환자를 직면시키려는 것은 좋은 상담 방법이 아니다. 가족 대부분은 치매 노인을 정상으로 보지 않기 때문에 그들과 대화 자체를 하지 않으려 하고 고립시키는 경우가 많다. 그 이유는 비논리적인 헛소리 같은 말을 자주 하므로 대화 상대라고 생각하지 않고 부모의 말일지라도 치매 환자의 말에는 대꾸하기를 싫어하거나 무시하는 경향이 있다. 치매 환자는 온전한 인격을 가진 상태에서 하는 말이 아니라, 질병 상황에서 하는 말이라는 사실을 가족이 충분히 이해해야 한다. 치매 환자를 둔 가족에게 가장 필요한 것은 사랑과 인내이다.

노인성 치매에 있어 뇌세포의 파괴는 지속적이며, 급속도로 발생하기 때문에 구원의 문제를 다루어야 한다면 치매가 나타났을 때 가족들은 서둘러야 할 것이다. 이에 대해 헤롤드 포의 주장에 따르면 두부 손상 등으로 뇌 기능 장애가 발생했을 때 시간이 지남으로써 인지 기능이 점점 더

---

49 C. Ben Mitchell, Robert D. Orr & Susan Salladay,(ed.)(2004) *Aging, Death, and the Quest for Immortality* (Grand Rapids: Cambridge: Eerdmans), 88.
50 Welch, *Blames It on the Brain?* 55.
51 Mark A. Yarhouse & James N. Sells,(2008) *Family Therapies: A Comprehensive Christian Appraisal*, 전요섭 외 공역,(2010) 『기독교 가족치료』(서울: CLC), 387.

떨어지기 때문에 방치해서는 안 되고 서둘러 위험에 빠지기 전에 복음으로 인도받을 수 있도록 돕는 것이 중요하다고 했다.[52] 노인성 치매를 비롯한 심각한 질병을 가진 노인들 가운데 40퍼센트 이상이 신앙은 자기가 의지할 수 있는 가장 중요한 자원이라고 말하고 있다.[53]

노인성 치매 환자도 기독교 상담학에서 볼 때 당연히 돌봄이 베풀어져야 마땅한 상담 대상이다. 어린아이에게 기도를 가르치듯 이들에게 기도를 가르쳐야 한다. 기도는 기독교 상담에서 가장 기본적이면서 가장 핵심적인 치유의 방편이기 때문이다.[54] 의과대학 교수로서 영성과 신앙을 연구한 다나 킹은 조현병(정신분열병) 환자라고 할지라도 기도와 성경 읽기가 심리정서적 안정뿐만 아니라, 치료에 크게 도움이 되었다는 사실을 밝혔다.[55] 이는 치매 노인에게도 동일하게 적용될 수 있는 사항이다.

정상적인 노인이라 할지라도 글로 표현하는 문어적(literary style) 활동은 매우 제한되어 있다. 치매 노인의 경우는 더욱 그렇다. 그렇기 때문에 상담은 노인에게 적합한 치료적 활동이 될 수 있다. 언어를 통한 지식의 인출 작업 및 내면세계의 노출은 치매 노인의 두뇌를 활성화시키는 방법이다. 치매 노인의 담화를 통한 치료 효과에 대해서는 많은 선행 연구 결과에서 제시되고 있다.[56]

즉, 훈련에 의해서 치매 노인은 점차 논리적으로 잘 정렬된 방식으로 언어를 구사하게 된다는 것이다. 물론, 이렇게 하는 데는 많은 노력과 시간이 소요되지만 치매 노인으로 하여금 의사소통 능력을 갖추도록 해 그들이 생을 마칠 때까지 기도할 수 있도록 도와주어야 한다.

미국 여성 노인 200명을 대상으로 신앙과 질병에 관한 연구 조사에서 노인들이 자기의 질병을 다루기 위해 자주 사용하는 방법은 91퍼센트가

52　Faw, *Psychology in Christian Perspective*, 34.
53　Dale A. Mattews, Harold G. Koenig, & David B. Larson,(1997) "Spirituality and Medicine Outcomes," *Spirituality Healing in Medicine-IV* (Boston: Harvard Medical School), 21-22.
54　전요섭,(2007) "기독교 상담에서 과제제시에 대한 이해와 활용방안,"「대학과 선교」 13, 285-306.
55　Dana E. King & Harild G. Koenig,(2013) *Faith, Spirituality and Medicine* (Hoboken: Taylor & Francis), 76.
56　손은남, "노인 치매의 유형 및 심한 정도에 따른 담화특성," 49.

기도라고 보고했으며, 또한 노인 환자 중에서 기도의 지원을 받은 사람은 일반 환자보다 치료나 회복이 빨랐다는 연구 결과도 있다.[57] 국내에서도 치매 노인에게 언어기능의 문제가 있음에도 그림을 보고 상당히 긴 언어를 산출해 냈다는 연구 결과를 제시하고 있다.[58]

미국에서는 어린아이를 돌보는 '베이비 시터'(baby sitter)가 흔한 일자리인데, 근래에는 이른바 '실버 시터'(silver sitter)라는 일자리가 생겼다. 그것은 노인들과 대화를 나누어 주는 직업이라고 할 수 있다. 이는 말하고 싶어 하는 노인의 이야기를 잘 들어주고 지지해 주는 일을 하는 것으로서 노인의 말벗이 되어 주고 시간별로 급여를 받는 일이다.

치매 노인도 인지 기능의 저하, 손상 때문에 비논리적인 대화를 하는 것 같아도 옆에서 꾸준히 대화해 주면 언어능력은 상당히 회복된다. 회복되지 않더라도 이런 과정을 통해 내면의 이야기를 들어주고 맞장구쳐 주는 것은 정신건강 유지에 대단히 중요하다.

인간은 죄인이며 죄성으로 가득 차 있다는 것은 재론의 여지가 없는 주장이지만, 뇌 질환을 앓는 사람도 예수 그리스도에게 반응하며 그의 경건이 드러날 수도 있다.

웰치는 알츠하이머병을 앓고 있는 72세 여성을 소개하고 있다. 그녀는 말도 못 하고, 자녀를 포함해 모든 사람을 기억하지 못한다. 그러나 그녀는 늘 기쁨으로 가득 차 있고, 자비롭고, 친절하며 인내심을 가지고 있다. 그리고 그녀는 "예수님은 당신을 사랑해요", "나는 예수님을 사랑해요"라고 말하고 있다. 뇌의 연약함에도 신앙을 잃지 않는 이 여성의 모습에서 노인성 치매가 무조건 불신앙적 언행을 초래하는 것이 아니라는 사실을 알 수 있다.[59]

---

57 V. S. Harris,(1997) "Christian Science Spiritual Healing Practice," *Spirituality Healing in Medicine-IV* (Boston: Harvard Medical School), 16-19.
58 손은남, "노인 치매의 유형 및 심한 정도에 따른 담화특성," 110.
59 Welch, *Blames It on the Brain?* 38.

4. 닫는 글

고령화로 인한 노인성 치매는 가정 문제를 넘어 교회의 문제이며, 국가적인 문제다. 노인의 증가로 인해 교회는 이에 대한 관심을 두지 않을 수 없다. 장차 교회의 청장년의 감소 및 노인의 증가를 예측해 볼 때, 노인에 대한 목회 돌봄과 상담에 대한 심도 있는 연구와 관심을 가져야 한다.[60] 누구도 치매에서 벗어날 수 있는 사람이 없기 때문이다.

치매에는 특효약이 없고, 의학적으로도 치료가 곤란하다고 해서 포기할 수는 없다. 치매 노인이 하나님께 돌아갈 때까지 그 가족은 치매 노인을 이 땅에서 잘 보살펴야 할 공경의 대상이다.[61] 노년에 인지 통제력이 약해서 여과 없이 자기의 죄성을 드러내는 비참한 노인성 치매에 노출되지 않고 건강한 상태에서 세상을 떠날 수 있게 해 달라고 기도해야 한다.[62]

태어날 때 축복과 감사와 찬사를 받았던 것처럼 세상을 떠날 때도 축복과 감사, 위로, 존중을 받아야 한다. 인간의 본질적 가치는 존엄한 것이다. 이것은 개인의 역할이나 신분이나 인종과 피부 및 계층과 성별에 관계없이 모든 인간에게 동등하게 주어진 가치로서 모든 환경과 조건의 위협으로부터 특별히 보호받아야 하는 존재다.[63]

65세 이상 노인의 자녀와 별거율이 44.9퍼센트이고, 여성의 사회 참여율이 48.6퍼센트인 것을 염두에 둔다면 치매 노인을 가정에서 돌보기가 어려운 현실임을 직시하게 된다. 가족이 일하는 동안 치매 노인을 돌보는 기독교 노인요양기관이 많이 설립되어야 한다. 이곳에는 의료 인력과 아

---

60 독일을 포함한 유럽교회의 경우, 수 천명 이상이 출석하던 교회들이 현재는 문을 닫거나 노인 신자밖에는 없는 경우가 허다하다. 알토나교회의 경우 1993년 9월 29일에 문을 닫았는데 이 교회는 재적교인이 4,000명이었으나 마지막 노인만 20명이 남아 문을 닫았다. 그래서 유럽의 목사들은 장례식 설교는 세계적으로 대가라는 말이 있을 정도이다. 평균적으로 매주 53,000명 이상의 사람들이 교회를 떠나고 있는 것으로 나타났다. 영국의 경우도 60퍼센트의 인구가 영국 국교회에 의해 세례를 받았으나 겨우 6퍼센트만이 정기적으로 교회에 출석하고 있다. 「미래한국」(2002년 10월 6일). 이상복,(2002) "치매 개념의 역사적 소묘," *Journal of the Korean Dementia Association*, 1-2.
61 Welch, *Blames It on the Brain?* 58.
62 Wright, *Crisis Counseling*, 28.
63 Nico Koopman,(2007) "Some Theological and Anthropological Perspectives on Human Dignity and Human Rights," *Scriptura* 95, 181.

울러 전문상담자가 배치되어 노년의 삶을 잘 정리하고 신앙으로 생을 마감할 수 있도록 도와야 한다. 이런 기관의 설립은 대규모 교회가 짊어진 사회적 책임이라고 할 수 있다.

일반적으로 가족 가운데 환자가 발생하면 가족기능이 저하되고 다양한 문제가 발생된다. 가족은 치매를 앓는 가족 때문에 역기능적 가족이 되지 않도록 인내해야 한다. 가족 붕괴가 발생하지 않도록 가족 상호 간에 위로, 격려, 지지는 대단히 중요하다. 기능적 가족이란 가족 구성원 모두가 소통이 원활하며 서로 위로, 격려, 지지 체계가 견고히 형성되어 행복도가 높고 서로의 욕구를 충분히 만족시켜 주는 가족이다.

치매로 인해 인지 기능의 손상으로 부모가 자녀를 알아보지 못하고, 퇴행성 행동과 불신앙 행동이 나타난다고 하더라도 부모 됨(parenthood)에 변화가 일어나지는 않는다. 그러므로 치매 환자를 장애인으로 보고 더 많은 관심과 돌봄과 사랑이 베풀어져 부모를 섬길 수 있는 마지막 기회로 삼아야 한다. 이러한 부모 섬김(효도)으로 인한 복은 성경에 분명히 약속된 것이다.

성경은 노인을 공경하지 않는 것은 부패한 인간, 가족, 사회로 묘사하고 있다. 성경은 경로효친을 통해 가정과 사회의 질서를 유지하고자 극단적인 명령을 내림으로써 이 질서를 지키려고 했다.

> 그의 부모를 경홀히 여기는 자는 저주를 받을 것이라 할 것이요 모든 백성은 아멘 할지니라(신 27:16).

그뿐만 아니라 창세기 9장에 기록된 대로 노아가 포도주를 마시고 취해 알코올로 인한 일시적 인지장애로 인해 장막에서 벌거벗은 추태를 보였을 때 아버지의 허물과 수치를 방관하거나 드러내지 않고 감싼 아들들(셈, 야벳)에 대해 축복하고, 아버지의 부끄러운 모습을 드러낸 아들(함)은 저주받은 사건에서 치매 부모에 대한 자녀의 태도가 어떠해야 함을 알 수 있다.

제12장

스스로 치료하는 자조상담

목차
1. 여는 글 2. 자조상담에 대한 개념 이해 　1) 자조상담 관련 선행 연구 　2) 자조상담의 정의와 개념 　3) 자조상담의 발생 동기와 필요성 　4) 자조상담의 문제	3. 자조상담의 형태와 방법 　1) 자조상담의 다양한 형태 　2) 독서를 통한 자조상담 형태 　3) 성경 기반의 자조상담 　4) 자조상담의 인지행동치료적 접근 4. 닫는 글

1. 여는 글

　　상담이론과 방법에 있어 절대적인 것은 없다. 인간의 심리와 행동을 이해하고 상담하는 일에 모든 상담학자가 인정하고 합의한 하나의 이론과 방법이 있어야 할 이유도 없다. 상담이론과 기법은 매우 다양할 뿐만 아니라 모순되게도 상반된 것들이 공존하고 있다. 어떤 것들은 많은 상담자에게 수용되어 빈번히 활용되는 기법이 되기도 하지만 어떤 것들은 인정받지 못해 상담학계에서 받아들여지지 않는 것들도 있다.

　　다양한 상담기법 가운데 근래 '자조상담'이라는 새로운 형태의 상담에 대한 유효성이 제기되고 있다. 자조상담은 상담자와 내담자 간의 대면적 만남 없이 심리정서적 문제를 가진 사람이 자기 문제를 스스로 해결하도록 구상된 방법이다.

　　이는 그 용어가 함의하고 있는 대로 상담자 없이 스스로 하는 상담이기 때문에 마치 상담의 중요성은 인정하지만, 상담자 무용론처럼 이해되기도

한다. 전통적이고, 전형적인 상담구조는 상담자-내담자로 구성되어 있고, 비전통적, 비대면적 상담으로서 사이버 상담, 전화 상담, 이메일 상담, 편지 상담 등에도 상담자-내담자 구조에서 상담하게 된다.

대부분의 상담에 대한 정의는 상담자와 내담자 간의 인격적 교류를 통해 바람직한 행동 변화를 위한 대화라고 할 수 있다. 돕는 전문가로서 상담자와 도움받는 사람으로서 내담자 구조가 아니라면 이를 상담으로 이해하기가 곤란하다는 견해도 있다. 그러나 자조상담은 자기가 상담의 주체가 되어 자기 문제를 스스로 상담하는 유형이므로 상담에서 통상 중요시하는 경청, 공감, 존중, 이해, 분석, 직면 등을 비롯한 대부분 기법이 적용되지 않는다.

상담학 연구 주제의 대부분은 상담자 변인, 내담자 변인 그리고 상담자와 내담자 간 상호작용에 대한 것이 주류를 이루며, 특히 상담자와 내담자 간의 작업동맹이라든지 인격적 상호작용은 매우 중요한 치료적 변인으로 다룬다.

하지만 자조상담은 자기가 상담자-내담자 구조를 모두 가진 형태로서 이런 것들이 생략되는 것처럼 보이거나, 이런 것들과는 전혀 양상이 다른 형태로서 과연 이를 상담으로 보아야 할지에 대한 논란이 있다. 자조상담은 그 역사가 길지 않고, 아직 충분히 연구되지 않은 생소한 개념으로서 학계에서는 이에 대해 극명한 기대와 우려가 공존하고 있다.

문제를 가지고 있는 사람이 종래의 상담구조로 도움을 받을 수 없는 상황이라면 자기를 스스로 회복할 수밖에 없으므로 자조상담의 필요성이 제기되고 있으며, 그것의 유효성이 꾸준히 입증되고 있다.[1] 또 자조상담은 사회적 문제가 다양해짐에 따라 다양한 내담자의 다양한 요구에 부응하여 다양한 기법이 제공되어야 할 상황에서 자연발생적인 상담 형태라 할 수 있다. 더 나아가 자조상담이 기존 상담에 대한 '보조적', '보충적' 개념을 넘어 종래의 대면상담과 통합(integration)을 추구하여 상담 및 심리치료의 한 과정으로 진행되어야 한다는 주장도 있다.[2]

---

1   N. J. Todd, et al,(2014) "A Web-based Self-management Intervention for Bipolar Fisorder 'Living with Bipolar'," *Journal of Affective Disorders* 169, 21-29.
2   John C. Norcross,(2006) "Integrating Self-help into Psychotherapy," *Professional Psychology Research and Practice* 37/6, 683-93.

2. 자조상담에 대한 개념 이해

1) 자조상담 관련 선행 연구

자조상담은 국내에서 발생한 상담이론과 기법이 아니다. 미국에서 창안되어 국내로 유입되었으며, 자조상담을 의미하는 영어 단어 self-counseling이 언제부터 사용되었는지는 알 수 없다. 하지만 미국에 기반을 두고, 전 세계 도서관이 연결(link)되어 문헌 정보를 제공하는 월드캣(WorldCat®)의 검색 결과에 따르면, 이 용어로 발행된 최초의 문헌은 1941년에 잭 던랩이 학위논문으로 발표한 "대학생을 위한 자조상담"(Self-counseling for the College Student)이다.[3]

또한, 1974년에 맥시 몰츠비 등이 "합리적 자조상담으로 학급에서 자조학습"(Teaching self-help in the classroom with rational self-counseling)이라는 제목의 연구가 발견되는 것으로 보아 1941년 이 용어가 처음 사용된 후, 30여 년간은 이 주제에 대해 학자들이 관심을 표명하지 않은 것을 알 수 있다.[4]

학위논문으로는 1975년에 토마스 매델이 임상심리학 입장에서 125명의 대학생을 대상으로 딜레마(dilemma)의 정도를 개인적으로 분석하고 이에 자조상담을 적용하여 결과를 측정한 연구였으며, 자조상담 적용 집단에서 유의미한 효과가 나타났음을 입증하였다.[5]

매델은 다음 해인 1976년 미국 상담심리학회 간행물에 "새로운 자조상담 절차의 이론적 가치와 효과 간의 관계성"(The relationship between theoretical values and the efficacy of a new self-counseling procedure)이라는 제목의 논문을 발표하여 이 연구의 토대를 제공한 듯했으나,[6] 그 후 10년 동안 이 주제의

---

3 Jack W. Dunlap,(1940) "Self-counseling for the College Student," *The Journal of Higher Education*, 11/9, 486-89.
4 Maxie C. Maultsby Jr., P. Knipping & L. Carpenter,(1974) "Teaching Self-help in the Classroom with Rational Self-counseling," *Journal of School Health* 44/8, 445-48.
5 Thomas O. Madell,(1975) "The Relationship between Values and the Efficacy of Dilemmatic Self-help Psychotherapy, A New Self-counseling Procedure," Ph.D. diss.: University of Illinois.
6 Madell, "The Relationship between Theoretical Values and the Efficacy of A New Self-counseling Procedure," 579-82.

연구는 소강 상태를 보였다. 1986년에 미국 달라스신학대학원에서 리차드 알버츠가 "성경 중심의 인지 심리치료와 관련하여 내담자를 위한 자조상담 지침"(A self-counseling guide for clients involved in biblically centered cognitive psychotherapy)이라는 논문이 목회 상담 분야에서 이 주제를 다룬 것이다.[7]

이어서 2003년에 새무얼 아무르가 미국 웨스트민스트신학대학원의 박사 학위(D.Min.) 논문으로 "아프리카인과 수단에 거주하는 기독교인을 대상으로 그리스도 안에서 심령의 변화와 성장에 대한 자조상담"(Self-counseling changing hearts and growing in Christ, a case study of the Church of Christ in the Sudan among the Tiv(African people))을 발표했다.[8]

단행본으로는 1975년에 『행복을 위해 합리적 자조상담을 통해 자신을 도우라』(Help yourself to Happiness through Rational Self-counseling) 는 제목의 저서가 처음 간행되었다.[9] 이어서 1976년에 『자조상담의 새로운 기법과 그것이 당신이 하는 것을 도울 수 있는 것』(The New Technique of Self-counseling and What It Can Help You Do)이라는 단행본이 출간되었다.[10] 이 연구는 신체의 불균형적 장애가 있는 아동·청소년(8세-17세) 환자와 그 가족이 자조적으로 지지 상담을 통해 삶의 질 향상에 유의미한 차이가 있음을 입증한 것이다. 그러나 자조상담이 시작된 북미에서도 이 연구는 활발하다고 보기 어려울 정도로 양질의 문헌이 부족하다.

일본학자 카주야 하라가 "자조상담의 음양과 다섯 가지 요소의 적용"(Application of Yin and Yang and the Five Elements in Self-counseling)이라는 제목으로 2018년에 발표한 것이 이 주제의 가장 최근 연구이다.[11] 하라의 연구는 일본 사회의 심각한 정신적 문제와 악화에 대해 자기 자신에게 적용하

---

7 Richard H. Alberts,(1986) "A Self-counseling Guide for Clients Involved in Biblically Centered Cognitive Psychotherapy" (MA. thesis: Dallas Theological Seminary), 146-49.
8 Samuel I. Amoor,(2003) "Self-counseling Changing Hearts and Growing in Christ, A Case Study of the Church of Christ in the Sudan among the TIV(African people)" (D.Min.: Westminster Theological Seminary), 261-67.
9 Maxie C. Maultsby, Jr.,(1975) "Help Yourself to Happiness through Rational Self-counseling," New York: Institute for Rational Living.
10 Marcia E. Lasswell & Norman M. Lobsenz,(1976) *No-fault Marriage*. Garden City, NY.: Doubleday.
11 Kazuya Hara,(2018) "Application of Yin and Yang and the Five Elements in Self-counseling," *China Media Research* 14/4, 16-18.

는 치료기법을 다룬 것이다. 이 연구는 알버트 엘리스가 제안한 합리적 정서행동치료(REBT)의 ABCDE 이론을 기저로 해서 비합리적 신념을 자기가 스스로 합리적 신념으로 바꾸는 절차의 자조상담기법을 제시한 것이다.

국내 연구는 학술연구정보서비스(RISS)를 통해 분석해 볼 때, 1999년에 조현재의 연구 논문이 최초의 것으로 나타났다.[12] 기독교 상담학 분야에서는 2006년 김수연의 "기독 상담자 훈련을 위한 자가 상담의 활용"이 있었고,[13] 이어서 김영근의 "글쓰기 고백을 활용한 목회자의 자가 상담 연구"가 있었다.[14]

기독교 상담 입장에서 자조상담을 다룬 연구는 이 두 편이 전부였다. 학위논문으로는 2012년 김명신의 "시각화 자료를 활용한 현실치료 셀프 카운슬링 프로그램의 개발과 효과검증"은 첫 박사 학위 논문이다.[15] 2013년 한국상담학회 학술지「상담학연구」에 게재된 "시각화 자료를 활용한 초등학생용 현실치료 셀프 카운슬링 훈련 프로그램의 개발과 효과검증"은 초등학생을 대상으로 한 자조상담 연구였다.[16]

2018년 안영민의 "Adler 개인심리학에 근거한 자기격려 셀프 카운슬링 프로그램이 청소년의 자아 탄력성, 대인관계, 사회적 관심에 미치는 효과"라는 제목의 박사 학위 논문이 가장 최근의 것이다.[17] 국내 단행본 도서는 방기연이 2016년『셀프 스캔 심리상담: 자성 상담』이라는 제목으로 출간한 것이 처음이었다.[18]

자조상담의 선행 연구를 분석해 볼 때, 이를 상담의 한 유형으로 수립하려는 시도들이 있었지만, 아직 정립된 것이 없고, 통일된 이론이나 기법은

---

12 조현재,(1999) "셀프 카운셀링에 대한 탐색적 연구,"「동서정신과학」2/1, 177.
13 김수연,(2006) "기독상담자 훈련을 위한 자가상담의 활용,"「복음과 상담」6, 61.
14 김영근,(2010) "글쓰기 고백을 활용한 목회자의 자가상담연구,"「장신논단」38, 261-85.
15 김명신,(2012) "시각화 자료를 활용한 현실치료 셀프 카운슬링 프로그램의 개발과 효과검증," 박사 학위논문, 경남대학교 대학원.
16 김명신, 김원중,(2013) "시각화 자료를 활용한 초등학생용 현실치료 셀프 카운슬링 훈련프로그램의 개발과 효과검증,"「상담학연구」14/5, 3145-63.
17 안영민,(2018) "Adler 개인심리학에 근거한 자기격려 셀프 카운슬링 프로그램이 청소년의 자아탄력성, 대인 관계, 사회적 관심에 미치는 효과," 박사 학위논문: 경남대학교 대학원.
18 방기연,(2016)『셀프 스캔 심리상담』(서울: 학지사), 1.

발견하기 어렵다. 근래에 들어서 이 주제에 관한 연구의 빈도가 증가하고, 점차 연구의 범위를 확장해 나가는 동향이 나타나고 있지만, 국내외적으로 자조상담에 관한 연구는 아직 초보 수준이고, 양질의 연구가 충분히 나타나지 않은 실정이며, 기독교 상담 분야에서는 많이 연구되지 않은 주제라 할 수 있다.

또한, 그 용어 사용에 있어 일부 '자가 상담'이라고 명명한 예가 있으나 이를 번역하지 않고 음역하여 '셀프 카운슬링' 등 다양한 용어로 사용하는 것을 볼 수 있는데 이는 통일된 개념이 없다는 것을 반증한다.

2) 자조상담의 정의와 개념

자조상담(自助相談, self-help counseling)은 상담자와 내담자 간의 면대면으로 상담하는 형태가 아니라 자기가 상담의 주체가 되어 스스로 자기에게 필요한 도움을 추구하는 상담을 일컫는 개념이다. 몰츠비 등은 자기 스스로 하는 상담이라고 해서 이를 일컬어 'self-counseling'이라는 표현했다.[19] 영어 self-counseling에서 self를 '자기', '자아'로 옮길 수 있는 만큼 이를 '자기상담' 또는 '자아상담'이라고 해도 무방하리라고 본다.[20]

하지만 국내 학술 자료 검색을 제공하는 RISS의 분석에 따르면, '자기상담', '자아상담'을 제목으로 연구된 논문은 한 편도 검색되지 않고 있다. self-counseling은 개념상 'self-help'(자조)의 개념이 내포되었다고 볼 수 있으며, 영어권에서는 self-help counseling이라고 사용하기도 한다.

자기 자신을 상담한다는 다소 모순적 의미를 해소하고 상담적 의미를 명시적으로 강조하여 'self-help counseling'이라는 용어를 사용하는 것이 이 형태의 상담을 잘 드러낸 용어가 될 수 있다.[21] 이를 우리말로 '자기 조

---

19   Maultsby, Knipping & Carpenter, "Teaching Self-help in the Classroom with Rational Self-counseling," 445-48.
20   Marguerite C. Finnerty,(1979) "The Effects of Rational Self-counseling on Selected Personality Dimensions of Upward Mobility Registrants" (Ed.D. diss.: College of William and Mary), 5.
21   Jerry M. Goffman,(2004). Self-help Counseling for Men Who Batter Women. San Bernardino, CA.: B.A. Press, Pulaski Adam,(1984) *Biblical Counseling Manual: A Self-help Counseling Program Guide*. Victoria, BC.: Trafford.

력적 상담'(self-help in counseling) 또는 축약하여 '자조상담'(self-help counseling)이라고 한다. 일각에서는 자조와 상담을 별개의 개념으로 이해하여 양자 간의 효능성과 차이를 입증하는 연구도 있다.

코카인 및 알코올 사용 등에 노출된 환자 927명을 대상으로 자조와 상담의 효과를 분석한 연구로써 두 가지 모두 증상의 현저한 감소를 가져왔으며, 환자들은 자조와 상담 모두에 강한 영향을 받았다고 입증하고 있다. 또 자조와 상담 간에 유의미한 차이를 나타내지 않음으로써 두 가지가 동일한 효과를 드러냈다고 밝혔다.[22] 하지만 자조가 상담보다 더 효율적이라는 연구는 국내외 문헌 어디에서도 발견되지 않는다.[23]

신경성 폭식증 등의 치료에 있어 일반상담과 자조상담 간의 효과를 비교하는 연구에서 자조상담보다는 일반상담이 유의미하게 높은 효능을 나타냈다는 연구 결과가 보고되고 있다.[24] 또 네덜란드의 흡연 부모를 대상으로 상담(256명)과 자조(256명)를 통해 금연 의도의 감소와 치료에 대한 비교연구에서 상담이 자조보다 훨씬 더 효과적이었고, 자조는 금연 의도의 감소에서 동기가 약했으며, 교육 수준이 낮은 대상에게는 적용이 어렵다는 사실을 밝혔다.[25]

---

22 Rose M. Etheridge, S. Gai Craddock & Robert L. Hubbard,(1999) "The Relationship of Counseling and Self-help Participation to Patient Outcomes in DATOS," *Drug and Alcohol Dependence* 57/2, 99-112.
23 Mary L. Smith는 메타 분석(meta-analysis)을 적용하여 상담 및 심리치료의 효과성을 연구하였는데, 대부분의 경우, 상담을 받지 않은 경우보다 상담을 받은 경우 80퍼센트가 더 좋아졌다는 사실을 밝혔다.
  Mark R. McMinn,(1983) *Cognitive Therapy Techniques in Christian Counseling* (Waco, TX.: Word Books Publisher, cp.1. 다른 메타분석의 연구에서도 동일 결과를 분석하고 있다. cf. C. R. Blease,(2015) "Talking More about Talking Cures," *Journal of Medical Ethics* 41/9, 750-55. Rose M. Etheridge, S. Gai Craddock & Robert L. Hubbard, "The Relationship of Counseling and Self-help Participation to Patient Outcomes in DATOS," 99-112.
24 Bradley T. Erford, Taryn. Richards & Elizabeth Peacock,(2013) "Counseling and Guided Self-help Outcomes for Clients with Bulimia Nervosa," *Journal of Counseling & Development* 91/2, 157-72.
25 Kathrin Schuck, et al,(2014) "Predictors of Cessation Treatment Outcome and Treatment Moderators among Smoking Parents Receiving Quitline Counselling or Self-help," *Preventive Medicine* 69/2014, 126-31.

또한, 일각에서는 심리치료로서 '자가치료'라고 명명하기도 한다.[26] 이는 주로 인지와 관련하여 또는 인지행동치료에서 사용하는 경향성이 있다. 대부분 경우, '자가치료'는 의학에서 환자가 자기 자신의 질병을 스스로 치료하는 개념으로 사용된다.[27] 의학에서 '자가치료'라는 용어를 사용하는 것을 보면, 상담 및 심리치료에서 이 용어를 사용할 수 없는 것은 아니다.[28]

자조상담의 대상은 '자조상담자' 그리고 '자조내담자'가 될 것인데, 이런 용어가 이해되기는 하나, 이를 사용하는 것은 매우 어색하다. 자조상담은 특성상 일반상담의 구조처럼 상담자-내담자 간 작업동맹이라는 관계 형성이 없고, 한 존재 안에 '상담하는 자신'과 '상담받는 자신'의 역할이 공존한다.

이 둘을 분명히 구별하기도 어렵다. 이것을 일각에서는 '관찰하는 자아'(observing ego)는 상담자가 되고, '경험하는 자아'(experiencing ego)는 내담자가 된다고 표현하기도 한다.[29] 하지만 이런 구분도 그 경계와 개념이 모호하다. 이 연구에서는 '자조상담 참여자'(self-help counseling participant)라고 표현하고 '자조상담자', '자조내담자' 개념을 모두 포함한 뜻으로 사용하고자 한다.

자조상담은 심리정서적 문제를 가진 사람이 자기 문제를 스스로 분석하고 치료를 모색한다는 입장에서 '자기 주도적 상담'이라고 할 수도 있다. 자조상담이 자기 주도적이지 않을 경우에 효과를 얻을 수 없는 것은 자명하다. 근래 교육학에서 '자기 주도적'(self-directed)이라는 용어를 학습의 주요 개념으로 사용하는데, 이에 편승하여 자조상담을 '자기 주도적 상담'이라고 할 수 있다.

---

26 이서영 외, "인지행동치료기반 양극성 장애 우울삽화용 자가치료 프로그램 개발을 위한 예비연구," 469-87.
27 Yvette C. Terrie,(2014) "Oral Pain," *Pharmacy Times* 80/9, 26. cf. Ansam F. Sawalha, et al,(2008) "Self-therapy Practices among University Students in Palestine," *Complementary Therapies in Medicine*, 16/6, 343-49.
28 Terrie, "Oral Pain," 26.
29 Karen Honey, *Self-analysis*, 이태승 역,(1987) 『자기분석』 (서울: 민지사), 18.

이 상담 형태를 지칭하는 용어에 '자아 상담', '자기 상담', '자가 상담', '자가 치료', '자성 상담', '자기 조력 상담', '자조적 지지 상담'[30], '자조상담', '셀프 카운슬링' 등 다양한 유사 용어가 있다.

이 가운데서 '자조상담'이 가장 함축적인 용어이다. 한국연구재단(KCI)에 등재된 논문을 분석해 볼 때 '자조상담'이라는 용어는 발견되지 않는데, 이 단어가 아직은 보편화되지 않은 신조어이지만 자기 스스로를 돕기 위한 치료적이며 조력적인 노력을 나타내는 상담을 가장 충분히 드러내는 적합한 용어라 할 수 있다.

3) 자조상담의 발생 동기와 필요성

자조상담은 전통적인 대면상담을 받기 곤란한 상황에서 실시할 수 있다는 개방적 입장에서 연구되었다. 이를테면, 상담받고 싶으나 주변에 상담 전문가가 없는 경우, 상담 및 심리치료에 대한 낙인(stigma)의 두려움, 상담에서 자기 노출에 대한 불안 또는 비밀 보장성에 대한 우려, 상담자에 대한 불안을 호소하는 경우에 고려해 볼 수 있는 상담 형태라 할 수 있다.

보편적으로 내향성 성격의 소유자들이 외향적인 사람들에 비해 상담을 요청하는 빈도가 낮고, 상담 현장에서도 대인관계 불안도가 높은 것을 볼 수 있다.[31] 일반적으로 내담자가 상담받더라도 가급적 상담자를 적게 만나면서 문제를 해결 받고 싶어 하는 성향이 나타난다. 그래서 뉴맨 등은 내담자가 상담자와의 '최소 접촉'(minimal contact therapist) 성향이 자조상담의 발생을 도왔을 것이라고 분석하고 있다.[32]

---

30 독일에서는 2016년에 '자조적 지지상담'(self-help supported counseling)이라는 용어가 사용된 연구가 있다. A. C. Rohenkohl, et al,(2016) "Evaluation of A Self-help Supported Counseling Concept for Children and Adolescents with Disproportional Short Stature," *Klinische Padiatrie* 228/1, 17-23.

31 Madell, "The Relationship between Values and the Efficacy of Dilemmatic Self-help Psychotherapy, A New Self-counseling Procedure," 1.

32 Michelle G. Newman, Thane Erickson, Amy Przeworski & Ellen Dzus,(2003) "Self-help and Minimal Contact Therapies for Anxiety Disorders," *Journal of Clinical Psychology* 59, 251-74.

또한, 일각에서는 시공간적인 문제로서 상담 시간을 확보하기 어렵거나 상담실 방문에 대한 지리적 접근 곤란성 및 상담 비용의 경제적 부담 때문에서 상담받기 어려운 경우도 있을 수 있다.

일부 대규모 교회를 제외하고 대부분 교회에서는 개인상담이 원활하게 실시되기 어려운 구조인데, 이는 비밀 보장성에 대한 내담자의 불안이 원인일 수 있다. 그러나 자조상담은 익명성이 충분히 보장된 형태로서 기독교인들이 스스로 심리정서적 문제를 해결하고, 정신건강을 유지하며, 영적 생활을 추구하는 차원에서 유익 되리라고 본다.

4) 자조상담의 문제

자조상담은 종래의 상담 형태를 벗어나기 때문에 개인상담의 문제들과 제약의 영향을 받지 않는다는 면에서는 이점이 있고, 그 유효성을 입증하는 연구 결과가 속출하고 있다. 하지만 다른 차원에서는 상당한 제약을 안고 있으며, 반드시 긍정적인 결과만 발생하는 것은 아니다.

자기 문제를 스스로 해결하지 못해서 문제가 발생한 사람에게 과연 자기 스스로 하는 상담이 바람직한 성과를 나타낼 수 있을 것인지에 대한 의문은 자조상담이라는 용어와 개념이 제기될 때부터 있었다.[33]

상담자는 바른 자아개념, 자아존중감, 자기 인식과 관련한 학문과 수련을 거쳐 돕는 전문가로 훈련받은 자이다. 상담자 자기의 심리정서적 문제와 갈등이 있다면 다른 사람을 돕기 어렵다는 것은 상담학의 보편적 인식이다. 그런데 이미 문제에 노출되어 스스로 문제를 해결하지 못한 상태의 자조상담 참여자 자기가 상담자의 역할을 담당하면서 자기를 상담한다는 것은 모순된 입장일 수 있다.

상담을 요청하는 대부분 내담자는 자기 인식의 불일치, 이상과 현실 간의 괴리, 사고와 행동 간의 갈등으로 발생하는 문제를 스스로 해결하지 못해 도움을 받아야 하는 상황에 부닥치게 된다. 또한, 보편적으로 공감 능력이 떨어지는 상담자를 일컬어 전문상담자로서 자질 부족으로 평가하는 마당에 스스로 자기를 공감할 수 없거나, 공감하기 어려운 자조상담 구조

33　Maultsby, "Teaching Rational Self-counseling to Middle Graders," 207-19.

는 논리적 모순을 안고 있는 것으로 보인다.

자조상담은 상담자-내담자 간 실존적, 인격적 대면 상태가 아니기 때문에 비밀 보장성 및 익명성은 충분히 보장되지만, 자아 통제가 원활하게 이루어지기 어려워 심리정서적 문제를 더욱 악화시키고 심리정서적 혼란에 빠지는 결과가 나타날 수도 있다.[34]

또한, 자조상담은 상담자-내담자 구조의 대인 관계 상황이 아니기 때문에 인격적 변화를 기대하기가 쉽지 않고, 진행 과정에서 관찰자가 없으므로 자조상담 참여자가 상당한 지루함을 느낄 수 있으며, 개선 효과가 더딜 때 쉽게 포기해 버리는 일이 발생한다.[35] 그러므로 자조상담 참여자의 강한 동기 부여와 견고한 자기 주도적 의지가 충분해야만 중도 탈락(dropout) 현상을 막고, 그 효과를 얻을 수 있게 되는데, 이는 쉬운 일이 아니다.[36]

무엇보다도 자조상담이 효과적으로 진행되기 위해서는 자기가 문제 해결 및 회복되고자 하는 상담 목표를 분명하게 수립하는 것이 필요하다. 일반상담에서는 상담자가 상담 목표를 수립하고 내담자가 그에 도달할 수 있도록 적절한 개입을 필수적인 요소로 보나, 자조상담에서는 참여자가 자기 생각을 스스로 통제하지 않으면 의도하지 않은 방향으로 나갈 수 있으므로 꾸준히 상담 목표를 확인하면서 여기서 벗어나지 않도록 노력해야 한다.

자기가 겪는 문제의 혼란 상황을 인지, 정서, 행동적 객관성 및 중립성을 유지하고 분석한다는 것은 상당히 어려운 일인데, 비전문상담자로서 자조상담 참여자가 이를 효과적으로 해내는 것은 큰 노력이 요구된다.

자조상담은 자기 인식과 이해의 중요성이 특히 강조된다.[37] 그러나 문제에 빠진 사람은 자기 자신도 이해가 되지 않는 자기의 모순된 면을 상담 현장에서 호소하는 경우가 많다. 따라서 과연 자조상담을 통해 진정한 자

---

34 Veronica Guillen, Garcia-Palacios, Gallego & Banos Alcaniz,(2007) "Tele-psychology and Self-help," *Cognitive and Behavioral Practice* 14/1, 6-57.

35 Yeung Wing-Fai, et al,(2015) "Predictors of Dropout from Internet-based Self-help Cognitive Behavioral Therapy for Insomnia," *Behaviour Research and Therapy* 73, 19-24.

36 Caitlin P. Pearcy,(2016) "Self-help Therapy for Obsessive-compulsive Disorder" (Ph.D. diss.: Curtin University), 172.

37 Snider, Davis & Brown, "Effects of Self-tape Recording on Self-awareness in A Context of Self-counseling," 312.

기 이해가 가능한 것인지에 대해 논란이 없는 것은 아니다.[38] 상담에서는 내담자에 대한 비언어적 단서 분석을 중요하게 보지만 자조상담에서는 그것이 관찰될 가능성이 매우 낮거나 무시된다. 자조상담은 전문상담자와의 상담과는 질적으로 확연히 다른 방법이므로 이에 합당한 기법 등이 충분히 연구되어야 오류를 막을 수 있다.

자조상담의 문제는 참여자가 원하는 수준 및 상담 목표에 도달했는지에 관한 확인이 쉽지 않고, 참여자가 자기 주도적으로 체계적인 상담 과정을 이행했어도 그것을 관리할 수 없다는 것을 한계로 꼽을 수 있다. 결국, 자조상담의 문제는 비전문가의 접근이라는 것과 자기통제의 부족으로 압축되는데 이것이 해소된다면 의도된 결과를 기대해 볼 수 있는 개연성이 있다.

3. 자조상담의 형태와 방법

1) 자조상담의 다양한 형태

학계에서는 아직 '자조상담'이라는 용어를 생소하게 인식하는 경우가 많은데, 일각에서는 자기 스스로 혼잣말로써 자기와 대화를 주고받는 형식이라고 생각하기도 한다. 실제로 자기 문제를 스스로 말하고 그것을 녹음하여 들음으로써 자기분석을 하는 방법이 자조상담의 한 방법으로 제기되기도 한다.[39]

이를 영어권에서는 '자기 녹음'(self-taping)이라 하여 정해진 형식은 없으며, 자기 문제를 마치 상담자 앞에서 말하는 것처럼 소리 내어 말하고 그것을 녹음하는 것이다. 이렇게 자기 문제를 자기에게 말하고 녹음하여 듣는 이유는 녹음을 통해 들려오는 내용을 자기가 스스로 분석, 직면하여 자기 인식의 통찰을 확장, 증진할 수 있다는 것이다.

---

38   Calvin Thomas,(2002) "Is Straight Self-understanding Possible?" *Transformations: The Journal of Inclusive Scholarship and Pedagogy* 13/2, 17-24.

39   James G. Snider, Mary H. Davis & Ric Brown,(1984) "Effects of Self-tape Recording on Self-awareness in A Context of Self-counseling," *Psychological Reports* 54/1, 311-15.

하지만 현실적으로 자기 문제를 스스로 잘 경청함으로써 명료한 자기분석과 직면 및 자기 인식이 나타난다는 것은 상담을 너무 쉽게 본 것이거나 아니면 자조상담을 지나치게 과장하여 진술한 것으로 볼 수 있다.

그렇지만 실제로 스나이더 등은 90명의 대학원생을 대상으로 자기 자신에게 스스로 '말하고 듣기', '말하기만 하기', '듣기만 하기' 등 세 가지 집단 경험이 자기 인식에 미치는 영향을 실험적으로 비교하는 연구를 한 바 있다. 여기서 '말하고 듣기' 집단이 다른 집단들(말하기만 하기, 듣기만 하기)에 비해 자기분석에 있어 유의미한 차이가 있는 것으로 나타났다.

이 연구의 결과로 스나이더 등은 자기녹음과 청취는 자기의 심리상태를 스스로 분석하고 인식하기 위해 적당한 자조상담 기술이 될 수 있을 것이라는 결론을 내렸다.[40] 자기녹음은 비교적 정상상태에서 문제 해결의 동기가 분명한 사람에게 자기분석과 직면 및 자기 인식 등이 어느 정도 가능하고, 그 효율성도 나타난다고 분석한 연구 결과들이 다양하게 제기되고 있다.

이것을 일컬어 이른바 '전기적 거울'(electronic mirror)이라고 표현하는데, 그 의미는 일반상담에서 상담자가 거울이 되어 내담자의 상태를 반영(reflection: 반사, 반추)해 주는 것에 버금가는 개념이라 할 수 있다. 자조상담에서는 상담자가 존재하지 않기에, 자기 스스로 전기장치(녹음기, 카메라, 컴퓨터, 핸드폰, 태블릿, MP3 등)를 통해 자기 문제를 드러내고, 그것을 듣거나 봄으로써 자기를 반영하는 거울 역할의 의미로 이해된다.

이런 '자기녹음', '전기적 거울' 등은 그 자체가 치료법이라 할 수는 없지만, 치료에 접근하는 하나의 기법으로 제기되고 있다. 또 일각에서는 녹음 대신, 자기 문제를 스스로 기록하고 읽는 형태를 제시하기도 한다.

자조상담에서는 자기 자신이 상담자이자 분석자 역할을 해야 하는데, 자기의 상태를 기록하지 않으면 문제를 명확하게, 객관적으로 분석, 이해하기가 어렵고, 생각만으로는 혼란스럽기 때문에 이런 방법을 제기하기도 한다.[41] 자조상담을 축어록(verbatim) 형태로 작성하는 것을 제안하기도 하

---

40 Snider, Davis & Brown, "Effects of Self-tape Recording on Self-awareness in a Context of Self-counseling," 311-15.
41 조현재, "셀프 카운슬링에 대한 탐색적 연구", 177-200.

지만[42] 수퍼 비전을 받는 것이 아니라면 이런 방법이 현실적으로 쉬운 일은 아니다.

그 밖에도 자조상담 참여자가 추구할 수 있는 조력의 자원은 매우 다양하다. 심지어 텔레비전 방송의 특정 프로그램을 통한 자조상담 기법을 제시하는 일각도 있다. 이는 자조상담 참여자가 교훈으로 삼을 수 있는 특정 TV 방송 프로그램을 시청함으로써 그 내용에 자기를 직면시키는 것인데, 이를 통해 높은 수준의 상담적 성과를 얻었다는 연구 결과도 있다.[43]

근래는 이른바 '영화치료'라는 매체 치료의 영역이 넓어지면서 이를 자조상담에 응용하여 통합된 영역으로 넓혀가고 있다. 유사한 방법으로 몰츠비는 특정 주제의 동영상을 시청하는 것도 여기에 포함한 바 있다.[44]

인터넷의 발달은 자조상담 방법의 향상을 가져왔는데, 자조상담 프로그램에 접속하여 자기 집에서 편안한 상태로 조력을 모색하는 방법이 선호되고 있다.[45] 컴퓨터(인터넷) 기반의 다양한 심리치료적 접근이 자조상담에도 적용되고 있다. 근래 이런 형태가 보편화된 것 가운데 하나는 심리검사이다.

이런 방법들은 혼자 하는 상담이지만 전문상담자의 적절한 지침이 수반된 후, 그것을 자기에게 적용하는 차원에서 '지도받는 자조상담'(guided self-counseling)이 되어야 한다. 자조상담이 합리적이고 효과를 얻기 위해서는 적절한 인지적 지도를 받는 것이 바람직하다. 그렇지 않으면 관찰되지 않고, 통제되지 않은 상태에서 자기의 무지를 스스로 강화하고 혼란을 가중할 수 있기 때문이다.

---

42   김수연, "기독상담자 훈련을 위한 자가상담의 활용," 61.
43   Robert P. Snow & Beverly A. Cuthbertson,(1979) "Learning and Self-counseling through Television Entertainment: 'The Prisoner'" *Teaching Sociology* 7/1, 65-78.
44   Maultsby, "Teaching Rational Self-counseling to Middle Graders," 207-19.
45   Pearcy, "Self-help Therapy for Obsessive-compulsive Disorder," 38.

2) 독서를 통한 자조상담 형태

자조상담의 기법으로 가장 많이 활용하는 것은 독서치료(bibliotherapy)이다.[46] 이는 자조상담에서 가장 중요한 기법으로 제기되기도 한다.[47] 상담자로부터 전문적인 치료와 회복을 위한 도움을 받을 수 없는 상황에서 자조상담 참여자가 책을 통해 스스로 도움을 받는 개념이 독서를 통한 자조상담이다.

독서치료는 일반적으로 책을 매개로 해서 정신건강을 증진하는 것인데, 문학에 치료적 특성이 내재되어 있다는 기본 가정에서 자조상담 참여자가 자기 문제를 분석, 직면, 이해, 해결해 나가는 방법이다. 이현실은 "독서치료는 책을 통해 자신에 대한 통찰력을 높이고 스스로 문제를 해결해 가는 자기 치료 방법이 될 수 있어 상담 치료의 대안이 될 수 있다"[48]라고 주장했다.

독서를 통한 자조상담에서는 책이 자조상담의 오류를 막기 위한 상담지침의 기준(norm)이 된다. 독서를 이용한 자조상담은 어떤 도서를 선정해야 할지가 중요한 과제이다. 독서치료에서는 독자에게 필요한 책을 주어야 하는지 원하는 책을 주어야 하는지에 대한 갈등과 논란도 있다. 책 선정은 자조상담 참여자의 심리상태 그리고 해결 받고자 하는 문제와 밀접한 관련 있는 내용이어야 한다는 면에서 적자(適者)에게 적서(適書)를 적시(適時)에 적용(適用)하는 것이 매우 중요하다.

독서를 과제로 제시하는 자조상담은 인지행동치료적이라고 볼 수 있는데, 그 방법은 텍스트 내에 있는 인물, 사건, 상황, 시간, 환경, 관점 등을 참여자 자기와 상호 연결하여 자기의 상태와 비교, 직면함으로써 자기 이해를 통해 치료적 접근을 모색하는 것이다. 따라서 텍스트가 담고 있는 메시지를 통해 자기분석과 직면이 나타나야 하므로 그 근거가 되는 메시지를 추출하는 작업이 중요하다. 치료 목적의 독서는 일반 독서보다 전문가

---

46 Madell, "The Relationship between Values and the Efficacy of Dilemmatic Self-help Psychotherapy, a New Self-counseling Procedure," 57.

47 Maultsby, Jr. "Teaching Rational Self-counseling to Middle Graders," 207-19.

48 이현실,(2019) "독서치료 프로그램이 대학생의 심리적 안녕감에 미치는 영향 연구," 「독서치료연구」11/1, 41-62.

의 지도가 필요한 만큼 반드시 상담자로부터 '지도받는 자조상담'이 되어야 한다.

미국에서는 독서를 치료적으로 활용하는 연구가 체계화되면서 일반상담 형태에서 상담자가 내담자에게 도서를 추천하고 책의 내용을 가지고 상담하는 방법은 전체 상담의 70퍼센트 정도 되는 것으로 나타났다(오리건주의 경우, 90퍼센트 사용). 또 상담경력이 많은 상담자일수록 상담에서 자조상담 형태의 독서치료 방법을 취하는 것으로 나타났다.[49]

책의 텍스트를 거울삼아 그 거울에 비친 자아를 발견하여 그 발견된 자기를 분석, 직면하는 것은 매우 실제적인 방법이라 할 수 있다. 이에 대해 상담학자 제이 아담스는 이러한 자기분석과 직면을 비평했다. 즉, 다른 사람이나 책 등에 반사된 자아는 객관적인 자기분석과 직면이 될 수 없다는 것이다. 그것은 절대적이지 않은 인간의 주관적이고, 임의적인 기준으로서 왜곡되고 일그러진 거울에 자기를 비춰보는 것과 유사하다는 견해다.[50] 이런 면에서 일반 자조상담과 기독교 자조상담은 차이가 있다.

3) 성경 기반의 자조상담

단순하게 자조상담이 성경적인지 비성경적인지를 논하는 것은 어려운데, 그 이유는 성경에 '자조상담'이라는 용어와 개념이 없기 때문이다.

예수께서는 당시에 회자되는 속담을 인용하면서 "너 자신을 고치라"(눅 4:23)고 하신 바 있는데 자기 스스로 회복하려는 노력은 죄악도 아니며, 건강한 자아를 위해 마땅히 시도될 수 있는 부분이다.

아울러 "육과 영의 온갖 더러운 것에서 자신을 깨끗하게 하자"(고후 7:1)는 바울의 권면이나, "너희는 믿음 안에 있는가 너희 자신을 시험하고 너희 자신을 확증하라"(고후 13:5)는 말씀을 비롯해 "너 자신을 살펴보아 너도 시험을 받을까 두려워하라"(갈 6:1), "경건에 이르도록 네 자신을 연단하라"(딤전 4:7), "네 자신을 지켜 정결하게 하라"(딤전 5:22), "믿음 위에 자신

---

[49] S. J. Adams & N. L. Pitre,(2000) "Who Uses Bibliotherapy and Why? A Survey from an under Serviced Area," *Canadian Journal of Psychiatry* 45/7, 645-49.

[50] Jay E. Adams,(1970) *Competent to Counsel* (Phillipsburg, NJ.: Presbyterian and Reformed), 43.

을 세우며 …"(유 1:20), "하나님의 사랑 안에서 자신을 지키며 …"(유 1:21) 등의 구절들이 기록되어 있다.

이는 명시적으로 자조상담을 의미하는 것은 아니지만, 스스로 자기가 심리정서적, 영적인 문제에 빠지지 않도록 자기를 '살펴보고', '지키고', '주의하고', '연단하고', '세우라'는 동사들을 적용할 수 있는 것이다. 그런 의미에서 성경을 광의적으로 자조를 지지하는 견해라고 해석하는 것은 본의에서 벗어난 것이 아니다.

기독교 자조상담은 자기 자신을 스스로 돕는 개념보다는 성경이 자기를 돕도록 성경을 상담자로 삼는 것이다. 이에 자기분석과 직면해 대해 성경의 도움으로 변화를 추구하는 것이다. 기독교 자조상담은 독서를 자조적 매체로 활용하는 방법으로서 책은 성경으로 대체된다. 기독교 자조상담이 되기 위해서는 절대적 삶의 기준인 성경을 기반으로 해서 자기분석과 직면을 얻도록 해야 한다.

그러므로 성경을 삶의 절대적 기준으로 삼지 않을 때는 이것을 적용하기 어렵다. 기독교 상담에서 자조상담은 성경을 통해 자기를 바라보는 반영적 역할이 대단히 중요하다. 기독교 자조상담은 자기가 상담자와 내담자의 역할을 동시에 수행하는 것이라기보다는 성경(성령)이 상담자가 되고 성경을 읽는 자조상담 참여자는 내담자가 되는 구조라 할 수 있다.

불완전하고 왜곡된 자조상담 참여자가 자기 자신을 상담하는 구조는 문제가 되지만, 참여자가 내담자가 되고, 절대적인 하나님의 말씀을 기준으로 하고, 성경을 상담자로 삼는다면 자조상담은 기독교 상담의 한 장르로 수용할 가능성은 커진다.

이른바 '성경적 상담'에서 자조상담이 강조되고 있는데, 대표적으로 캐나다의 상담학자 풀라스키 아담스가 출간한 『성경적 상담 교본: 자조상담 프로그램 지침』(Biblical counseling manual: A self-help counseling program guide)에서 이를 구체적으로 설명하고 있다.[51] 기독교 상담은 내담자의 상황, 환경, 연령, 문제가 어떠하든 관계없이 문제 해결의 원리를 성경에서 찾는 것이다. 따라서 자조상담은 철저히 성경에 기초하여 성경 말씀이 자기 자신을 조명하도록 해야 한다.

---

51 Pulaski Adam,(2004) *Biblical Counseling Manual*. Victoria, BC.: Trafford.

즉, 끊임없이 자기를 하나님의 말씀에 비추는 과정이 필요하다. 일반독서에도 감화와 감동이 있지만, 성경을 읽는 것은 성령의 감화와 감동이 나타나 진정한 자기분석과 직면 및 자기 인식과 이해가 발생할 수 있기 때문이다.

성경과 자기의 상황을 비교하여 분석하고, 발견된 죄를 회개함으로써 바른 삶으로 변화를 모색하는 것이 기독교 자조상담의 독특한 면이기도 하며, 필수적인 과정이다. 그러므로 자조상담은 성령과의 상호작용이 중요한 개념인데 인간의 마음을 변화시키는 분은 오직 성령이라는 믿음에서 상담이 진행된다. 변화의 주체로서 성령을 인정하지 않으면 진정한 자조상담을 하기는 어렵다.

와타나베 야스마로(渡邊康麿)는 자조상담의 개념을 자기 문제를 스스로 발견하고, 해답을 모색하는 자기 발견 및 자기 탐구의 방법으로 혼자서 할 수 있는 상담의 한 형태라고 보았다.[52] 이는 결국 자기분석과 직면을 주요 기법이라고 설명한 것으로 이해된다. 그래서 효율적인 자조상담이 되기 위해서는 진솔한 자기분석과 직면이 전제되어야 한다.[53] 이는 매우 적극적인 상담 태도가 요구되는 면이기도 하지만 현실적으로 가장 어려운 부분이기도 하다.

일반상담의 경우, 대부분 내담자는 자기가 겪고 있는 일의 문제와 원인이 무엇인지를 분석 받고자 상담받는 경우가 많지만, 뜻밖에 자기 문제와 원인 분석이 두렵고 부담스러워서 상담을 회피하는 예도 없지 않다. 심리정서적 부담 없이 자기 스스로 진솔하게 문제에 직면하고, 면밀하게 분석할 수만 있다면 자조상담은 순기능이 강하다고 볼 수 있다.

한국연구재단(KCI) 등재 논문 가운데 '자기분석'을 주제어로 한 연구는 발견되지 않고 있다. '분석'이란 상담에서 매우 중요한 주제이지만 이는 상담자의 몫이지 내담자의 몫이 아니고 전문성 없이 내담자가 자기를 스스로 분석한다는 것은 방어적 귀인(defensive attribution), 자기편향(self-bias) 등으로 객관성을 잃을 수 있으므로 위험하다. 그런데도 자조상담에서는

---

52 渡邊康麿,(2016) 先生のためのセルフ·カウンカリング, 유승재 역,(2002)『셀프 카운슬링: 혼자서 할 수 있는 자기발견법』(서울: 민지사), cp. 1.

53 Robert P. Snow & Beverly A. Cuthbertson,(1979) "Learning and Self-counseling through Television Entertainment," *Teaching Sociology* 7/1, 65-78.

'자기성찰', '자기탐색'이라고도 할 수 있는 자기분석이 필수적인 과정으로 제기된다.

자조상담은 자기분석이 주요 활동이기 때문에 자기 문제를 스스로 분석할 수 있는 성인이 대상이 될 것으로 보이나, 이에 몰츠비는 자조상담의 적용 대상을 최소 중학생 정도가 되어야 이것이 가능할 것으로 보았다.[54]

독일 상담학자 로헨콜 등은 다른 연령대에서보다 아동, 청소년기에 자신에 대해 자기 주도적이며, 자조적인 지지를 통해 문제를 해결하는 자조상담 경험이 대단히 중요하다는 것을 피력한 바 있다.[55] 자조상담을 통해 문제 해결의 성공적인 결과를 얻게 되면 다른 경우보다도 더 자아개념이 향상된다는 연구 결과와 맥락을 같이 하는 것이다.[56] 그것은 스스로 자기 주도적인 과업을 성취했다는 만족감이 확보되고, 자기의 인내와 자기통제의 효능을 체험했기 때문이라 할 수 있다.

자조상담의 적용 대상을 논할 때 가장 중요한 것을 인내력으로 보아야 한다. 자조상담은 시간이 지남에 따라 중도 탈락이 증가하는 것으로 나타나는데, 그 원인은 인내력의 부족과 자기통제가 빈약하기 때문이라 할 수 있다.[57] 자조상담은 꾸준한 인내를 가지고 스스로 상담을 지속하여 변화를 추구해야 한다. 인내력은 다른 표현으로 '자기통제력'이라 할 수 있으며, 일각에서는 이것이 기초가 되어야 자조상담의 성공을 거둘 수 있다고 주장한다.[58]

그러나 대부분 자기분석에서는 문제 유발의 원인이라 할 수 있는 자기의 미숙함, 무책임, 무기력, 무능력, 심리정서적 위축, 불일치, 갈등, 모순 등 온갖 부정적 심리정서를 발견하여 자존감이 심각하게 손상될 정도의 자기 비난에 빠지는 경우가 있다. 따라서 자기를 객관적으로 보기 위해서는 전문상담자의 지도가 필요하나 자조상담은 이것이 여의찮으므로 취약한 부분이 될 수 있다.

---

54 Maultsby, "Teaching Rational Self-counseling to Mmiddle Graders," 207-19.
55 Rohenkohl, et al, "Evaluation of A Self-help Supported Counseling Concept for Children and Adolescents with Disproportional Short Stature," 17-23.
56 Finnerty, "The Effects of Rational Self-counseling on Selected Personality Dimensions of upward Mobility Registrants," 71.
57 Pearcy, "Self-help Therapy for Obsessive-compulsive Disorder," 172.
58 Maultsby, "Teaching Rational Self-counseling to Middle Graders," 207-19.

4) 자조상담의 인지행동치료적 접근

마구에리트 피널티는 자조상담은 인지행동치료의 산물이라고 강조한 바 있다.[59] 인지행동치료가 자조상담을 위해 창안된 것은 아니지만, 자조상담은 다른 상담이론이나 기법에서보다 전형적으로 인지행동치료를 효율적으로 활용할 수 있는 구조라 할 수 있다.[60] 자조상담의 원칙이 기본적으로 인지적이라는 것은 이것이 나타난 초기부터 주장되어 왔다.[61] 그래서 인지와 관련하여 또는 인지행동치료에서 주로 자조상담에 관한 관심을 드러내어 연구하고 있다.

인지행동치료적 자조상담은 몰츠비의 연구에서 특히 강조되고 있다. 그는 합리적 정서행동치료(REBT)의 ABCDE 이론이 자조상담에 그대로 적용될 수 있다고 주장했다.[62] 리차드 알버츠는 성경적 상담과 인지행동치료가 통합된 자조상담을 추구하여 "성경 중심의 인지적 심리치료와 관련하여 내담자를 위한 자조상담지침"(A self-counseling guide for clients involved in biblically centered cognitive psychotherapy)이라는 논문을 발표했는데, 성경적 상담은 인지행동치료와 자조상담 간에 조화를 이루어 상담 및 심리치료에 기여할 것으로 보았다.[63]

인지행동치료기법 가운데서도 자기대화(self-talk)와 논박(disputation)은 자조상담에서 가장 효율적으로 치료적 성과를 얻을 수 있는 기법이다. 부정적, 비합리적, 왜곡적인 대화가 심리정서적 장애를 초래하는 만큼 자조상담에서는 이를 스스로 분석하여 그것을 논박하고, 긍정적, 합리적, 진실된 자기대화를 나눔으로써 치료에 접근할 수 있다.

---

59 Finnerty, "The Effects of Rational Self-counseling on Selected Personality Dimensions of upward Mobility Registrants," 5.
60 Hara, "Application of Yin and Yang and the Five Elements in Self-counseling," 16-18.
61 Madell, "The Relationship between Values and the Efficacy of Dilemmatic Self-help Psychotherapy, A New Self-counseling Procedure," 8.
62 Maultsby, "Teaching Rational Self-counseling to Middle Graders," 207-19.
63 Alberts, "A Self-counseling Guide for Clients Involved in Biblically Centered Cognitive Psychotherapy," 146-49.

인지행동치료 기반의 자조상담이 우울증 치료에 있어 통제집단에 비해 그 수준이 유의미한 차이로 낮아졌다는 연구 결과가 제기된 바도 있다.[64] 국내에서도 자조상담을 학생들에게 적용해 보았을 때 자기와 상대방의 인지, 정서, 행동을 객관적이고 체계적으로 정리하는 충분한 기회를 제공해 준다고 분석한 사례도 있다.[65]

사회불안장애에 대한 자조상담 방식의 인지행동치료 프로그램을 개발하여 치료효과를 얻었다는 연구 결과도 있다.[66] 또 인지행동치료 가운데 알버트 엘리스(Albert Ellis) REBT 이론에 근거하여 자조상담 프로그램을 개발해 그 효과를 입증한 연구한 박사 학위 논문도 있다.[67] 인지행동치료에 기초한 자조상담은 자기와의 내면적 대화를 긍정적으로 바꾸는 것을 주요 변인으로 본다.[68] 기독교 자조상담은 긍정적 인식을 하는 것이 상담목표가 될 수 없다.

4. 닫는 글

이 연구는 자기를 스스로 돕는 개념을 상담에 적용한 것으로 이른바 '자조상담'을 다룬 것이다. 자조상담이 결코 온전한 상담이거나 효율적인 상담, 바람직한 상담, 최선의 상담이라 할 수는 없으나 상담받을 수 없는 여러 가지 여건의 제약이 있는 사람들에게 차선의 방법으로 제기될 수 있다.

하지만 바른 지침을 따르지 않으면 오류를 강화할 수 있고, 효과적으로 이루어지지 않을 수도 있다. 따라서 상담학에서는 바른 안내와 지침을 제

---

64 이서영 외, "인지행동치료 기반 양극성장애 우울삽화용 자가치료 프로그램 개발을 위한 예비연구," 469-87.
65 조현재,(1999) "셀프 카운슬링에 대한 탐색적 연구," 「한국 동서정신과학회지」 2/1, 177-200.
66 안정광, 권정혜, 윤혜영,(2014) "인터넷기반 사회불안장애 인지행동 자가치료 프로그램 개발 및 효과검증," 「한국심리학회지: 임상」33/4, 695-721.
67 이선혜,(2015) "REBT이론에 근거한 셀프 카운슬링 프로그램의 효과," 박사 학위논문: 경남대학교 대학원.
68 Finnerty, "The Effects of Rational Self-counseling on Selected Personality Dimensions of upward Mobility Registrants," 5.

공하여 오류를 줄이고 성과가 나타나도록 할 필요가 있다.

또한, 일반상담의 문제를 극복할 대안적, 보조적, 보완적 기법으로 자조상담을 모색해 볼 수 있으며, 더 나아가서 자조상담을 개인상담, 대면상담에 포함된 하나의 과정으로 활용하는 것도 고려되어야 할 것이다. 홍(T. Haug) 등의 연구에 따르면, 자조상담은 상담 전 과정에서 부분적인 과정이 되어야 할 뿐, 독립적이고, 전체적인 상담이 되어서는 안 될 것을 강조한 바 있다.[69]

그것이 부분적이든, 전체적이든 자조상담은 상담자의 지도(supervision)를 받으면서 진행될 때 오류를 막을 수 있고, 유익을 얻을 수 있다. 정확한 지침(guideline)이 없는 상태에서 자조상담이 급속도로 확산하리라고 보이지는 않으나, 정확한 지침이 없더라도 자연발생적인 시도를 막을 방법은 없다. 따라서 자조상담은 바른 치료적 지침 제시가 무엇보다도 중요하며, 전적인 자조상담보다는 상담 과정 중에 일부 자조기법을 적용하거나 전문상담자와의 상담에서 내담자가 점차 자조상담적용 시간을 늘려가도록 하는 것이 중요하다.

기독교 자조상담을 확립해 나가기 위해서는 성경을 상담자로 삼고 그 거울에 비친 자기분석과 직면을 통해 발견된 잘못된 자기 인식에 대응한 논박을 통해 변화의 목표에 이르게 될 것이다. 이는 아직 체계화되지 않았고, 상담학적 한계가 있으므로 이를 적극적으로 권장하기는 어려우나 바른 지침을 제공한다면, 자조상담은 새로운 상담 방법으로서 충분한 의미가 있는 기법이 될 것이다.

---

69   T. Haug, et al,(2012) "Self-help Treatment of Anxiety Disorders," *Clinical Psychology Review* 32, 425-45.